复旦卓越 · 保险系列

U0730821

社会保障基金管理

理论、实践与案例

宋明岷 ◆ 编 著

第 二 版

Social Security Fund Management

复旦大学出版社

再 版 前 言

本书 2012 年年底由复旦大学出版社出版面世以后，在当当网等平台得到读者好评，一些高校采用本书作为教材，笔者在此鞠礼以谢。作为上海市教委 2012 年度重点课程"社会保障基金管理"建设成果之一，本书为该项目在结项时被评定为"优秀"奠定了重要基础。时光悄然逝去，转眼已是 2019 年，距离"全面建成小康社会"的 2020 年也只剩两年时间。"老牛亦解韶光贵，不待扬鞭自奋蹄"，内心有个声音一直在催促我动笔。基于如下三个主要目标，本着精益求精的态度，笔者对本书进行了修订。

一是力求更新我国社会保障事业相关数据和案例。

每当我们翻开一本书，特别不希望里面采用的数据过于陈旧，不能反映当前现状。本书首次出版时，笔者也是抱着这样的态度，不惜耗费大量时间用于数据的收集、整理、处理，力求提供最新数据，并在当时作出了 3—5 年后修订本教材的计划。虽然修订时间有所推迟，但是此次再版时，笔者同样抱着严谨的态度，查询国家统计局、人力资源与社会保障部、民政部、财政部等部门发布的统计年鉴与统计公报，以求反映我国社会保障各项事业发展的最新面貌，希望读者通过本书能够及时了解和掌握我国社会保障事业发展的最新局面。

本书的案例也根据国内外社保实践的变化予以适当更新。比如原来第二章的第二个案例"让不让美国政府'破顶'借钱"，改为"美国底特律市政府破产之后"，从而让读者追踪国际前沿，拓宽视野；第五章第二个案例"在华执教 17 年　遭遇重病渡难关"的主人公英健老师在与病魔对抗十余年后，不幸于 2014 年离开了这个世界。出生于美国西部俄勒冈州的波特兰、身为美国纽约州立大学传播学博士的她，40 岁时来到厦门大学新闻传播系，在华执教整整 18 年，深得厦大师生和民众爱戴，厦门大学师生为她发起了充满爱的全球募捐。笔者更换了这个颇令人伤感的案例，改为"二孩政策放开后，专家提议缴纳生育基金"，希望大家关注与民众息息相关的社保基金管理新政动向，这个提议提出后在社会上引起较大反响，将其选为案例，有较强的警示作用。

二是全面展现我国社会保障制度改革进程与成果。

我国社会保障事业在近六年来快速发展，取得诸多成就，特别是从 2011—2015 年的"十二五"时期，我国在原有社保体系改革的基础上不断建立和完善了各项社会保障制度，颁布或修订了重要的相关法规。在社保基金投资方面，2015年8月，国务院印发《基本养老保险基金投资管理办法》，允许地方养老保险基金进入国内股票市场；同年5月1日施行的《全国社会保障基金条例》规定社会保险基金可以委托全国社会保障基金理事会进行投资运营。在社保基金财务与会计制度方面，2017年8月修订了《社会保险基金财务制度》，同年11月修订了《社会保险基金会计制度》。其他方面的法规颁布或修订不再一一罗列，在本次教材修订中都得到体现。

　　这期间最为卓越的成就当数社会保障制度基本实现全覆盖，这对一个拥有13亿多人口的大国来说实属不易。为此，我国政府在2016年11月17日荣获国际社会保障协会（ISSA）授予的"社会保障杰出成就奖"（2014—2016），该奖项是对我国近年来在扩大社会保障覆盖面工作中所取得成就的高度肯定。我国在养老保险方面推出了多项影响深远的改革举措，从2011年开始，探索建立城镇居民社会养老保险制度，简称城居保；2014年2月，统一了新农保和城居保，颁布了《城乡养老保险制度衔接暂行办法》；2015年1月，国务院印发《关于机关事业单位工作人员养老保险制度改革的决定》，对基本养老保险"双轨制"进行改革。在医保方面，城镇居民基本医疗保险门诊统筹基本建立，探索建立重特大疾病保险制度。社会保障法治建设也取得积极进展，最为突出的是《中华人民共和国社会保险法》的颁布实施，成为我国社会保障制度法治化的重要标志。随着我国社会保障管理的日趋规范，与我国政府正式签署社会保险双边协定的国家从2012年时的德国、韩国两个国家增加至十个。我国社会保障领域改革所取得的成果在此不再一一列举，读者阅读时自会有所体会。社会保障领域发生的变化和取得的成就，当然会深刻影响社会保障基金管理，社会保障基金管理作为社会保障制度和体系的核心，自然不能脱离社会保障这个大环境狭隘地进行分析。

三是思考与研究新形势下我国社会保障基金管理面临的新问题、新挑战。

　　翻看2012年年底出版的这本书，其中不少观点与倡议在我国社会保障领域中得到践行，令我格外振奋和欣慰，比如降低企业社会保险费率、放宽基本养老保险基金投资渠道、改变社会保险费双重征收局面等。自2019年1月1日起，我国规定社保费将统一由税务机关征收，诸如此类的变化将会影响到每一位社保参保人，也会给我国社会保障事业带来挑战。

　　新形势下我国社会保障基金管理将会出现哪些新问题，应该如何应对未来的挑战，值得深入研究。当然，很多老问题其实并没有随着时间的流逝自然而然地烟消云散，有些问题在短期内甚至中长期仍然难以化解，比如我国的人口老龄化进程仍在加剧，老龄人口数量快速增长所带来的养老金支付压力继续加大。与此同时，随着城镇化的快速推进，农村人口流向城镇、在城镇之间的大规模流动趋势并未缓解，在就业岗位对劳动者的黏性不断下降等因素共同作用下，我国人口总体呈现出高流动性特征，这些对社保资金征缴、社保待遇给付、基金统筹层次提高、社保基金调剂等都带来新的挑战，提出了更为迫切的改革需求。

建立起一个全覆盖、均等化、可持续、高水平的社会保障体系是"十三五"期间的建设目标，也是我国社会保障体系建设的最终目标，仍然需要全社会为之不断努力。从个人角度，笔者非常期望我国社会保障体系的建设目标能增加一个维度："有温度"。一个"有温度"的社会保障体系能让我们身处的社会是个"有温度"的社会，和谐安定，心生向往。期望本书的修订和出版能为建设"有温度"的社会保障体系贡献一点力量。

虽然笔者力求达成上述目标，但是作为一个二宝妈妈，实在精力有限，写作过程也常常被孩子们硬生生地打断。前后历时一年半，终于完成全书修订任务，不知不觉中，书越写越厚，仅电子版的新增内容就有近10万字。这本书凝结着很多人的心血与付出。感谢复旦大学出版社责任编辑姜作达老师细致认真的审阅，感谢上海理工大学李保俊老师给出专业的修改建议，使得书中的错误和纰漏大为减少。衷心感谢复旦大学出版社将本书收入"复旦卓越·保险"系列，笔者在深感荣幸之际，更觉责任重大，心怀忐忑。面对浩如烟海的文献著作，笔者涉猎相当有限、研究不够深入，恳请读者批评指正。

宋明岷

2019 年 8 月 8 日

初 版 前 言

《社会保障基金管理：理论、实践与案例》力求具备系统性、应用性、新颖性和趣味性四个特点。

一、系统性

本书从社会保障基金的概念与种类着手，全面阐述社会保障基金与国家财政和金融市场的相互关系、社会保障基金管理目标与体制，深入分析社会保障基金从筹集、投资、给付到监管各环节的管理内容，详细介绍社会保障基金财务、会计、统计、精算等各类管理方法，并对包括社会保险基金、社会救助基金、社会福利基金、全国社会保障基金、企业年金、住房公积金在内的各类社会保障基金的发展历程和管理现状一一介绍，有助于学生全面系统地认识社会保障基金管理的基本理论、了解并掌握社会保障基金管理的基本规律。

全书除绪论外一共十六章，各章依次阐述社会保障基金的概念与种类、社会保障基金与国家财政、社会保障基金与金融市场、社会保障基金管理目标与体制、社会保障基金筹集管理、社会保障基金投资管理、社会保障基金给付管理、社会保障基金监督管理、社会保障基金财务管理、社会保障基金会计制度、社会保障基金统计制度、社会保险基金精算管理、社会保险基金管理、社会救助基金管理、社会福利基金管理、其他社会保障基金管理。

以上十六章可划分为四个部分，每四章为一篇：依次为社会保障基金管理概述、社会保障基金管理内容、社会保障基金管理方法、各类社会保障基金管理。如此划分和展开，既有系统性，又具逻辑性和条理性。

二、应用性

根据教育部要求，应当有相当数量的高校致力于培养应用型人才，满足市场需求。为此，本书在系统性、条理性地阐述社会保障基金管理专业知识的基础上，特别注重深入介绍国际上和我国社会保障基金管理的现状、法规与要求。各章节都不是单纯地论述理论，而是将理论与实践相结合，以求学以致用，努力做到理论性与实用性相统一，将社会保障基金管理相关原理与社会保障基金管理政策和制度相结合。在注重对社会保障基金管理原理深入浅出介绍的基础之上，加强对社会保障基金管理政策和制度的分析，突出应用性和实践性。

正是基于这样的认识和理解，本书设置第四篇讲述各类社会保障基金管理。在该篇具体章节的设置上，不是按照从概述到原理到我国某基金的思路设置章节内容，而是根据具体社会保障基金逐一介绍、层层展开。以第十四章社会救助基金管理为例，下设三节，分别介绍灾害救助基金管理、生活救助基金管理和社会慈善基金管理。这样的脉络，不仅突出实践性和应用性的要求，而且因为从学科的课程体系上，社会保障基金管理课程是劳动与社会保障专业的核心主干课程，学生先修社会保障学等专业课程，有一定的理论基础。应用性的特点不仅仅体现在第四篇中，此前各章节均有体现，几乎每一章的最后一节都以"我国"开头，从而让学生更好地理解理论如何服务和指导实践。

三、新颖性

本书力图反映我国和世界各国社会保障改革的最新进展。在国际上，社会保障制度的改革仍在多个国家以不同的方式持续进行；在我国，党和政府历来高度重视社会保障制度的建设、改革和完善，特别是 2010 年 10 月 28 日，十一届全国人大常委会第十七次会议审议通过《社会保险法》，自 2011 年 7 月 1 日起施行。这是我国第一部社会保障制度的综合性法律，具有十分重要的意义。2010 年 12 月 20 日，《工伤保险条例》修订，"十一五"期间，社会保障基金管理方面出台和修订了相当多的法规，社会保障制度建设步伐大大加快，要求我们的教学能够与时俱进，也对教材的更新提出了迫切要求。

在力求保持新颖性的同时，本书在介绍具体社会保障基金管理时，必先回顾其发展历程，因牢记在厦门大学经济学院攻读博士学位时导师林宝清教授的教诲：论从史出。林老师还有四个字：数情结合。故而在写书时不惜耗费力气在收集和提供最新数据上，本书的年度统计数据更新至 2017 年，甚至包括案例都是新鲜出炉的。本书的数据来源主要是国家统计局、人力资源和社会保障部、民政部、财政部等相关部门的统计年鉴与统计公报。

四、趣味性

谁说教材就应当是枯燥的呢？为了克服生硬死板的面孔，让学生和老师对本课程感兴趣，本书从两方面着手进行尝试。

一方面，本书没有把"社会保障基金管理法律法规"独立成章，而是将其分散到各个章节，结合社会保障基金管理的各个环节和具体内容来解析法律法规，这样做既能避免法律条文的枯燥，又能加深学生对法律条文的认识，再者，劳动和社会保障法规是本专业的后续课程。

另一方面，本书每一章都精心选编两个案例，包括绪论在内，一共三十四个发生在古今中外的真实案例。其实，"古"倒谈不上，距今不过一二十年。案例的遴选求经典、求新，希望既能引发学生的兴趣和思考，又有利于教师进行案例教学，补充和延展教学内容。大部分案例来自媒体报道，个别案例是本书作者汇编，如第二章社会保障基金与国家财政的案例1《俞正声上海履职后谈社保发言汇编》；将其与案例2《南方周末》的报道《让不让美国政府"破顶"借钱》放在同一章，一中一外，面临的问题却是相同相通的。在第三章社会保障基金与金融市场的案例选择上，同样是中美两个案例，但是美国是现实版、我国则是设想，这样对比学习有利于培养学生的国际视野。

本书从体系结构到具体观点，凝结作者讲授本课程多年来的研究和思考，前后历时整整一年完成本书。由于资历尚浅，经验不足，定然存在不足与疏漏，真诚地期待学界专家和读者批评与指正。

本书的完成，参阅、借鉴和吸收了专家学者的成果和文献，复旦大学出版社王联合、张咏梅等老师给予了大力支持，在此表示衷心感谢！还要感谢上过这门课的几百位同学，你们与我在课堂内外的讨论互动促使我不断完善这门课程的教学，并从中收获了站上讲台的快乐！你们是我完成这本教材的原动力，愿你们和你们的学弟学妹们喜欢这本书、这门课！

宋明岷

2012 年 7 月 4 日

目　录

绪论 ………………………………………………………………………………… 001

第一篇　社会保障基金管理概述

第一章》》社会保障基金的概念与种类 ……………………………… 012

第一节　社会保障基金的概念与特点 …………………………………… 012

第二节　社会保障基金的性质与种类 …………………………………… 015

第二章》》社会保障基金与国家财政 ………………………………… 030

第一节　社会保障基金的财政职能 ……………………………………… 030

第二节　社会保障基金与财政收支 ……………………………………… 035

第三节　我国财政与社会保障基金 ……………………………………… 045

第三章》》社会保障基金与金融市场 ………………………………… 057

第一节　金融市场的构成与功能 ………………………………………… 057

第二节　金融市场对社会保障基金的影响 ……………………………… 061

第三节　社会保障基金对金融市场的影响 ……………………………… 065

第四节　我国金融市场与社会保障基金 ………………………………… 069

第四章》》社会保障基金管理目标与体制 …………………………… 080

第一节　社会保障基金管理目标 ………………………………………… 080

第二节　社会保障基金管理体制 ………………………………………… 088

第三节　社会保障基金管理模式 ………………………………………… 100

第二篇　社会保障基金管理内容

第五章》》社会保障基金筹集管理 …………………………………… 114

第一节　社会保障基金筹资原则 ………………………………………… 114

第二节　社会保障基金筹资模式 ································· 116

第三节　社会保险费费率与缴费 ································· 120

第四节　我国社会保险基金筹集 ································· 128

第六章 社会保障基金投资管理 ································· 141

第一节　社会保障基金投资原则 ································· 141

第二节　社会保障基金投资决策 ································· 144

第三节　社会保障基金投资模式 ································· 152

第四节　我国社会保障基金投资 ································· 156

第七章 社会保障基金给付管理 ································· 170

第一节　社会保障基金给付原则 ································· 170

第二节　社会保障基金给付模式 ································· 173

第三节　社会保障基金支出水平 ································· 181

第四节　我国社会保险基金给付 ································· 188

第八章 社会保障基金监督管理 ································· 203

第一节　社会保障基金监管原则 ································· 203

第二节　社会保障基金监管内容 ································· 207

第三节　社会保障基金监管方式 ································· 210

第四节　社会保障基金监管模式 ································· 214

第五节　我国社会保障基金监管 ································· 219

第三篇　社会保障基金管理方法

第九章 社会保障基金财务管理 ································· 238

第一节　社会保障基金财务管理法规 ····························· 238

第二节　社会保险基金财务管理内容 ····························· 239

第三节　我国社会保险基金预算编制 ····························· 245

第十章 社会保障基金会计制度 ································· 254

第一节　社会保障基金会计概述 ································· 254

第二节　社会保险基金会计科目 ································· 256

第三节　社会保险基金财务报表 ································· 279

第四节　社会保险基金会计实务 ································· 282

第十一章 社会保障基金统计制度 ……………………………………………… 289
　第一节 社会保障基金统计概述 …………………………………………… 289
　第二节 社会保障基金统计内容 …………………………………………… 292
　第三节 我国社会保障基金统计 …………………………………………… 298

第十二章 社会保险基金精算管理 ……………………………………………… 306
　第一节 社会保险基金精算概述 …………………………………………… 306
　第二节 社会保险基金费率厘定 …………………………………………… 308
　第三节 社会保险基金精算报告 …………………………………………… 312

第四篇 各类社会保障基金管理

第十三章 社会保险基金管理 …………………………………………………… 320
　第一节 基本养老保险基金管理 …………………………………………… 320
　第二节 基本医疗保险基金管理 …………………………………………… 335
　第三节 其他社会保险基金管理 …………………………………………… 343

第十四章 社会救助基金管理 …………………………………………………… 350
　第一节 灾害救助基金管理 ………………………………………………… 350
　第二节 生活救助基金管理 ………………………………………………… 352
　第三节 社会慈善基金管理 ………………………………………………… 357

第十五章 社会福利基金管理 …………………………………………………… 361
　第一节 公共社会福利 ……………………………………………………… 361
　第二节 特定对象福利 ……………………………………………………… 363
　第三节 福利彩票基金 ……………………………………………………… 365

第十六章 其他社会保障基金管理 ……………………………………………… 372
　第一节 全国社会保障基金 ………………………………………………… 372
　第二节 企业年金 …………………………………………………………… 381
　第三节 住房公积金 ………………………………………………………… 386

参考文献 ………………………………………………………………………… 393

绪　论

　　社会保障基金是社会保障制度的物质基础和核心机制，社会保障基金管理关乎社会保障制度运作的顺畅与否、能否持续、能否成功，更关系到民众的切身利益与社会稳定。社会保障基金管理是一个复杂的社会系统工程，需要探寻社会保障基金实现管理目标的规律，需要科学的理论进行指引，需要正确的方法予以支持。

一、社会保障基金管理的研究对象

（一）其他相关学科的研究对象

　　一门学科的研究对象是特定的，研究对象的不同将学科与学科之间区分开来。例如，人口社会学的研究对象是用社会学的理论和方法认识和分析人口结构、人口过程和人口变迁，以及它们与各种社会力量——文化、经济和政治要素之间的互动关系[①]。保险学的研究对象是保险商品关系，体现在四个层面：一是保险当事人之间的关系；二是保险当事人与保险中介人之间的关系；三是保险企业之间的关系；四是国家对保险业实施监管而形成的管理与被管理的关系[②]。人口社会学的研究对象可以明确概括为人口结构、人口过程和人口变迁三者，保险学的对象可以简要概括为保险商品关系。

（二）社会保障基金管理的研究对象

　　社会保障基金管理这门学科的研究对象是社会保障基金运作机制。社会保障基金管理是认识和分析社会保障基金运行机制的一门新兴管理学科。为此，首先要明确社会保障基金的概念、特点与种类，社会保障基金与国家财政和金融市场之间的关系，社会保障基金管理要达成的目标和为实现管理目标而采用的管理体制与管理模式；其次，社会保障基金管理的具体内容，包括社会保障基金的筹集、投资、给付与监管，即社会保障基金运作机制的各环节；第三，在社会保障基金周而往复的循环过程中采用的管理方法，包括财务、会计、统计与精算方法；第四，各类社会保障基金的运作机制，可以分为社会保险基金、社会福利基金、社会救助基金以及诸如企业年金等其他社会保障基金四类。

二、社会保障基金管理的体系结构

　　基于学科的研究对象，本书除绪论外分为四篇，每篇各四章，总计十六章，如图

---

① 佟新．人口社会学［M］．北京：北京大学出版社，2010 年 8 月第 4 版，第 3 页。
② 魏华林，林宝清．保险学［M］．北京：高等教育出版社，2006 年 3 月第 2 版，第 5—6 页。

0-1所示。第一篇为社会保障基金管理概述，分别论述社会保障基金的概念与种类，社会保障基金与国家财政、金融市场的相关关系，以及社会保障基金管理的目标与体制。第二篇为社会保障基金管理内容，分别论述社会保障基金的筹集管理、投资管理、给付管理与监督管理。第三篇为社会保障基金管理方法，分别论述社会保障基金财务、社会保障基金统计、社会保障基金预算与社会保险基金精算。第四篇为各类社会保障基金的管理，分别论述社会保险基金、社会福利基金、社会救助基金和其他社会保障基金的管理。

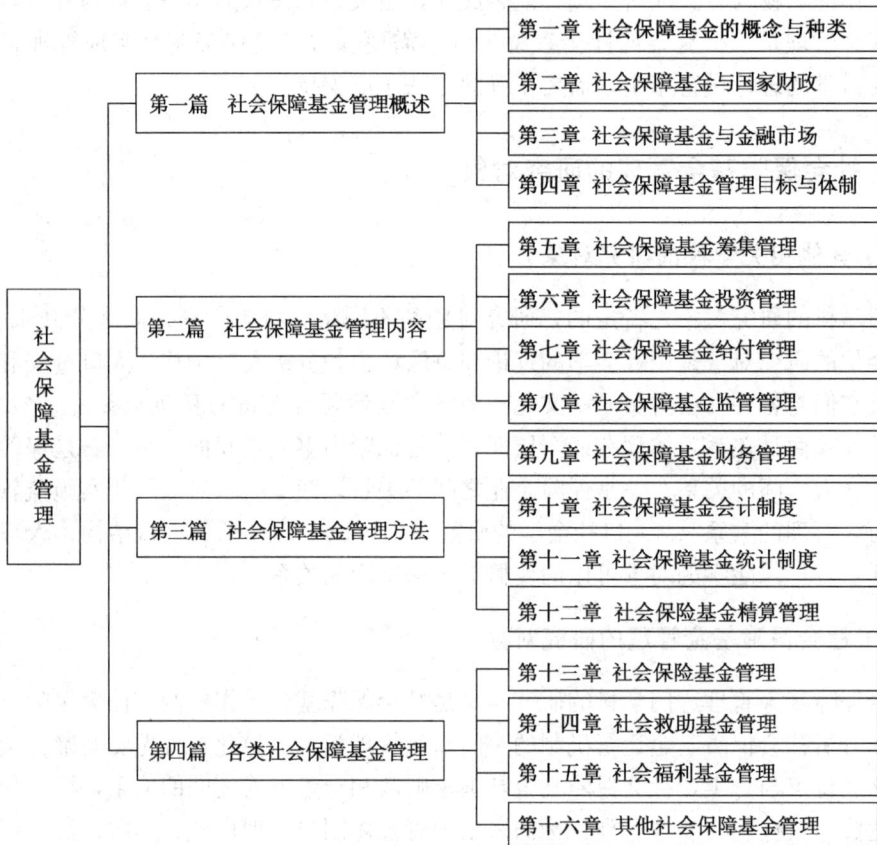

图 0-1　本书体系结构

　　本教程不单设社会保障基金管理的法律依据与国际比较借鉴章节，而是根据章节内容的需要将其融入其中，比如在第二篇社会保障基金管理的各环节中，分别专设一节深入了解与之有关的法律法规，在讲述到相关基本原理时，将国内外比较研究融入其中。

　　社会保障基金管理作为一门新兴学科，其研究对象不如别的学科已达成清晰明确的共识，学者仍然在探索、分析、归纳社会保障基金管理学科的研究对象，对社会保障基金管理对象的认识会随着研究的深入和我国社会保障制度改革的深化而不断发展与完善。

三、社会保障基金管理的学科性质

（一）社会保障基金管理是社会保障学的二级学科

社会保障基金管理是社会保障学的二级学科，社会保障学的学科性质决定着社会保障基金管理的学科性质。但是，对社会保障学的学科性质在不同国家的实践存在着差异。日本的社会福利学科通常被纳入社会学范畴，对养老保险的研究则与经济学、财政学关系紧密；德国的社会保障几乎可以与社会保障法等同；美国将社会保险列入经济学范畴；中国将社会保障学归入管理学门类公共管理学科。社会保障基金管理同样具有这样显著的特点。

（二）社会保障基金管理是一门新兴学科

社会保障基金管理作为一门新兴学科，其学科名称甚至并不确定，相关的学科名称主要有三种：社会保障基金管理、社会保障资金管理、社会保险基金管理。以社会保障基金管理命名的教材主要有张留禄（2010）、张广科（2008）、吕学静（2007）、殷俊，赵伟（2007），杨良初（2003），柴月姣（2002）等；以社会保险基金管理命名的教材有林义（2007）、郭士征（2006），此前还有胡晓义（2001）、李连友（2000）、韩良诚（1996）；以社会保障资金管理命名的教材出自林治芬（2007）。作为社会保险基金的核心——养老保险基金管理的研究层出不穷，琳琅满目，教材较少，多为著作。学科名称的不同，意味着研究范畴存在差异，社会保障资金管理的研究范畴大于社会保障基金管理，但两者的界限并不明显，社会保障基金管理的研究范畴大于社会保险基金管理。三者的研究范畴大小如图 0-2 所示。

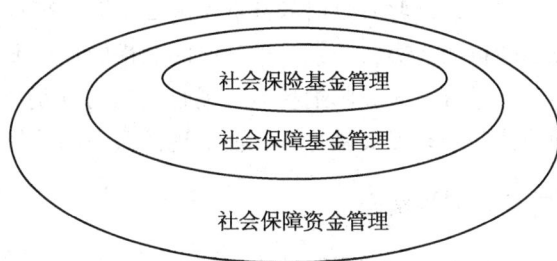

图 0-2　社会保障基金管理的研究范畴

（三）社会保障基金管理是一门交叉学科

正如社会保障学本身是一门具有交叉、综合特点的学科，作为其二级学科的社会保障基金管理同样与多学科如经济学、管理学、财政学、金融学、法学、政治学等存在密切关系。社会保障基金管理从筹集到发放，实质上是国民收入的再分配，需要运用经济学的理论与知识；然而，判断和衡量社会保障基金收支效果不能仅考虑投入产出等经济效益指标，还要充分考虑其是否促进社会和谐发展。社会保障基金管理与管理学、财政学、金融学、法学等学科之间皆存在交叉且非包含的关系。社会保障基金管理不是这些学科的分支，社会保障基金管理有其特定的研究对象，是在这些学科基础上发展而成的一门新兴学科，如图 0-3 所示。

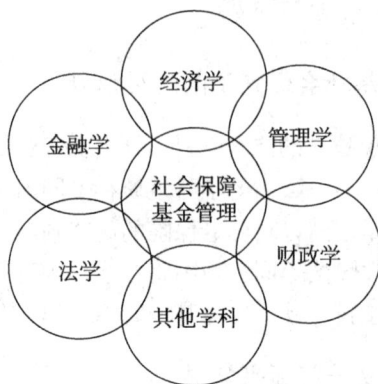

图 0-3　社会保障基金管理与其他学科的交叉性

四、社会保障基金管理的研究方法

（一）纵向对比与横向对比相结合

在社会保障基金管理学科的研究中，纵向比较与横向比较相结合的方法是用得最普遍的基本方法之一，有助于形成全面和正确的认识。以时间为轴对一个国家或地区的社会保障基金管理进行纵向考察，能了解其变迁历程，发现规律。现代社会保障制度建立距今已有逾百年的历史，在一个多世纪的发展进程中，世界各国纷纷建立起社会保障制度，并随着社会的发展不断改革和完善，这些有价值的社会保障基金管理理论和实践经验值得回顾总结，从而实现古为今用的目的。进行国别或地区之间的横向比较研究，能够挖掘不同国家或地区的共性与个性，通过分类研究归纳特点，吸收成功的有益经验、汲取失败带来的教训，发现内在的共同规律和未来发展趋势，从而实现洋为中用的目的。

（二）定性研究与定量研究相结合

定性分析法就是对研究对象进行"质"的方面的分析。定量分析法是对研究对象进行"量"的方面的分析，也称量化分析。在定性分析中，通常运用归纳和演绎、分析与综合、抽象与概括等方法来认识事物本质并揭示内在规律。定量研究侧重于用数字来描述、刻画、阐释事物，除了有数据的支撑，还可能涉及计量方法、概率与数理统计方法、模型、精算等的应用。定性研究与定量研究各有其特点、优越性与局限性，不存在孰优孰劣之分，两者并不相互对立，质和量本来就是事物的两面，要全面、深刻地认识事物，就需要把定性研究与定量研究相结合。在社会保障基金管理的研究中，同样要运用定性研究与定量研究相结合的方法。比如，在社会保障基金与国家财政相互关系的研究中，社会保障基金与财政收入、财政支出、财政赤字之间的关系如何，在进行定性研究之后，需要获得一国或多国的相关数据作为论据，社会保障基金管理的研究离不开大量历史和现实的资料和数据，缺乏定量研究的纯定性研究显得苍白无力，而脱离定性研究的定量研究无法揭示现象、发现问题。

(三) 规范研究与实证研究相结合

规范研究方法是关于经济目标、经济结果、经济决策、经济制度的合意性的研究，它解决经济过程中"应该是怎样"的问题，旨在对各种经济问题的"好""坏"作出判断。

实证分析方法是确定经济的运行"是怎样"的问题，探讨经济活动的客观性。实证研究的内容可以分为两类：经验实证研究与理论实证研究。经验实证研究可以通过观察、感知，直接获得关于事物的表面现象；理论实证研究需要经过科学的抽象和科学的思辨才能够得到，是从根本上来回答这些现象产生、发展和消亡的原因。

社会保障基金管理研究既要运用规范研究的方法，明确社会保障基金管理的目标与方向，又要运用实证研究，把握社会保障基金管理活动的客观规律性，将规范研究与实证研究相结合。

案例 0-1

杭州 11 人套出 5 200 万元医保金

骗保案件频发

"药店刷医保卡，药品按比例回收。"这样的小广告在马路边、楼道里、电线杆上不时可见。然而，这种算不上有多少技术含量的"生意"，於某、董某等 11 人竟然做了 5 200 万元。

2008 年 12 月 31 日上午，这起浙江省迄今最大的非法经营医保药品案在杭州市上城区人民法院宣判。法院以犯非法经营罪一审判处於某等 11 人 1 年 6 个月至 11 年不等的有期徒刑，并处以不同数目的罚金。

这个以於某、董某夫妇为首的团伙，全部都是温州乐清市雁荡镇人。早在 2005 年以前，於某就开始分别在杭州近江一带做药品收购、贩卖的生意。由一道贩子从参加医保的社会人员处回收从医保配出的药品，於某等人作为二道贩子再集中向这些一道贩子加价收购，然后通过打包整理，除去贴在包装上的医嘱，加价出售到汕头、揭阳、福州等地，再由这些外地的三道贩子将药品出售给一些私营的小诊所、药店等。

因非法经营药品，於某曾于 2005 年被杭州市上城区人民法院判处缓刑。

缓刑并没有让於某收敛，他反而伙同妻子董某，重操药品贩卖的生意。2007 年 6、7 月，为了改变老乡同行之间的互相竞争，於某索性召集了其余 7 个同行，商议后最终决定 9 人合伙投资，每人出资 20 万元，开始"集团经营"。

2007 年 9 月底，於某等人被公安机关抓获，并当场查获了 500 余种、价值 100 万元尚未出售的各类药品。据查，这个团伙合伙经营不到 3 个月，案值就达到将近 1 300 万元，而为首的於某、董某夫妇两年多来非法经营的案值居然高达近 4 000 万元。

据了解，他们收来的药很多都是治疗糖尿病、高血压、感冒的，需求量大。而这些药大多是从违规配购药品的参保人员当中来的，收药人甚至与参保人员形成了"良好"的合作关系。

"因为一些参保的人觉得医保卡里的钱只有在看病时才能用，不够'活'，还不如低价套现。"办案人员说，因为药品是低价销售的，交易的实际价格往往只有药品市场价格的五至六成，他们的这种非法买卖行为，给杭州市医保造成的实际损失达亿元。

　　据承办检察官介绍，药品在我国属于法律规定的专营、专卖物品，在无经营许可证的情况下从事药品生意，达到一定数额即构成非法经营罪。

　　非法收购药品现象在我国各地都不鲜见，杭州市上城区检察院检察官田涛认为，其原因无非有二：一是有源头以"供货"；二是有市场以"出货"。"公费医疗养肥了非法收药。"

　　"众多不知名的医保参保人员构成了非法经营销售链的第一环。"就此案，田涛介绍，由于一些人员的医疗费是单位实报实销的，他们通过非法收药者把多开出的药变成现金；手持医保卡的一些人则通过医疗保险账户买药，然后低价卖给非法收药者；也有一些为医者与某些能报销药费的个人"沟通"好，把多开出的药低价卖给非法收药者，从中得利。在利益驱动下，药店和诊所的负责人则为这些"回收贩子"提供了销售市场。

　　据涉案人员供述，一般配药者以市场价四成的价格把药卖给药贩，一个一道贩子每月收入2 000多元，二道贩子则获利更多，如於某、董某夫妇几年来的收益达近50多万元。

　　35岁的乐清人王珠凤是另一非法经营医保药品销售网中的一道药贩。2005年，听说收药赚钱很容易，王珠凤便来到杭州"收药"。她与丈夫分头行动，行走在街头巷尾收购药品。2007年9月，警方仅仅从她家搜出的药品就达155种之多，价值11万余元。

　　2003年1月至2004年12月，时任浙江省民政厅调研员的应卫东，其工作之一是为本系统离休干部跑医保卡医疗证历本年检和换证。换证和年检需要时间，应卫东利用这段持有医保卡和病历证的时间，以自己替老干部配药为由，冒名持证到医院配药。

　　许多医院、医生根本不核对病人身份，应卫东轻易得手。随后，应卫东将药品廉价卖掉。屡试不爽后，开始疯狂攫取医保基金，先后有21名离休干部的医保卡被应卫东拿去配药，门诊费用累计达100万元，应卫东本人获利多达40万元。应卫东最终被上城区人民法院以诈骗罪判处有期徒刑12年。

　　"应卫东骗保案及於友兵等人非法经营案，反映出医保制度在就诊规范性、审核监督、结算方式等方面存在的管理漏洞。"田涛说，我国医疗保险制度改革实践的时间短，医保管理对象庞杂，涉及参保人、医疗机构、药店工作人员等诸多群体，在管理上的确存在一定难度。同时，医保管理机构对欺诈医保基金的行为进行调查取证，需要得到卫生、公安、药监、街道居委等有关方面的配合，但是目前缺乏法定的工作协调机制，调查取证往往得不到支持，"这无疑削弱了医保管理的力度"。

　　同时，依照我国法律，在本人年度医保限额之外，借看病之名超额配药再提价出售的行为实质上是以欺诈的手段骗取国家医保基金，一旦达到认定数额，即构成诈骗罪。但是，由于一些骗保行为大都比较零散，达不到定罪标准，有时又因证据难以认定，因此，在实际操作中以诈骗罪认定较难。另外，《刑法》虽然对保险诈骗罪作了界定，但没有明确社会保险诈骗罪，这就容易给一部分小额、零散骗保的参保人员钻法律漏洞的可乘之机。

　　据悉，在王珠凤一案中，王珠凤被以非法经营罪一审判处有期徒刑两年。但是，更多的一道药贩因为数额不够或难以认定等问题，未被追究刑事责任。而位于销售链首环的配药者，更由于缺乏相关法律规定以及认定较难等原因，无一涉案医保参保人员被刑事立案。据杭州市劳动和社会保障局医保中心证实，他们在此案发后，初步查处医保参保的违规人员有50人，追回违规资金13余万元。

　　田涛认为，如何监督医疗保障违规违法的事件也是解决问题的关键。目前，由于社会保障立法滞后，许多涉及医疗保障违规违法的事件得不到及时查处，致使各地医疗保障违规违法行为较为普遍。

　　"药贩子和卖药者之间是心照不宣的互利关系，受害的除了国家和集体，也包括不明真相的普通百姓。"因此，有关法律人士认为有必要从法律层面对此类行为进行定性和量刑。

杭州出台骗保处罚办法

据悉，针对於友兵等人非法经营药品案反映出来的问题，杭州市已专门制定了《基本医疗保障违规行为处罚办法》。《办法》从行政法规层面对参保人员、医疗机构、定点药店等各责任主体的违规行为作了处罚规定。如参保人员通过重复就诊、超量配取药品等任一情况的，将被追回违反规定支出的基本医保金，并由劳动保障行政部门处以500元以上2 000元以下的罚款。医疗机构如出现将非参保人员的医疗费或非基本医保开支范围费用列入基本医保基金支付范围的；允许或纵容冒名就诊、挂名住院的；将生活用品、保健滋补或者其他物品等非基本医保开支范围的费用列入医保基金开支等任一情况，情节特别严重的，将取消定点医疗机构资格。

"这也算是对现行医保制度的一次小小补丁吧，期待通过法律和制度上更深层次的补丁来堵塞医保制度漏洞，以真正斩断药贩子的利益链。"田涛说。

采访中，一些参保人认为，医保卡里的钱是个人财产了，可以随意使用，甚至把暂时不用的钱买东西或换成现金也理所当然。但是，社保专家提醒医保参保人，医疗保险个人账户是政府为保障市民基本医疗需求而建立，医保卡上的钱就是个人账户的钱，这里不仅有职工个人缴纳的费用，还有政府和单位统筹划拨的费用。因为个人账户的本息可以累积，这是一笔救命钱。"钻规则的漏洞，将医保卡内的资金变卖，不但是亏本买卖，也损害了持卡人自己的利益。用药品套现，不仅涉嫌违法犯罪，也等于在透支未来。"

资料来源：骗保案件频发：11个药贩子"卖"了5 200万医保药 [N]. 中国青年报，2009年1月6日。

案例 0-2

上海10人收集200余张医保卡诈骗医保基金

被告人余家群、宋子龙等人租用他人医保卡，以为患者"代配药"为名，骗取大量药品后贩卖，造成巨额医保基金流失。日前，上海市检察二分院依法对这6起医保卡诈骗案件的10名被告人集中提起公诉。这批案件共涉及医保卡200余张，涉案总金额超过400万元。

宋子龙，27岁，1999年初中辍学后在家务工，2004年与妻子胡艳结婚，此后一直在老家经营窗帘生意。余家群是宋子龙的岳母，10多年前和丈夫胡德银来到上海，老两口刚开始以收废品、家电为生，后来，看到别人从事拉卡收药"生意"可以赚钱。从2005年开始，夫妻俩也向上海本地参保人回收药品及租借医保卡配药，做起了这门"生意"。2008年年底，胡德银因肝癌去世，为了照顾母亲余家群，女儿胡艳和女婿宋子龙先后来到上海打工。因为岳父生病欠下了很多债，一家人生活需要开销，又没有其他经济来源，所以，宋子龙也学着做起了拉卡收药这个行当。

自2009年上半年起，余家群、宋子龙与胡艳等人在上海国和路吉买盛超市门口挂了一块"拉卡收药"的牌子，开始租借上海人的医保卡，同时回收药品。看到宋子龙等人来收药，一些退休老人就把自己家里吃不完的药品拿出来卖。因为岳父母以前就在这里收过药，很多人都认识余家群，生意还不错。看到宋子龙等人不仅收药还收卡，一些老人因为身体健康等方面的原因，自己不方便去医院买药，就拿医保卡让宋子龙等人去医院代配药，除了自己需要吃的，多余的就卖给宋，换取部分药钱以贴补家用。还有一些人把自己的医保卡长期租借给宋子龙、余家群使用，收取一定的租借费。胡艳负责将收来的医保卡和贩药的钱进行登记。宋子龙等人除了向老人租借医保卡外，还会寻求参保人家属、社区棋牌室的经营者帮忙，大量租借社区老人的医保卡。医保卡的来源主要是退休人员，因为他们到医院配药的自付费用比较低，一般仅需要支付药品价格的10％—30％，而"大头"部分由医保基金承担。

租借给余家群等人医保卡的沈莉娥，是上海某纺织厂的退休职工，2006年借钱给别人炒股，不料却被骗了10多万元，多年来的积蓄被骗光，生活相当拮据。当她看到租借医保卡有利可图时，就为宋子龙、余家群等人介绍大量参保人，成为中介人，从中分得蝇头小利。她向参保人吹嘘自己可以帮他们赚钱，先是租借了许多亲戚及朋友的医保卡，后来还要亲戚和朋友介绍其他人，然后她再把这些医保卡给余家群等人收取租借费。平均每月租借一张卡，余家群等人给沈莉娥350元左右，沈莉娥再分给参保人300元，沈赚取其中的差价50元左右。至案发，沈莉娥共租借参保人的医保卡50余张，骗取药品近100万元。沈莉娥原是"代为炒股"诈骗案的受害人，因为不甘心自己的心血被骗，想租卡做中介从中捞一把作补偿。日前，沈莉娥因犯罪情节严重以诈骗罪被追诉。

宋子龙等人拿着租借来的医保卡到医院配药，将每张医保卡都挂号，一张可以挂3—4个科室。医生有时会问宋子龙与患者的关系，以及为什么患者自己不来配药等问题。宋子龙等人就向医生谎称自己是医保卡持有人的家属或邻居，患者来不了，自己来为病人代配药。医生就根据记录的病情和以前的配方开具处方，宋子龙拿到处方后到药房刷卡、付费、取药，整个骗购过程就完成了。

据宋子龙交代，他们每周去医院2—3次，每次携带4—5个人的医保卡，每张卡挂4—5个门诊科室，涉及内科、普外科、骨科等，主要配置治疗高血压、心脏病、糖尿病、关节炎等比较好卖的药品，如诺和灵、吗丁啉等。每次配药都很小心，因为医保监管部门对每张卡的配药金额不得超过一定金额，超量配药医保卡就会被锁定，所以，宋子龙他们每次控制配标准金额以下的药品，一个月下来平均配3万多元的药品。他们按照医院开出的药品发票金额的50％折算出金额，再扣除自己支付的挂号费、自付费用，剩余的付给医保卡持卡人，然后按药品全价的60％—65％卖给药贩子，赚取其中的差价，大约可以获利10％—15％。他们与药贩子每隔半个月到20天左右联系一次，一般约在某个地点收药。每个月卖出的药品金额为几万元，一个月赚1万元左右。药贩子收药时一般付现金，当场结清钱款，有时会转账到胡艳的银行卡上。

承办检察官说，在大街小巷时常可以看到像宋子龙、余家群这样的小摊小贩挂着"拉卡收药"的牌子，他们大多是来自安徽、四川等地的外地人，租借上海本地人的医保卡，代配药后贩卖。在较早的案例中，犯罪分子向本市参保人收购多余的药品，现在发展到大量租用他人的医保卡实施诈骗。本案中的犯罪嫌疑人均是以按次、按月付费或借款抵押等方式，通过大量租用并分散冒用他人医保卡的方式作案，使医保部门无法通过监控网络数据库发现这些医保卡存在异常使用的情况。犯罪手段的转型，让打击违法犯罪的医、公安等部门难以及时有效地采取应对措施。

冒用他人医保卡、到医院大量"代配药"诈骗医保基金的犯罪活动，已经对医保制度的实施及药品安全的监管带来了重大危害和隐患。针对被批准逮捕的宋子龙等一批犯罪嫌疑人的诈骗案件，上海市人民检察院于2010年5月17日向上海市人力资源和社会保障局发出《检察建议书》，指出诈骗医保基金案件频繁发生，暴露出以下一些问题：(1) 联合执法及监督机制不完善。案件反映医保、卫生、药监、工商等行政管理部门及司法机关在协调整合方面存在欠缺，未能形成有效的执法、监督防控体系。(2) "代配药"制度存在漏洞。先行代配药制度缺少配套的监督检查机制，部分医保定点医疗机构执行制度不严，给犯罪分子以可乘之机。(3) 参保人员法治观念淡薄。出租医保卡的大多是老年人，对医保政策缺乏认识，随意出借医保卡，为犯罪分子提供了作案工具。

为确保医保基金安全，上海市检察院提出如下整改建议：（1）加大监管力度。由上海市人力资源和社会保障局牵头，会同公安、卫生、药监等部门组织专项检查，整治本市收购药品的"地下市场"。（2）定点"代配药"医疗机构和"代配药专门窗口"，实施"代配药"实名制和备案制。参保人可选择"代配药"定点医疗机构，但均须向医保部门提交本人与被委托人的有效证件。加强监管，落实奖惩，确保医保基金安全合理地使用。（3）建立药品管理方面的专门网络数据库。将参保人、"代配药"被委托人、医生、医疗、处方等信息纳入专门网络数据库，统一完善全市医疗机构的录像监管系统，尤其做好"专门窗口"的录像监控工作。（4）加强对参保人员的监管。建立参保人的权利义务告知制度，建议医保部门向参保人发卡时加附《权利义务告知书》，明确出借医保卡的责任和"代配药"的注意事项。（5）借助报刊、电视、广播、网络和社区宣传栏等多种形式，加大医政策的宣传教育力度，提高医生及参保人员的诚信意识。

2010年11月3日，上海市政府召开专题会议，听取上海市人力资源和社会保障局及上海市医疗保险办公室"加强医保基金监管开展药品市场专项整治的情况汇报"，就检察院提出的问题和建议进行了深入的研讨。日前，上海市人力资源和社会保障局及上海市医疗保险办公室积极采纳检察院的建议，联合发出了《关于加强医保基金监管开展药品市场专项整治的工作建议》，指出为进一步加强医保监管，拟开展以下若干重点工作：建立医保监管联合工作机制，开展地下药品市场专项整治工作；加强与卫生部门的联合执法，加强对违规医生的处罚力度；拓展医保监管技术手段，建立医保监管长效机制；加强医保政策宣传，增强医保自律意识；完善医保监管体制，提高医保监管效率。

实际上，为加大打击诈骗医保基金案件的力度，上海市医疗保险局、上海市公安局于2001年7月就联合发出了《关于依法惩处骗取医疗保险基金行为的通告》：参保职工出借医疗保险凭证（包括医疗保险卡和其他医保就医凭证）的，个人冒用参保职工医疗保险凭证的，或者个人采用伪造、变造账目等不正当手段骗取医疗保险基金的，市医疗保险局应当责令其限期改正，追回已支付的医疗保险基金，并可处以警告、100元以上1 000元以下的罚款。采取上述违法手段，以及出卖通过冒用他人或使用本人医疗保险凭证就医配得的药品，骗取医疗保险基金，应当给予治安处罚的，由公安机关依照《中华人民共和国治安管理处罚条例》依法给予处罚；构成犯罪的，依法追究刑事责任。在这份《通告》里还规定，医疗保险管理部门工作人员滥用职权、徇私舞弊、玩忽职守，造成医保基金流失的，由市医疗保险局追回流失的医疗保险基金；构成犯罪的，依法追究刑事责任；尚不构成犯罪的，依法给予行政处分。

这批诈骗的特点是：涉案金额大，最多可高达100余万元；犯罪呈现地方化甚至家族化倾向；老年人是犯罪分子的主要目标；涉案医院中三级医院较多。药贩子诈骗所得的药品，经过转卖，容易使假药、劣药和过期药等流入市场，助长地下药品市场的猖獗，对群众的健康产生不利影响。这些机制的建立，将促进和完善医保基金的正常运转，确保医保基金的安全，真正做到取之于民，用之于民，而医生、参保人应该提高警惕，增强自律意识，珍惜和维护医保基金的公共利益。

资料来源：曹小航、张芳，"代配药"致医保基金流失400余万元，市检察二分院对6起医保卡诈骗案提起公诉［N］.新闻晨报，2010年11月19日。

第一篇

社会保障基金管理概述

本篇主要阐释社会保障基金的内涵与相关关系、社会保障基金管理目标与体制，共四章：第一章社会保障基金的概念与种类，第二章社会保障基金与国家财政，第三章社会保障基金与金融市场，第四章社会保障基金管理目标与体制。

第一章　社会保障基金的概念与种类

本章学习目标

1. 了解社会保障基金的概念
2. 掌握社会保障基金的特点
3. 理解社会保障基金的性质
4. 区分社会保障基金的不同种类

第一节　社会保障基金的概念与特点

一、社会保障基金的概念

（一）社会保障基金的定义

何为社会保障基金？学者的表述差异不大。殷俊、赵伟给社会保障基金作如下定义："国家政府根据实行的社会保障制度，依据现行法律法规筹集的用于社会保障事业的一项法定的专门资金。"在中国劳动社会保障出版社 2002 出版的《领导干部社会保障知识读本》中，社会保障基金是指："根据国家有关法律、法规和政策的规定，为实施社会保障制度而建立起来、专款专用的资金。"郑功成在《社会保障》一书中指出："社会保障基金指国家和社会从已有的社会财富中提存、积累，并用于援助或补偿社会保障对象的资金。"上述定义的文字表述尽管不同，但对社会保障基金概念的认识没有差异。社会保障基金是根据国家法规专门用于社会保障事业的基金。

（二）与社会保障基金相关的概念

与社会保障基金相关的概念主要有两个，一个是社会保障资金，另一个是社保基金，需要澄清这两个概念与社会保障基金的关系。

1. 社会保障资金

林治芬在《社会保障资金管理》中特别指出社会保障资金与社会保障基金的区别："基金常常是为特定目的专设，带有专款专用性质，有结余和投资运作。政府用一般税收安排的行政事业单位离退休经费、卫生经费、抚恤和社会救济费，以及对就业和社会保障补助的资金，不能称其为基金，而只能是资金。单位和个人的社会保险费缴费也不能称为基金，只有当缴费收入大于待遇支出、资金沉淀下来需要进行投资运作时才成为基金。因此，社会保障资金比社会保障基金的空间范围和时间范围更宽泛。"

是否能因为其没有结余、没有投资而不能称其为社会保障基金，而只能称其为社会保障资金呢？其实不然。回到基金的定义，基金指具有特定目的和用途的资金。社会保障基金从属于基金的定义，只要是专门用于社会保障事业的基金，就可以称其为社会保障基金。单位和个人缴费形成的养老保险基金，不因其入不敷出而只能称为资金；财政用于社会保障支出的资金，如社会救助基金，不因其来自税收而只能称为资金。社会保障基金的投资运营很重要，但是并不能以此作为判断基金的依据。当然，社会保障基金的投资运营极其重要，所以，对社会保障基金的研究，需要从基金的筹集、投资、监管等各个环节入手进行全面分析。

2. 社保基金

社保基金是一个语义含糊的简称，在不同的场合，它可以是社会保障基金、社会保险基金或者全国社会保障基金这三者其中之一的简称，甚至有时会用社保基金来指代社会统筹基金、企业年金等和社会保障基金关系密切的概念。社会保险基金是社会保障基金的主要构成部分，全国社会保障基金、企业年金是社会保障基金中的一类基金，特别是全国社会保障基金，具有特定的称谓和含义，不是指我国所有的社会保障基金。初学者或者一知半解者往往会犯此种望文生义的错误。

二、社会保障基金的特点

社会保障基金具有国家法定性、专款专用性、统筹互济性和覆盖广泛性四个特点。

（一）国家法定性

国家法定性指社保基金要依法运作，法律法规明确规定社保基金的性质、来源、运营、监管等，社会保障基金无论是征缴还是投资、支付，都受到国家法律法规的规范与限制。国家法定性与法律强制性的含义不同。法律强制性强调通过立法强制在全社会建立，特别是参保遵循强制而非自愿原则。法律强制性仅适用于社会保险基金，不适用于范畴更大的社会保障基金。国家法定性既要求参保单位和个人要依法参加缴纳社保，没有自由选择和更改的权利，又约束社保管理机构应当依法收缴社保基金，不得随意变更缴费基数与比例，对所有当事人主体形成约束。因此，社会保障基金具有国家法定性，而不是法律强制性。

（二）专款专用性

社会保障基金是根据国家法规专门用于社会保障事业的基金，其特定用途是为了保障全体社会成员在面临年老、疾病、失业、工伤、贫困、自然灾害等风险时，可以通过社会保障基金摆脱生存危机、维持基本生活水平。社会保障基金的使用不能偏离社会保障事业，无论是筹集还是投资，都是为了满足社会成员的保障需求，而非资金运作本身，由此可见，专款专用性与社会保障基金的投资并不矛盾。

专款专用性要求社会保障基金不能用于社会保障事业以外的目的，即不能挪作他用，不管挪用的目的或性质是什么，挪用后的后果或结果是什么。那么，各项社会保障基金能否混合使用？普遍认为各项社会保障基金都有专门的用途，不同的社会保障基金之间也必须恪守专款专用，杜绝混合使用。比如，五项社会保险基金各有其覆盖的风险，应当分别核算和使用；住房公积金是企业和职工缴存的长期住房储蓄金，只能用于与住房有关的支出，不能用于养老或者医疗，不能与社会保险基金混合使用。在特定重大社会救助基金中，专款专用也往往是捐款人的希望与要求。例如，上海市静安区 2010 年 11 月 15 日高楼失火，截至 2011 年 9 月 5 日，共收到社会各界"11·15 火灾"捐款 5 469.92 万元人民币，上海慈善基金会静安区分会发布公告称："此次捐款全部用于'11·15 火灾'慈善救助项目，专款专用，不提留任何成本开支及费用。待项目完成后，将依法接受审计，并向社会公布结果①。"

对于不同项目的社会保障基金是否应当专款专用也有不同的观点与声音，特别是住房公积金的使用。全国政协委员、上海市人大常委会副主任郑惠强认为："住房公积金不应当只是强制性的住房储蓄制度，而应是一种全民社会保障制度，住房公积金管理机构应和社保基金征缴机构合并，按照以人为本的原则出台政策，允许个人将住房、养老、医保等账户资金按一定规则融通使用。"全国政协委员、湖北省政协副主席郑楚光也认为由于公积金的用途受限，我国住房公积金的效率相当低下②。然而，要解决我国住房公积金闲置过多、分配不公的问题，不应当从扩大用途着手，而应当从缴费与提取制度设计上提高住房公积金的使用效率，惠及更多社会大众，特别是住房困难的群体，让住房公积金制度能在住房保障体系中发挥应有的作用，而不是简单地因为住房公积金有闲置就扩大其用途。

（三）统筹互济性

社会保障基金通过对国民收入的分配与再分配，使社会成员共同承担风险，具有明显的统筹互济性。社会保障基金"取之于己，部分用之于人；或部分取之于人，用之于己"。比如，缴纳汇集的失业保险基金让所有劳动者共同承担失业风险，对在业者而言是"取之于己，部分用之于人"，对失业者而言是"部分取之于人，用之于己"。社会保险基金的统筹互济性实现劳动者之间的互助共济，实现劳动者与非劳动者之间的互助共济，社会救助与社会福利基金来自劳动者的剩余劳动，同样体现了劳动者对非劳动者的无偿援助，统筹互济性使得社会成员个人享受的权利与承担的义务不对应。

基于社会保障基金的统筹互济性，一个值得思考的问题是：劳动者退保或转移时能否带走社会统筹的基金？退保与转移分属两种情形。退保时不能带走社会统筹基金，因为社会统筹资金不是个人所有，而是具有互助共济性质的统筹基金；深圳等地出现大面积的外来务工人员退保潮，退的就是个人账户资金。然而，社会保险的制度设计中不应当由于统筹层次低而存在退保。转移时可以全额带走，因为社会统筹应当不分地域，但是由于我国社会保险的统筹层次尚未达到全国统筹，涉及不同省份的利益关系，影响转出和接收，根据我国转移接续社会保障的最新规定，转移时社会统筹只能带走部分资金。

---

① 宗晨亮. 上海静安火灾善款将全额发放，不提留工作经费 [EB/OL]. 中国新闻网，http://society.people.com.cn/GB/15711043.html。

② 徐菲. 公积金应与养老医保基金通用 [N]. 东方早报，2009 年 3 月 11 日。

（四）覆盖广泛性

覆盖广泛性有两方面的内涵，一是社会保障基金覆盖风险广泛，二是社会保障基金受益对象广泛。联合国给社会保障如下定义："每个人为其自己及家庭之健康与幸福，对于衣食住医疗及其必须社会服务设施应有适当水平的权利，而对于失业、疾病、残疾、寡居、老年等情况以及由个人不可抵抗力遭遇到生活危机，无法为生，并有权力获得保障。"美国认为社会保障是指根据政府法规而建立的项目，给个人谋生能力中断或丧失以保险，还为结婚、生育或死亡而需要某些特殊开支时提供保障，为抚养子女而发给的家属津贴也包括在其中。日本指出，社会保障覆盖疾病、负伤、分娩、残疾、死亡、失业、多子女及其他原因造成的贫困，可见，社会保障基金覆盖的风险种类涵盖社会成员在一生中可能遭遇的各类主要风险。正是由于覆盖风险广，使得社会保障基金的受益对象广。老弱病残孕是社会保障基金的主要受益对象，社会福利基金则把受益对象扩展到更广泛的群体，乃至全体社会成员。

覆盖广泛性不等同于无条件受益。社会保障基金在给付时，受益往往有条件，不同的社会保障项目的受益对象往往不同。例如，社会优抚基金的对象限于军烈属，其他职业的劳动者无权享受；低保对象必须满足低保条件方可享受；经济适用房的申请者想要成功获得一套住房，必须接受相应的审核，满足现有人均住房面积、月收入、家庭资产等方面的规定。受益对象的权利和义务存在不对等性，如灾害救助中的受益者无需缴费就可以获得相应的物资或资金，但也并非完全无条件无限定，一个基本的条件限定是必须是灾害发生所在地的灾民。

第二节　社会保障基金的性质与种类

一、社会保障基金的性质

可以从四方面深入认识社会保障基金的性质：一是社会保障基金的用途属性；二是社会保障基金的分配属性；三是社会保障基金的劳动属性；四是社会保障基金的形态属性。

（一）社会保障基金的用途属性

从用途属性看，社会保障基金属于国民收入中的消费基金，并非积累基金。国民收入可以分为积累基金与消费基金。积累基金是国民收入中用作追加的生产资金部分，包括扩大再生产基金、非生产性基本建设基金。消费基金是国民收入中用来满足劳动者个人消费及社会消费的那部分资金，包括个人消费基金和社会消费基金。社会消费基金除包括社会保障基金外，还包括国防和国家管理基金、文教卫生基金等。根据国民收入分配图，社会保障基金是消费基金，如图 1-1 所示。

（二）社会保障基金的分配属性

社会保障基金的分配属性要回答社会保障基金涉及国民收入的初次分配还是再分配环

```
                    ┌─ 扩大再生产基金
          ┌─ 积累基金 ←── 非生产性基本建设基金
          │         └─ 社会后备基金
 国民收入 ─┤                        ┌─ 国防和国家管理基金
          │         ┌─ 社会消费基金 ←── 文教卫生基金
          └─ 消费基金 ─┤            └─ 社会保障基金
                    └─ 个人消费基金
```

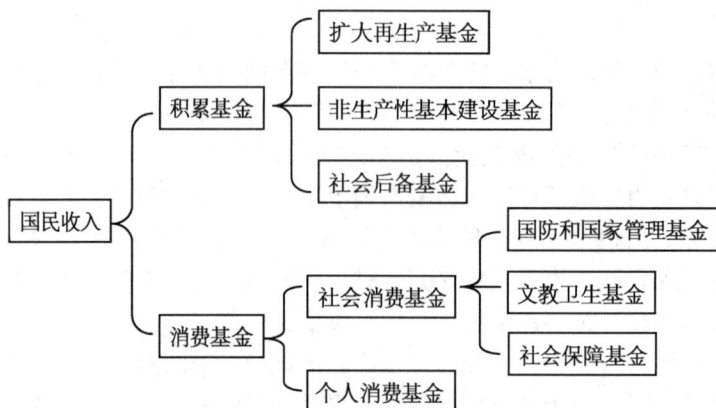

图 1-1　社会保障基金与国民收入分配图

节的问题。答案是，都涉及。从社会保障基金的分配属性来看，由于社会保障是国民收入再分配的重要手段，因此，社会保障基金的再分配属性比较突出，对社会保障基金的再分配属性的认识较为深入，并十分强调社会保障基金所具有的再分配属性。但是，不能因此忽视社会保障基金还涉及国民收入的初次分配环节。在国民收入的初次分配环节，社会保障缴费的高低会影响个人和企业的初次分配结果，进而影响到效率与公平。初次分配效率优先，再分配侧重公平。从社会保障基金的具体运行环节来看，社会保障基金的筹集影响初次分配结果，社会保障基金的给付影响再分配结果。社会保障基金是从国家财政收入、企业收入和个人收入中分解出来的，从国民收入的初次分配及再分配过程中形成的基金，从分配属性来看，社会保障基金既涉及国民收入的初次分配，又涉及国民收入的再分配。

（三）社会保障基金的劳动属性

社会保障基金的劳动属性要回答社会保障基金是来自"必要劳动"还是"剩余劳动"所创造的价值这一问题。答案是社会保障基金具有"必要劳动"和"剩余劳动"双重属性。必要劳动是劳动者为了维持和再生产劳动力所必须付出的那一部分劳动，剩余劳动是超过维持劳动力生产和再生产需要的劳动。必要劳动包括劳动者具有和丧失劳动力时维持生存所必需的生活资料价值，因此，社会保障基金具有"必要劳动"属性。企业与个人的社保缴费都来自劳动者的"必要劳动"，个人的缴费是按薪资的一定比例从薪资总收入中上缴的，因此属于必要劳动；企业缴费一般是根据企业员工工资总额的一定比例上缴的，可视为工资的一部分并进入生产成本，从劳动属性看也属于必要劳动。由此可见，社会保险基金的缴费环节体现其具有"必要劳动"属性，而其投资环节体现其"剩余劳动"属性。社会保障基金投资运营所获利润，社会救助基金与社会福利基金来源于物质生产部门的剩余劳动所创造的价值。综上所述，社会保障基金具有"必要劳动"和"剩余劳动"双重属性。

（四）社会保障基金的形态属性

社会保障基金的形态属性要回答社会保障基金是否以社会后备基金的形态存在。对此有三种观点。第一种观点认为社会保障基金是社会后备基金，其理由是基于马克思的理论观点，马克思指出，社会总产品中应该扣除一部分用作后备基金或保险基金来应对不幸事故、自然灾害等。第二种观点认为社会保障基金不是社会后备基金，理由是社会后备基金是防止社会再生产过程中断和保证国民经济正常发展的必要条件，是积累基金的组成部分。社会保障基金属于消费基金，因此并非社会后备基金。第三类折中的观点认为，社会保障基金是一种消费性的社会后备基金。

社会后备基金属于积累基金，尽管社会保障基金可以通过投资渠道用于基建项目的建设，但从社会保障基金本身的性质来看，社会保障基金属于社会消费基金，其主要目的是保障社会成员的基本消费得到满足，而不是为了保证生产的连续性。因此，社会保障基金从形态属性来看，不是以社会后备基金的形态存在。

二、社会保障基金的种类

根据不同的依据，社会保障基金可以划分为不同的种类。下面介绍五种不同的划分依据与划分结果。一是按照防范风险划分为九类；二是按照用途功能划分为六类；三是按照社保项目划分为四类；四是按照基金来源划分为三类；五是按照所有权划分为三类。

（一）按照防范风险划分的种类

根据国际劳工组织1952年制订的《社会保障最低标准公约》，社会保障基金可以分为九类资金，即医疗、疾病、失业、工伤、老龄、家庭、残疾、生育、遗属，其中，最主要的是失业、工伤、老龄、残疾、遗属五个方面。

（二）按照用途功能划分的种类

按照用途功能，可以将我国的社会保障基金划分为六大类：社会保险基金、住房公积金、企业年金、财政性社会保障基金、福利彩票资金、全国社会保障基金。该分类结果主要参照林治芬在《社会保障资金管理》中提出的观点。在六种社会保障基金中，财政性社会保障基金是财政在一般预算内税收收入和预算外各种收入安排的属于社会保障支出性质的基金，可以分为财政预算内社会保障基金和财政预算外社会保障基金。

（三）按照社保项目划分的种类

按照社保项目，一个项目对应一种基金是更普遍的做法。由于我国普遍将社会保障体系归类为四个项目，即社会保险、社会救助、社会福利、社会优抚，因此，社会保障基金按照项目可以划分为社会保险基金、社会救助基金、社会福利基金与社会优抚基金。

社会保障基金按项目的划分种类如图1-2所示。

1. 社会保险基金

社会保险基金是社会保障基金的主要构成部分，由养老保险基金、医疗保险基金、失业保险基金、工伤保险基金、生育保险基金构成。部分国家的社会保险项目除了这五大最基本、最重要的项目险种外，还包括遗属保险、伤残保险与护理保险，与之相对应地，社会保险基金还包括遗属保险基金、伤残保险基金与护理保险基金。

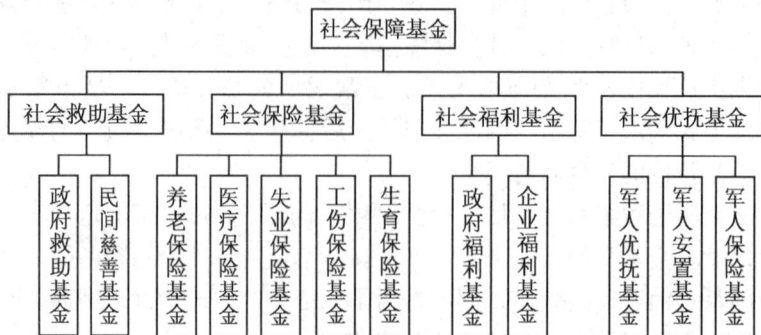

图 1-2 按社保项目划分的社会保障基金种类

（1）养老保险基金。一个国家为老年公民所提供的必要生活费用开支保障的社会保险基金。社会劳动者老年退出生产岗位后，国家和社会依法向其提供稳定可靠的经济来源，养老保险基金是社会保险基金的核心，在基金来源与支出方面所占比重都最为显著。

（2）医疗保险基金。在劳动者身体疾病或伤残时，对其医疗费用支出提供一次给付或定期给付的社会保险基金，包括意外保险、疾病保险、医疗费用保险及意外死亡伤残保险等。

（3）失业保险基金。国家通过立法强制实施的，对因失业而暂时中断收入或生活来源的劳动者提供物质帮助的社会保险基金。失业保险基金仅针对劳动者中的失业人群，受益对象不如养老保险基金和医疗保险基金广泛，因而基金规模不如前两者。

（4）工伤保险基金。劳动者因工负伤、致残、致伤或患职业病等原因暂时或永久丧失收入来源，生活难以维持时，向劳动者本人及其家属予以赔偿、物质帮助和社会服务的社会保险基金。基于工作危险性的认识，各国往往规定工伤保险基金中劳动者个人不缴费。

（5）生育保险基金。对女职工在生育期间所造成的经济损失及增加的额外支出给予物质帮助的社会保险基金。生育保险基金对实现劳动力的再生产具有重要影响，能调节一个国家或地区生育率高低和人口结构。

2. 社会救助基金

社会救助基金是国家和社会对因自然灾害或其他原因而无法维持最低生活水平的无收入或低收入的个人或家庭给予帮助，从而满足生存需要的社会保障基金。根据实施主体的不同，社会救助基金可以分为政府救助基金与民间慈善基金。根据救助对象的不同，社会救助基金可以分为儿童救助基金、老人救助基金、残疾人救助基金、失业者救助基金、病患者救助基金等；根据救助内容的不同，可以分为灾害救助基金、生活救助基金（或称贫困救助基金）、医疗救助基金、教育救助基金、法律援助基金等。各项社会救助基金还可以继续细分，如近年来一连串"老人摔倒不敢扶、扶起老人反被讹"的事件发生后，华南师范大学教授谈方发起成立"搀扶老人风险基金"，专为那些勇于搀扶他人却反被冤枉的好人提供公益性法律援助和基金赔偿。按照不同种类划分的各种社会救助基金有可能存在交集，比如针对白血病患儿的专项救助基金属于儿童救助基金，也是一种医疗救助基金。

3. 社会福利基金

社会福利基金是免费或优惠向社会成员提供，通过实物、货币或设施、服务等形式提供，以改善物质生活为目的的社会保障基金。社会福利基金主要包括政府福利基金与企业福利基金。政府福利基金包括面向全体公民的包括公共教育、公共卫生在内的公共福利基金、面向特定弱势群体的敬老院、孤儿院、残疾人康复就业等特定对象福利；用于筹集社会福利而发行的中国福利彩票。企业福利基金是企业提供给员工的福利待遇，如免费住房、住房补贴、交通补贴等。

4. 社会优抚基金

社会优抚基金专门面向军人，又称为军人保障基金，包括军人优抚基金、军人安置基金和军人保险基金。军人优抚基金是国家和社会筹集的、用于保障法定优抚对象的基本生活和褒扬军人、抚恤军烈属等的社会保障基金；军人安置基金是国家和社会筹集的、用于退伍军人安置的社会保障基金；军人保险基金是国家和社会筹集的、用于确保现役军人能够与地方社会保险制度接轨的社会保障基金。

（四）按照基金来源划分的种类

根据来源，社会保障基金可以分为三大类：财政型社会保障基金、征缴型社会保障基金与多元型社会保障基金。

1. 财政型社会保障基金

财政型社会保障基金是财政拨款形成的社会保障基金，具有来自税收、按需分配、对象特定、地区差异四个特点。基金来源于国家税收，主要形式为国家经常性预算和财政拨款，主要项目体现在社会救助、公务员保险、军人保障、官办福利事业以及对社会保险基金的补贴。财政型社会保障基金包括卫生经费支出、抚恤和社会福利救济支出、行政事业单位离退休经费、社会保障补助支出、社会保险经办机构事业费五大内容。

根据财政部《2016 年公共财政收支情况》公告，全国一般公共预算支出 187 841 亿元中，教育支出 28 056 亿元，增长 6.8%；科学技术支出 6 568 亿元，增长 12%；文化体育与传媒支出 3 165 亿元，增长 2.9%；社会保障和就业支出 21 548 亿元，增长 13.3%；医疗卫生与计划生育支出 13 154 亿元，增长 10%；城乡社区支出 18 605 亿元，增长 17.1%；农林水支出 18 442 亿元，增长 5.9%；住房保障支出 6 682 亿元，增长 4.3%；债务付息支出 4 991 亿元，增长 40.6%。2016 年我国财政支出结构如图 1-3 所示。

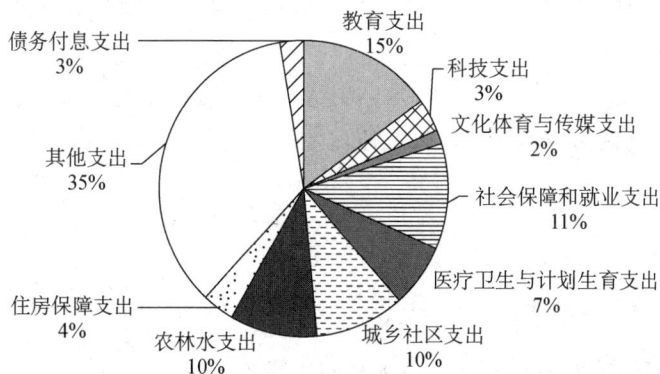

图 1-3　2016 年我国财政支出结构

2. 征缴型社会保障基金

征缴型社会保障基金是政府依照社会保障相关法律法规，强制要求雇主、雇员或规定范围的国民缴纳社会保障费或税形成的社会保障基金。基金来源于强制性要求雇主、雇员或规定范围内的国民缴费或缴税形成。主要项目涉及社会保险基金、住房公积金。

3. 多元型社会保障基金

多元型社会保障基金也称混合型社会保障基金。基金来源多样化，如国家财政拨款、向受益者收费、接受社会捐赠、发行福利彩票等。主要项目体现为社会福利基金。

（五）按照所有权划分的种类

根据所有权的不同，社会保障基金可以分为三大类：公共基金、个人基金与机构基金。

1. 公共基金

公共基金的所有权为公共所有，不归某个主体或机构所有。公共基金的来源包括财政拨款、雇主与雇员缴费、社会捐赠、国际捐赠等。公共基金包括养老保险基金、医疗保险基金中属于社会统筹的部分，失业保险基金、工伤保险基金、生育保险基金及全国社会保障基金等。

2. 个人基金

个人基金的所有权归个人所有。虽然个人基金从所有权来看是归个人所有，但不同于私人的银行存款。个人基金是按照法律法规缴费并记在个人账户用于专门用途的基金，个人无法像处理自己的私人储蓄一样随意提取和支配。个人基金的来源以雇主与雇员缴费为主、或由财政拨款。例如，香港地区的强制性公积金归雇员所有，缴费主体为雇主与雇员，各自缴纳雇员月收入的5%。香港特区政府2008年首度为个人账户注资6 000港元。个人账户的养老保险基金、个人账户中的医疗保险基金以及住房公积金从产权性质理论上都归个人所有，然而在实践中，养老保险个人账户资金与社会统筹基金混用，造成空账问题严重。时任中国人民银行行长周小川2006年就指出，社保改革关键是明确个人账户产权归属，要让参保人确信和确保在几十年后他能够排他性地享用自己的这笔财产，而不是早早地就被他人花光了。然而，个人账户产权归属问题的解决以及个人账户资金的做实还涉及我国养老保险基金转轨成本的负担问题，绝非一日之功。

3. 机构基金

机构基金的所有权为集体所有，来源以雇主缴费为主，或需雇员缴费。例如单位为职工建立的福利基金。

本章小结

1. 社会保障基金是根据国家法规专门用于社会保障事业的基金。
2. 社会保障基金具有国家法定性、专款专用性、统筹互济性、覆盖广泛性四大特点。

3. 从社会保障基金的用途属性、分配属性、劳动属性和形态属性四方面深入认识社会保障基金的性质。从用途属性看，社会保障基金属于国民收入中的消费基金；从分配属性看，社会保障基金涉及国民收入的初次分配和再分配；从劳动属性看，社会保障基金具有"必要劳动"和"剩余劳动"的双重属性；从形态属性来看，社会保障基金不是以社会后备基金的形态存在。

4. 根据不同的分类依据，如风险、用途功能、社保项目、基金来源、所有权等，社会保障基金可以划分为不同种类。

☑ 关键概念

社保基金　积累基金　消费基金　社会后备基金　公共基金　机构基金　个人基金

复习思考题

1. 简述社会保障基金的特点。
2. 简述社会保障基金的性质。
3. 住房公积金按照基金所有权分类是什么基金？按照基金来源分类是什么基金？
4. 什么是财政型社会保障基金？它包括哪些内容？有哪些特点？

案例 1-1

中国宋庆龄基金会已面目全非

编者按：中国宋庆龄基金会（以下简称宋基会）旗下到底有多少公司？本报记者历时一月调查，却发现答案太过纷繁复杂难以穷尽。

中国宋基会创立于1982年，与红十字基金会、青少年发展基金会并称为中国三大公益基金会。中国宋基会设立于北京，但河南和上海、江西、广东、海南、陕西六省市，因各种渊源而设有省级宋基会。他们与中国宋基会之间虽时有业务往来但并无上下隶属关系，均由省内政府机构主管。

在中国宋基会旗下，有7个直属事业单位，称为"××中心"，旗下分别有若干公司。而省级宋基会同样成立了各类庞杂的公司。

错综缠绕的"宋基系"公司大多集中于两个领域——地产与教育。这正是利润最高，同时权力最能发挥作用之地。

更令人震惊的是，许多公司在中国宋基会年报中几乎无迹可寻，营收状况和开支走向均在政府与公众的视野之外。

《南方周末》特此刊发本期专题"宋基会不完全图谱"，以期帮助慈善机构——不管是官办的还是民办的——健康成长。唯如此，经济高速发展背景下中国人涌动的拳拳向善之心，才能所托有人，才能用得其所。

一个省级慈善组织，筹款金额连续两年全国第一。是"捐赠"还是放贷利息？

十余年中，数十亿元"善款"掌控在骨干员工控制的公司手中，而公司与宋基会没有任何股权关系。

公益项目 4/5 变身豪宅

一个计划庞大的公益项目，在六年之间用地缩水到只剩 1/5，其余部分则变身豪宅。

这个郑州新区宋庆龄基金会青少年儿童活动中心，是由原河南省副省长、河南省宋庆龄基金会主席发起的一个公益项目。

根据 2005 年奠基时新华社等官方媒体的报道，活动中心包括爱国主义教育基地、科技活动中心等几十个场所。按照当时的计划，活动中心占地 222 亩，建筑面积 16 万平方米，总投资八亿元，由河南宋基会承办。

河南省宋庆龄基金会隶属于河南省统战部，是一家成立于 1992 年的公募基金会，其注册业务范围是"募集发展资金、资助儿童文教、科技和福利事业"。

不过，热闹奠基之后，由于"经费不足"等因素，项目建设进程非常缓慢，目前仍未完工，甚至大幅"缩水"。

2011 年 8 月 26 日，记者在施工现场见到，这块两百多亩土地已是两块。施工现场的公示牌显示，东北侧五分之一就是现在的活动中心所在地，此时项目的用地面积，已"缩水"至不到47 亩，总建筑面积也只有 5 万平方米。

比起缩水的活动中心更让人关注的，是西南面另外 4/5 部分的 15 幢楼房。现场工程概况牌上显示，这个项目占地 160 亩，包括 15 幢 7—8 层高的楼房，建筑面积 17 万平方米，计划 2013年完工。

在网友质疑活动中心缩水问题后，开发商连夜把项目外墙的项目宣传画全部撤掉，改贴上宋庆龄基金会的宣传画。

不过，售楼处边上的宣传画还是显示，这是一个名为宋基绿城玉园的住宅小区，开发商是郑州怡商置业（下称怡商置业）有限公司。开发商已公布的户型图显示，玉园有超过 500 套住房，户型最小的也有 160 平方米，最大的是四五百平方米的复式。销售人员对记者表示约于 11月开盘，初步计划售价在 2 万元/平方米以上。这与郑州每平方米 7 000 元左右的商品住宅均价相比，堪称顶级。

对于外界的热议与质疑，郑东新区管委会 7 月在网上公开解释了"原委"——"原意向单位河南省宋基会，因建设资金短缺，主动提出将西侧部分用地划出，2007 年 9 月，郑州怡商置业有限公司通过摘牌取得西侧用地，目前已办理建设用地规划许可证和国有土地使用证。"

不过，记者查询了郑州市国土局等政府网站，并没有找到这块土地当年的公开挂牌出让的记录，拿地价格更是未被披露过。

而这块土地的用地性质，目前也只为商业和文体混合用地，而非住宅用地。不过，在官方口径中，这个项目的名称并不是宋基绿城玉园，而是变成了与用地性质相协调的怡商花园式商务会馆。

可以看到，在河南省宋基会"建设资金短缺"的时候，这块黄金宝地被腾挪到怡商置业手中。按照玉园售价估算，项目销售完成大约可以回笼资金 20 亿元，利润之高也可想而知。

宋基投资与河南宋基会一直在一起办公，但双方无任何股权关系。

内部人公司

怡商置业为何如此"幸运"？

它在 2007 年 3 月由一家上海的网络科技公司投资设立，一个月后，河南宋基同济置业有限公司（下称宋基同济）获其 49% 的股权，半年后，怡商置业摘得这块土地。

项目开工之前，公司股权几经变化后已在 2008 年成为宋基同济的全资子公司。担任法定代表人的刘淑英，是河南宋基会基金发展部的经理。

工商登记资料显示，2007 年怡商置业拿地时，宋基同济是由河南宋基投资有限公司（下称宋基投资）持有 47% 的股份，剩下股份被范利锋、黄家欣和程相铭等一些个人间接持有——他们均是河南宋庆龄基金会的骨干员工。

而当时，宋基投资 90% 的股份为现任河南宋基会秘书长张悍东个人持有，其他 10% 股份由范利锋等员工和其他机构持有。范是张悍东的得力下属，负责管理诸多投资业务，在进入河南宋基会之前在河南省建设银行工作。

《南方周末》记者遍查各种网络信息，无论是招聘介绍还是新闻宣传，宋基投资都被描述为河南宋基会下属乃至独资企业，受托对基金会的公募基金进行投资管理，是河南宋基会慈善基金保值、增值的平台。

但从工商登记资料来看，宋基投资和河南省宋基会从头到尾都没有过半点股权关系。

宋基投资 2001 年由张悍东和魏瑜璟分别出资 900 万元和 100 万元成立，其中，魏瑜璟的出资款为张悍东"代缴"。

当时，张悍东的身份是河南省宋基会基金发展部主任，魏瑜璟则是河南宋基会财务人员。

此间股权几经变化，但背后股东都可追溯到宋基会人员。今年，宋基投资的股权关系进行了一次大的调整，张悍东个人直接股权降至 10%，河南建业集团和百瑞信托分别入股 20%，剩下的五成股份，则被四家投资或商贸公司获得。建业和百瑞信托是河南本地知名的大型地产商和信托公司。

而获得五成股份的四家公司，有一家是 2006 年就已注销的小商贸公司，其他三家则是这次入股之前才刚成立，注册地址同样是和河南省宋基会在一处，而这些公司背后，主要是一些"80 后"的个人股东。南方周末记者确认到王耀辉、吴迪等其中部分人等为宋基投资的年轻员工。而其中一些不同股东的出资款，都是来自共同或号码相邻的账号。

由股权关系看来，宋基投资与河南宋基会并无半点关系。这意味着，长达十余年中，河南宋基会的善款都是委托给骨干员工们实际控制的公司，进行投资管理。

当地的《大河报》2011 年曾就宋基投资是否违规采访过河南省民政厅民管局有关负责人，得到的回答是"河南省民政厅主要对基金会进行监管，并不具体过问其下属的投资公司，而河南宋基会基于增值保值的目的对外投资，按照《基金会管理条例》的有关条款，并不违规"。

现行的《基金会管理条例》对于基金投资的规定只有一句话——基金会应当按照合法、安全、有效的原则实现基金的保值、增值。

规定的模糊，已屡遭慈善业内外人士的诟病。也正是因为模糊，留下了许多空间。

根据公开资料可以看到，宋基投资的投资已横跨金融、地产、文教等领域。

年检报告显示，成立十年来，宋基投资的资产总额已从初时的千万元，增长到现在的 3.5 亿元。不过，除了 2010 年实现 266 万元的净利润，之前十年一直以亏损为主。

宋基放贷，捐款付息

伴随宋基投资的扩张，与其在资金上一脉相连的河南宋基会，财务表现极为诡异。

根据基金会中心网数据库的排名，河南宋基会 2010 年年末时的资产已近 30 亿元，在全国两千多家慈善基金会里名列第一，位列第二的是私募基金北京大学教育基金会，资产只有 12 亿元，而中国红十字基金会只有 7 亿元，中国宋基会不到 3 亿元。

在这个榜单上，河南宋基会已是三连冠，且资产规模的爬升速度极为惊人。2008 年是 15 亿元、2009 年是 21 亿元。至于 2007 年及以前，由于数据库里没有河南宋基会的财务数据，所以没有进入排名。不仅如此，作为一个省级慈善机构的河南宋基会，获得的捐赠收入同样高得惊人。其2010年捐赠收入逾10亿元，全国第一，是中国红十字基金会、中国扶贫基金会的将近两倍——要知道，2008年适逢汶川大地震，红十字基金会获得民众海量募捐时，那年在国内募得的善款规模，也不过是10亿元。

河南宋基会的募捐能力，连年都强大得令人咋舌：2009年和2008年，河南宋基会分别募得6亿元和8亿元的善款。

这种超强的筹款能力是个巨大的谜——搜索公开资料即可发现，即使是被河南宋基会大力宣传的大企业捐赠款项，也不过千万级别，而且几年里也就两三家。

然而，与筹款能力的强大形成反差的是，在公益支出的榜单上，河南宋基会却名落孙山。

按照《基金会管理条例》规定，公募基金会每年用于从事公益事业的支出不得低于上一年总收入的70%，也就意味着河南宋基会2010年和2009年的公益开支必须达到4.2亿元和4.8亿元，实际情况却仅仅只是1.4亿元和8000万元，离规定金额相去甚远。

倘若能筹集很多的钱却没有花出去，不难理解，基金会的账上应该有很多钱。但事实却恰恰相反——查阅这三年河南宋基会的资产负债表不难看出，基金会手头的货币资金并不多，2010年年末时只有1亿元，2009和2008年年末时只有一两千万元。

大量的钱哪里去了？资产负债表的答案是，大量资金都在"应收款项"科目下面——简单来说，就是已被借出。

《南方周末》记者从多个渠道了解到，这些资金流入诸如宋基投资这样的，以张悍东或下属员工们为股东的各种"宋基系"公司，除了进行上文提及的各种投资业务，甚至还有大量资金被用于放贷。

在河南的一些企业圈子里，宋基投资方面可以"放贷"，早已是个公开的秘密。

《南方周末》记者翻阅了十来家宋基投资相关公司历年的年审报告，几乎所有公司的资产负债表上，其他应收款和其他应付款两个科目的金额都非常大，少则数千万元，多则数亿元，但其他科目的金额相对都比较小。

对照这些公司的年审报告里的明细记录，可以看到许多借进来的钱都直接或间接地来自河南宋基会，最终资金的去向则是五花八门，仅记者所掌握的部分名单，就分布在房地产、钢铁、计算机网络、商品贸易等诸多领域。

这种混乱的借贷关系，风险不可避免，通过公开途径就能轻易查阅到多起这类"宋基系"公司和各种社会企业的借款纠纷。

至于河南宋基会那高得让人费解的捐款收入，其中一部分便来自于此，这也是河南宋基会的一种"商业模式"——宋基放贷，捐款付息。

一起借款纠纷透露了这种"模式"的秘密：

河南省商丘市中级人民法院2010年公布的一起借款纠纷判决书显示，当地一家企业曾向河南宋基会借贷800万元，为期3个月，作为对价的是，企业需向基金会捐款160多万元，某种意义上这就是"利息"。

后来，由于借款方拖欠还款，双方闹上法庭。

在此案中，法院判决称，河南省宋基会的行为已违反了商业银行法"未经国务院银行业监督管理机构批准，任何单位和个人不得从事吸收公众存款等商业银行业务"的条款。法院最后判定该合同无效。

这种"宋基会放贷，企业捐款付息"的模式，由此浮出水面。至于河南宋基会数十亿元善款中有多少来源于此，又去向了何处，外界依然不得而知。

围绕着这个巨大的资金池，也有另外一些利益正在隐秘生长，记者就曾在一个股东为自然人且专做借贷业务的"宋基系"公司的年审报告里，发现了一些以"咨询费"等名目入账的款项，金额高达数百万元。

资料来源：陈中小路、胡泉、柳大川. 中国最能筹款慈善组织的钱去哪了［N］. 南方周末，2011 年 9 月 1 日。

案例 1-2

慈善组织异化为金融平台，谁来监管？

一手以慈善之名在民间"集资"，一手通过内部人控制的公司投资、放贷，河南宋基会自如穿梭于慈善与金融之间。

慈善组织异化为金融平台，谁来监管这个飞速膨胀却面目模糊的"超级公司"？

2011 年 9 月 1 日，《南方周末》刊发"中国最能筹款慈善组织的钱去哪了——谁在控制河南宋庆龄基金会"一文，披露了资产规模近 30 亿元的河南宋基会，十年来一直通过内部人控制的投资公司在当地投资、放贷，引起社会广泛关注。

根据河南省委、省政府主要领导的批示，一个包括统战部、民政厅、金融办等部门在内的调查组，已着手对河南宋基会进行"深入调查"。同期，审计署驻郑州特派办对河南宋基会及相关项目的审计也在进行。

据《南方周末》记者进一步调查，河南宋基会强大得令人咋舌的筹款能力，与其以慈善之名在百姓中进行的广泛集资有关。

"他们早已忘记了自己的本来身份，沉醉在这种资金高速流转的快感之中。"当地一位熟悉河南宋基会的企业人士评价说。

捐赠"资金使用权"

基金发展部会让储户签署一份《资金使用权捐赠协议》：如果存 1 万元，年息 15%，协议上只注明，储蓄者向河南宋基会基金发展部捐赠了 1.15 万元的"一年期资金使用权"，本金金额并不出现。

河南宋基会成立于 1992 年年底，最初是由河南省政协办公厅主管，而非现在的省委统战部。

一位熟悉河南宋基会历史的人士告诉《南方周末》记者，大约在 1997 年时，当地一个名为许世松的省政府机关"下海"干部，与河南宋基会达成合作，成立了一个名为河南宋基会基金发展部的挂靠组织。

当时，河南宋基会是一个"没钱"的清贫单位，许世松的挂靠可以给自己带来每年十万元以上的管理费等收益；许世松方面则可以河南宋基会发展部的名义面向社会融资。

许世松从事的是典当、拍卖乃至股票投资等需要现金流支持的业务，成立基金发展部的目的，就是利用河南宋基会的募捐资格，建立一个可以公开筹资的平台。

在当时，这是非常红火的一种做法。在 20 世纪八九十年代，中央鼓励农村发展合作基金会筹资进行建设，在这一背景下，从城市到农村出现了数万个基金会、股金会，其中，既有政府部门领衔的，也有老百姓自行建立的；既有真正筹资搞建设的，也有吸收存款放高利贷的，鱼龙混杂。

不过，官员出身的许世松找了一块既安全且让人非常信任的牌子——慈善基金会。

基金发展部成立后，陆续在河南一些地市建立了河南宋基会分支机构，通过这些分支机构负责人向各地民众吸收存款。

虽然看起来这些地方是分支机构，但实际上，这些分支负责人与基金发展部主要是一种资金买卖关系，他们用比基金发展部更低的利率在当地吸收储蓄，再倒给基金发展部，赚取利差。

来自河南宋基会内部和当地企业界的多个消息源均称，当时社会融资成本较高，基金发展部的募款年息曾高达 13%—20%。

为了要符合慈善基金会的募捐身份，并规避集资的法律风险，基金发展部还设计出一个很有意思的"概念"，他们会让储户签署一份《资金使用权捐赠协议》。

举例说，如果吸储 1 万元，年息 15%，协议上只注明，储蓄者向河南宋庆龄基金会基金发展部捐赠了 1.15 万元的"一年期资金使用权"，本金金额并不出现。

基金发展部会告诉储户，你们不需要捐赠实际的钱，而是通过捐赠一定期限的资金使用权，让其产生收益用于慈善事业，到年底还能返还高额利息。

这种筹资方式成本高昂，而到了 90 年代末期，许世松的投资生意失利，窟窿便出现了。加上此时，中央大力整顿基金会，河南也接连打击非法集资大案，吸储难度大大增加。

上述人士告诉《南方周末》记者，2000 年左右，许世松突然失踪，给河南宋基会留下了超过三千万元的资金缺口。河南宋基会曾通过警方寻人，但没有结果。由于年代已久，截至发稿时，《南方周末》记者尚未从政府方面就这个说法得到确认。

当时摆在河南宋基会面前的烂摊子是，之前从民众手中募集的款项需按年履约，不然就会酿成巨大风波，而要想还上此前的钱，就必须吸新的钱。

于是，在"想办法还老百姓的钱"这个理由面前，在河南宋基会高层的默许下，许世松的同僚张悍东接替了基金发展部主任一职，把这个"捐赠资金使用权"的游戏继续维持下去，并试图通过投资和放贷等方式来赚钱填补亏空。

张悍东，1963 年出生于河南驻马店下属的泌阳县，1982 年从驻马店教师进修学院毕业后，在泌阳双庙中学教书，四年之后调至泌阳县信访办担任秘书工作，1990 年停薪留职"下海"闯荡，在进入河南宋基会之前曾从事过保险业务。

在张悍东的主持下，河南宋基会基金发展部发展了更多地方分支机构、朝县乡一级铺设更密集的经营网点——2000 年之后，基金发展部吸储能力大增，几年工夫，其年吸储金额就达数亿元。

不过，吸储业务兴隆也曾引起河南一些地方人民银行等部门的警觉，河南宋基会当年的业务主管部门省政协办公厅，就曾接待过这类来自地方政府的交涉——这种吸储业务被后者指为"高息揽储"或"变相非法集资"。

尽管有"捐赠资金使用权"的外衣，但对于这种吸储，张悍东等河南宋基会员工其实也很担心，在一些小规模的内部会议上，常常会提到"进去"（意指坐牢）之类字眼。

河南省政协最终选择和河南宋基会脱钩，后者搬出了郑州花园路上的省政协办公楼。在这之后，通过原河南省副省长、河南宋基会理事长刘玉洁的关系，河南宋基会改为挂靠在省委统战部名下。

河南宋基会下辖 17 个分支机构，在慈善组织中十分罕见。这些分支机构实际上就是其强力吸储的"机器"。

"公益医保"集资

来自河南宋基会内外的多方人士均向记者指出，公益医保项目正是现在河南宋基会最主要的资金源泉。

这些压力之下，2004 年之后河南宋基会基金发展部开始调整"玩法"，原来的捐赠"资金使用权"的模式逐步结束。

　　在有过保险从业经历的张悍东的指挥下，一个名为河南省公益医保发展管理中心的非营利社会团体当年在省民政厅注册成立，注册资本为 1 000 万元。

　　这个公益医保中心究竟是受谁控制的，真实面目又是什么？

　　公益医保中心过往公布出来的宣传材料和组织章程显示，其是根据河南省政府政办（2003）30 号文件精神，并在河南省委、省政府的直接领导、关心支持下，根据豫卫规财（2003）89 号文件成立，由河南省卫生厅主管，并由河南省卫生厅、民政厅、河南省宋基会、中国人寿河南分公司四个成员单位发起成立。

　　不过，《南方周末》记者无法通过公开渠道查阅到上述文件原文，致电上述"发起单位"的诸多人士，所得到的口头回答或是与公益医保中心"没关系""绝对不可能是其发起人"，或是"被挂名"。

　　河南宋基会内部流传的说法是，这个非营利社会团体其实是由河南宋基投资有限公司以及一些内部员工共同发起成立的。

　　宋基投资是河南宋基会的资金流转平台，其十年来的背后股东是张悍东等内部员工。

　　根据宋基投资的工商资料，其在 2010 年之前一直持有公益医保中心 5% 的股权，但它从未出现在公益医保中心公布的发起单位名单之中。

　　河南民政厅社会组织信息网公示的信息显示，医保管理中心过去的法定代表人是张悍东，目前已变更为项目的执行负责人刘晓东。

　　究竟是谁的公益医保中心，这一问题存在争议。《南方周末》记者联系了保管有公益医保中心注册资料的民政厅工作人员，得到的答复是："只有公检法等部门以及社会团体自身才能凭证件调看档案。"

　　这个公益医保中心究竟在做什么事？从过去河南省内媒体对其的诸多报道来看，这是一个慈善组织——简单来说，公益医保中心一直在河南各地向一些低保、贫苦人群免费发放《公益医保证》，他们持证看病可以享受到费用减免等多项优惠。公益医保中心还在媒体上公布银行账号，接受社会捐助。

　　但是，与河南宋基会有公益医保等业务往来的多位人士均向《南方周末》记者表示，这些举动主要是为了在地方上进行宣传以及开拓关系，公益医保中心真正的目的仍是"吸收存款"。

　　实际上，公益医保中心各地分支机构和一直在各地揽储的河南宋基会分支机构，大多是两块牌子一套人马，这些挂靠机构实际上是自负盈亏的实体。

　　经过几年的演变，目前公益医保中心具体操作方式是，储户可出资向其购买有效期一年的《公益医保证》，持证看病可以享受一定的住院、检查和治疗费用的减免，如遇意外事故，还可获得一定的意外伤害保险赔付。

　　持证人还能获得一份从商业保险公司所购买的住院医疗保险和意外伤害险——这些保险多是通过宋基旗下的保险代理公司来购买，以其赔付水平来看，市场价格常在一年百来块钱左右。

　　最关键的是，一年到期后，除了本金奉还，"储户"还能获得一定利息——以"医疗定额资助金"的名义发放。

　　根据《南方周末》记者从各方收集到的情况，《公益医保证》主要包括一万、两万等多种面值，对应的资助金数额不等。各地资助金发放金额不尽相同，但大致是保持略高于同期的银行存款利率。

　　以河南漯河临颍县王孟乡一位基层经办员江鞍（化名）的反馈为例，她经手的《公益医保证》今年的资助金是 400 元/万元，前些年则是 300 元到 300 多元不等。

　　乡村小学教师出身的江鞍，已在当地代理公益医保业务五年，更早以前则是在村上为银行拉存款。这种基层"信贷员"角色，在河南农村广泛存在。

在同行介绍下，江鞍 2006 年开始为公益医保中心"拉存款"，她被告知，这些钱是存到河南宋基会这个"国家单位"——她认识的几个信贷员还曾结伴去郑州"考察"确认过，这个"正规单位"让他们非常信任。

因公益医保项目存取兑付记录良好，她已从初时的一年几十万元存款规模发展到现在一年经手一百多万元。每拉到一万块的存款，这些"信贷员"会获得 80 元/年的手续费。

在江鞍看来，公益医保和她过去经办的银行存款没什么不同，只不过是利息略高。

在村里收集的存款，江鞍会交给乡里一个联系人，由其再上交到县里或市里的河南宋基会办事处或代办点，把储户们的《公益医保证》办下来。而这之间的各个中间环节，都会获得一定的费用奖励。

河南宋基会网站显示，其在全省各地总计有 17 个办事处，这样的架构对一个常规的慈善机构而言，极为罕见。

按照"河南宋基会相关负责人"在接受财新网记者采访时所披露的，2010 年河南共有 40 余万人领取了公益医保证。若按一人 1 万元的存款金额计算，就算扣除"六分之一的持证赤贫人口"，所筹金额也在 30 亿元之上。

来自河南宋基会内外的多方人士均向记者指出，公益医保项目正是现在河南宋基会最主要的资金源泉。

这也与"河南宋基会主要负责人"的公开介绍相吻合——"在 2010 年，向基金会进行限定性捐赠的个人，就达到 30 万人以上，人均捐赠在 1 万元以上。"

不过，若以此计算，2010 年河南宋基会获得的捐赠应在 30 亿元以上，但是在基金会中心网所能查询到的河南宋基会当年财务报表上，这一金额为 10 亿元，其中，有 7.6 亿元来自国内自然人。

更让人惊讶的是，在这份报表上，河南宋基会的筹款成本为"0"。

在基金中心网上可以查询到，筹款金额全国第一的河南宋基会，筹资费用为 0。

河南宋基模式的奥妙

"三驾马车"包括河南宋基会基金发展部、公益医保中心和宋基投资。这是张悍东掌控下的一个班子三块牌子，根据不同的需要灵活运用。

十年里，在张悍东的手上，河南宋基会已成长为一个资产规模达 30 亿元、涉足房地产、金融、证券、文化教育、商品贸易等多个领域的巨大经济实体。

事实上，在张悍东接盘基金发展部初时，运作并不算成功。当时，最主要的两项业务——股票投资和放贷并未带来好收成。彼时的一个社会背景是 2001—2004 年中国股市正经历着漫漫熊市。

而且，在河南宋基会资金存贷流程中，缺乏正规金融机构的风险控制制度，曾发生过贷款无法收回、存款被地市分支机构负责人挪用亏损等事故，损失不小。

融资成本也在同步上升，因为要继续填补窟窿，就必须不断扩大募款规模——按照河南宋基会内部口头传达的说法，到 2004 年左右，尽管基金发展部当时的年募款能力已超过 5 亿元，但三千万的缺口已扩至 3 亿元，只能不断地用吸收新款去偿还旧款来维系资金周转。

不过，这个说法未能得到河南宋基会的证实。

到了 2005 年以后，从表面看，河南宋基会的利润迅速增加，因为最主要的两项业务——放贷和房地产投资都堪称暴利行业。

但是，因为资金大多来自吸储，尽管资产膨胀得很大，负债规模同样很大，宋基投资在过去十年几乎一直是亏损。至于河南宋基会的真实盈亏状况究竟如何，只有张悍东和其手下主要财务负责人刘淑英等少数人掌握。

在这个过程中，张悍东的个人身份已从一个挂靠性质的河南宋基会基金发展部主任摇身一变成为河南宋基会秘书长，全面操盘整个河南宋基会业务。而河南宋基会里那些退休领导们，其实大多都不怎么过问这些具体业务。

记者接触到的所有和张悍东打过交道的人，对他的评价里都包括"聪明"两字。

熟悉他的人士透露，河南宋基会十年里建立起的三十亿元的资产规模，靠的是张悍东的"三驾马车"。

"三驾马车"包括河南宋基会基金发展部、公益医保中心和宋基投资。这是张悍东掌控下的一个班子三块牌子，根据不同的需要灵活运用：需要进行社会宣传以及运作一些政府资源时，由河南宋基会基金发展部出面；需要吸纳社会存款时，由公益医保中心来操作；需要进行投资等经济业务时，则由宋基投资及相关公司出马。

为了方便资金运作，张悍东和同事魏瑜璟作为出资人，于2001年年底注册成立了河南宋基投资。

"当时才二十多岁的魏瑜璟，刚通过高层关系调到河南宋基会工作，因其背景被张悍东拿来列作股东。"知情人士透露。当时，两人共计出资1 000万元。

9月4日，"河南宋基会相关负责人"接受了财新网记者采访，按其说法，当时张与魏均是"委托持股"——因为当时存在基金会不能经营企业的政策限制，才设计了由骨干员工"代持"的方式。

不过，2004年《基金会管理条例》出台时，限制条款已不复存在。而此后至今河南宋基多次股权变更，却始终没有交还河南宋基会。

对于部分新加入的个人股东情况，"河南宋基会相关负责人"公开称为员工"全员持股"。据《南方周末》记者了解，这位负责人没有提及的是，这些年轻员工中不乏受张悍东提携的泌阳老乡及其亲友。

熟悉张悍东的商界人士透露，通过把股权分散到一些亲信手中，张悍东既能确保对宋基投资的牢牢掌控，又等于是给自己增设了一层保护。

除此之外，在郑州及河南各地，宋基投资及其下属企业以及以宋基会骨干员工为股东的各种投资公司、项目公司还有数十个。而宋基投资的房地产和放贷业务，正是通过这些公司来操盘。

公开资料显示，宋基投资在郑州、周口和信阳等地参与投资了大量房地产业务，其中包括郑州宋庆龄基金会青少年儿童活动中心、宋基绿城玉园、与河南建业联合开发的周口1 500亩联盟新城项目、信阳楚王城住宅、水国际建材港等项目。

在放贷方面，仅据记者掌握的部分企业名单，就包括房地产、钢铁等多个领域，而记者所能接触到少量案例，贷款方所需支付的"捐款"利率，全都远远高于同期银行贷款利率的四倍以上，按照现行法规，已属于高利贷范畴。

河南商界多方人士表示，贷款的主要流向是房地产领域，河南当地一些知名大房地产企业都榜上有名。

当年拍下郑州地王后资金断裂的河南思达集团，也曾是宋基投资的"客户"，后来宋基投资还因此进入思达方面的债权人委员会名单。

同样值得注意的是，记者从存款贷款两个方向得到的多方消息均称，一些宋基的存贷业务都是通过私人银行账号在拨付。

此外，还有获得贷款的企业人士向记者反映，在通过"捐款"偿付利息的时候，河南宋基会还可以给企业出具免税凭证，有时甚至可以开出比实际"捐款"金额更高的免税凭证。

资料来源：陈中小路. 河南宋庆龄基金会："慈善集资"[N]. 南方周末，2011年9月8日。

第二章 社会保障基金与国家财政

本章学习目标

1. 了解财政的特征与职能，熟知社会保障基金的财政职能
2. 理解社会保障基金与财政部门之间的相互关系
3. 掌握社会保障基金与财政收支之间的相互关系
4. 进一步认识财政型社会保障基金
5. 知悉我国财政与社会保障基金管理的现状

第一节 社会保障基金的财政职能

一、财政的特征与职能

(一) 财政的概念

在不同的场合，财政概念的内涵不同。有的场合将财政视为经济范畴，有的场合将财政视为主体。在不同的语境下，将财政视为经济范畴是指财政活动，将财政视为主体是指财政部门。

1. 视为经济范畴

将财政视为经济范畴时，财政是指以国家为主体的经济行为，是政府集中一部分国民收入用于满足公共需要的收支活动。这是一种经济行为或经济现象，是以国家为主体，为了实现国家职能的需要，参与社会产品的分配和再分配及由此而形成的国家与各有关方面之间的分配关系。

2. 视为主体

将财政视为主体时，财政是指国家或政府的一个经济部门，即财政部门。财政部门是国家或政府的一个综合性部门，通过其收支活动筹集和提供经费和资金，保证国家或政府职能的实现。

(二) 财政的特征

财政具有公共性、非盈利性与法制性三大特征。

1. 公共性

公共性是指满足社会公共需要。财政的职能范围以此为界，凡不属于社会公共需要领域的事项，财政就不去介入。政府部门作为财政职能的执行者，应当满足公共性的要求，追求公共利益而非部门利益、个人利益。

财政的公共性要求政府部门作为社会管理者时，不能超越其界限。然而，政府部门"三公"经费长期不公开、不透明，行政成本过高无预算约束，已然背离公共性的要求。2011年财政部首次提出将公开中央预算部门出国经费、车辆购置及运行费、公务接待费和行政经费支出情况。时任国务院总理温家宝也多次强调，公车消费、公费出国、公务接待费支出这"三公消费"关系到反腐败问题，必须公开透明，让任何一项行政性支出都进入预算，而且公开让群众知道，接受群众监督。

一方面是三公消费的公开迟缓，另一方面则是社会公共需要的支出难以得到满足。教育作为公共服务支出中的重要内容，既能带来广泛的公共利益，又惠及子孙后代，关系到一个国家的未来，但我国教育支出长期偏低。1993年发布的《中国教育改革和发展纲要》中提出财政性教育经费支出占GDP比例在20世纪末达到4%的目标，然而这一目标多年来始终未能如期实现，教育投入不足制约我国教育事业的发展。2010年7月公布的《国家中长期教育改革和发展规划纲要（2010—2020年）》把国家财政性教育经费支出占国内生产总值的比例达到4%的实现时间推迟到2012年。2011年，国务院出台《关于进一步加大财政教育投入的意见》，终于使得公共财政教育投入占GDP比重达到4%的目标在2012年得到实现，这一来之不易的成果得到持续巩固，该比例连续五年保持在4%以上。2016年国家财政教育经费首次突破3万亿元，达到3.14万亿元。2012—2016年，国家财政教育经费五年累计投入13.5万亿元，超过1952—2011年这60年累计投入之和，是中华人民共和国成立以来财政教育投入最多的五年。

2. 非盈利性

政府作为社会管理者，与企业的商业活动存在本质的差异，其收支行为不是也不能追求取得相应的报偿或盈利。非盈利性的要求与特点基于财政具有公共性。财政收支只能以满足社会公共需要为目标。因此，政府部门应当退出生产经营性领域，不能直接从事市场活动和追逐利润，将生产经营活动交还给企业。通过满足社会公共需要的活动，为政府发挥其社会管理职能提供必要的物质基础。财政资金的支出应以满足社会公共需要和追求社会公共利益为宗旨，绝不能以盈利为目标。基于非盈利性特征，政府的财政活动不应当一味地追求财政收入的规模与增长，而应当重视资金使用的流向与效率。

改革开放四十年，市场经济逐渐取代计划经济的过程实际上就是将国有企业与政府权力相剥离的过程。然而，政企不分甚至政府直接兴办经济实体的现象依然存在。2011年，湖北仍有120户左右应当脱钩但未脱钩政府机关的企业，涉及资产总额近400亿元①。政府运用公权力办企业，除了导致与民争利之外，还容易滋生腐败与不公。四川省绵阳市三台县违规将国家下拨的9 000万元灾后重建款拨给政府所属企业宏达公司增加其注册资本

---

① 刘敏. 政府办企业是一种典型的政企不分［N］. 长江商报，2011年4月1日。

金，而该公司又将其中的 8 000 万元拨给下属房地产开发企业。正是由于政府与企业的重重利益纠缠，才导致灾后重建资金违规流向房地产企业。

政府机构工作人员同样应当恪守非盈利性的约束。公权不能私用，不能利用手中的职权进行权钱交易。然而，为此锒铛入狱的官员古今有之，前赴后继，贪污腐败的金额一再攀升。因此，在保持清醒和警惕两者边界的同时，还要加强对政府部门与权力的监督，谨守与维护财政的非盈利性。

3. 法制性

政府的经济行为同样要遵循市场经济下法治经济的要求。政府的资金收支运作必须在法律法规的约束规范下进行，对财政收支涉及的所有当事人及其行为约束都应当遵循法律法规。法律法规不仅约束公民要求其强制交税，也约束政府部门要求其依法征税。税目的增减、税率的调整都应当符合法律规定的程序。社会公众与政府机构在法律面前平等，社会公众受到法律的约束，政府机构的行为和资金运作受到法律的规范，从而确保社会的根本利益。

法制性不同于强制性。强制性仅仅强调财政凭借国家政治权力强制实施，向公民强制征税，偷税、漏税、抗税属于违法行为，从财政收支角度而言只注重财政收入方面，从涉及当事人而言只强调公民的义务。法制性则更为全面，既注重财政收入，也规范财政支出；既强调对纳税人的义务，也强调征税人的义务合法合规，并不因其是资金征缴的主体而凌驾于法律之上。

在财政的公共性与非盈利性要求下，财政向社会提供公共产品。公共产品具有两个特点。第一个特点是非竞争性。所谓非竞争性，是指受益对象之间不存在利益冲突，例如，国防保护所有公民，不因增减一人而变化。第二个特点是非排他性。所谓非排他性，是指产品在消费过程中所产生的利益不能为某个人或某些人所专有，消费不具有排斥性，例如，消除空气污染能让所有公民受益。根据公共产品是具有两个特点或是其中的一个特点，可以进一步将公共产品分为纯公共产品和准公共产品。纯公共产品是整个社会共同消费的产品，同时具有非竞争性与非排他性两个特点，例如，国防给人们带来安全利益。准公共产品仅具有两个特点之一，也称混合品。例如，教育具有非排他性，但不具有非竞争性，因为教育的边际成本不为零。

(三) 财政的职能

财政具有三大职能：资源配置职能、收入分配职能、稳定经济和促进发展职能。

1. 资源配置职能

资源的配置有市场机制和政府机制两种方式。市场对资源配置起决定性作用，但由于垄断、信息不对称等原因，仅仅依靠市场机制并不能实现资源配置的最优化，需要政府发挥资源配置的作用。换言之，市场这只看不见的手最终自发形成的资源配置结果不可能实现最优的效率状态，提供的商品和服务数量有可能出现过度或者不足，资源配置缺乏效率，存在缺陷甚至市场失灵，因而需要政府介入和干预资源分配，弥补市场的失灵和缺陷，最终实现全社会资源配置的最优效率状态。实现财政的资源配置职能，需要研究如何有效地结合政府与市场，提高资源配置的总体效率。政府要积极稳妥地从广度和深度上推进市场化改革，依据市场规则、市场价格、市场竞争配置资源，实现效益最大化和效率最优化，与此同时，政府要大幅度减少对资源的直接配置，保持宏观经济稳定，加强和优化公共服务，防止冲击甚至排挤市场在资源配置中的决定性作用。为此，政府需要合理控制财政收入规模，优化财政支出结构，并且提高财政资源配置本身的效率。

2. 收入分配职能

财政的收入分配职能是政府为了实现公平分配的目标，对市场经济形成的收入分配格局予以调整的职责和功能。在市场机制作用下，由于各经济主体或个人拥有的禀赋与资源不同，以及各种非竞争因素的干扰，不同主体的收入会出现较大差距，从而存在起点、过程与结果的不公平。财政通过调节收入分配水平，将一定时期内的国民收入在国家、企业、个人之间进行再分配，从而在不同主体之间形成较为合理与公平的分配比重与结果，不至于畸高畸低，有利于缩小收入差距，彰显社会公平。财政实现再分配的手段有：(1) 加强税收调节，主要体现在两方面：一是采用累进所得税制，对高收入家庭课征所得税并对低收入家庭给予补助，实现税收转移支付；二是对主要由高收入消费者购买的产品进行课税，并同时对主要为低收入消费者使用的其他产品给予补贴。(2) 完善社会福利制度，使低收入者实际收入增加，个人收入差距缩小。(3) 规范工资制度。(4) 建立统一的劳动力市场，促进城乡之间和地区之间人口的合理流动，调动劳动者的劳动积极性，遏制城乡差距和地区差距的进一步扩大。

3. 稳定经济和促进发展职能

保证社会经济的正常运转、保持经济稳定发展是财政的重要职能，即要实现充分就业、稳定物价水平、平衡国际收支。根据经济发展形势、变化趋势，可以采用积极的财政政策或消极的财政政策、稳健的财政政策或扩张的财政政策，从而在经济处于高峰期时抑制需求，在经济处于低谷时刺激需求，促使经济复苏。政府的税收政策、社会保障政策、农产品价格支持制度等都是实现经济稳定发展的重要措施和手段。有效的财政政策能促进经济结构调整，实现经济稳定与发展，尤其是在宏观经济运行发生周期性波动甚至经济危机情况下，通过财政政策的扩张或收缩，可以熨平波动、减缓危机。凯恩斯认为经济危机的根源在于"有效需求"不足，主张政府干预经济，采用扩大财政开支和货币供应等手段刺激经济复苏。资本主义国家正是信奉凯恩斯主义，从而摆脱了经济萧条困境，也由此印证市场这只"看不见的手"并非万能，需要政府这只"看得见的手"适当干预，毕竟，稳定经济和促进发展，政府责无旁贷。

二、社会保障基金财政职能的体现

财政的资源配置职能、收入分配职能、经济稳定和发展职能这三大职能在社会保障基金中都有所体现，都和社会保障基金息息相关。在财政的资源配置职能中，财政投资要向教科文卫、社会保障等民生性领域倾斜、向困难地区或群体倾斜；在财政的收入分配职能中，通过社会保障进行转移性支出，使每个社会成员维持起码的生活水平；在经济稳定与发展职能中，要构建和谐社会，就要消除贫困、失业、疾病和收入分配不公等现象，这都需要建立健全医疗保险、就业保障、社会救助等体系。

（一）社会保障基金的资源配置职能

社会保障基金的资源配置职能具体体现在储蓄、投资与国债三方面。

1. 社会保障基金与储蓄

一方面，筹集社保基金会直接影响个人与企业的储蓄倾向与消费倾向；另一方面，社会保障基金的支付能增进受益者的购买力并进而影响到其未来预期，促进消费，改变其消费行为，从而改变社会储蓄。

2. 社会保障基金与投资

社会保障基金是消费基金，但是社会保障基金在用于消费之前，能作为投资基金进入资本市场或基础建设投资，是影响社会总投资的重要因素。

3. 社会保障基金与国债

各国往往规定社会保障基金的一定比例应当用来购买国债，有的国家（如美国）曾发行专门面向养老基金的国债。社会保障基金购买国债能促进公共事业的发展。

（二）社会保障基金的收入分配职能

社会保障基金具有收入分配职能，因为社会保障基金以税收或者收费的方式集中到政府手中后，能通过转移支付来保障特殊社会成员的基本生活。

1. 社会救助基金

通过社会捐赠、财政拨款等资金筹集方式保障生活困难群体、低收入群体的基本生活。

2. 社会保险基金

通过强制向企业和劳动者缴费筹集社会保险基金，用于失业者、年老者、工伤者及其家属等的基本生活保障。

3. 社会福利基金

社会福利基金的对象主要为残疾人、孤儿、老人等，为其建设敬老院、孤儿院，提供相应的设施与服务。

（三）社会保障基金的经济稳定和发展职能

社会保障的经济稳定和发展职能主要体现两方面，首先，社会保障基金自身具有经济的"自动稳压器"功能；其次，在经济波动起伏时，社会保障基金成为"相机抉择的财政政策"工具之一。

1. 社会保障基金自身是"自动稳压器"

当社会保障基金支出水平及社会保障费率保持不变时，社会保障基金能随经济情况的变化调节供求关系，其作用机制如图 2-1 所示。当市场供过于求，经济陷入萧条，失业率上升，导致失业金支出增加时，失业者得到失业津贴后购买力增强，消费增长，从而阻止经济下滑，社会需求上升，供求关系趋于平衡。

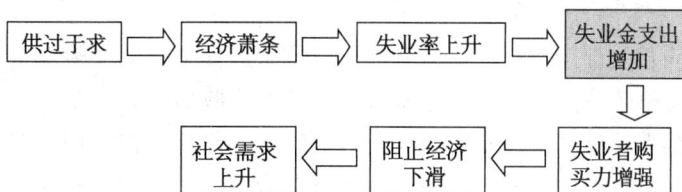

图 2-1　社会保障基金的"自动稳压器"机制

2. 社会保障基金成为"相机抉择的财政政策"工具之一

"相机抉择的财政政策"的含义是针对不断变化的经济形势灵活地变动财政政策。社会保障基金成为"相机抉择的财政政策"工具之一，其作用机制体现在通过改变社保费率和支付水平，调节供求关系，稳定经济，如图 2-2 所示。当市场供过于求，经济陷入萧条，在此情况下，一方面可以提高失业金支付标准、延长支付期限，另一方面可以减少社保费率或者让企业缓缴社保费；前者使得失业金支出增加，后者使得社保收入减少；一增一减双管齐下，社保基金支出大于收入，从而有力阻止经济下滑，扩大社会需求，供求关系趋于平衡。

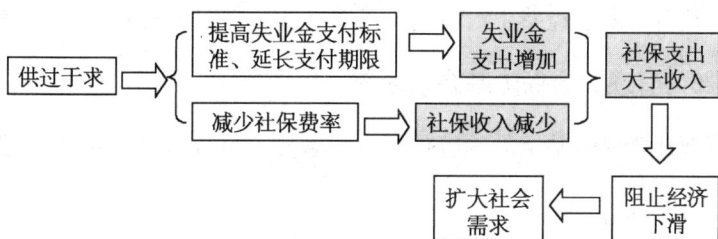

图 2-2　社会保障基金的"相机抉择"机制

第二节　社会保障基金与财政收支

一、社会保障基金与财政部门

（一）财政部门在社会保障基金管理中的职责

1. 财政部门直接参与社会保障基金管理

财政部列出的十四条主要工作职责中，第十条明确写到，会同有关部门管理中央财政社会保障和就业及医疗卫生支出，会同有关部门拟订社会保障基金的财务管理制度，编制中央社会保障预决算草案。除此之外，第四条制定彩票管理政策和有关办法，管理彩票市场，按规定管理彩票资金，这是社会保障基金中的福利彩票基金有关管理职责。另外，第一条中的完善鼓励公益事业发展的财税政策、第三条中的完善转移支付制度都事关社会保障基金。

2. 财政部门对社会保障基金进行监管

财政部门会同相关部门对社会保障基金进行监管，促进社会保险基金经办管理部门更好地履行职责，严格依法办事，确保在基金征缴环节应收尽收，在基金给付方面方便群众领取，防止欺诈骗保，在基金保管环节规范内部管理，严禁挤占挪用，在基金投资环节确保投资运营安全，实现保值增值。财政部门负责检查监督社保管理机构的预决算及其执行情况，检查监督社保管理机构的财务会计制度建设和操作情况，对经办机构违反财政法纪进行处理。例如，2008年7月，人力资源和社会保障部、财政部、中国人民银行、国家税务总局、国家监察委员会、国务院纠风办、全国社会保障基金理事会、审计署、卫生部、证监会共同印发《社会保险基金专项治理工作方案的通知》。

3. 财政部门对社会保障基金的资金支持

财政部门除了直接参与社会保障基金管理、对社会保障基金进行监管之外，还有一个很重要的职责是对社会保障基金予以资金支持。财政部门对社会保障基金的资金支持体现在三方面。一是对社会保障基金直接拨款。社会福利基金、社会救助基金等大都采用财政拨款方式，直接受财政收支状况的制约，社会保险基金往往在出现收支赤字时方能得到财政注资。二是承担社会保障运行的费用，即社保经办机构的经费。社会保险经办机构不得从基金中提取管理费，所需经费由财政列入预算解决。三是通过免税方式提供税收优惠。

（二）财政部门管理社会保障基金的内容

财政部门管理社会保障基金的内容包括税收管理、财务管理、预算管理、财政补助四个方面。

1. 税收管理

财政部门负责组织起草税收法律、行政法规草案及实施细则和税收政策调整方案。在社会保障基金方面，财政部门的税收调控主要是税收优惠，包括：（1）将社会保障税费从企业利润和个人所得税中分离，企业社会保险费允许税前列支，给予税收优惠。（2）允许慈善捐赠享受免税优惠。慈善捐赠是社会保障基金的补充资金来源，运行慈善捐赠在个人所得税和企业所得税中扣减将激励个人和企业积极捐赠，增加社会保障基金。（3）对社会保障基金的投资运营给予税收优惠。我国对社会保障基金的银行存款利息收入、社保基金从证券市场中取得的收入暂免征企业所得税，通过适当的税收优惠促进社会保障基金的保值增值，推动社会保障事业的发展。

2. 财务管理

为规范社会保险基金财务行为，加强社会保险基金管理，维护保险对象的合法权益，财政部门需要会同有关部门统一和健全社会保障基金管理中的各项财务会计制度，做好基金的计划、控制、核算、分析和考核工作，切实反映基金收支状况。财政部、劳动保障部联合制定的《社会保险基金财务制度》《社会保险基金会计制度》已从1999年7月1日起执行，对社会保险基金的收入、支出、结余、具体会计科目设置做了明确规定。财政部门要督促社保经办机构加强内部财务管理制度建设，对内部财务管理制度的完整性、合理性及其实施的有效性进行定期检查和评估，及时发现内部财务管理制度的薄弱环节。

3. 预算管理

建立社保预算，明确社保预算在预算体系中的地位，加强社会保障基金预算管理。财政部通过核定社保机构管理费收支预算，通过预算审核、财务检查等监督和完善社会保障基金管理机制。科学编制社会保险基金预算是加强社会保障基金管理的客观要求和有力手段，特别是社会保险基金预算管理。应当在政府收支预算体系内建立相对独立的社会保险基金预算体系。社会保险基金预算是社会保险经办机构根据社会保险制度的实施计划和任务编制的、经规定程序审批的年度基金财务收支计划。社会保险经办机构编制年度基金预算草案后，先由劳动保障部门审核汇总，然后报财政部门审核，经同级政府批准后，由财政部门及时向劳动保障部门批复执行。在基金预算的执行过程中，社会保险经办机构要严格按批准的基金预算执行，定期向同级财政和劳动保障部门报告预算执行情况。需要调整基金预算时，需要编制社会保险基金预算调整方案，由劳动保障部门报财政部门审核，经同级政府批准后，由财政部门及时向劳动保障部门批复执行。

4. 财政拨款

社会保障制度的建立和完善需要强大的财政支持。财政拨款的目的在于弥补社保收入的不足。财政拨款可分为两种情形：一种是在年度社保收支出现赤字时给予财政补助；另一种是就社保项目按规定比例定期给予财政补助。许多国家建立经常性的财政投入机制，使得财政总支出结构中的社会保障支出比重较大，政府在社保上的投入比例较高，成为社保基金最重要的资金来源。

二、社会保障基金与财政收入

(一) 财政收入的含义与构成

财政收入是指政府部门在一定时期内所取得的货币收入，一定时期一般为一个财政年度。财政收入依据其分类，包括税收收入、国有资产收益、国债收入、收费收入和其他收入。

1. 税收收入

税收是政府为实现其职能的需要，凭借其政治权力，按照特定的标准，强制无偿取得财政收入的一种形式。税收是现代国家财政收入最重要的收入形式和最主要的收入来源。按照征税对象，我国有流转税、所得税、财产税、资源税和行为税五类税。流转税是以商品交换和提供劳务的流转额为征税对象的税收，包括增值税、营业税、消费税、关税等。我国从2012年开展"营改增"试点，将营业税改为增值税，以期减少重复征税，降低企业税负。增值税于2016年全面推开，2017年10月30日，实施60多年的营业税正式退出历史舞台。所得税是指以纳税人的所得额为征税对象的税收，我国已经开征个人所得税与企业所得税。财产税是指以各种财产（包括动产和不动产）为征税对象的税收，包括土地增值税、房产税、城市房地产税、契税。资源税是指对开发和利用国家资源而取得级差收入的单位和个人征收的税收，包括资源税、城市土地使用税等。行为税是为了贯彻国家政策的需要，对某些特定的经济行为开征的税收，包括印花税、城市维护建设税等。

2. 国有资产收益

国家凭借国有资产所有权获得的利润、租金、股息，红利、资金使用费等收入的总称。国有资产可以分为三类，包括经营性国有资产、非经营性国有资产（即行政事业性国有资产和资源性国有资产）。国有资产收益有四种形式：一是股息红利收入，二是上缴利润，三是租金收入，四是国有资产转让收入等其他收入形式。国有资产收益按照形成来源，可以划分为经营性收益和非经营性收益；按照财政管理体制，可以划分为中央收益与地方收益；按照初次分配结果，可以划分为企业留存收益和企业上缴收益。

3. 国债收入

国家以政府信用为担保取得的有偿性收入，具有自愿、有偿和灵活的特点。国债也称为公债，其种类相当丰富。按照债券时间长短，可以分为短期、中期和长期国债，短期一般为 3—5 年，十年以上为长期；按照来源，有内债与外债之分，内债是向国内的经济主体发行的国债，外债是向国外的经济主体发行的国债；按照是否可以转让，可以分为可出售国债与不可出售国债，不可出售国债在到期之前不可以在证券市场上流通，只能按期计息、到期还本；按照利率形式，可以分为固定利率国债和浮动利率国债；按照发行主体，还可以分为中央政府公债和地方政府公债。

4. 收费收入

国家政府机关或事业单位在提供公共服务、实施行政管理或提供特定公共设施的使用时，向受益人收取一定费用的收入形式。可分为使用费和规费两种。使用费是政府对公共设施的使用者按一定标准收取费用，如对使用政府建设的高速公路、桥梁、隧道的车辆收取的使用费；规费是政府对公民个人提供特定服务或特定行政管理所收取的费用，包括行政收费和司法规费。护照费、商品检测费都属于行政收费；民事诉讼费、财产转让登记费、遗产管理登记费则属于司法规费。收费收入具有有偿、不确定的特点。

5. 其他收入

其他收入包括基本建设贷款归还收入、基本建设收入、捐赠收入等。最新财政收入分类方式可以参照财政部、中国人民银行、国家税务总局《关于修订 2009 年政府收支分类科目的通知》。

（二）社会保障基金与财政收入的关系

社会保障基金与财政收入之间的关系主要体现在两方面：第一，社会保障缴费或税是重要的财政收入形式；第二，社保基金与国债关系密切，是其资金来源。

1. 社会保障缴费或税是重要的财政收入形式

社会保障基金的筹集有两种方式：税或者费。根据国际货币基金组织的统计，全世界 170 多个国家里，迄今至少有 132 个国家或地区以税收方式筹集社会保障基金。图 2-3 显示，OECD 国家社会保障税占总税收的加权比重在近 30 年间不断上升，从 1965 年的 18% 上升至 1995 年的 25%。在 1995 年后，该比重超过 30% 的国家有 9 个，其中，最低的是希腊，达 31%，最高的是法国，达到 50%，其他一些国家的比重也不低，如日本达到

36％，德国为 39％，荷兰为 42％，个别国家的社会保障税甚至超过个人所得税，成为第一大税种①。

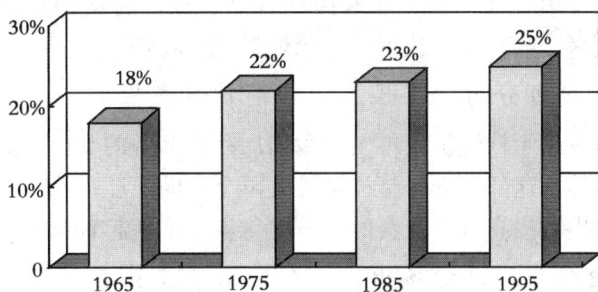

图 2-3　OECD 国家社会保障税占总税收的加权比重

2. 社保基金与国债关系密切

国债是财政收入之一，社保基金与国债关系密切。国债以政府信用为担保，社保基金购买国债，既能保证社保基金安全，又能使社保基金保值增值。比如，美国的特种国债利率最低为 4％，最高时达到 6％，很好地保证了美国联邦社保基金不缩水不贬值。美国《社会保障法案》规定，联邦社保基金只能投资于美国政府对其本息均予以担保的孳息型有价证券，美国联邦社保基金的资产除极少数现金外，几乎全部投资美国财政部专门为联邦社保基金发行的特种国债。社会保障基金也成为国债的重要筹资渠道，为国债发行提供了有力的资金支持。

三、社会保障基金与财政支出

（一）财政支出的含义与分类

财政支出是政府为提供公共产品和服务，满足社会共同需要而进行的财政资金的支付。根据分类依据的不同，财政支出可分为不同的支出类别。按经济性质分为生产性支出和非生产性支出；按补偿的等价性分为购买性支出和转移性支出；按再生产角度可分为积累性支出和消费性支出；按用途分为经济建设费支出、社会文教费支出、行政管理费支出、其他支出等。

1. 按经济性质分为生产性支出和非生产性支出

生产性支出指与社会物质生产直接相关的支出，如支持农村生产支出、农业部门基金支出、企业挖潜改造支出等；非生产性支出指与社会物质生产无直接关系的支出，如国防支出、武装警察部队支出、文教卫生事业支出、抚恤和社会福利救济支出等。

2. 按补偿的等价性分为购买性支出和转移性支出

购买性支出又称消耗性支出，政府购买商品和劳务，包括购买进行日常政务活动所需要的或者进行政府投资所需要的各种物品和劳务的支出。它是政府的市场性再分配活动，

①　数据来源：转引自吕学静. 社会保障基金管理［M］. 首都经济贸易大学出版社，2010 年 6 月第 2 版，第 293 页。

对社会生产和就业的直接影响较大，执行资源配置的能力较强，在市场上遵循定价交换的原则。转移性支出是指政府按照一定方式，将一部分财政资金无偿地、单方面地转移给居民和其他受益者，主要由社会保障支出和财政补贴组成。它是政府的非市场性再分配活动，对收入分配的直接影响较大，执行收入分配的职能较强。

3. 按再生产角度可分为积累性支出和消费性支出

积累性支出指最终用于社会扩大再生产和增加社会储备的支出，如基本建设支出、工业交通部门基金支出等，这部分支出是社会扩大再生产的保证；消费支出指用于社会福利救济费等，这部分支出对提高整个社会的物质文化生活水平起着重大的作用。

4. 按用途分为经济建设费支出、社会文教费支出、行政管理费支出、其他支出等

经济建设费支出包括基本建设支出、流动资金支出、地质勘探支出、国家物资储备支出、工业交通部门基金支出、商贸部门基金支出等；社会文教费支出包括科学事业费和卫生事业费支出等；行政管理费支出包括行政管理费支出、公检法支出、武警部队支出等；其他支出包括国防支出、债务支出、政策性补贴支出等。

（二）社会保障基金与财政支出的关系

社会保障基金与财政支出的关系体现为财政支出直接为社会保障基金提供重要的资金来源，社会保障基金支出是财政支出中相当重要的内容。

社会保障基金支出占财政支出的比重也称为财政社会保障水平或财政转移支付社会保障水平，反映社会保障在政府公共财政支出中的地位，公式如下。该公式中，分子社会保障支出总额是指在财政总支出中用于社会保障支出的总额。

$$财政转移支付社会保障水平 = \frac{社会保障支出总额}{财政总支出} \times 100\%$$

图 2-4 给出了美国、德国、英国在 20 世纪 80 年代到 90 年代的财政社会保障支出水平。这 3 个国家在不同年代的财政社会保障水平有波动，但都高于 25%。相对水平较低的英国在 1980 年到 1986 年间的财政社会保障水平持续上升，从 1980 年的 26.4% 升至 1986 年的 32.3%；美国的财政社会保障水平则呈下降态势，从 1980 年的 34.1% 降至 1990 年的 25.6%；德国的财政社会保障水平远高于英美，始终维持在 49% 以上，仅在 1988 年和

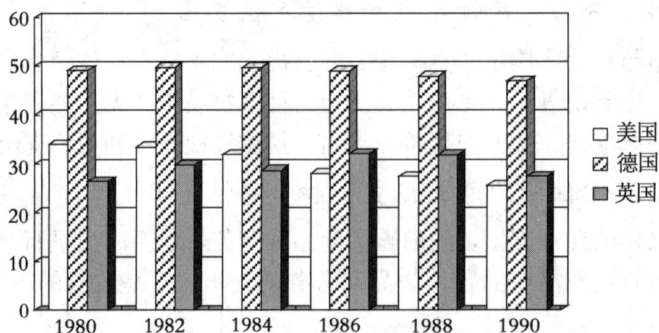

图 2-4 美国、德国、英国的财政社会保障支出水平

1990 年略微下降为 47.9％和 46.9％①。

（三）财政型社会保障基金

正是由于财政支出直接为社会保障基金提供重要的资金来源，社会保障基金支出是财政支出中相当重要的内容，可以将财政支出中用于社会保障事业的资金归为财政型社会保障基金。

1. 财政型社会保障基金的特点

财政型社会保障基金具有来自税收、按需分配、对象特定、地区差异四个特点。财政型社会保障基金的主要来源是税收，为了满足无法维持最低生活水平的社会成员的需要，具有很强的对象性。比如，用于突发自然灾害地区灾民的灾害救济基金，给孤儿和残疾人的社会福利基金，给军烈属等的社会优抚基金。不同地区的经济与财政状况的不同决定了财政型社会保障基金在不同地区存在差异，比如最低生活保障项目中的低保线，不同地区并不统一，经济发达地区和不发达地区的标准差异较大。

2. 财政型社会保障基金的内容

财政型社会保障基金主要包括四类：卫生经费支出、抚恤和社会福利救济支出、行政事业单位离退休经费、社会保障补助支出。除此之外，还包括社会保险经办机构事业费。

（1）卫生经费支出。财政预算中的卫生经费支出是文教科学卫生事业费的一个分支，具体包括卫生事业费、公费医疗经费、计划生育事业费和中医事业费。其中，只有公费医疗经费属于社会保障范畴。国家财政医疗卫生支出即为公费医疗经费，是政府卫生支出中的一部分。2016 年全国财政医疗卫生支出 13 154 亿元，比 2015 年增长 10％，医疗卫生支出占财政支出的比重首次提高到 7％。2017 年全国财政医疗卫生支出进一步提高到 14 451 亿元，较 2013 年增加 5 156 亿元，增长 55.5％，占全国财政支出的比重达到 7.1％②。2018 年全国财政预算安排医疗卫生支出 152 91 亿元，较上年增加 840 亿元，增幅高于全国财政支出 2.5 个百分点，占全国财政支出的比重达到 7.3％。自 2008 年"新医改"以来，全国财政医疗卫生支出总计达到 95 454 亿元，2013—2017 年，全国财政医疗卫生累计支出 59 502 亿元，年均增幅 11.7％，比同期全国财政支出增幅高出 2 个百分点。历年支出金额如图 2-5 所示。

（2）抚恤和社会福利救助支出。抚恤和社会福利救济支出包括社会救助支出、社会福利支出和优抚安置支出。根据民政部公布的《2017 年社会服务统计公报》，我国社会救助情况详见表 2-1，具体包括最低生活保障、特困人员救助、临时救助、医疗救助、灾害救助的对象人数与支出金额。

---

① 数据来源：转引自张留禄. 社会保障基金管理［M］. 中国金融出版社，2010 年，第 271 页。

② 数据来源：《国务院关于财政医疗卫生资金分配和使用情况的报告》，——2018 年 12 月 24 日在第十三届全国人民代表大会常务委员会第七次会议，财政部部长刘昆.

单位：亿元

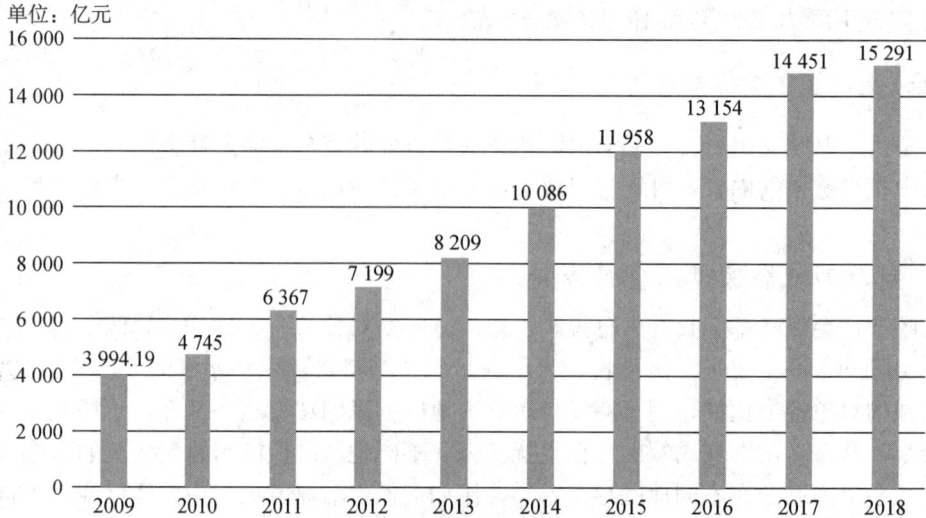

图 2-5　全国财政医疗卫生支出（2009—2018 年）

表 2-1　2017 年我国社会救助对象人数与支出金额

	最低生活保障		特困人员救助供养		临时救助	医疗救助		
	城市	农村	城市	农村		资助参加基本医保	住院和门诊	优抚医疗补助
对象人数（万人）	1 261.0	4 045.2	25.4	466.9	970.3	5 621.0	3 517.1	367.1
救助金额（亿元）	640.5	1 051.8	21.2	269.4	107.7	74.0	266.1	36.1

数据来源：整理自民政部《2017 年社会服务统计公报》。

　　另外，在优抚安置方面，截至 2017 年年底，国家抚恤、补助各类重点优抚对象 857.7 万人。各级财政共支出抚恤事业费 827.3 亿元，比上年增长 7.5%。

　　在防灾减灾救灾方面，2017 年全国各类自然灾害共造成 1.4 亿人次不同程度受灾。国家减灾委、民政部共启动国家救灾应急响应 17 次，向各受灾省份累计下拨中央财政自然灾害生活补助资金 80.7 亿元，紧急调拨近 3 万顶救灾帐篷、11.6 万床（件）衣被，3.1 万条睡袋、6.9 万张折叠床等中央储备生活类救灾物资。2008—2010 年，汶川地震灾后恢复重建支出累计 2 330.88 亿元，加上中央国有资本经营预算等安排的支出 655.82 亿元和结转下年支出 46.57 亿元，合计 3 033.27 亿元，实现三年中央财政对地震灾后恢复重建投入 3 000 亿元的规划目标①。

　　（3）行政事业单位离退休经费。行政事业单位离退休经费包括三部分内容：一是人员待遇经费，涵盖行政事业单位离退休金、护理费、治丧费、探亲路费、异地安置费等；二是公用经费，指离退休人员的公用费和离休人员的特需费，其中公用费开支项目包括离退

_____

①　《关于 2010 年中央和地方预算执行情况与 2011 年中央和地方预算草案的报告》，财政部网站。

休人员办公费、政治学习费、文体活动费和邮电费，以及离休人员参加工农业生产差旅费和健康休养费等；三是管理机构经费。行政事业单位离退休经费多年来没有予以公布，笔者查到的数据亦较为陈旧，从 2000 年至 2005 年，行政事业单位离退休经费由 478.57 亿元增加到 1 164.83 亿元，年均增长 19.5%[1]。

（4）社会保障补助支出。社会保障补助支出是国家用于社会保障事业的补助支出，包括对社会保险基金的补助、促进就业补助、国有企业下岗职工补助和补充全国社会保障基金等。2018 年，我国社会保险基金收入 72 649.22 亿元，增长 24.3%，其中，财政补贴收入 16 776.83 亿元，占总收入的 23%[2]。2018 年，财政性拨入全国社会保障基金资金 573.77 亿元，其中，中央财政预算拨款 200 亿元；彩票公益金 358.45 亿元；国有股减持资金 15.32 亿元。截至 2018 年年末，财政性拨入全国社保基金资金和股份累计 9 151.57 亿元，财政性净拨入全国社保基金累计 9 130.89 亿元[3]。

四、社会保障基金与财政赤字

（一）财政赤字的概念与理解

1. 财政赤字的概念

财政赤字是指财政支出大于财政收入形成的差额，这种差额在进行会计处理时需用红字书写，这正是"赤字"的由来。若收入大于支出，为财政盈余。财政赤字有两种情况：一种情况是一国政府在每一财政年度开始之初，在编制预算时在收支安排上就有的赤字，这是一种有意安排，被称为赤字财政或赤字预算，属于财政政策的一种；另一种情况是在预算时并没有设计赤字，但执行到最后却出现了赤字，也就是财政赤字或预算赤字。

2. 财政赤字的理解

理论上而言，财政收支平衡是财政的最佳情况，即财政收支相抵或略有节余。但是，财政赤字并非完全不好，财政赤字具有一定的作用，在一定限度内可以刺激经济增长。当居民消费不足时，政府可以加大政府投资拉动经济增长，由此可能出现国家财政入不敷出的局面。除了为刺激经济发展而导致财政赤字，还有其他因素导致财政赤字，比如税率降低导致政府收入减少，政府支出增加，甚至会因为政府管理不当存在过分浪费等原因导致财政赤字不可避免。美国政府一向以财政赤字闻名，克林顿时代赤字转为盈余，小布什上台后适逢经济衰退，又对外用兵，再次出现高额赤字。

（二）社会保障基金与财政赤字的关系

1. 社会保障基金负担过重是导致政府财政赤字的重要原因

20 世纪 70 年代后，西方工业化国家普遍建立了保障全面、待遇较高的社会保障制度，

---

① 综合司课题组. 完善稳健财政政策，促进扩大消费需求——全球经济失衡条件下中国经济发展的有效选择，财政部网站，http://www.mof.gov.cn/zhengwuxinxi/diaochayanjiu/200 806/t20 080 620 _ 47 486.html.

② 每日经济新闻，2019.3.6，《2018 年社会保险基金预算收支情况》。

③ 全国社会保障基金理事会社保基金年度报告（2018 年度），ssf.gov.cn。

社会保障基金负担一再上升，导致政府财政赤字加大。穆怀中等学者对两者之间的关系进行了定量研究，发现社会保障基金负担过重（即存在社会保障水平超度）是导致财政赤字非常重要的原因[①]。

学者用社会保障支出占 GDP 比重的超度数值来衡量社会保障基金负担程度，其中，社会保障支出占 GDP 的比重也称为社会保障总水平；用财政赤字占 GDP 的比重来衡量政府财政赤字水平，采用英国、美国、法国、德国四国在 1975 年、1980 年、1985 年、1995 年、2000 年这五年的数据进行分析，如表 2-2 所示。

西方国家的政府普遍在 1975 年、1980 年、1985 年、1995 年这四个年度出现财政赤字，与同期社会保障总水平超度值较为接近，且从四国平均值来看，社会保障总水平超度值大于财政赤字比重，这说明社会保障水平超度是导致财政赤字非常重要的原因。在 2000 年，上述国家财政赤字大幅下降并转为财政盈余，同期的社会保障总水平超度值相较于 1995 年基本上都有不同幅度的下降，这是因为各国控制社会保障支出的政策起到作用。由此可见，社会保障水平超度尽管不是导致政府财政赤字的唯一原因，却是导致政府财政赤字非常重要的原因，以至于政府财政赤字随着社会保障水平超度值的下降而下降。

表 2-2　西方主要工业化国家财政赤字与社会保障基金负担

国家	财政赤字占 GDP 比重与社会保障基金负担	样本年份的数值（%）				
		1975 年	1980 年	1985 年	1995 年	2000 年
英国	财政赤字占 GDP 的比重	−1.9	−4.96	−2.96	−5.8	4.0
	社会保障总水平超度值	1.27	1.3	5.17	7.53	7.42
美国	财政赤字占 GDP 的比重	−4.0	−2.6	−3.36	−3.1	1.6
	社会保障总水平超度值	3.0	1.6	2.55	6.45	6.67
法国	财政赤字占 GDP 的比重	NA	NA	NA	−5.5	−1.5
	社会保障总水平超度值	6.25	2.85	9.1	11.37	10.3
德国	财政赤字占 GDP 的比重	−3.29	−1.92	−1.27	−3.2	1.3
	社会保障总水平超度值	8.37	6.57	7.82	10.35	9.27
平均值	财政赤字占 GDP 比重	−3.07	−3.16	−2.53	−4.4	1.35
	社会保障总水平超度值	4.21	3.08	6.16	8.93	8.42

说明：负数表示财政赤字，正数表示财政盈余。

数据来源：转引自穆怀中．社会保障国际比较［M］．中国劳动社会保障出版社，2007 年 8 月第 2 版，第 133 页。

2. 政府财政赤字下，可能削减社会保障基金支出

财政赤字规模存在着一个合理界限，赤字规模过大，会引发国家信用危机。解决财政赤字的途径有动用历年结余、增加税收、发行公债、增发货币等弥补方式。美国财政部数据显示，在截至 2011 年 9 月底的 2011 财政年度，美国联邦政府财政赤字为 1.299 万亿美元，创下连续三年联邦财政赤字破万亿美元的纪录。2010 财年美国联邦政府财政赤字接

---

① 穆怀中．社会保障国际比较［M］．中国劳动社会保障出版社，2007 年 8 月第 2 版，第 133 页。

近1.3万亿美元，受到经济危机影响，2009财年美国联邦政府财政赤字更是达到创纪录的1.42万亿美元，如何提振经济并且改善财政成为政府面临的严峻挑战。美国州政府面临同样的问题，减少政府支出成为政府制定预算时的重要选择，其中就很可能将削减指向金额庞大的社会保障支出。由于前任州长施瓦辛格留下254亿美元的州政府债务，加利福尼亚州2010年财政预算报告削减125亿美元开支，其中，针对穷人的医疗17亿美元，针对在岗员工的福利15亿美元。

第三节　我国财政与社会保障基金

一、我国财政与社会保障基金关系的发展现状

(一) 全国财政收入快速增长

随着国家实力大大增强，我国财政收入不断增加，并且保持高速增长。财政收入规模从1978年的一千亿元增长到1998年的一万亿元用了20年时间，其后仅用12年时间就从一万亿元增长到十万亿元。2017年，我国财政收入达到172 566亿元，持续40年逐年递增。2018年，全国财政收入同比增长6.2%，为183 352亿元。我国财政收入规模及其增长率详见表2-3。

表 2-3　我国财政收入规模及其增长率（1978—2017年）

年份	财政收入（亿元）	财政收入增长率（%）
1978	1 132.26	29.5
1980	1 159.93	1.2
1985	2 004.82	22.0
1989	2 664.90	13.1
1990	2 937.10	10.2
1991	3 149.48	7.2
1992	3 483.37	10.6
1993	4 348.95	24.8
1994	5 218.10	20.0
1995	6 242.20	19.6
1996	7 407.99	18.7
1997	8 651.14	16.8
1998	9 875.95	14.2
1999	11 444.08	15.9

（续表）

年份	财政收入（亿元）	财政收入增长率（%）
2000	13 395.23	17.0
2001	16 386.04	22.3
2002	18 903.64	15.4
2003	21 715.25	14.9
2004	26 396.47	21.6
2005	31 649.29	19.9
2006	38 760	22.5
2007	51 822	33.7
2008	61 330	18.4
2009	68 518	11.7
2010	83 102	21.3
2011	103 874	25.0
2012	117 254	12.9
2013	129 210	10.2
2014	140 370	8.6
2015	152 269	8.5
2016	159 552	4.8
2017	172 566	8.2
2018	183 352	6.2

1978—2017 年，我国财政收入年均增速 13.76%，远高于 GDP 年均 9.5% 的增速。除了极个别年份，财政收入的增长速度多年来远远高于经济增长速度，在图 2-6 中直观可见。

（二）社会保险基金收入已纳入政府预算，但不计入政府公共财政收入

社会保险基金收入虽然由政府收缴，但是长期以来，我国并未把社会保险基金收入纳入政府财政收入，也未列入政府预算。直到 2014 年 8 月 31 日《预算法》修订后，才明确规定政府的全部收入和支出都应当纳入预算。政府预算包括一般公共预算、政府性基金预算、国有资本经营预算、社会保险基金预算。一般公共预算是对以税收为主体的财政收入，安排用于保障和改善民生、推动经济社会发展、维护国家安全、维持国家机构正常运转等方面的收支预算。社会保险基金预算虽然纳入政府预算体系，但是保持完整、独立，没有纳入一般公共预算中。因此，社会保险基金收入现已纳入政府预算，但不计入政府财政收入。

根据财政部《关于 2017 年中央和地方预算执行情况与 2018 年中央和地方预算草案的报告》，2017 年全国一般公共预算收入 172 566.57 亿元，为预算的 102.3%，比 2016 年同

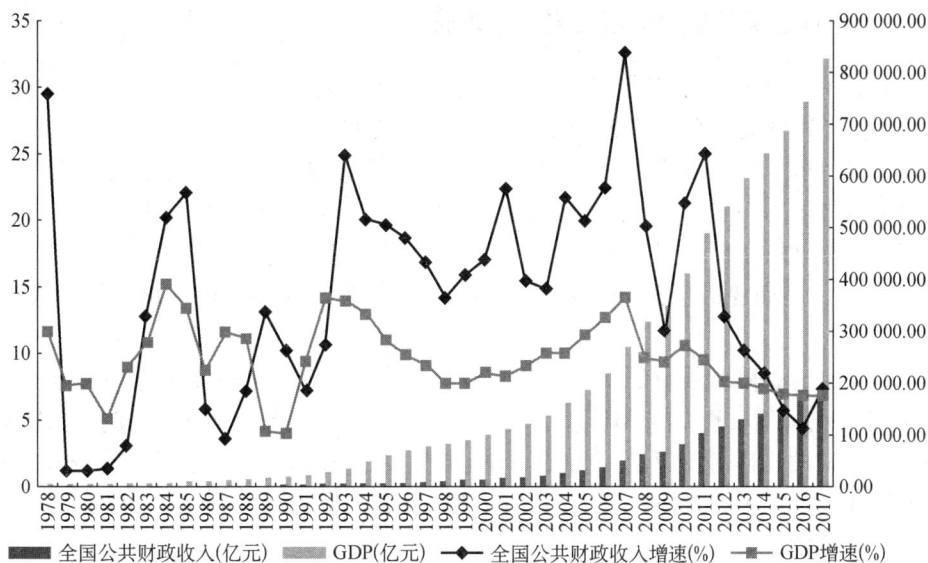

图 2-6　全国财政收入规模及其增速与 GDP 的比较（1978—2017 年）

口径增长 7.4%；全国政府性基金收入 61 462.49 亿元，增长 34.8%；全国国有资本经营预算收入 2 578.69 亿元，下降 1.2%；全国社会保险基金收入 55 380.16 亿元，为预算的 106.9%，增长 10.5%；其中，保险费收入 39 563.61 亿元，财政补贴收入 12 264.49 亿元，占社会保险基金收入的 22%。

　　在国际货币基金组织（简称 IMF）颁布的《政府财政统计手册 2001》中，政府财政收入包括税收、社会保障缴款、赠与和其他收入。其他收入主要指财产收入、出售商品和服务收入、罚金罚款和罚没收入以及其他杂项收入。按此国际可比口径，我国政府财政收入除公共财政收入之外，还应包括政府性基金收入（不含国有土地使用权出让收入）、国有资本经营预算收入、社会保险基金收入。按此口径计算，2009 年和 2010 年我国与国际可比的政府财政收入分别为 87 313 亿元和 105 791 亿元，占当年 GDP 的比重分别为 25.6% 和 26.4%，分别提高 5.5% 和 5.7%。2009 年、2010 年，我国公共财政收入分别为 68 518 亿元和 83 102 亿元，占当年 GDP 的比重分别为 20.1% 和 20.7%。不同口径下我国政府财政收入及占 GDP 的比重如表 2-4 所示。

表 2-4　不同口径下我国政府财政收入及其占 GDP 的比重（2009—2010 年）

（单位：亿元,%）

统计口径	2009 年		2010 年	
	绝对额	占 GDP 的比重	绝对额	占 GDP 的比重
公共财政收入	68 518	20.1	83 10	20.7
社会保险基金收入	12 779	3.7	14 761	3.7
IMF 口径的财政收入	87 313	25.6	105 791	26.4

说明：社会保险基金收入为扣除财政补助后的五项社会保险基金收入。

数据来源：中华人民共和国财政部，我国财政收入规模及国际比较。

（三）用于社会保障事业的财政支出在增长

提高保障和改善民生水平是财政支出的重点领域，也是民心所向。习近平总书记提出："我们的人民热爱生活，期盼有更好的教育、更稳定的工作、更满意的收入、更可靠的社会保障、更高水平的医疗卫生服务、更舒适的居住条件、更优美的环境，期盼孩子们能成长得更好、工作得更好、生活得更好。人民对美好生活的向往，就是我们的奋斗目标。"党的十九大报告明确提出："加强社会保障体系建设，按照兜底线、织密网、建机制的要求，全面建成覆盖全民城乡统筹、权责清晰、保障适度、可持续的多层次社会保障体系。"

国家用于社会保障和就业的支出不断增长，财政对社会保障的支持力度逐年加大，从1998年的596亿元增长至2008年的6 804亿元，至2018年时达到27 084亿元，社会保障和就业占国家财政支出的比重从1998年的5.52%提高至2008年的10.9%，2018年时该比重提高至12.26%。从2008年至2018年，除2012年该比重为9.9%，其余年份均保持在10%以上，如表2-5所示。

财政社保和就业支出已成为我国一般公共财政中规模仅次于教育的第二大支出项目。2018年全国一般公共预算支出中，社会保障和就业支出27 084亿元，增长9.7%。规模日益庞大的社保和就业资金重点用于六个方面：财政对社会保险基金补助支出、行政事业单位离退休支出、就业补助支出、城市居民最低生活保障支出、农村最低生活保障支出、自然灾害生活救助支出。

表2-5 全国财政社会保障和就业支出金额、增长率和比重（2008—2018年）

年份	全国财政支出（亿元）	社会保障和就业		占比（%）
		支出额（亿元）	增长率（%）	
2018	220 906	27 084	9.2	12.26
2017	203 330	24 812	16	12.20
2016	187 841	21 548	13.3	11.47
2015	175 768	19 001	16.9	10.81
2014	151 662	15 913	9.8	10.49
2013	139 744	14 417	14.6	10.32
2012	125 712	12 542	12.9	9.9
2011	108 930	11 144	22	10.23
2010	89 874	9 130	20.0	10.20
2009	75 874	7 607	11.8	10.03
2008	62 427	6 804	24.5	10.9

数据来源：整理自财政部历年《财政收支情况》. m.mof.gov.cn。

二、我国财政与社会保障基金关系现存问题

(一) 财政对社会保障基金的支出水平偏低

我国财政对社会保障基金的支出水平偏低，离要达到的目标有较大距离；与其他国家相比，我国的财政社会保障支出水平也偏低。

1. 财政社会保障支出水平整体偏低

尽管财政社会保障水平在近二十多年来有提高，从 1998 年的 5.5% 提高到 2000 年的 8.1%，但此后增长缓慢。从表 2-5 数据可以清晰地看到，从 2008—2015 年间，财政社会保障水平长期维持在 10% 左右，直到近三年才小幅提高，到 2018 年时，该比重为 12.26%。虽然已是近十年来的最高值，距离 15%—20% 的目标值仍有较大距离。《劳动和社会保障发展"十五"计划纲要》中提出，要逐步将社会保障支出占财政支出的比重提高到 15% 到 20%。显然，"十五"期间这一目标并未达成，且现阶段离这一目标还有一定距离，现阶段我国社会保障支出占财政支出的比重整体偏低。

2. 我国财政社会保障支出水平在世界范围内偏低

现阶段我国财政社会保障支出水平尚不及发达国家在 20 世纪 80 年代的水平，即便是发展中国家的智利，其财政社会保障水平早在 1980 年就接近 30%。根据世界银行《1997 年世界发展报告》，英国、法国、德国、美国等国家财政中用于社会保障的比重均达到 30%，如表 2-6 所示。由此可见，我国财政社会保障支出水平在世界范围内处于偏低水平。

表 2-6　部分国家财政社会保障支出水平　　　　　　　　　(单位:%)

时间	英国	法国	德国	日本	美国
1981—1990	30.5	42.9	45.3	NA	28.5
1991—1995	30.0	43.0	48.0	37.5	29.9

数据来源: 世界银行，《1997 年世界发展报告》。

(二) 社会保障基金的隐性债务易引发财政风险

在城镇社会养老保险制度从现收现付制向社会统筹与个人账户相结合的部分积累制转轨过程中，由于"老人"转轨前已经退休，完全没有个人账户积累，"中人"的个人账户积累额有限，由此形成国家对社会保障基金的隐性债务，使得养老保险个人账户基金被用于当前养老金的发放，绝大部分个人账户成为"空账"。主管部门唯一一次公布养老保险"空账"是原劳动保障部公布的截至 2004 年的数字，为 7 400 亿元。即便在全国实施个人账户做实的 13 个省，"空账"规模也达到 1.6 万亿元[①]。《中国养老金发展报告 2016》指

[①]　王毕强. 筑实养老保险"空账"[J]. 财经，2010 (12).

出，2015 年城镇职工基本养老保险个人账户累计记账额（即"空账"）达到 47 144 亿元，而当年城镇职工养老保险基金累计结余额只有 35 345 亿元，这表明城镇职工基本养老保险制度资产和负债之间的缺口会越来越大，基金累计结余可能很快会被耗尽。由于养老金支付国家兜底，一旦养老金入不敷出，国家财政就要确保养老金的发放，巨大的隐性债务容易引发财政风险。

（三）财政对社会保障基金的投入缺乏立法约束

尽管我国财政对社会保障基金的投入在增长，但是并未建立明确的财政对社会保障基金投入的约束机制，更没有立法约束，使得财政社会保障投入具有明显的随意性，社会保障支出年增长率忽高忽低，缺乏长效机制，公共财政对社会保障基金的投入严重不足。《劳动和社会保障发展"十五"计划纲要》中设定的目标没有达成，也没有任何反思与问责，根本原因还在于缺乏规范与约束机制。

（四）地方政府在社会保障基金的财政责任上缺位

目前，我国社会保障基金统筹层次仍然很低，大部分地区的社会保障基金仍然处于"市级统筹"甚至"县级统筹"的分散管理状态，尽管 1998 年国务院就提出实现企业职工基本养老保险省级统筹的要求，但是宣称达到省级统筹的不少省实质上只是建立起基本养老保险基金的省级调剂制度。历年来，基本养老保险基金财政补助多依赖中央财政补助，地方政府的积极性不高，地方政府在社会保障的财政责任上处于缺位状态，如表 2-7 所示。

表 2-7　中央和地方财政对基本养老保险基金补助情况　　　（单位：亿元）

年份	2003	2001	2005	2006	2007	2008	2009
全国财政	497.50	614.00	651.00	971.00	1 157.00	1 437.00	1 646.00
中央财政	477.89	522.00	544.00	774.00	873.00	1 127.43	1 326.29
地方财政	19.61	92.00	107.00	197.00	284.00	309.57	319.71

数据来源：转引自郑功成主编. 中国社会保障改革与发展战略（养老保险卷）［M］. 人民出版社，2011，第 276 页。

（五）社会保障基金的预算管理薄弱

早在十四届三中全会，我国就提出要包括公共财政预算、国有资本预算和社会保障基金预算在内的复式预算体系，前两者的预算体系都已经建立，社会保障基金的预算管理却迟迟未有动静。直到 2010 年国务院才决定要开始进行社会保障基金预算，并于 2010 年 1 月发布《关于试行社会保险基金预算的意见》，编制养老保险、医疗保险、失业保险、工伤保险和生育保险五项社会保险基金预算。2013 年，社会保险基金预算首次列入国家预算报告，接受最高权力机关的监督。如今，全国社会保险基金预算按险种分别编制，包括基本养老保险基金、基本医疗保险基金、失业保险基金、工伤保险基金、生育保险基金等社会保险基金。我国各类社会保障基金预算管理薄弱，基金收支不明晰、权责不明确，甚至出现违反国家政策规定违规使用社会保障基金等问题。随着社保基金规模的扩大和参保人数的增多，需要进一步加强社保基金预算管理，为社保基金的收支平衡和安全运行，以及各项社会保险制度的实施和发展奠定坚实的基础，有效地提高社会保险基金的防风险能力，从机制上解决社保基金按时足额发放的待遇问题，更好地维护和保障广大人民群众的利益，真正实现社保基金对民生问题的保障作用。

三、完善我国财政与社会保障基金关系的对策

（一）提高财政对社会保障基金的支出水平

城市化进展的加快和人口老龄化对社会保障体系建设的要求十分迫切，应当在现有基础上进一步加大财政对社会保障基金的支持力度，满足人们基本的社会保障需求。提高财政对社会保障基金的支出水平需要双管齐下：一方面，加大调整支出结构力度，压缩一般开支，根据国家对社会保障事业发展的重点要求，增加对社会保障基金的投入；另一方面，提高地方政府对社会保障支出的比重，形成合理的财政社会保障支出格局。

（二）探索社保基金收支平衡的长效机制

实现社保基金自我平衡与持续发展，是缓解与防范财政风险的根本举措。要探索各项社保基金收支平衡的长效机制，既要使国家财政充当社会保障制度的坚实后盾并履行相应的监管职责，又要让各项社会保障制度按照自身规律合理发展，避免社会保障基金出现重大危机时对国家财政稳定性造成重大冲击。不管是采用统账结合模式的养老保险和医疗保险，还是采用现收现付模式的失业保险、工伤保险和生育保险，都应当探索科学地建立基金收支平衡的长效机制。一方面，用财政性资金和每年社保结余基金逐步做实养老保险个人账户，确保离退休人员养老金等按时足额发放；另一方面，从收支两方面着手将社会保障基金收支缺口控制在国家财政可以承受的范围之内，降低由此引起的财政风险程度。对于失业保险基金、工伤保险基金，通过加人失业预防、增加工伤预防基金支出、适当降低部分行业费率等途径，解决基金盈余积累过多的现象，并积极探索变现国有资产，承担基本养老保险基金转轨过程中的部分成本困难。

（三）通过法规建立明确的财政对社保基金的投入

要实现社会保障与公共财政关系的制度化，并上升到法律规范的层次。通过法规建立明确的财政对社会保障基金投入的约束机制和增长机制，对挤占、挪用社保基金财政专户资金用于平衡财政预算等违规现象，从法规上予以禁止和惩处，改变我国社保基金监管立法不完善的现状，提高立法层次，建立完善的法律体制，使社保基金法律监管主体能依法监管、有效运行。

（四）厘清各级政府在社会保障基金方面的财政责任

厘清中央和地方政府在社会保障基金方面的财政责任，特别是养老保险制度中的财政责任，包括城镇职工基本养老保险和新型农村社会养老保险制度。这涉及基本养老保险制度中统筹层次的高低和各级政府财政责任的分担比例。在不断提高各项养老保险制度的统

筹层次的发展目标下，探索各项基本养老保险制度中中央和地方的财政责任，根据各地具体情况，建立中央、省、市财政支出责任体系，新型农村社会养老保险制度则维持当前试点模式中的财政支出责任，由中央、省、市、县多级财政共同对农民缴费和受益进行补贴。在厘清各级政府在社会保障基金方面的财政责任中，特别要明确养老保险制度转轨过程中的"视同缴费"年限的财政分担方案，将其具体化与法定化。

（五）建立和完善专门的社会保险基金预算管理制度

社会保险基金是整个社会保障基金的主干和核心，收支规模持续大幅度增长，急需建立专门的社会保险基金预算制度，定期向公众公告基金收支预算与决算情况，并接受国家相关机构的年度审查和日常监督。编制社会保险基金预算是现代社会保险基金管理中最常用、最成熟和必不可少的制度，有利于保证社会保险基金的相对独立，也有利于政府和公众对社会保险基金的收支进行有效监督。加强社保基金预算的管理工作，加快实现社保基金运行的公开化和透明化，进一步增强社保基金收支管理的规范性和约束力，使其处于有依、有据、有序的运行框架中，使其处于更加公开透明的环境下，真正实现对民生的改善和保障。

📖 本章小结

1. 财政是政府集中一部分国民收入用于满足公共需要的收支活动，具有公共性、非盈利性和法制性特征。

2. 社会保障基金的财政职能体现在三方面，社会保障基金具有财政的资源配置职能、收入分配职能、经济稳定和发展职能。

3. 财政部门在社会保障基金管理中具有三方面职责：直接参与管理、进行监管和资金支持。财政部门参与社会保障基金管理的内容有税收管理、财务管理、预算管理和财政拨款。

4. 社会保障基金与财政收入的关系体现为：社会保障缴费或税是重要的财政收入形式；社保基金与国债关系密切，是其资金来源。社会保障基金与财政支出的关系体现为：财政支出直接为社会保障基金提供重要的资金来源，社会保障基金支出是财政支出中的重要内容。社会保障基金与财政赤字之间的关系体现为：社会保障基金负担过重是导致政府财政赤字的重要原因；政府财政赤字下，可能削减社会保障基金支出。

5. 我国社会保障基金与财政之间关系的现状、问题与对策。

☑ 关键概念

财政收支　财政职能　财政赤字

复习思考题

1. 社会保障基金具有哪些财政职能？如何体现？
2. 社会保障基金与财政部门之间存在什么关系？
3. 财政部门管理社会保障基金的内容有哪些？
4. 社会保障基金与财政收支的关系如何？
5. 我国财政与社会保障基金管理存在哪些问题？应当如何完善？

案例 2-1

俞正声上海履职后谈社保的发言汇编

牛年春节假期刚刚过完，2009 年 2 月 4 日，上海市市长韩正在上海市财税工作会议上表示："财政是经济运行的综合反映。当前要充分认识在特殊时期做好财税工作的极端重要性，立足上海经济社会发展大局，完成今年财税工作的目标任务。"

一位不愿透露姓名的上海市政府官员告诉《中国经济周刊》记者："韩市长这么为上海财政操心，是他多年担任上海市长以来少有的，现在还有一大堆地方等着用钱呢，但今年上海地方财政收入预算增幅回到个位数（6%）已经成为了必然，怎么能不着急。"

与长期在上海工作的韩正相比，2007 年上任的上海市委书记俞正声对上海的财政情况的感受经历了从"美好向往"到"深感压力"的转变过程。

1 月 16 日，俞正声在与上海市政协委员座谈时回忆起这种转变。他说："我来上海之前，曾向中央领导包括曾经在上海工作的老领导请教，上海发展中应该注意什么。有些同志和我讲，上海现在的钱多得用不完，我来上海之后感觉钱是很多，但我随后发现上海财政遇到一系列的问题，没有我当初想的那么好，上海各类财政支出的压力很大。"

在一系列财政问题中，最让人苦恼的是上海社保基金的"入不敷出"，"这一情况已经到了出现严重穿底的境地，而未来二十年这一用财政收入填补社保基金窟窿的局面会越来越严重"。上述不愿透露姓名的官员称。

财政补社保基金"窟窿"

"社保基金严重穿底，仅 2008 年上海市级财政收入为上海社保基金托底 170—180 亿元，占到市级财政收入的 17%—18%，预计今年还需要增加 60—70 亿元才能把社保基金的窟窿补上。"1 月 6 日，俞正声在与上海市政协委员座谈时称。

目前，上海市级财政是上海地方财政的大头，虽然 2008 年市级财政收入为 1 220.6 亿元，同比增长 12.7%，但减去市级返还给区县财税体制改革收入基数及其他结算补助，实际可使用的市级财政收入总计为 994.5 亿元。而 170—180 亿元的社保基金托底占到这块财政支出的相当一部分。

记者从上海市财政局获悉，2008 年上海市级财政支出加上结转下年支出总计 994.5 亿元。

在上海市 2009 年预算草案中，上海市财政局把 2009 年市级地方财政收入预算增长定为 5%，把支出预算定为增长 10.2%，上海市政府希望通过这样的财政收支方式来填补 60—70 亿元的社保基金托底增量部分资金。

"在未来相当长一段时间内，依靠并提高财政支出比例为上海社保基金托底的情况将长期存在，甚至会越来越严重，最根本的理由就是上海的老龄化问题。"俞正声在与上海市政协委员座谈时称。

据"2008 老龄事业发展国际研讨会"公布的数据统计，截至 2007 年年底，上海 60 岁及以上户籍老年人口总数已达 286.33 万人，比重接近全国平均水平的 2 倍；预测到 2010 年，上海老年人口总数将达 312 万人，约占总人口的 23%。这一比例直向世界第一长寿大国日本的老龄化水平看齐。2020 年，上海老年人口数字将攀升至 500 万，而上海老龄化发展的趋势要到 2025—2030 年间才会达到高峰。

记者发现，目前上海 80 岁以上的老年人已经有 50 多万，占到老年人口总量的 17% 以上，占到总人口差不多 4% 的比重，这显示出上海不但面临老龄化的问题，高龄的老龄化问题更是日趋严重，而该部分人群对于社保基金中养老、医疗费用的支出巨大。

"社保是上海可持续发展中最头疼的一个大问题，现在不敢涨得太猛，请你们理解，是咬着牙往上涨。"上海市委书记俞正声说。

每年亏空超百亿元，上海社保开源筹钱

"跟公务员相比，社会上有很多收入很低的群体，比如退休工人，他们的退休金是很低的。我们上海退休工人每月 1 800 元，低于北京水平。"中共中央政治局委员、上海市委书记俞正声，在 2011 年 1 月中旬召开的上海"两会"上作出这样的表述。

2011 年上海"两会"期间，退休金问题再次引发了民众的热议。由于食品价格上涨已让上海的退休工人日常开销感到"吃力"。上海市市长韩正在人大作补充工作报告时明确表示："要千方百计地降低物价对群众生活的实际影响，特别是对中低收入家庭的影响，逐步提高他们的收入。今年元旦起继续上调企业退休金，人均每月 185 元，春节发放到手。"

一位不愿意透露姓名的上海市政府官员告诉《中国经济周刊》记者："上海作出这样的决定是很不容易的，上海市政府的压力确实很大。"

上海社保"咬着牙往上涨"

富庶的上海为什么会在退休金问题上表现得如此纠结？

上海市财政局提供的数据显示，2010 年上海地方财政收入 2 873.6 亿元，增长 13%，这样的财政收入水平可以说走在全国城市的前列。不过，上海市财政局一位官员告诉《中国经济周刊》记者："现在比较流行一个词汇叫'支出型贫困'，上海的账本也经常遇到类似的问题，看起来收了很多，但支出去的也不少，这个问题在社保基金问题上表现得特别明显。"

上海"两会"期间，上海市人大代表、市老年基金协会副秘书长卢威向上海市委书记俞正声建议，上海在提高退休职工收入方面可以做得更好，但俞正声坦言："社保是上海可持续发展中最头疼的一个大问题，现在不敢涨得太猛，请你们理解，是咬着牙往上涨。"

"俞书记之所以说'咬着牙往上涨'，是因为上海的社保基金年年有窟窿，而这个窟窿还不小，特别是这些年来，每年的亏空规模均在百亿元以上，收少支多是最主要的原因之一，"上海市财政局一位官员告诉《中国经济周刊》记者，"这也导致上海养老金的水平与其他一线城市相比不进则退，甚至出现了落后的局面。"

在上海"两会"期间，九三学社上海市委提供的一份调研显示：截至 2010 年 8 月，占上海市退休人员 89.12% 的 302 万企业退休人员，养老金已经低于全国社会保障的平均水平。这对于上海这一高消费的城市来说，令人无法理解。

以广州为例，企业平均养老金 2008 年为 1 547 元/月，比上海高 46 元，2009 年三次调整后，广州企业平均养老金达 2 057 元/月，比上海高 386 元。

2011年上海"两会"期间，俞正声书记在解释这一问题时坦言："当然这有历史原因，我们的退休金是现收现支，退休金的收入来源不够，是亏损的，财政每年要拿100多亿元往里填。北京的退休结构是收大于支，不动用财政。"

财政压力大或许是上海近年来都没有大幅度提高退休金的最主要原因。根据上海市财政局的预算报告，2011年上海市本级财政预算将安排支出416.1亿元，用于就业、社会保障、医疗卫生、住房、交通、文化和社会公共安全等方面的重要民生事项。其中，社保基金和就业占大头，拟安排支出达到167.7亿元，而伴随着上海老龄化高峰的到来，社保的亏空将不断放大，这就需要寻找新的出路。

资料来源：（1）谈佳隆. 上海社保每年亏百亿元，俞正声称应控制公务员涨薪［J］. 中国经济周刊，2011（2）。（2）谈佳隆. 上海社保基金面临严重缺口，去年市财政托底170亿元［J］. 中国经济周刊，2009（2）。

案例 2-2

美国底特律市政府破产之后

2013年7月18日，美国底特律市政府申请破产保护。底特律的故事无疑将是历史教科书中的经典。这场大戏怎么收场，至今还看不出来。但是，底特律破产本身不仅体现了美国和世界经济的转型，也触动了政治、种族、法律乃至城市发展等诸多的神经。底特律仍然是一本还没有完全被打开的百科全书。

底特律曾经是美国第四大城市，人口在20世纪50年代曾经接近200万。即使现在人口缩水到71万多，也是美国第十四大城市。《华尔街日报》指出，在20世纪上半期，底特律对于美国来说就相当于70年代以后的硅谷。福特汽车生产线在这里创立。汽车城成为整个美国经济的龙头。其企业的管理和生产的组织都为现代企业提供了典范。同时，工会也在这里崛起。汽车工会和雇主们达成的优厚薪酬和福利，界定了美国制造业工人的待遇水平。底特律就是20世纪美国工业时代的一个缩影。

冰冻三尺非一日之寒。底特律的问题，用密歇根州州长 Rick Snyder 的话说，是60年酿造成的。不过，进入本世纪后，底特律的危机愈演愈烈。特别是美国汽车业在国际竞争中失势，使得这个汽车城陷入消沉。

1990年，底特律的人口仍然在百万以上。到2000年时跌到95万，也不过失去了5万人。但是，到了2012年，人口仅剩70万。消失了四分之一多的人口。底特律本来就是以黑人为主的穷困都市。流失的人口多是些有资源迁移的中产阶级。这些人如逃难般地迁出，留下了7.8万栋废弃的住房，城市税源锐减。但城市的骨架还在那里，基本的服务还需要维持。这就使底特律的财政赤字成为一个无底洞。

财政上的窘境，更加速了人口的逃离，进一步导致税源流失，形成不可逆转的恶性循环。一位居民在广播里讲，她发现一位形迹可疑的人进入自己的院子，就马上电话报警，但警方不来。这城市还能住吗？宣布破产前的底特律，五分之二的街灯已经熄灭，只有三分之一的救护车还在运行，许多地区连垃圾都没有人收。2013年底特律的失业率是2000年的三倍，是全美失业率的两倍以上，凶杀率为四十年来最高，二十多年来一直是美国最危险的城市之一。

底特律的破产究竟意味着什么？目前很难看得清。因为底特律的破产是政府的破产，政府所涉及的领域无所不在。所以，底特律的破产不仅仅要考虑破产法，而且还被美国各种其他法律网络所制约。

从破产法的角度看，底特律破产有三大后果：第一，城市破产，不能履行其对债权人的责任，底特律多年来在金融市场借的钱也可以不还了，投资人损失惨重。第二，许多城市的雇员，其薪酬包含各种福利，特别是医保和退休金，这些本是他们合法收入的一部分，城市破产后，市政府就可以不履行这些义务。这不仅仅使大量市政府员工被解雇，更意味着大量退休人员可能拿不到退休金。第三，破产意味着所有权的丧失。当自己的债务超过自己所有权的价值时才破产。破产后，破产者的所有财产会被拿来拍卖，所得款项用来最大限度地抵偿债务、减少债权人的损失。按照这个理论，属于底特律的所有资产，包括政府建筑、基础设施、艺术馆、学校等，都可以拿出来拍卖。

然而，除了破产法外，还有许多其他法律必须遵守。比如，底特律艺术博物馆是美国第二大城市艺术博物馆，其收藏价值达 10 亿美元。但根据密歇根州的法律，这些收藏无法用来进行破产拍卖。底特律的机场以及一些公园也属于此列。其他能够拍卖的，一旦进入拍卖过程，也会引来诸多司法纠纷。

宣布破产的一个主要目的，是可以摆脱对退休人员的义务。底特律要支付的退休金和相关费用高达 160 亿美元。在 185 亿美元的债务中，有一半是用来支付退休福利的。破产后甩掉这一重负，底特律才有复活之可能。但是，法官已经宣布破产违反了密西根宪法，可以预计，接下来将是一系列的司法纠纷。

资料来源：中国网，www.china.com.cn，2013 年 8 月 9 日。

第三章　社会保障基金与金融市场

📖 本章学习目标

1. 了解金融市场的构成与功能
2. 掌握金融市场与社保基金良性互动的条件
3. 理解金融市场对社会保障基金的影响
4. 掌握社会保障基金对金融市场的积极影响和消极影响
5. 知悉我国社会保障基金与金融市场

第一节　金融市场的构成与功能

一、金融市场的含义与分类

（一）金融市场的概念

金融市场是指资金供求双方借助金融工具进行各种资金交易活动的场所，又称为资金市场。和其他市场相比，金融市场有独特的特征：第一，金融市场是以资金而非有形货物为交易对象的市场。第二，金融市场交易之间不是商品所有权转移的买卖关系，更主要的是借贷关系，体现资金所有权和使用权相分离的原则。第三，金融市场可以是有形市场，也可以是无形市场。在有形市场中，交易者集中在有固定地点和交易设施的场所内进行交易，在证券交易电子化之前的证券交易所就是典型的有形市场；在无形市场中，交易者分散在不同地点，采用电讯手段进行交易，如场外交易市场、全球外汇市场和证券交易所市场都属于无形市场。目前，世界上所有的证券交易所都采用了数字化交易系统，出现有形市场逐渐被无形市场替代的发展趋势。

（二）金融市场的分类

按照交易工具的期限，金融市场可分为货币市场和资本市场。货币市场是短期融资市场；资本市场是以期限在一年以上的金融工具为媒介进行长期性资金交易活动的市场，主要是用于扩大再生产的资本。

货币市场和资本市场又可以进一步分为若干不同的子市场。货币市场包括金融同业拆借市场、回购协议市场、商业票据市场、银行承兑汇票市场、短期政府债券市场、大面额可转让存单市场等。资本市场包括中长期信贷市场和证券市场。中长期信贷市场是金融机构与工商企业之间的贷款市场；证券市场是通过证券的发行与交易进行融资的市场，包括债券市场、股票市场、基金市场、保险市场、融资租赁市场等。

二、金融市场的构成

一个完备的金融市场，应包括金融工具、参与者、交易价格、交易市场四个基本要素。

(一) 金融工具

1. 金融工具的含义

金融工具是以书面形式发行和流通，用以证明债权债务关系和所有权关系的契约凭证。这是借贷资本在金融市场上交易的对象，如各种债券、股票、票据、可转让存单、借款合同、抵押契约等，是金融市场上实现投资、融资活动必须依赖的标的。

2. 金融工具的分类

以当事人享有的权利和承担的义务为标准，金融工具可分为债权凭证和所有权凭证。债权凭证如票据、债券等；所有权凭证如股票。

按照与实际信用活动的直接相关性，金融工具可分为原生金融工具和衍生金融工具。原生金融工具如即期交易的商品合约、债券、股票、外汇等。衍生金融工具是指从传统金融工具中派生出来的新型金融工具，其价值依赖于标的资产价值变动的合约，如期货、远期合约、期权、金融互换等。

3. 金融工具的特征

金融工具具有期限性、流动性、风险性、收益性四个特征。(1) 期限性。指借款人拿到借款开始到借款全部偿还清为止所经历的时间。各种金融工具在发行时一般都具有不同的偿还期。从长期来说，有 10 年、20 年、50 年。金融工具的偿还期有两个极端情况：无期限和零期。永久性债务是无期限的，借款人同意以后无限期地支付利息，但始终不偿还本金，这是长期的一个极端。在另一个极端，银行活期存款随时可以兑现，其偿还期实际等于零。(2) 流动性。指金融资产在转换成货币时，价值不会蒙受损失的能力。除货币以外，各种金融资产都存在着不同程度的不完全流动性。其他金融资产在没有到期之前要想转换成货币的话，或者打一定的折扣，或者花一定的交易费用。(3) 风险性。指投资于金融工具的本金和预定收益遭受损失的可能性大小。风险可分为两类：信用风险和市场风险。信用风险是债务人不履行债务的风险。这种风险的大小主要取决于债务人的信誉以及债务人的社会地位。市场风险是金融资产的市场价格随市场利率的上升而跌落的风险。当利率上升时，金融证券的市场价格就下跌；当利率下跌时，金融证券的市场价格就上涨。(4) 收益性。指金融工具能定期或不定期地给持有人带来收益的特性。金融工具收益性的大小通过收益率来衡量，即持有期收益与本金的比率，具体指标有名义收益率、实际收益率、平均收益率等。

(二) 参与者

1. 参与者的构成

金融市场的参与者是参与金融市场买卖交易活动的各经济单位。在金融市场中，大致有四类参与者：（1）个人；（2）企业；（3）金融机构；（4）政府及政府机构。其中，金融机构在金融市场中扮演着重要的角色。

2. 金融机构的进一步划分

根据职能，金融机构可划分为商业经营性金融机构、政策性金融机构和管理型金融机构。商业经营性金融机构包括商业银行、商业保险公司、投资银行、投资基金；政策性金融机构包括政策性银行、政策性保险公司；管理型金融机构包括证券监管机构。

根据业务活动性质，金融机构可以划分为银行类金融机构和非银行类金融机构。银行类金融机构包括中央银行、商业银行、政策性银行；非银行类金融机构包括证券、保险、信托等。

根据资产与负债的特点，金融机构可划分为存款型金融机构、契约型金融机构和投资型金融机构。存款型金融机构以吸收存款为主要资金来源，然后将存款等资金用于各种贷款和投资；契约型金融机构以契约方式吸收持约人的资金，然后按契约规定向持约人履行赔付或资金返还义务；投资型金融机构包括证券公司和投资公司。

（三）交易价格

金融市场上各种交易都是在一定的价格下实现的，但金融市场上的交易价格不同于商品市场上的商品交易价格。货币资金借贷的交易价格通常表现为利率，金融工具的价格表现为本金与收益的总值。

（四）交易市场

1. 交易市场可以按地理范围分为国际金融市场和国内金融市场。国际金融市场由经营国家间货币业务的金融机构组成，经营内容包括资金借贷、外汇买卖、证券买卖、资金交易等。国内金融市场由国内金融机构组成，不涉及资金的跨境流动，是一国范围内资金融通与交易的市场，它又分为城市金融市场和农村金融市场，或者分为全国性、区域性、地方性的金融市场。

2. 交易市场可以按经营场所分为有形金融市场和无形金融市场。有形金融市场指有固定场所和操作设施的金融市场，如交易所市场和柜台交易市场；无形金融市场指以营运网络形式存在的市场，通过电讯手段达成交易，也称为场外交易市场。

三、金融体系的内容与功能

（一）金融体系的概念与内容

金融工具、金融市场、金融机构和有关规则构成了金融体系。金融体系不是这些部分的简单相加，而是相互适应与协调。金融体系包括金融调控体系、金融企业体系、金融监管体系、金融市场体系、金融环境体系五个方面。

1. 金融调控体系

作为国家宏观调控体系的组成部分，金融调控体系包括货币政策与财政政策的配合、保持币值稳定和总量平衡、健全传导机制、做好统计监测工作、提高调控水平等。具体调控机制包括利率市场化、利率形成机制、汇率形成机制、资本项目可兑换、支付清算系统等。

2. 金融企业体系

包括商业银行、证券公司、保险公司、信托投资公司等现代金融企业，也包括中央银行、国有商业银行、政策性银行、金融资产管理公司、中小金融机构的重组改革、发展各种所有制金融企业、农村信用社等。

3. 金融监管体系

包括健全金融风险监控、预警和处置机制，实行市场退出制度，增强监管信息透明度，接受社会监督，处理好监管与支持金融创新的关系，建立监管协调机制等。

4. 金融市场体系

包括扩大直接融资，建立多层次资本市场体系，完善资本市场结构，丰富资本市场产品，推进风险投资和创业板市场建设，拓展债券市场、扩大公司债券发行规模，发展机构投资者，完善交易、登记和结算体系，稳步发展期货市场。

5. 金融环境体系

包括建立健全现代产权制度、完善公司法人治理结构、建设全国统一市场、建立健全社会信用体系、转变政府经济管理职能、深化投资体制改革。

（二）金融体系的功能

美国哈佛大学著名金融学教授罗伯特·默顿认为，金融体系具有以下七大基本功能。

1. 金融体系的清算和支付功能

可靠的交易和支付系统是金融系统的基础设施，缺乏这一系统，高昂的交易成本必然与经济低效率相伴。一个有效的支付系统对于社会交易是一种必要的条件。发达的交换系统可以降低社会交易成本，促进社会专业化的发展，是社会化大生产发展的必要条件。

2. 金融体系的融资功能

即聚集资金，实现投资人需求和筹资人需求的匹配。金融市场和银行中介可以有效地动员全社会的储蓄资源或改进金融资源的配置，向社会储蓄者提供相对高的回报。与此同时，金融体系的融资功能有效地解决了长期投资的资本来源问题，为长期项目投资和企业股权融资提供了渠道。

3. 金融体系的股权细化功能

股权细化功能将无法分割的大型投资项目划分为小额股份，中小投资者从而能够参与这些大型项目的投资，并实现对经理的监视和对公司的控制。金融系统由此提供了一种新的机制，通过外部放款人的作用实现对公司的严格监督，保护内部投资人的利益。

4. 金融体系的资源配置功能

在现代社会，单个投资者很难对公司、经理和市场条件进行评估。金融系统的优势在于为投资者提供中介服务，并且提供一种与投资者共担风险的机制，使社会资本的投资配置更有效率。中介性金融机构提供的投资服务表现在分散风险、流动性风险管理和项目评估三方面，从而克服投资配置面临的项目回报信息不完全等困难。

5. 金融体系的风险管理功能

由于存在信息不对称和交易成本，金融系统和金融机构的作用就是对风险进行交易、分散和转移。如果社会风险不能找到一种交易、转移和抵补的机制，社会经济的运行就不可能顺利进行。金融体系的风险管理功能要求金融体系为中长期资本投资的不确定性（即风险）进行交易和定价，形成风险共担的机制。

6. 金融体系的激励功能

在经济运行中，由于相互交往的经济个体的目标或利益不一致、各经济个体的目标或利益的实现受到其他个体行为或其所掌握的信息的影响，导致委托代理问题。金融体系以股票或者股票期权的手段提供了解决激励问题的方法。通过让企业的管理者及员工持有股票或者股票期权，由于企业的效益会影响管理者及员工的利益，管理者和员工会尽力提高企业的绩效，他们的行为不再与所有者的利益相悖。

7. 金融体系的信息提供功能

在金融市场上，投资者可以获取各种投资品种的价格以及影响这些价格的因素的信息，筹资者能获取不同的融资方式的成本的信息，管理部门能够获取金融交易是否在正常进行、各种规则是否得到遵守的信息，金融体系的不同参与者都能获得所需的信息作出各自的决策。

第二节 金融市场对社会保障基金的影响

从20世纪90年代起，养老保险基金开始全面进入资本市场。作为全球最大的机构投资者，养老基金进入资本市场对于扩充资本市场规模、优化资本市场结构、增强资本市场的竞争性、完善资本制度、催生新的金融品种和服务项目等均产生了深远的影响。同时，稳健、规范、有序的金融市场又为养老金基金的保值增值提供了基本途径和渠道。养老金基金与资本市场的这种良性互动效果引起广泛关注，由此可见，社保基金与金融市场特别是资本市场之间的关系不是单向的，更多是互依互存、相互影响。金融市场影响社保基金的发展主要体现为经济增长效应和投资收益效应，社保基金进入资本市场也会对资本市场的规模与产品等产生深远的影响。

一、社保基金与资本市场的良性互动

社保基金与资本市场要实现良性互动，既取决于实体经济的持续增长与宏观经济的相对稳定等经济社会条件，也取决于健全的法律制度等制度性条件。

(一) 社保基金与资本市场良性互动的经济社会条件

1. 实体经济的持续增长与宏观经济的相对稳定

实体经济的持续增长与宏观经济的相对稳定是社保基金实现与资本市场良性互动的根

本物质基础。2008年美国爆发金融危机并席卷全球，正是由于以美国为代表的西方发达经济体虚拟经济发展过快，金融业过度膨胀所导致的。2011年12月召开的中央经济工作会议突出强调"牢牢把握发展实体经济这一坚实基础"，将其作为"十二五"期间经济发展的根本。实体经济保持增长，宏观经济趋于稳定，社保基金与资本市场才具有可持续发展的真实物质基础，不会造成社保制度与金融市场的参与者对制度和市场预期发生紊乱，从而避免出现剧烈波动。

2. 相对完善的金融结构和富有效率的金融市场

资本市场的完善与发展在相当程度上是社保基金投资资本市场成功与否的重要外部条件。宏观金融环境的稳定是养老金投资的基础条件，它要求金融市场具有良好的信用环境，有序的价格形成机制，在物价水平、实际利率和实际汇率等方面都要具备稳定的市场条件，从而为养老金投资提供良好的市场环境。若金融市场的改革与发展跟不上，金融产品匮乏，金融市场缺乏效率，社保基金投资进入资本市场就会面临很大的潜在风险，甚至连银行存款也将受到一定的威胁。在银行主导型的金融体系中，社保基金对资本市场的影响较小；在市场主导型的金融体系中，社保基金对资本市场的稳定和发展起到重要作用。

3. 具有可持续发展的社会保障制度

社保基金与资本市场实现良性互动要求金融市场的发展相对完善与成熟，也要求社会保障制度具有可持续性。社会保障可持续发展是一项复杂的系统工程。全球人口的快速增长和人口结构变化导致的人口老龄化给各国社会保障的可持续发展提出了严峻挑战。美国、英国、法国、日本等发达国家纷纷采取推迟退休年龄、延长缴费年限等改革举措，力保社会保障制度的可持续发展，改革能否成功仍需拭目以待。社会保障制度的可持续性与否将影响社保基金收入来源的稳定性、影响社保基金的规模与安全性，进而影响到社保基金与资本市场之间的关系。

4. 完善的现代企业制度与企业治理结构

企业是市场竞争的主体，也是经济增长的主体，还是资本市场将社会储蓄转化为投资的重要载体。在资本市场中，只有具有市场竞争优势的企业才具有融资优势。社保基金在资本市场上的投资对象实际上是股票所代表的企业，因此，企业的制度完善与否、治理结合如何、是否产权明晰、独立核算、自我约束与信息披露等都将影响股票的价值，从而决定着资本市场的投资价值。

(二) 社保基金与资本市场良性互动的制度性条件

1. 健全的法律制度与法治原则

法制与法治是两个概念。健全的法制是指一个国家或社会的法律规范和相关的法律制度、组织机制等制度框架，是静态的概念。法治则是动态的过程，不仅是一种理性的处事原则、宏观的治国方略，更是一种理想的社会状态，体现社会文明的进步。社保基金与资本市场良性互动，在制度性条件中的首要条件就是健全的法律制度与法治约束，建立高于个人、机构、政府之上的法律权威。

2. 对金融市场和社保基金的有效监管

为了保证金融市场机制，限制和消除不利于市场运行的诸如各种非法交易、投机活动、欺诈手段等因素，保障市场参与者的正当权益，进而保证国民经济秩序的正常运转，国家或政府金融管理当局和有关自律性组织机构需要对金融市场的各类参与者及它们的融资、交易活动作出规定，进行适当的监管。社保基金的安全与完整直接关系到广大参与者的切身利益，关系到社会稳定，应当建立权责明确的监管机构进行行之有效的监管。对金融市场和社保基金进行有效监管，是实现社保基金与资本市场良性互动的重要制度条件。

3. 良好的信用环境

信用秩序混乱将对社会经济生活造成严重危害，不仅严重破坏市场秩序，提高市场交易成本，降低经济运行效率，而且直接影响和制约市场机制配置资源作用的正常发挥。失信在资本市场中体现为欺骗瞒报，虚假信息披露和恶意炒作等行为；在社保制度中体现为欠缴、隐瞒甚至拒缴社保基金，无论是金融市场的失信还是社保制度中的失信行为，都对社保基金与资本市场的良性互动形成桎梏和阻碍，建立健全的信用制度和良性的社会信用环境显得日趋重要。

4. 其他非正规制度的影响

习俗、传统、文化、心理等非正规制度会对社保基金和资本市场建设起到影响和制约等作用。比如，离开父母到大城市打拼的社会观念取代了"父母在，不远游"的传统思想，出现农村年轻人离乡背井到城镇打工、小城市年轻人涌入大城市谋生，这将深刻地影响社会保障制度的覆盖人群和参保情况，由此带来一系列的制度影响甚至变革，比如社保基金的异地转移、退保潮的出现等。

二、金融市场对社保基金发展的影响

(一) 金融市场的经济增长效应

金融市场对社保基金发展的经济增长效应体现在金融市场的发展影响社会总需求，从而推动实体经济的发展，实体经济的发展将提高国民收入水平，进而促进社保基金积累规模的增长。

1. 金融市场对经济增长的影响

金融与经济增长的关系历来是经济学家感兴趣的领域，经济学家不仅证明金融发展水平与经济发展水平关系密切，而且具有明显的因果关系。麦金农等学者在 20 世纪 60 年代通过实证研究证明金融对经济发展具有推动和促进作用。这种影响包括三个方面：第一，有效的金融体系能将社会上的剩余资金投入社会经济活动中，实现资源的合理配置；第二，良好的金融体系对企业经营起到促进作用；第三，金融体系具有分散和减少经济运行风险的作用。

2. 金融市场对实体经济的传导

金融市场对实体经济的传导机制有四个路径：一是财富效应，资产价值的变化提升人们的消费水平，进而影响总需求和总产出；二是流动性效应，金融资产流动性较好，使投资者认为出现财务困难的概率大大减少，从而增加耐用品与住房支出，拉动社会总需求和总产出的扩大；三是托宾 Q 效应，资产价格的上扬将使社会公众持有更多的金融资产，企业融资成本减少，当企业的市场价值大于企业的重置成本时，企业能以相对较高的价格发行股票，从而增加投资，扩大总产出；四是非对称信息效应，该效应也称为信贷观点，是指信贷市场上普遍存在信息不对称，导致逆向选择和道德风险，银行贷款意愿下降，企业投资受阻。资本市场资产价格的上涨意味着企业违约概率降低，降低放贷人风险，从而鼓励融资贷款，带动企业投资与总产出。

3. 实体经济增长对社保基金发展的传导

实体经济的增长决定着国民经济的增长，社保基金来源于国民收入。因此，国民收入的增长将直接影响社保基金的规模。从社保基金缴费主体而言，缴费主体不外乎国家、企业和个人。个人的缴费源于工资，工资的增加显然有助于社保基金规模的扩大；企业的缴费来自企业的税前利润，企业效益越高，越具有缴费能力；国家的经济实力越强，意味着越有能力加大社会保障基金的投入。

(二) 金融市场的投资收益效应

根据马克维茨的资产组合理论，资产的充分分散化有利于化解投资风险，特别是非系统风险，优化投资组合的有效边界，从而提高投资收益率，促进社保基金的增长。20 世纪 90 年代，美国共同基金的数量和种类的丰富为养老基金的资产分散提供了足够多可选择金融工具，实现了养老基金资产的增长。1991 年，美国共同基金总数为 3 403 只，其中，货币基金、股票基金、债券基金、混合基金分别为 820 只、1 191 只、1 180 只和 212 只；到了 2001 年，共同基金总数增长为 8 307 只，增长约 2.4 倍，货币基金、股票基金、债券基金、混合基金分别增长为 1 015 只、4 717 只、2 091 只和 484 只。与之相反，智利资本市场在 20 世纪 90 年代中后期发展速度减缓，对养老基金投资收益率产生了不利的影响。金融市场对社保基金投资的影响主要体现在以下四个方面。

1. 稳健有序的金融市场是社保基金安全有效营运的基本前提

稳健、规范、有序的金融市场是社保基金投资营运、保值增值的基本约束条件。社保基金的安全性和收益性与参保职工的收益和社会稳定息息相关，要求金融市场要有良好的秩序，保持较高的公正性和有效性。

2. 金融市场的成熟度将影响和制约社保基金的发展

金融市场的成熟度将影响社保基金的投资模式与监管模式。金融市场相对比较成熟的发达国家，金融市场的价格形成机制和价格发现机制正常流畅，可以采用基金制社保模式，甚至可以赋予参保人投资选择权，因为国民的金融投资意识相对成熟。在监管原则上也可以偏向于审慎管理原则，让基金管理公司进行市场化竞争，并合理运用金融衍生工具等避险型金融工具，投资于股票和境外金融市场。在金融市场发育程度低的发展中国家与新兴国家，往往难以采用基金制社保模式，多集中管理并偏向于严格监管模式，对资产配置进行严格的比例限制，限制境外投资，并且弃用衍生金融工具，因为资本市场的缺陷可能给社保基金带来巨大的风险。

3. 金融市场的开放度决定社保基金投资的资产质量及结构

金融市场的开放程度决定社保基金投资的资产质量及结构。在金融市场开放度相对较高的国家：一是社保基金投资的币种结构多，能避免本国或一国币种波动对投资价值的负面影响；二是社保基金可以境外投资，或者境外投资的比例相对较高，能在更大范围内分散投资风险；三是社保基金投资的资产负债管理能在更大范围内进行匹配，提高其资产配置的灵活性，增强风险防范能力。

4. 资本市场的波动起伏直接影响社保基金的发展

资本市场的整体业绩与波动起伏对社保基金的发展具有直接且重要的影响。2000 年全球金融市场陷入萧条之中，绝大多数股票丧失 35%—50% 的价值，美国纳斯达克指数市值更是缩水高达六成。资本市场的低迷使众多公司待遇确定型养老金计划面临巨大的偿债压力，并直接影响到缴费确定型养老金计划的发展，员工承担的基金投资风险限度和能力毕竟有限。

第三节 社会保障基金对金融市场的影响

一、社保基金在金融体系中的地位

(一) 社保基金是金融体系中重要的机构投资者

在金融体系的发展中，机构投资者的参与对于资本市场规模的扩大、产品的创新、交易方式的转变和市场的稳定发挥着重要作用，有利于资本市场的发展，从而避免风险过分集中和依赖于银行体系。社保基金作为机构投资者，比个人投资者有更专业的研究人员和更全面的信息资源，能更准确地评价股票的基础价值，倾向于长期投资和价值投资，有利于促进股票价格向基础价值回归。

(二) 社保基金因规模庞大在金融体系中的地位和影响逐步上升

近二十多年来，包括公共养老金基金、职业养老金基金和个人储蓄性养老金基金在内的养老保险基金在金融市场中的地位和影响逐日上升。英美两国养老基金与保险公司对上市股票的持有比例约占全部上市股份的 50%；丹麦、荷兰、瑞士、英国和美国的私人年金基金的资产，再加上由银行及寿险公司运营的年金基金，总额已超过 GNP 的一半。2005年时，瑞士、冰岛、芬兰养老基金资产占 GDP 的比重超过 100%，美国为 98.9%，OECD国家养老基金资产占 GDP 的比重加权平均高达 87.6%，如图 3-1 所示[①]。2007 年时，全球养老基金达到 18.89 万亿美元的高峰，其中，17 万亿美元属于美国。2010 年年底，全球养老基金为 31.1 万亿美元，同期美国的养老基金达到 18.89 万亿美元，占全球养老基金总量的 63%，是美国 GDP 的 120%[②]。到 2016 年年末，全球 22 个主要市场的机构养老金资产增至 36.4 万亿美元，较上年增长 4.3%，养老金资产总额相当于相关国家 GDP 的62%。过去五年，养老金资产以平均每年 3.8% 的速度增长，增长最快和最慢的国家为中国和日本，增长率分别为 20.3% 和 -5.4%。美国仍是最大的养老金市场，其次为英国和

---

① 数据来源：OECD Global Pension Statistics，转引自林义. 社会保险基金管理 [M]. 中国劳动和社会保障出版社，2007 年，第 177 页。

② 杨燕绥、胡乃君. 入市不是冒险投机 [J]. 财经，2012 (1)。

日本，这三个市场占养老金资产总额的 77％以上①。

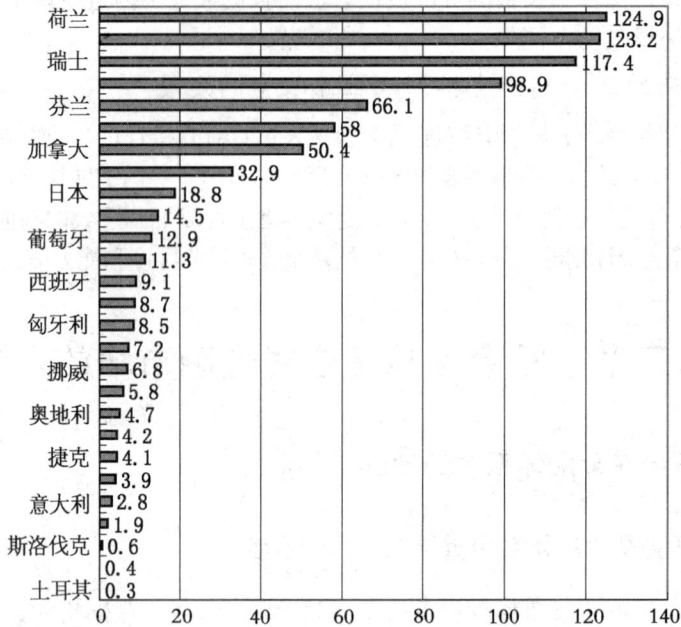

图 3-1 2005 年部分国家养老基金资产占 GDP 的比重（单位:％）

（三）社保基金是资本市场稳健发展的重要主体

社保基金特别是养老基金往往是资本市场的长期投资者，能为金融市场提供长期稳定的资金来源，成为资本市场稳定发展的重要主体。如表 3-1 所示，2001 年时，美国养老基金占国内股票市场的 22.1％，英国占 18.1％。荷兰养老基金持有其国内股票市场 35.9％的股票。瑞士养老基金投资于债券市场的资产规模超过债券市场总资产的 50％，荷兰达到38.5％。全球养老金资产对本国股票资产的配置比重近二十年尽管呈下降趋势，从 1998年的 69％降至 2016 年的 43％，但是对资本市场的占比举足轻重。

表 3-1 养老金资产占资本市场的比例（2001 年）   （单位:％）

国别	股票市场		债券市场	
	国内	国际	国内	国际
日本	7.4	NA	3.2	NA
荷兰	6.5	29.4	15.2	23.3
瑞士	6.9	5.8	38.1	21.1
英国	18.1	9.8	11.2	3.4
美国	22.4	5.1	8.7	0.2

数据来源：Global Financial Stability Report 2004，转引自林义. 社会保险基金管理 [M]. 中国劳动和社会保障出版社，2007 年，第 188 页。

----

① 数据来源：韦莱韬悦，2017 年全球养老金资产研究。

二、社保基金对金融市场的影响

规模庞大、崇尚长期投资的社保基金对金融市场的发展既带来重要的积极影响，但也可能产生负面的消极影响。

(一) 对金融市场的积极影响

1. 有助于改进资本市场的运行机制

社保基金通过资本交易，会对资本市场的供求机制、价格机制和竞争机制产生重要影响，并提高金融市场的稳定与效率。社保基金可以改善资本市场结构，提高资本的流动性，活跃二级市场，刺激一级市场，从而促进一二级市场协调发展，改善进入市场中各种资本资产的结构比例，使其在动态调整中趋于合理。

2. 促进各种金融机构的竞争和发展

社保基金的发展将带动专业基金管理公司的发展。比如，美国政府及私人养老基金大约只有36%是内部管理人员管理，其余则通过独立的基金管理公司、寿险公司、商业银行的信托部等进行管理。美国富达投资集团（Fidelity Investment Group）是目前全球最大的专业基金公司，为全球1 200多万位投资者管理的资产高达1万亿美元，占美国共同基金总额的1/8。

社保基金的发展还将促进人寿保险公司的发展。美国1974年的《雇员退休收入保障法》鼓励养老基金将资金交给人寿保险公司经营管理，并且随着人寿保险公司的保险产品需求增长缓慢甚至萎缩，人寿保险公司开始调整经营方向，成为养老基金的资产管理人。20世纪90年代后，人寿保险公司经营管理的资产中一半以上是养老基金。

社保基金的发展还将促进投资顾问的发展。投资顾问在社保基金的投资管理中，帮助制定基金的投资策略、进行资产的配置，提供精算咨询、衡量和监控基金经理的业绩、分析交易成本等服务，使金融服务业得到迅速发展。

3. 促进金融工具不断创新

资本市场上许多创新金融工具的诞生在很大程度上都要归功于养老基金的推动。美国1974年颁布实施的《雇员退休收入保障法》，促进了养老金投资债券免疫策略和持续期策略的运用，从而创造了对具有担保期限的固定收入工具的要求，零息债券、附属抵押债券、担保投资契约应运而生。智利资本市场新兴投资工具的产生与本国养老金投资有直接或间接的关联。抵押债券和公司债券作为20世纪80年代初新出现的投资工具，养老基金占据可抵押债券市场的大部分份额；公司债券从90年代开始逐步发展成为养老基金重要的投资渠道之一；1985年许可养老基金投资股票，最初的投资对象为国有企业私有化发行的股份；1989年设立封闭式投资基金，市场唯一有分量的投资者就是养老基金。养老基金推动了其后市场上出现的包括实业投资、证券基金和公司发展基金在内的三类投资基金。智利政府发行了专门用于养老金制度转轨需要的指数化债券。

4. 积极推动公司治理

社保基金的投资具有一定的公共性和外部性，为保障其权益，社保基金积极参与和推动上市公司的治理，在决定和影响公司治理中更具有信息透明性和决策理性。社保基金作为机构投资者参与公司治理的方式有私下交谈、提出股东议案、行使代理投票权等。20世纪90年代，美国兴起了以养老基金为主导的股东积极主义运动，倡导养老基金等机构投资者参与公司治理，在一定程度上解决委托代理风险。1985年，美国第二大养老基金——加州公共雇员养老基金发起了股东权利运动，奉行公司治理导向投资理念，积极介入目标公司的公司治理，并向公司治理方面表现优异的公司和个人颁奖。Smith（1996年）从该养老基金的78个治理事件中分析了51家公司，发现采取养老基金建议的公司股东价值均有所提高。1988年，荷兰8家养老基金成立了养老基金公司治理研究基金会，到2003年时有近30家养老基金公司加入该基金会，占整个养老金资产总值的80%，对上市公司的内部治理产生重大影响。

5. 加强资本市场宏观调控

社保基金的性质决定其对政府宏观经济政策变动非常敏感，会根据经济政策变动调整其投资行为，从而有助于促进政府宏观调控职能的实现。政府操作公开市场，执行财政和货币政策，需要得到而且能够得到社保基金的配合。比如，社保基金在一级市场上大量承购、包销政府债券，会促进政府债券的顺利发行，影响财政收支平衡。社保基金在二级市场上买卖政府债券，又影响到中央银行的货币政策。当央行紧缩信贷、控制货币供应时，往往会在公开市场抛售国债。此时，社保基金购入国债，将有助于货币政策达到预期效果。

（二）对金融市场的消极影响

1. 社保基金行为短期化可能导致资本市场扭曲与泡沫化

社保基金是着眼于长期稳定投资回报率的机构投资者，但在一些情形下也可能出现行为短期化，对资本市场的正常运行产生不良影响。这种行为短期化的原因是多方面的，比如社保基金的避险行为，如果基金管理人发现资本资产的质量将要恶化，厌恶风险的社保基金就会减少拥有的债券与股票，不断进行资产组合的调整，从而加剧资本市场的波动。

2. 容易引发羊群效应

资本市场上，信息公布不对称，普通投资者往往处于信息劣势，认同社保基金具有信息优势。社保基金属于资本市场上规模庞大的机构投资者，其投资行为容易被普通投资者效仿，引发羊群效应。若社保基金投资不慎，股票价值可能因为羊群效应的扩大而提升，扭曲资产价格。

3. 巨额社保基金的积累本身对资本市场形成压力

社保基金规模可能导致资本市场超载，若超出本国经济的应有吸收能力，则会形成资本资产泡沫，加剧宏观经济的不稳定性。

第四节　我国金融市场与社会保障基金

一、我国金融市场概况

(一) 我国金融市场的发展

2001 年 12 月 11 日，中国正式加入世界贸易组织。加入世界贸易组织 10 年来，中国资本市场容量与深度发生巨大变化。2001 年年底，我国境内上市公司 1 160 家，上市公司总市值不到 4.4 万亿元，流通市值不到 1.5 万亿元。2011 年 10 月，我国境内上市公司达 2 294 家，沪深两市总市值达到 23.2 万亿元，流通市值 17.6 万亿元。市值增幅高达 427%，市值全球排名由 2001 年的第 13 位跃居第 3 位。中国资本市场从当初单一的股票市场发展到包括股票市场、债券市场、期货市场等子市场在内的多层次资本市场体系，初步形成包括主板、中小企业板、创业板、股份代办转让系统等在内的多层次股票市场体系。这与 2004 年 1 月国务院出台《关于推进资本市场改革开放和稳定发展的若干意见》密不可分，将大力发展资本市场提升到完善社会主义市场经济体制、促进国民经济发展的战略高度，资本市场在拓宽融资渠道、促进资本形成、优化资源配置、分散市场风险方面发挥了不可替代的作用，成为支持我国经济社会持续健康发展的重要平台。根据 2011 年 4 月 8 日中国人民银行发布的《2010 年中国金融市场发展报告》，我国金融市场继续健康平稳快速发展，市场规模快速增长，市场结构继续优化，产品、制度和机构创新有效突破，对外开放稳步推进。2010 年年底的数据显示，我国上市公司总资产 86.22 万亿元，为 GDP 的 2.15 倍；全年上市公司实现利润总额 2.16 万亿元，占规模以上企业的 64%。到 2017 年，中国资本市场总市值接近 50 万亿元，上市公司总营业额超过百万亿元，利润三万多亿元，包括上市公司债务在内的总资产约 100 万亿元，在中国经济总量中占有半壁江山[①]。到 2018 年，我国已经成为全球第二大股票市场，中国资本市场占全球资本市场的比重达到 11.3%；我国债券市场已经成为仅次于美国和日本的全球第三大债券市场，而在 15 年前，我国股票与债券市场都几乎为零，这又是一个巨大的变化[②]。然而，在取得进步的同时，金融市场规模较小，结构不均衡，资本市场不发达，制度建设比较落后，金融监管不完善等问题依然存在。

(二) 我国金融市场的不足

1. 资本市场结构失衡，间接融资占绝对主导地位

我国金融市场直接融资与间接融资结构不平衡的矛盾依然突出，银行贷款在社会总融资量中仍占绝对比重。2010 年，国内非金融机构部门融资总量 11.1 万亿元，其中，贷款融资量 8.36 万亿元，占融资总量的比重比上年同期下降 6 个百分点，但仍然高达

---

① 数据来源：中国的资本市场还需进步，中国经济信息，2018 年 6 月 7 日。
② 数据来源：《朱民：中国金融市场增长很了不起，但国际化严重落后》，凤凰网财经，2018 年 5 月 19 日。

75％；股票和企业债券融资量 1.78 万亿元，占融资总量的比重比上年同期上升 3.5 个百分点。发展至 2017 年，虽然我国债券市场与股票市场的规模不断扩大，但是我国直接融资占比仍然不足 24％，而同期相对发达的国家直接融资比重达到 65％以上。截至 2017 年年底，我国债券市场的总规模为 74.7 万亿元，约为 GDP 的 90％，而美国的债券市场规模约为其 GDP 的 2.2 倍；我国上市公司共 3 485 家，总市值 56.7 万亿元，约为 GDP 的 68％，而美国上市公司市值约为其 GDP 的 1.66 倍①。资本市场发展不平衡还体现为债券市场发展落后于股票市场，企业债券市场发展相对滞后，重股票市场，轻债券市场。股票市场中重流通市场，轻发行市场；流通市场中重场内市场，轻场外市场。债券市场中重长期市场，轻短期市场；重国债市场，轻企业和地方债券市场，资本市场结构失衡。

2. 资本市场存在种种制度性缺陷

我国资本市场的发展推动了经济持续发展，提升了经济总量，助力企业腾飞，但是目前还存在着不少制度性缺陷。一是交易品种和数量还不丰富，商品期货和衍生品市场有待发展，债券市场发展滞后。二是市场分割，股票市场分为 A 股、B 股、香港红筹、H 股，债券分为银行间中票和交易所债券，这些市场分割降低了资本市场的有效性，虽然近年来相继推出"沪港通""深港通""债券通"，但是资本市场分割的局面没有从根本上得到改变。三是发行机制不健全，注册制还没到位。四是单边市场特征明显。合理的做空机制对资本市场的健康发展和资本市场支持实体经济十分必要，不仅在微观层面有利于投资者管理风险，还能在中观层面有利于价格发现，在宏观层面有利于提高市场流动性，减少市场泡沫。我国股票市场长期以来是单边市场，缺乏做空机制，2010 年年初才推出融资融券业务试点和股指期货交易，我国资本市场方告别"单边市场"。融券卖空由于成本较高，限制较大，故而目前可以使用的做空机制主要是期货卖空。五是退市制度不健全。退市制度是资本市场一项基础性制度，是关于上市公司暂停、终止上市等相关机制，以及风险警示、退市公司股份转让、退市公司重新上市等退市配套机制的制度性安排。中国证监会于 2001 年 2 月 23 日发布《亏损公司暂停上市和终止上市实施办法》，后加以修订，规定连续三年亏损的上市公司将暂停上市。自此，我国上市公司退市制度正式开始推行。退市制度在实际运行中逐渐暴露出问题，如退市标准单一、退市程序冗长、退市效率低、上市公司"停而不退""壳资源"炒作、调节利润规避退市等行为和现象，在一定程度上影响了市场的正常秩序和理性投资理念，沪深两市迄今共有退市公司 75 家。2018 年 3 月 2 日，证监会宣布就修改《关于改革完善并严格实施上市公司退市制度的若干意见》公开征求意见。六是证券公司综合实力、竞争力较弱，主要靠经纪业务支撑，直接投资、并购顾问能力不高，证券公司行业集中度太低。七是投资者结构不合理，散户投资者多，机构投资者少，保险资金、养老金投资规模小，PE 发展不规范，运作模式、风险管理、资金来源和托管方式都有问题。八是上市公司整体质量和治理水平有待提高。上市公司重融资，轻投资回报、一味地追求融资规模，严重

---

① 数据来源：王晓津、何蕾、刘雷，等，我国资本市场正处于重要战略机遇期，证券时报，2018 年 5 月 24 日。

制约市场的健康发展。过去 20 年间，A 股融资总额高达 4.3 万亿元，累计返还的现金分红仅 1.8 万亿元。在 2 000 多家上市公司中，能连续现金分红的公司不到 10%，A 股公司的现金分红股息率仅为 0.55%。2011 年 12 月 14 日，上证综指收报 2 228.52 点，甚至低于 2001 年 6 月 14 日的最高点 2 245.43 点，意味着 10 年后上证指数又回到了原点。A 股流通市值 10 年增加 10 倍，上证指数 10 年零涨幅。上市公司结构不合理，国企居多，民企偏少。九是发展和监管的法律体系和法律制度建设需要加强。资本市场投机炒作盛行，信息披露、信用评级等基本市场约束与激励机制尚未完全发挥作用，市场功能还有待进一步提升。

二、我国社保基金资本市场的运营现状及其对资本市场的影响

(一) 我国社保基金资本市场的运营现状

根据人力资源和社会保障部发布的《中国社会保险发展年度报告 2016》统计的各项社保基金资产管理情况，2016 年，我国基本养老保险（包括城镇职工和城乡居民基本养老保险）总资产为 4.87 万亿元，其中，超过 86% 为银行储蓄存款，各项投资的总比例不到 8%。在我国资本市场运营的社会保障类资金主要是全国社会保障基金。

全国社会保障基金作为中央社会保障储备基金，推崇长期投资、价值投资和责任投资的基金投资理念，遵循"审慎投资、安全至上、控制风险、提高收益"的基金投资方针，对流动性和安全性要求较高，采用由社保基金会直接运作与社保基金会委托投资管理人运作相结合的基金投资方式。资金运用以银行存款和国债投资为主，金融债、企业债、股票等证券资产仅占社保基金总资产的比重较低。基金投资范围包括境内投资和境外投资。境内投资范围包括银行存款、债券、信托投资、资产证券化产品、股票、证券投资基金、股权投资和股权投资基金等。境外投资范围包括：银行存款、银行票据、大额可转让存单等货币市场产品、债券、股票、证券投资基金，以及用于风险管理的掉期、远期等衍生金融工具。

2018 年年末，社保基金资产总额 22 353.78 亿元。其中，直接投资资产 9 915.40 亿元，占社保基金资产总额的 44.36%；委托投资资产 12 438.38 亿元，占社保基金资产总额的 55.64%。境内投资资产 20 610.18 亿元，占社保基金资产总额的 92.20%；境外投资资产 1 743.60 亿元，占社保基金资产总额的 7.8%。2018 年年末，社保基金负债余额 1 780.22 亿元，主要是社保基金在投资运营中形成的短期负债。社保基金权益总额为 20 573.56 亿元，包括：全国社会保障基金权益 18 104.55 亿元，其中，累计财政性净拨入 9 130.89 亿元，累计投资增值 8 973.66 亿元；个人账户基金权益 1 321.33 亿元，其中，委托本金余额 861.52 亿元，累计投资收益余额 459.81 亿元；地方委托资金权益 1 147.68 亿元，其中，委托本金余额 1 000 亿元，累计投资收益余额 147.68 亿元。在投资业绩方面，2018 年，社保基金权益投资收益额－476.85 亿元，投资收益率－2.28%。社保基金自成立以来的年均投资收益率 7.82%，累计投资收益额 9 552.16 亿元。

(二) 我国社保基金对资本市场的影响

1. 养老保险基金不入市将影响资本市场的发展

由于养老保险基金的发展缓慢，在某种程度上也影响了资本市场的发展和完善。近年

来，我国资本市场发展裹足不前，除制度不完善外，一个重要原因就是市场中散户、短线投机者众多，缺乏一个牢固的投资者基础，尤其是缺乏长期的机构投资者。鉴于养老保险基金的特殊性质及在资本市场稳定发展中的重要作用，如能统筹考虑基本养老保险、补充养老保险、个人储蓄性养老保险的协调发展，改革目前的养老保险资金运用规定，为养老保险资金基金化及养老保险基金进入资本市场采取切实可行的政策，就可以扩大机构投资者的基础，促进资本市场健康发展，形成一个平稳的、充满活力的金融体系。

2. 社会保障水平低导致利率杠杆失效

我国社会保障体系尚处于起步阶段，各项制度急需建立与完善，保障范围和程度都还有待提高，如目前的各项社会保险主要局限于国有、集体企业和事业单位，农村居民、城市非正规部门就业人员仍游离于社会保险体系之外；商业保险市场因其产品单一，费率较高，且因保险公司对投保人的种种限制而提供的风险保障能力明显不足，由此造成人们为预防未来风险而储蓄的心理动机强烈。目前，养老及医疗支出已成为居民储蓄的主要原因之一。尤其是近年来，因经济体制转轨而导致的下岗失业增多，进一步强化了这种心理预期。自1996年来，央行连续多次调低利率，但居民存款仍然大幅上升，利率杠杆失效对整个银行体系形成了相当的压力。

三、基本养老保险基金资本市场运营的现状与展望

(一) 养老保险基金进入资本市场的必要性

1. 养老保险基金的长期性要求保值增值

采用现收现付模式的社会保险基金，当年实现收支平衡的情况下，无需进行投资增值，其短期沉淀资金只能在风险较小的货币市场寻求稳定的低收益回报；采用部分积累模式和完全积累模式的社会保障基金，需要进入资本市场进行长期投资。在五大社会保险基金中，医疗、工伤、失业、生育保险基金采用现收现付模式，就制度设计而言本不应有大量结余，采用部分积累模式的养老保险基金保值增值需求最为迫切。

2. 养老保险基金资金在不断贬值

在现行制度下，个人账户存入财政专户，依据银行同期存款利率计算利息，目前，个人账户资金大多按一年期银行利率计息。过去十年间，平均一年期存款利息仅2.88%，难以抵御通胀率，资金严重贬值。根据中国政法大学法与经济研究中心胡继晔副教授对17个省份的调研结果，一些省份社保基金结余中的58%采用活期存款，仅将活期改为定期，每年利息就可增加200—300亿元。随着养老保险覆盖面不断扩大，2011年城镇居民养老保险制度的普遍推动，个人账户记账额在不断增加，若不改变其投资限制，意味着缩水的个人账户资金在不断增加。

3. 人口老龄化进程加快增大养老金的支付压力

2000年第五次人口普查数据表明我国正式迈进老年型国家行列，当时中国60岁以上老年人口比例达到10.2%；而2010年第六次人口普查数据显示人口老龄化进程加快，中国60岁及以上人口占比达到13.26%，其中，65岁及以上人口占比8.87%。十年来，中国31个

省、自治区、直辖市的人口总量都在增加，也都面临老龄化加快的问题。2014 年年底，中国 60 岁以上老人达 2.12 亿，成为世界上第一个老人破 2 亿的国家。截至 2017 年年底，我国 60 岁及以上老年人口增加至 2.41 亿人，占总人口的 17.3%。从 1999 年我国进入人口老龄化社会到 2017 年期间，老年人口净增 1.1 亿，其中，2017 年新增老年人口首次超过 1 000 万。我国人口的老年抚养比从 1982 年的 8%一路攀升至 2000 年的 9.9%，至 2017 年已提高到 15.9%。2017 年年末，65 岁以上老年人口达到 1.58 亿，占总人口的 11.4%[①]。预计到 2050 年前后，我国老年人口数将达到峰值 4.87 亿，占总人口的 34.9%。我国正全面加速迈向深度老龄化社会，直接加大养老金的支付压力。与此同时，受美国经济危机影响，全球经济增速放缓，欧元区债务危机难觅出路，我国经济增长难以维系强劲势头，对于中国这个未富先老的发展中国家，人口老龄化导致的养老金支付压力日益迫切。

(二) 养老保险基金进入资本市场的风险与约束

1. 养老保险基金进入资本市场的风险

对于我国的养老保险基金应不应该进入资本市场、何时可以进入资本市场，学者的分歧在于养老保险基金进入资本市场是否要以成熟的资本市场的存在为前提。无论论点与论据如何，养老保险基金进入资本市场无疑会面临风险，包括系统性风险和非系统性风险，成熟的资本市场中，系统性风险和非系统性风险会更小。

2. 养老保险基金进入资本市场的约束

从养老保险基金与资本市场的良性互动关系而言，养老保险基金进入资本市场的约束来自以下四个方面：一是实体经济的稳定，因为作为虚拟经济的资本市场需要实体经济的支撑，需要良好的发展基础和外部环境；二是养老保险制度的改革推进，包括个人账户的做实、社会统筹层次的提高、养老保险覆盖面的扩大等；三是资本市场的深化改革，实现资本市场的结构性改革、提高资本市场的资源配置效率；四是金融市场的不断完善，实现货币市场与资本市场的协调发展、丰富金融市场的工具、解决金融体系的结构性矛盾，提高金融一体化程度。

(三) 养老保险基金进入资本市场的制度安排

1. 放宽养老保险基金的投资渠道

养老保险基金进入资本市场，首先要从法律和政策上放宽投资渠道。早在 2005 年，国务院 38 号文提出，国家将制定个人账户基金管理和投资运营办法，但具体政策制定却进展缓慢。2009 年，人力资源和社会保障部起草《养老保险个人账户基金投资管理办法》，但各部门出于各自立场未达成一致。2011 年 8 月 17 日，时任国务院总理温家宝主持召开国务院常务会议，讨论通过《中国老龄事业发展"十二五"规划》。会议要求在坚持安全第一的审慎原则，完善法规、严格监管的前提下，适当拓宽基本养老保险基金的投资渠道，实现保值增值。"十二五"规划中提出"积极稳妥推进养老基金投资运营"。这些政策性文件及相关部门政府官员的言论还不足以成为养老保险基金投资的依据，还需要从法律层面予以明确的规范。具体而言，法律需要明确养老保险基金的投资渠道扩展到股票、

---

① 数据来源：《中国统计年鉴 2018》。

企业债和金融债等的先后顺序、比例高低等。2015 年 8 月 23 日，国务院发布《关于印发基本养老保险基金投资管理办法的通知》。办法中所称基本养老保险基金包括企业职工、机关事业单位工作人员和城乡居民养老基金。办法中明确规定养老基金限于境内投资，投资股票、股票基金、混合基金、股票型养老金产品的比例，合计不得高于养老基金资产净值的 30%；参与股指期货、国债期货交易，只能以套期保值为目的。该办法的出台意味着养老金入市从法规和政策层面得到允许，入市步伐逐渐提速。

2. 建立完善的养老保险基金投资管理体制

本着安全的角度，养老保险基金投资管理体制需要采用信托制度，有代表养老金领取人的社保基金理事会作为委托人，还有受托人与托管人，形成相互制约。委托人通过市场化的招标方式，选择基金管理公司作为受托人，大型商业银行作为账户管理人管理资产。基金公司作为受托人只负责投资决策，银行作为托管人可以动钱，但不能做投资决定。除了通过完善的投资管理体制建立起合理的风险约束机制，还要建立合理的风险监督机制，加大信息披露和社会监督，并建立合理的风险补偿机制。

3. 明确养老保险基金投资主体

在养老保险基金并未全国统筹的现状下，明确养老保险基金投资主体成为继放宽养老保险基金投资渠道之后最重要最受关注的问题，两者甚至并重。是由省级社保经办机构统一实施投资管理、还是由全国社会保障基金理事会接管各地的养老保险基金，或是挂靠于人社部之下的社会保险事业管理中心，拟或是在国务院下另行设立全国统一的投资运营主体，不同的投资主体将对养老保险基金本身和养老保险制度的日常运作造成巨大影响。

（四）基本养老保险基金入市概况

截至 2018 年 6 月底，全国已经有 14 个省（自治区、直辖市）与社保基金理事会签署了委托投资合同，合同总金额 5 850 亿元，其中的 3 716.5 亿元资金已经到账并开始投资，其他资金将按合同约定分年分批到位。2018 年底，全国企业职工基本养老保险基金累计结余 4.78 万亿元，目前委托投资运营的资金规模占总结余的比重已经超过十分之一。地方养老金 2017 年投资收益率为 5.23%[①]。广东作为全国首个试点养老金"入市"的地区，2012 年，委托全国社保基金理事会投资运营 1 000 亿元，至 2016 年，理事会的年报显示，该笔资金累计投资收益已达到 331.57 亿元[②]。

人社部还将分类推进基本养老保险基金投资运营，加快推进城乡居民养老保险基金和职业年金基金投资运营工作。根据人社部公布的《2018 年度人力资源和社会保障事业发展统计公报》，2018 年城乡居民基本养老保险基金收入 3 838 亿元，基金支出 2 906 亿元，年末累计结存 7 250 亿元。2014 年，国务院印发《关于建立统一的城乡居民基本养老保险制度的意见》（国发〔2014〕8 号），明确提出，各地要在整合城乡居民养老保险制度的基础上，逐步推进城乡居民养老保险基金省级管理。2015 年，国务院印发《基本养老保险基金投资管理办法》（国发〔2015〕48 号），明确养老保险基金要开展市场化、多元化和

---

① 梁敏，地方养老金入市步伐加快，逾 3 700 亿元已到账，上海证券报，2018 年 7 月 24 日。

② 陈颖，数据解读我国养老金为何要"入市"，新京报，2018 年 8 月 9 日。

专业化投资运营，以实现基金的保值增值。由于投资运营是以省级政府为主体，这就要求各地需将分散在县级或市场管理的城乡居民养老保险基金先归集到省级，再由省级政府委托投资运营。至 2018 年 7 月，全国有 7 个省份实行了省级管理，有 6 个省份拿出部分资金开展委托投资运营①。2019 年 3 月，人力资源和社会保障部办公厅会同财政部办公厅发布关于确定城乡居民基本养老保险基金委托投资省（区、市）启动批次的通知，确定 2019 年启动该工作省份名单为：河北省、吉林省、江苏省、浙江省、安徽省、福建省、河南省、广东省、青海省，要求 9 省抓紧开展调查摸底、资金测算等工作，明确委托投资额度，并向省政府提交具体实施计划②。职业年金也属于长期资金。早在 2016 年，人社部、财政部就已印发《职业年金基金管理暂行办法》，对管理职责、基金投资、收益分配及费用等作出明确规定。2018 年 4 月，两部委又再次发布《关于规范职业年金基金管理运营有关问题的通知》。尽管目前养老金入市资金规模有限，未来养老金将成为 A 股市场最重要的长期机构投资者。

📖 本章小结

1. 金融市场的概念、分类、构成、内容与功能。

2. 社保基金与资本市场良性互动的经济社会条件有：实体经济的持续增长与宏观经济的相对稳定；相对完善的金融结构和富有效率的金融市场；具有可持续发展的社会保障制度；完善的现代企业制度与企业治理结构。社保基金与资本市场良性互动的制度性条件有：健全的法律制度与法治原则；对金融市场和社保基金的有效监管；良好的信用环境和其他非正规制度的影响。

3. 金融市场对社会保障基金的影响体现为金融市场的经济增长效应和投资收益效应，后者主要体现在四个方面：稳健有序的金融市场是社保基金安全有效营运的基本前提；金融市场的成熟度将影响和制约社保基金的发展；金融市场的开放度决定社保基金投资的资产质量及结构；资本市场的波动起伏直接影响社保基金的发展。

4. 社会保障基金在金融市场上的地位：社保基金是金融体系中重要的机构投资者；社保基金因其规模庞大在金融体系中的地位和影响逐步上升；社保基金具有长期性，是资本市场稳健发展的重要主体。

5. 社会保障基金对金融市场的积极影响体现在有助于改进资本市场运行机制、促进各种金融机构的竞争和发展、促进金融工具不断创新、积极推动公司治理、加强资本市场宏观调控等方面，但也会导致资本市场扭曲与泡沫化、容易引发羊群效应、资本市场超载等消极影响。

6. 我国金融市场的发展现状、我国社保基金资本市场运营现状与影响、我国社保基金资本市场运营展望。

---

① 人力资源社会保障部对十三届全国人大一次会议第 5087 号建议的答复，人社建字〔2018〕89 号。

② 两部门发布关于确定城乡居民基本养老保险基金委托投资省（区、市）启动批次的通知，新浪网，2019.3.6。

关键概念

金融市场　资本市场　养老保险基金

复习思考题

1. 金融市场实现与社会保障基金良性互动的经济条件及社会条件是什么？
2. 金融市场对社会保障基金的投资收益效应如何体现？
3. 社会保障基金如何影响金融市场？
4. 简述我国社会保障基金在资本市场的运营现状。

案例 3-1

"中国版 401K" 设想

记者获悉，为实现资本市场供需平衡，打造"投资友好型"市场，即将出台的资本市场"十二五"规划将通过一系列制度设计，吸引长期资金入市。同时，有关部门目前正积极研究"中国版 401K"的相关课题，推动养老金和企业年金入市，实现养老体系和资本市场的良性互动。

推"中国版 401K"条件趋成熟

随着新股发行节奏的不断加快，尤其是在紧缩货币政策的大环境下，资金匮乏已成为制约我国资本市场发展的重要"瓶颈"。然而在另一方面，截至 2010 年年底，我国五项社会保险资金累计结余已达到 23 000 多亿元。据中国社会科学院世界社保中心主任郑秉文测算，中国社会保险基金的收益率不到 2%，几乎是世界上收益率最低的。1997 年以来，中国"五险"基金的利息损失高达 6 000 亿元以上，相当于抵消了同期财政对养老保险体系的所有补贴。而到 2020 年，仅养老保险滚存余额就超过 10 万亿元，届时收益损失将达几万亿元。

一方面是市场对资金的渴求，一方面是养老金的不断损失，借鉴国外成功经验，如美国的 401K 计划，实现两者的成功对接，已成为监管部门关注的重要议题。

浙商证券首席经济学家闻岳春表示，"2004 年前后，尚福林主席曾经提到过美国的 401K 计划，并引起了各方的强烈反响，其中原因就是当时的股市也处于低迷状态。现在六七年过去了，目前二级市场的整体状态和 2004 年前后较为相似，所以，'中国版 401K 计划'的推出时机却更成熟了。"

闻岳春表示，相对于 2004 年，中国经济的体量明显增大，整个社保、养老、医保体系也更加健全，对于社会保险体系的保值增值呼声不断提高，另一方面，资本市场的规范程度也显著提高，有关方面对上市公司分红的制度设计正不断推出，现在已是启动"中国版 401K"的良好时机。

多部门的系统性工程

"目前，各大企业纷纷建立企业年金，有的是企业自己进行投资，有的是委托机构进行投资。美国 401K 计划更多针对的是企业年金，我们也可以循序渐进，从壮大企业年金规模，积极引导其进入资本市场做起，再谈整个社保体系资金的进入。"闻岳春说，"监管层多年来一直勠力推动这方面的工作，但就美国 401K 计划的经验看，我们的 401K 计划仅靠证监会是远远不够的，还需要财政、税务、人保等部门的共同推动，这是一个系统性工程。"

业内人士介绍说，美国401K计划的核心是延迟纳税和税收优惠的政策支持。美国对按照401K条款设立的退休基金，允许有相当于雇员工资25％的供款的税前列支，等到退休后提取时进行缴税。"你如果放1 000美元，公司会比配1 000美元，如果你放2 000美元，公司也放2 000美元，所以，有很多激励机制让你多放。当你59岁拿出来就会缴很少的税，59岁之前拿出来要缴很多的税，还要有罚款，这就叫延迟纳税。"

业内人士表示，"这种制度设计避免了养老金的初始基数因纳税而减少，保证了养老金规模的不断壮大。同时，退休时候缴税的做法也能避免税款的流失，是一举多得的好办法。"

然而，目前困扰"中国版401K计划"的瓶颈在于能否效仿美国401K计划中的延迟纳税制度，这更多地需要财政和税务部门的点头。2009年6月，国税总局下发《关于补充养老保险费、补充医疗保险费有关企业所得税政策问题的通知》，规定企业年金企业缴费部分可按不超过职工工资总额5％的标准在企业所得税前扣除，比例远远低于美国401K计划。

"如果在年金领取环节征收个人所得税，则税务机关必须在企业建立年金后的数十年随时监控年金的运行，且保存数十年的个人信息，这是税务机关目前担心的主要问题。"业内人士表示，"但从国际经验看，美国、加拿大及大多数欧盟成员国都对企业的缴费部分或全部免征企业所得税，并允许在一定比例内递延或免征个人所得税，有利于鼓励企业和职工进行缴费，并调动他们参加企业年金计划的积极性。其实，只要从国家层面做出一系列的制度安排，各个部委坐下来一起协商，上述问题并不难破冰。"

资本市场制度安排悄然酝酿

在税收等相关问题尚未解决的当下，证监会的相关工作已经在紧锣密鼓地进行之中。除了相关课题的研究之外，诸如推动强制和鼓励分红的相关制度安排已在悄然酝酿，并有望在资本市场"十二五"规划中得到体现。

"尽快出台鼓励和强制上市公司分红的政策，将再融资条件与上市公司分红情况结合，推动取消红利税，争取形成较为健全的上市公司持续回报股东机制，这都是未来五年监管层有望出台的有力举措。"分析人士表示，"包括企业年金、养老金、社保资金在内的长期资金，他们希望追求的是稳定的长期回报，持股时间以几年甚至十几年计算，所以，有关部门希望通过加大分红力度，确保这些长期资金的投资收益。"

据消息人士透露，未来几年内，上市央企有望成为强制分红的领航者，助推"分红型蓝筹市场"的逐步建立。"上市央企是蓝筹市场的主体，且蓝筹板块体量大，本身也是这些大规模长期资金的优选标的，如果他们能够在分红方面作出表率，中国401K计划的进程就能大大提速。"分析人士表示，"另外，监管层也将积极推动进一步放开保险资金投资比例限制的工作，逐步放松基金公司准入，引入基于长远发展的市场化竞争机制，打造一个投资友好型的资本市场。"

适当控制投资股票比例

虽然"中国版401K计划"尚在破题之中，但已有许多市场人士提出了一些建议。

有业内人士指出，要使年金市场成熟起来，政府要扮演关键角色。政府在选择年金服务供应商时，必须严格把关。从风险控制的角度，使企业年金基金的受托人、投资人、账户管理人、投资管理人成为各自独立的服务供应商，以分散老百姓养命钱的风险。在年金市场发育期，同一个机构承担多个角色不利于市场发展，尤其是受托人和投资管理人的资格不能重叠，年金市场的竞争必须有序、专业，要避免恶性竞争。

也有业内人士建议，要不断增加企业年金的覆盖面，适度降低费用。目前，我国的养老金计划刚刚起步，建立企业年金的企业主要是效益好的大型国有企业，覆盖人数有限。为了将尽可能多的人纳入退休计划是制定退休政策的主要目标，可以借鉴美国 401K 计划的相关政策，逐步覆盖各类企业以及个人。同时，应简化企业年金计划设立、运作、监管的程序，适度减低有关企业缴纳的企业年金账户等费用。

另有市场人士建议，中国企业年金要吸取欧美国家养老金过度投资于风险高的股票和股票基金中损失惨重的教训，适当控制投资股票的比例，重点投资于固定收益证券的投资组合。同时，根据企业年金的投资特点和我国资本市场的现状，加快债券市场的发展。

"在美国，许多企业习惯将本公司的企业年金用于购买本公司的股票，但安然事件的发生却敲响了警钟。安然的企业年金中有很大一部分买本公司股票，这部分最后血本无归。"闻岳春说，"这个案件比较典型，我们的 401K 计划也要预防此类事件的发生，在制度设计上要提前做好应对。"

资料来源：刘冰. 资本市场安排多项制度吸引长期资金入市 [N]. 上海证券报，2011 年 8 月 5 日。

案例 3-2

美国的 401K 计划

话要从头说起了。

"养儿防老"不只是东方的传统，在古代的西方，儿女也要赡养父母。《圣经》的"十诫"就明确规定，儿女要孝顺父母，自然包括赡养父母。在现代社会，人的养老，尤其经济上的养老有了本质变化，"养儿防老"的古训不再适用，父母还得养育儿女，儿女却得到了彻底的"解放"。在当今的西方社会，儿女不再对父母提供经济上的保障，更有甚者，一些儿女还分享父母的退休金。因此，如今人人都需要有自己的养老金。

美国人有各种各样的养老金，有政府管理的养老金，有企业管理的养老金，还有个人管理的养老金。社会安全金是美国联邦一级的养老金。事实上，更准确地讲，社会安全金是一种保险体系，美国人需要从工资里扣除一定资金，缴入联邦政府的社会安全系统，退休后，联邦政府每月支付一定数额的社会安全保险金。对于政府雇员，美国联邦政府及各级地方政府提供一定的退休金。美国多数企业也向雇员提供退休金。过去，企业提供的是传统退休金，即企业拿出一部分资金，交给专业投资机构管理，雇员从公司退休后，按月领取公司提供的退休金。

20 世纪 80 年代初，美国政府推出了 401K 的退休金体系，作为传统退休金的一种替代。401K 的名称，源于联邦税法的 401K 条款。雇员 401K 账户存入的是税前的收入，在当年存入 401K 的那部分收入不用纳税，当然，并非免税，而是推迟纳税，因为退休时支取 401K 时仍需缴税。当初，401K 退休金都是由雇主投入，后来，雇员也可以从自己的部分工资中存入 401K 账户，由于是推迟纳税，所以，联邦政府对 401K 的投入有比例和总额上的限制，而每年存入的总数有所增加。如今，雇员可以投入的 401K 总额达到工资的 15% 或者 1.5 万美元。

最近二十多年来，美国公司逐步将传统的退休金体系过渡到 401K 退休金体系，401K 渐渐成了美国退休金的主流，尤其是在私人公司的领域，大有完全替代传统退休金之势。十几年前，我进入美国公司的时候，公司还提供一点传统的退休金，后来就完全停止了，只有 401K 的退休金系统。在我所工作过的几家美国公司没有得到过任何的传统退休金，全部都是 401K 的退休金计划。并且，401K 的退休金体系是雇员自愿加入，公司在雇员的投入上给予补贴，通常，公司的补贴可达 6%。也就是说，雇员投入工资的 6%，公司给予同等金额的补贴，如果雇员不愿意加入 401K 计划，那公司也省下了一笔钱。公司之所以极力推广 401K 退休金计划，是因为 401K 计划对公司有很大好处，公司只要给雇员投入一定的资金就算尽到了责任。比起传统的退休金体系来讲，401K 退休金计划让公司承担的风险更小。

到了 2011 年，美国 60％接近退休的家庭都拥有 401K 退休金账户，而在私人企业界，401K 已完全成为主流退休金计划之一。相对于传统的退休金体系，401K 退休金体系对雇员也有许多优势，401K 退休金计划与股市有紧密的联系，管理得好的话，会有不错的增长。通常，401K 计划的资金大多投向共同基金，公司会请职业的投资机构帮助雇员管理 401K 计划，而雇员有权决定选择什么样的投资组合，也可以花些费用请专业人士帮助管理。雇员在 401K 计划上有投资选择的权利，当然也要承担投资风险，共同基金虽然没有单个股票那样大的波动，但也是有涨有落。在两年前次贷危机爆发的时候，共同基金也遭到沉重打击，跌去了 30％。所以，过去两年来许多面临退休的美国人在 401K 退休金上吃了很大的亏，不少人多年来的回报一下子全没了，有的甚至连本钱都赔了一些。

确实，金融危机给依靠 401K 的美国退休人员带来了灾难，但也不能完全怨股市，也有贪心的问题。按正常的投资约束，在退休前 5 年，401K 计划的资金要逐步退出含有股票的共同基金，转到投资回报低但风险也小的固定项目上面。由于在 2008 年金融危机之前的那一段时间，华尔街行情一路飙升，许多人舍不得从风险更大的增长性共同基金上退出来，更有一些人把相当大的一部分 401K 放在自己公司的股票上，当股灾忽然降临的时候，什么都来不及了。如果完全按照基本的投资原理，即便有些损失，也是在一定的限度之中。我的 401K 就是一个很好的例子，因为我还有许多年才到退休年纪，所以不需要从 401K 里面支取，如今，那些我投入的共同基金也回涨起来。更有启发意义的是，我为孩子存的教育基金，因为购买的是年纪基金，在我孩子要上大学的时候，我所存的教育基金就将自动转到风险低的基金，即便金融风暴来临，我孩子的教育基金也不会有多少损失。

因此，401K 退休金计划虽有风险，但在制度约束下，如果能严格按投资原理去管理，还是不错的投资方向。

资料来源：袁晓明. 两年前遭受重创的美国 401K 退休金体系如今怎么样了？［N］. 上海证券报，2011 年 3 月 9 日。

第四章 社会保障基金管理目标与体制

本章学习目标

1. 认识社会保障基金管理目标、管理体制及管理模式的关系
2. 掌握和运用社会保障基金管理的目标
3. 理解社会保障基金管理体制
4. 熟悉社会保障基金管理的不同模式

社会保障基金管理目标是进行社会保障基金管理所追求、要达到的状态。为了实现社会保障基金管理目标，需要建立相应的社会保障基金管理体制，社会保障基金管理体制的设置和运作效率，将影响社会保障基金管理目标的实现。从世界各国的实践来看，社会保障基金管理体制存在差异，可以将其按照不同的依据划分为不同的社会保障基金管理模式。

第一节 社会保障基金管理目标

在社会保障基金管理的不同环节，社会保障基金的管理有相对具体且不同的目标，如基金投资的目标是保值增值、基金给付的目标是满足给付的需求等。总体而言，社会保障基金管理的目标可以归纳为四点：一是确保社会保障基金安全；二是讲求社会保障基金效益；三是促进社会保障制度可持续；四是实现社会公正与和谐。这四个目标层层递进，社会保障基金管理不仅关系到社会保障基金本身，更关系到社会保障制度的可持续发展乃至社会的公平正义。

一、确保社会保障基金安全

（一）社会保障基金安全的内涵

确保社会保障基金安全是社会保障基金管理的首要目标。何为社会保障基金安全值得思考，是否社会保障基金放在保险柜里就是安全的？未见得，如果社会保障基金是账外资金，该保险柜就沦为社会保障基金经办机构的小金库，面临被挪用、被私分的风险，显然并不安全。社会保障基金始终会面临一定的风险，可以通过法律法规、内控制度、工作流程等尽可能地使风险降低到可接受的范围内。比如，社会保障基金以银行存款的方式进行保管也未见得安全，因为银行可能倒闭破产，但是管理机构可以规定银行存款机构的资质，降低社会保障基金面临的银行破产的风险，或者规定社会保障基金在一家银行的存款

上限，从而分散一家银行破产对社会保障基金的影响程度。因此，本书把社会保障基金安全理解为：社会保障基金安全是指一种状态，在这种状态下基金的存在形式、管理主体、投资、给付、使用等均合规合法。

（二）确保社会保障基金安全的意义

确保社会保障基金安全之所以成为社会保障基金管理的首要目标，首先是因为社会保障基金的性质，社会保障基金是老百姓的养命钱，这一点毋庸置疑。因此，社会保障基金不是政府可以支配的财政资金，也不是经办机构可以用于支付工作人员工资奖金的资金，负责筹资的人员也不能从筹资中获得提成。其次，社会保障基金的安全影响重大。社会保障基金的安全直接影响社会保障制度功能的实现，还会极大地影响政府的信誉，因为政府是社会保障制度的建设者，而社会保障基金管理是整个社会保障制度的核心。因此，社会保障基金的安全受到整个社会的重视。不管是政府还是百姓，以及媒体都关心社会保障基金的安全，特别是媒体对社会保障基金安全性的相关报道能起到监督和放大作用，社会影响广泛而深远。

（三）确保社会保障基金安全的措施

1. 坚持收支两条线管理

为了确保社保基金的安全，做到专款专用，社保基金要进行专项管理，通过在银行开设专用账户存储和管理社会保障基金，做到社保基金收支两条线。专用账户包括三类：收入户、财政专户和支出户，将一户管理转为三户分开管理，使账目和资金流向一目了然，从机制上避免暗箱操作。坚持基金收入由参保单位直接缴到开户行，每月末将收入户的基金全部转存财政专户。基金支付必须首先提出书面拨款计划，经审核签字后从财政专户拨入支出户。以往上海等地的社保基金只设收入户，没有支出户及财政专户，基金的收入、提取、支付全由地方社保部门说了算，不透明运作导致社保基金的使用随意性大，容易受领导和行政力量左右。

2. 严格把关社会保障基金支付环节

经办机构要根据财政部门核定的基金年度预算及月度收支计划，按月填写财政部门统一印制的用款申请书，并注明支出项目，加盖本单位用款专用章，在规定的时间内报送同级财政部门。财政部门对用款申请书进行审核，对不符合规定的凭证和用款手续的，财政部门有权责成经办机构予以纠正。财政部门对用款申请审核无误后，应在规定的时间内将基金从财政专户拨入支出户。对于退休人员养老金实行委托银行直接发放，并注意做好防止参保单位挪用、挤占离退休人员养老金、虚报退休人员等信息审核工作。

3. 加强社会保障基金经办机构内部管理

内部控制是社会保险经办机构的自律行为，是对劳动保障系统内部职能部门及其工作人员从事社会保险管理服务工作及业务行为进行规范、监控和评价的方法、程序、措施的总称。内部控制建设的目标是建立一个公开透明、运作规范、执行有力、管理高效、监控严格、考评科学的内部控制体系，确保各项社会保险法律、法规和行政规章的实施。各社保经办机构应当建立健全内控制度并严格执行。在组织机构方面，按照业务需求设置内部机构，科学确定工作岗位和人员，明确组织机构和各岗位工作职责，构建有效的相互制约、相互监督的组织体系；在业务运行方面，制度和流程清晰、材料明确、审核点得当，确保社保制度的正常运作；在财务控制方面，建立明确的会计操作规程，规范使用会计科目，加强票据的管理，定期向社会公布各项社会保险基金收支和结余情况；在信息系统控制方面，科学、合理地划分业务经办部门工作人员和信息管理部门人员计算机信息管理系统的操作及使用权限，严格授权管理。定期对各项业务数据及操作日志进行检查，确保设备正常运转和基金的安全。

4. 加强社会保障基金的稽核和监督

为确保基金安全完善，防止社会保险基金的流失和挪用、挤占，应当加强对社会保障基金的监督，设置相应的岗位或科室，专门负责对参保单位进行稽核等日常工作，建立重大要情报告制度，配合相关机关做好基金审计工作，对审计中提出的问题及时整改，及时纠正。稽核部门依照社会保险政策法规和有关制度，对社会保险经办机构内控制度的建立和执行情况以及各个业务环节进行检查，并进行综合评价，通过日常检查、专项检查、年度综合评价等检查方式，实现对经办机构管理全过程的控制和监督，确保社会保险经办机构管理工作的依法合规。

二、讲求社会保障基金效益

（一）效益的内涵与构成

1. 效益、社会效益与经济效益

效益是一种有益的效果，可以分为直接效益与间接效益，也可分为经济效益与社会效益。经济效益是在经济活动中所取得的收益性成果；社会效益是这种活动对社会发展的积极作用。经济效益是资金占用、成本支出与有用生产成果之间的比较。所谓经济效益好，就是资金占用少，成本支出少，有用成果多。社会效益是人们的社会实践活动对社会发展所起的积极作用或产生的有益效果。

2. 社会效益与经济效益之间的关系

社会效益与经济效益之间的关系体现为两者既有联系，又有区别。社会效益与经济效益之间的联系体现在人们的活动产生的效益往往同时包括经济效益与社会效益；经济效益是社会效益的基础，追求社会效益可以成为提高经济效益的重要条件。社会效益与经济效益之间的区别体现为经济效益较社会效益更为直接和显而易见，经济效益可以运用若干个经济指标来计算和考核，社会效益难以计量，必须借助其他形式来间接考核。当两者产生冲突、矛盾时，经济效益要服从社会效益。对企业而言，从事生产和服务的根本目的是盈利，生存至关重要，因此会把经济效益放在首位，国家可以通过行政、法律等手段规范其生产经营行为，使其在追求经济效益的同时不损坏社会效益。

（二）社会保障基金的双重效益

1. 社会保障基金双重效益的体现

社会保障基金具有双重效益。社会保障基金的社会效益体现为追求和实现社会公平与

稳定，促进社会成员的协调发展。社会保障基金的经济效益包括内部经济效益和外部经济效益。内部经济效益体现为社会保障基金的保值增值，并实现社会保障基金收支平衡；外部经济效益体现为社会保障基金推动社会生产力的发展。

2. 社会保障基金双重效益的实现

社会保障基金社会效益的实现重在给付环节，保证专款专用；筹资环节也会影响其社会效益。内部经济效益的实现重在合理设置经办机构、制定严格统一的费用开支制度、重视并加强社会保障基金精算。外部经济效益的实现重在投资环节，有效运营社会保障基金。

3. 社会保障基金双重效益的关系

社会保障基金的社会效益与经济效益是目标与手段的关系，社会保障基金管理要高度重视两者关系的调整，认识和界定两者的区别，在观念和实践中保持两者的协调。始终坚持以社会效益的实现为目标，不能本末倒置地将经济效益置于社会效益之上，社会保障基金所取得的经济效益必须用于增进社会保障基金的社会效益。

三、促进社会保障制度可持续

（一）可持续发展的内涵与意义

1. 得到国际公认的可持续发展的定义

可持续发展（sustainable development）的概念于 1972 年在斯德哥尔摩举行的联合国人类环境研讨会上正式提出讨论。在 1987 年世界环境与发展委员会出版的《我们共同的未来》报告中第一次阐述了可持续发展的概念，将可持续发展定义为："可持续发展是既满足当代人的需求，又不对后代人满足其需求的能力构成危害的发展。"这一概念得到国际社会的广泛共识。

2. 我国对可持续发展的定义与建设

随后我国政府编制了《中国 21 世纪人口、资源、环境与发展白皮书》，首次把可持续发展战略纳入我国经济和社会发展的长远规划。2003 年，我国发布《中国 21 世纪初可持续发展行动纲要》，纲要总结了 10 年来我国实施可持续发展的成就与问题，提出了可持续发展的指导思想、目标与原则，规定了可持续发展的重点领域，提出了实现可持续发展目标的保障措施，是进一步推进我国可持续发展的重要政策文件。

（二）社会保障可持续发展的研究

1. 社会保障可持续发展的内涵

根据可持续发展的定义，社会保障制度可持续发展是指在经济和社会可承受范围内，既满足当代人的社会保障需要，又不危及后代人满足其社会保障需求的发展。

我国 21 世纪初可持续发展的目标中提出，建立完善的优生优育体系和社会保障体系，基本实现人人享有社会保障的目标。社会保障制度的建设同样要符合可持续发展的建设目标。

2. 关于社会保障可持续发展的研究

关于社会保障制度可持续发展的研究日渐增加，包括《社会保障可持续发展论纲》①《21 世纪可持续发展的养老金制度》②《可持续发展的中国城镇基本养老保险制度研究》③等著作。这些研究试图回答以下问题：什么是社会保障可持续；社会保障可持续包括的内容；社会保障可持续或不可持续的表现；判断社会保障是否可持续的依据、方法、指标体系；社会保障不可持续带来的影响；造成社会保障不可持续的原因；实现社会保障可持续发展的条件；探究社会保障可持续发展的策略等。由于社会保障基金是社会保障制度运作的物质基础，是社会保障管理的核心，因此，社会保障制度的可持续发展的核心与关键在于社会保障基金管理，特别是养老保险基金的管理。

（三）全球养老保险制度的可持续发展危机

1. 全球养老保险制度面临可持续发展的危机

2005 年，世界银行发布《二十一世纪老年人收入支援：关于养老金及其改革的国际观察》报告，指出世界面临养老金困境，大规模改革势在必行。该报告指出，用持续预算转移来维持无力负担的养老金体系往往是造成预算赤字居高不下和持续增加的主要原因，这转而会损害一个国家在经济危机时期的宏观经济前景。比如巴西，1998 年该国的财政赤字超过 GDP 的 6%，这一赤字的 2/3，约为 GDP 的 4%，是因养老金支出造成的。

2009 年 1 月，经济合作发展组织发出警告，亚洲养老金体系告急。经济合作发展组织的报告称，亚洲的养老金项目问题是全球最严重的。尽管亚洲各经济体的养老金体系有所差别，但该地区没有为今后 20 年将出现的人口快速老龄化做好准备，这一进程将比花费一个世纪时间转型为老龄化社会的西方更为痛苦。警告各经济体政府很快将发现已来不及挽救亚洲经济体养老金体系陷入资金短缺的问题。

2. 养老保险制度不可持续的原因分析

养老保险不可持续的主要原因在于人口老龄化。人口老龄化是指总人口中老年人口比例不断增长的发展趋势。判断一个国家或地区进入老年型社会的国际标准通常有两个：60 岁以上的人口占总人口比例达到 10%，或 65 岁以上人口占总人口的比重达到 7%。人口老龄化分为底部老龄化与顶部老龄化，前者是位于人口年龄金字塔底部的少儿增长减慢导致的人口老龄化，出生率持续下降导致少年人口占总人口的比例不断降低；后者是位于人口年龄金字塔顶部的老年人口增长过快导致的人口老龄化，老年人口死亡率的大幅度下降，导致老年人口的比例不断上升。

经合组织指出，相对慷慨的公共养老金项目和较低的退休年龄是大部分问题的根源所在。经合组织 30 个富裕经济体最常见的退休年龄是 65 岁，但非经合组织成员的亚洲经济体中，男性退休年龄为 59 岁，女性为 57 岁。鉴于亚洲人的寿命迅速增加，预计许多新兴国家

---

① 林毓名. 社会保障可持续发展论纲 [M]. 华龄出版社，2005。

② 罗伯特·霍尔茨曼等、胡劲松等译. 21 世纪可持续发展的养老金制度 [M]. 中国劳动社会保障出版社，2004。

③ 刘昌平. 可持续发展的中国城镇基本养老保险制度研究 [M]. 中国科学出版社，2008。

中的人可以享受 20.3 年的退休生活，比西方高出两年。报告称，"斯里兰卡的女性可以在 50 岁退休，预计能享受 33 年的退休生活，很可能比她们工作和缴纳养老金的年限还长"。

（四）我国养老保险制度的可持续发展危机

1. 我国的人口老龄化程度

我国在 1999 年已步入老年型国家行列。与发达国家相比，我国的人口老龄化社会呈现出基数大、增长快、高龄化、家庭小、基础弱五大特点。一是基数大，我国是世界上唯一老年人口超过 1 亿的国家。根据 2010 年第六次全国人口普查数据[1]，我国 60 岁以上的老年人达 1.78 亿，占总人口的 13.26%，其中，65 岁以上老年人为 1.19 亿，占总人口的 8.87%。2015 年年底，我国 60 岁及以上老年人口共 2.22 亿人，占总人口的 16.1%。2 亿老年人口数相当于印度尼西亚的总人口数，已超过了巴西、俄罗斯、日本各自的总人口数。如果作为一个国家的总人口数，能排世界第四位。二是增长快，我国仅用 20 年时间就从成年型社会转变为老年型社会，同一进程法国用了 115 年，瑞士用了 85 年，美国用了 60 年，英国用了 45 年，日本用了 25 年[2]。同 2000 年第五次全国人口普查相比，2010 年 65 岁及以上人口占总人口的比重上升 1.91 个百分点。据"国家应对人口老龄化战略研究"课题组预测，2014 年我国老年人口将超过 2 亿，2025 年达到 3 亿，2042 年老年人口比例将超过 30%[3]。这意味着到 21 世纪中叶，每 3 个中国人中就会有 1 位老人。中国仅用不到 20 年时间就从"少年中国"到"银发中国"，这一进程西方国家用了几十年甚至上百年。"老龄化"已成为中国未来发展必须直面的现实问题。三是高龄化，在 2 亿多老年人口中，80 岁以上的高龄老人有 2 400 万，失能、半失能老人有 3 500 万，低收入贫困老人 2 300 万，任何一个特殊老年人群体数量都超过了许多中等发达国家。四是家庭小，我国老龄化速度快、老龄人口规模大，老龄化程度不断加深的同时，还伴随着家庭结构小型化和家庭养老功能的进一步弱化。国家卫生健康委员会的数据显示，在 20 世纪 50 年代，我国家庭户均人口为 5.3 人，到了 20 世纪 80 年代以后开始迅速下降，到 1990 年时为 3.96 人，2015 年则为 3.01 人，是世界上平均家庭规模最小的国家之一。国家统计局的人口抽样调查数据则显示，2016 年我国二人户家庭占总户数的比例为 25.7%，而在 2002 年，这一数字为 18.4%。三人户家庭占比则从 2002 年的 31.6% 下降到 2016 年的 26%，家庭结构小型化已成趋势。家庭结构小型化带来的不仅是养老问题，对社会各方面的影响也是深远的。五是基础弱，体现为人均国内生产总值低，1999 年进入老龄社会时不足 1 000 美元，2010 年才突破 4 000 美元，同发达国家当前的 2 万美元左右还有不小的差距。如果说大部分发达国家是"边富边老"或是"先富后老"，中国的老龄化则呈现出明显的"未富先老"特征。

2. 我国养老保险制度应对人口老龄化的已有举措

为了应对人口老龄化的冲击，首先，我国在 2000 年建立了战略储备性质的全国社会保障基金；其次，继续深化养老保险制度改革。1995 年，国务院发布《关于深化企业职

①　中华人民共和国国家统计局，2011 年 4 月 28 日，2010 年第六次全国人口普查主要数据公报。
②　尹章海. 我国人口老龄化发展特点、影响与对策 [J]. 人口与计划生育，2009 (6)。
③　余晓洁、赵超. 基数大、增加快、困难多——我国人口老龄化特点 [N]. 新华网，2011 年 8 月 24 日。

工养老保险制度改革的通知》，提出在全国范围内实行社会统筹和个人账户相结合的基本养老保险制度，使得城镇职工基本养老保险制度由现收现付制开始向部分积累制转轨；2005年国务院发布《关于完善企业职工基本养老保险制度的决定》，提出完善企业职工基本养老保险制度的指导思想和主要任务。改革的目标是建立起适合中国国情，实现可持续发展的基本养老保险制度。改革的重点是逐步做实个人账户，其中重要的一环是改革基本养老金计发办法。其后陆续建立了农村新型养老保险制度和城镇居民养老保险制度。2015年1月，国务院印发《关于机关事业单位工作人员养老保险制度改革的决定》，对机关事业单位工作人员养老保险制度进行改革，标志着存在近20年的养老金"双轨制"的终结，近4 000万"体制内"的机关事业单位人员将和"体制外"的企业职工一样缴纳养老保险费。

3. 我国养老保险制度可持续发展面临的危机

我国养老保险制度可持续发展面临的危机主要是转轨的隐性债务及由此导致的空账问题，这是我国养老保险基金管理中的最大挑战。

从现收现付制向统账结合的部分积累制转轨过程中，"老人"缺乏个人账户积累部分，"中人"个人账户积累额有限，但他们都要按照新制度领取养老金，由此导致庞大的养老金缺口。"老人"是新制度实行时已经退休的人员；"中人"是新制度实行时参加工作的在职职工；"新人"是新制度实施后参加工作的新职工。转轨使得隐性债务显性化，因其数额庞大，甚至可能高达几万亿元，如何平衡渡过支付高峰期，成为转轨成功与否的关键。

社会统筹部分的资金不足以支付"老人"的退休金，只好动用"新人"的个人账户资金，导致个人账户里的资金只是名义金额，个人账户实质上是"空账"。个人账户成为空账，使得养老保险体系仍然沿用现收现付制，从根本上动摇统账结合模式的根基，降低改革信誉，蕴含巨大的资金风险。在理论上，解决了"老人"和"中人"的个人账户欠债问题，"新人"的个人账户就不会成为空账。解决空账问题需要将社会统筹资金与个人账户资金分开管理、杜绝混用、扩大资金来源、做实个人账户。东三省正在试点，理论界仍在探讨。

4. 养老保险制度可持续发展的对策

要实现养老保险制度的可持续发展，根本办法就是开源节流。在"开源"方面有以下举措：扩大覆盖面、财政注资、国有股减持注入、退休后继续缴费机制等；在"节流"方面有以下举措：严格控制提前退休、养老金待遇与缴费年限和退休年龄挂钩、提前退休减发养老金，推迟退休增发养老金，甚至可以降低养老金待遇标准。其他并举的举措有：推迟退休年龄、提高统筹层次等。推迟退休年龄可以同时实现养老金支出的减少和缴费人群的增加。提高统筹层次虽然对养老保险制度的收支不产生影响，但我国养老保险制度在各地运行效果不均衡，部分地区可以实现收支平衡，甚至做实个人账户，部分地区则严重依赖地方财政，甚至拖欠养老金，提高统筹层次可以实现基金在更大范围的互济，缓解基金面临的支付风险。

四、实现社会公正与和谐

除了前述目标，社会保障基金管理还应着眼于整个社会，致力于实现社会公正与和谐。

(一) 社会保障制度与社会公正

社会保障制度不仅是一项经济制度，更是一项社会制度。社会保障基金管理应当要实现社会保障制度最本质的目标——维护和实现社会公平正义。公平通常意义上有起点公平、过程公平与结果公平。社会保障发展至今，已经成为一个社会公民享有的基本权利，维护公民的生存权、发展权。生存权是指社会中的任何个人都有生存下去的权利。当一个人不论任何原因陷入贫困、发生生存危机时，有从国家和社会获得帮助以维持生存的权利。政府和社会应尽可能保障社会成员的生存。发展权是指社会中的任何人都有满足、完善、发展自己需要的权利。这是人权的最高层次，更是社会发展的终极目的。社会保障权是一项基本人权，具有人权的普遍性、固有性、尊严性三个特点。普遍性即人人应该享有的权利，不应有任何歧视，不因种族、民族、性别、年龄、职业、身体、收入等不同而有所不同。固有性即人生而有之，天赋的、自然的权利。尊严性即社会保障权不是居高临下的施舍，要受到作为一个人起码的尊重。

(二) 社会保障制度中的公正困境

我国社会保障制度中的公正困境最凸显在待遇差别化。在享受社会保障的人群中，因所在地域、行业、职业等的不同而受到不同的待遇，具体包括城乡差别、地域差别、行业差别、身份差别等。

我国建立起来的是城乡二元社会保障制度，形成了严重失衡的城乡二元社会保障模式。长期以来，社会保障考虑的对象范围主要限于城市居民，广大农村除少数有条件的地方自行实施了局部的、有限的社会保障以外，基本上付诸阙如。即便近些年在不断推进农村社会保障的建设，过去长期以来采用的是城乡有别的社会保障制度体系，近年才开始统筹城乡的社会保障制度供给。在城乡差距迅速拉大的背景下，这种制度安排不但没有起到在城乡居民之间促进社会公平的作用，反而在不经意间助长了城乡差距拉大的趋势。由于城乡之间的巨大鸿沟，社会保障制度在城乡之间无法对接，城乡之间的劳动力存在明显不平等的现象。城乡居民收入差距因此进一步加大，也制约了农村经济和社会的发展。

除了城乡差异，我国社会保障制度还存在地域差异、行业差别、身份差别。地域差别体现为发达地区与中西部地区的差别。行业差别即垄断行业与非垄断行业的差别；身份差别，如国有、集体企业与民营、外资等非公有经济从业人员的差别，公务员及参照公务员法管理的工作人员与市场化就业人员的差别，城市居民与农民的差别，用人单位的职工与无雇工的个体工商户、非全日制从业人员的差别等。我国的企业、事业单位、国家机关之间的社会保障费没有统一，也没有衔接的渠道，造成了职业转化上的障碍。在个人收入差距本来就在迅速拉大的背景下，社会保障制度不但没有起到应该起的缩小贫富差距的作用，反而在不经意间助长了差距拉大的趋势。

(三) 实现社会保障制度的公正和谐

要彰显社会保障制度的公平公正，必须打破城乡间、行业间、地区间、身份间贫富不均的差别，进一步提高社会保障的统筹程度，调剂使用社会统筹基金，实现社会互助互济。由法律规定在全国范围内确定社会保障费的基数和费率，统一各种社会保障费。依据行业特性和平均利润率制定不同的标准和政策，在社会保障费方面形成一种均衡的负担。

在社会救助制度上，做到底线公平，确保生存需求、健康需求和发展需求，解决温饱问题、普及义务教育、提供公共卫生和医疗救助。所有公民在这条"底线"面前具有的权利是一致的，不因户籍、城乡、职业等因素受排斥。

在社会保险制度中，进一步深化养老保险制度改革，朝"社会统筹国民化、个人账户职业化"的发展方向改革。改变养老保险制度碎片化格局，全国建立统一的由社会统筹与个人账户两部分组成的养老保险制度，社会统筹实现国民化，由政府承担，个人账户实现职业化，体现制度参加者的个人缴费积累，把农民、公务员、企业职工、个体户、在华工作的外籍人员等全部纳入该养老保险体系中，实现养老保险制度的公平与效率相结合。社会统筹体现公平，个人账户体现效率。

在社会福利制度方面，有针对性地提供相应的老年人福利、残疾人福利、儿童福利、住房福利和教育福利，构建多元化的社会福利体系，满足不同人群的保障需求。

第二节　社会保障基金管理体制

一、社会保障基金管理体制与权责

(一) 社会保障基金管理体制的内涵

1. 管理体制的内涵

管理体制是指管理系统的结构和组成方式，即采用怎样的组织形式，以及如何将这些组织形式结合成为一个合理的有机系统，以实现管理的任务和目的。管理体制是规定管理范围、权限职责及其相互关系的准则；管理体系的核心是管理机构的设置；各管理机构职权的分配以及各机构间的相互协调直接影响到管理的效率和效能。

2. 社会保障基金管理体制

社会保障基金管理体制是社会保障管理体制的组成部分，它规定着社会保障基金管理的主体及其在社会保障基金管理上的权力与责任、职责分工及其相互关系。

研究社会保障基金管理体制，目的在于明确社会保障基金管理的主体，规范各主体在社会保障基金管理中的责任与权限及其相互关系，从而提高管理效率；意义在于它制约着对社会保障基金的管理，影响整个社会保障制度的运行效果；内容包括社会保障基金管理组织机构的设置、管理权责的划分等。

(二) 社会保障基金管理的权力与责任

1. 权力与责任紧密相连

拥有权力是履行责任的前提，权力在履行责任中体现。国家机关工作人员在日常行政管理中，应注意履行好行政管理权。有权则有责，国家赋予国家机关工作人员有行政管理权则有相应的管理责任，不运用好管理权则不履行好管理义务，国家赋予的权力同时也是国家给予的义务，因此，应以履行管理义务为出发点，运用好管理权，以保证国家管理活动正常开展。不依法行使权力则要负相应的法律责任，构成玩忽职守罪和滥用职权罪。玩忽职守罪是指国家机关工作人员严重不负责任，不履行或者不认真履行职责，致使公共财产、国家和人民利益遭受重大损失的行为。滥用职权是指国家机关工作人员超越职权，违法决定、处理其无权决定、处理的事项，或者违反规定处理公务，致使公共财产、国家和人民利益遭受重大损失的行为。

2. 社会保障基金管理中的行政权力

这种行政权力包括行政许可、行政处罚、行政监管、行政征收、行政强制、行政裁决、行政给付等。比如，劳动保障局具有职业技能鉴定机构设立许可的行政许可权力；不按照劳动保障行政部门的要求报送书面材料，隐瞒事实真相，出具伪证或者隐匿、毁灭证据的行政处罚权力；行政监管权力如企业年金基金管理书面合同备案；参保人员退休后死亡待遇的给付既是行政给付权力又是行政给付责任。对工龄、工资、退休条件的确认则属于非行政许可审批和登记。其他行政行为还包括用人单位拒不支付伤残、死亡职工或童工一次性赔偿的责令改正等。

二、社会保障基金管理责任划分

社会保障基金管理责任划分主要体现在政府与市场、中央与地方以及政府部门之间的划分。

（一）政府与市场的社会保障基金管理权责划分[①]

社会保障基金管理的权责首先可以在政府与市场之间进行划分。社会保障的实践与发展表明，政府在社会保障制度的建设中居于主导地位，是推动保障体系有效运行的责任主体。

1. 政府在社会保障基金管理中充当的角色

我国的社会保险基金管理是典型的政府集权管理模式。政府集行政、经办、监管权力于一身，体现为社会保险制度由政府制定的行政法规、规章或文件加以规范；主管部门是政府的人力资源和社会保障行政部门；各项社会保险业务由设在劳动保障系统内部的官方社会保险事业管理中心经办；监督社会保险运行的是政府行政部门。政策出于行政部门、管理权在行政部门、经办权属于行政部门、监督权同样在行政部门，是典型的官设、官管、官办、官督型政府集权组织管理模式。政府过多介入社会保障事务的运营，导致市场机制难以有效地发挥资源调控的作用，造成社会保障制度运行效率低下。

2. 市场在社会保障基金管理中的作用与实现

市场的社会保障基金管理权责体现为雇主、企业乃至社会的介入。建立由政府、雇主代表、劳工代表和专家组成的社会保险多元自治管理委员会，使社会保险实现自我调节、自我发展，从而实现政府与市场的社会保障基金管理权责划分。多元自治管理的核心在于

---

① 郑功成. 从政府集权管理到多元自治管理——中国社会保险组织管理模式的未来发展 [J]. 中国人民大学学报，2004（5）。

自治，多元合作是前提与基础。在这种管理模式中，政府参与管理社会保险事务的是政府委派的社会保险专员，在委员会中代表政府的利益；雇主方面由各类雇主组织推举出来的代表参与，代表雇主的利益；劳工方面则是工会委派的代表，代表劳工的利益；专家则是作为独立人士参与，代表理性与公平。多元自治管理独立于政府、雇主组织与工会组织之外，又能够兼顾相关各方的利益，是利益相关各方在合作基础之上的自治管理。

（二）中央与地方的社会保障基金管理权责划分

1. 我国中央与地方社会保障基金管理权责划分中存在的问题

社会保障属于由中央与地方政府共同管理的社会事务，范围比较广泛，但中央政府与地方政府承担的社会保障责任没有明确的划分，界限比较模糊。中央与地方政府社会保障基金管理责任方面的模糊表现在两者在财政权方面的不清晰，部分情况下表现为地方对中央过度依赖。中央政府在我国政府间财权划分中居于主导地位，地方政府财权有限。地方政府的事权和财力不对称，财政收入中中央与地方的比例约为 55：45，支出的比例约为 30：70，其中，公共服务支出的比例为 46：54①。这使得弥补收支缺口成为地方政府滥用收费权、追求土地财政的重要诱因。中央政府与地方政府间社会保障支出责任划分还缺乏规范的法律界定。从中央与地方政府间的转移支付来看，分税制使中央财政具备向地方政府实施大规模转移支付的财力基础，但政府间转移支付管理只能依据由财政部制定的部门规章《过渡期财政转移支付办法》，使得我国政府间转移支付的规范性降低。除了责任界定不明晰，中央与地方社会保障基金管理权责划分中还存在责任履行不规范的问题，出现政府责任履行上的"越位"与"缺位"两个极端。"越位"是政府在履行职能时超越自身职权，过多干预其他事务。我国政府的"越位"主要表现为行政权对立法权的"干预"，也就是在社会保障立法领域中政府行政权的干涉以及部分代替立法权的行为。"缺位"是指政府在责任履行上的缺失或者不充分，由此导致社会保障管理方面的系列问题。这方面较为突出的是政府在财政投入上的不充分，这与我国现阶段的政府职责定位与经济发展水平显然是相矛盾的。其次，在对于社会基金的监管领域，具体监管职能的履行不够严格，导致基金被挪用，引发公众恐慌。

2. 我国中央与地方社会保障基金管理权责划分的要求与实现

在 2003 年《中共中央关于完善社会主义市场经济体制若干问题的决定》中，明确提出合理划分中央和地方经济社会事务的管理责权。按照中央统一领导、充分发挥地方主动性积极性的原则，明确中央和地方对经济调节、市场监管、社会管理、公共服务方面的管理责权。属于全国性和跨省（自治区、直辖市）的事务，由中央管理，以保证国家法制统一、政令统一和市场统一。属于面向本行政区域的地方性事务，由地方管理，以提高工作效率、降低管理成本、增强行政活力。属于中央和地方共同管理的事务，要区别不同情况，明确各自的管理范围，分清主次责任。根据经济社会事务管理责权的划分，逐步理顺中央和地方在财税、金融、投资和社会保障等领域的分工和职责。

---

① 寇铁军、周波. 政府间支出责任划分的国际经验与启示——基于发达和发展中国家政府支出结构的比较分析[J]. 财政研究，2007（4）.

政府间社会保障责任划分，应当发挥中央和地方政府两个积极性原则、责权对称原则和法治化规范化原则，科学界定中央与地方政府事权、健全分税制财政管理体制、运用法律规范政府间支出责任的划分。

（三）政府部门间的社会保障基金管理权责划分

在过去的计划经济体制下，社会保障基金管理体制与当时的行政管理体制相适应，劳动部门主管企业职工福利保障、人事部门管机关事业单位职工福利保障、组织部管老干部福利待遇、电力等 11 个行业系统自行管理。这种分散管理体制随着 1998 年劳动与社会保障部的建立而改变。目前在行政管理机构和业务经办机构、基金结余和投资管理机构方面，具体如下。

1. 社会保障基金的行政管理机构权责

行政管理机构包括人力资源和社会保障部、民政部、卫生部、财政部。人力资源和社会保障部主要负责养老、医疗、失业等社会保险项目、农村社会保险以及社会保障基金等管理；民政部负责社会救济、社会优抚安置和社会福利事业的行政管理；卫生部主要参与医疗保险的有关管理；财政部对社会保障基金管理负有重要责任。财政部主要工作职责中列出的十四条职责中，第十条明确写到，会同有关部门管理中央财政社会保障和就业及医疗卫生支出，会同有关部门拟订社会保障基金的财务管理制度，编制中央社会保障预决算草案。第四条指出，制定彩票管理政策和有关办法，管理彩票市场，按规定管理彩票资金，这是社会保障基金中的福利彩票基金有关管理职责。另外，第一条中的完善鼓励公益事业发展的财税政策、第三条中的完善转移支付制度都事关社会保障基金。

2. 社会保障基金的业务经办机构权责

业务经办机构由各地的社会保险管理局、社会保险管理中心负责，包括保费的核定、征集、记录、待遇的审核、支付、账户的登记等具体社会保险业务。具体而言，社会保险基金的筹集有税务征收和社会保险经办机构征收两类。这种局面前不久才得以改变。2018 年 3 月，中共中央印发了《深化党和国家机构改革方案》，其中，第四十六条改革国税地税征管体制规定，为降低征纳成本，理顺职责关系，提高征管效率，为纳税人提供更加优质高效便利的服务，将省级和省级以下国税地税机构合并，具体承担所辖区域内各项税收、非税收入征管等职责。自 2019 年 1 月 1 日起，为提高社会保险资金征管效率，将基本养老保险费、基本医疗保险费、失业保险费等各项社会保险费交由税务部门统一征收。其他社会保障基金的征收来源与政府一般税收由税务部门征收。社会保险基金的发放由社保经办机构负责，委托银行或邮局实行社会化发放，社会救济、社会福利等的发放由民政部门负责。

3. 社会保障基金结余和投资管理机构权责

基金结余和投资管理部门受基金结余的来源而不同。来源于中央财政拨款和国有股减持形成的全国社会保障基金，由全国社会保障基金理事会负责投资运作和管理；来源于社会保险缴费结余的社会保险基金，分散在各统筹层次，存放财政专户、投资国债或者存银行；养老保险个人账户的做实基金，有的在做实省份的社会保险经办机构管理，有的委托给全国社会保障基金理事会管理；补充养老保险形成的基金，由社会保险经办机构、商业保险公司和企业行业协会三分天下。

三、社会保障基金管理统筹层次

（一）统筹层次的含义与标志

1. 统筹层次的含义

统筹层次也称社会统筹层次，适用于社会保险基金。社会保险基金的统筹层次是指在一定的范围内对各类企业和劳动者实行统一的制度、统一的缴费与支付标准、统一的业务管理和统一的基金管理与调剂。根据范围的大小，统筹层次有全国统筹、省级统筹、市级统筹乃至县级统筹几种情形。

2. 统筹层次的标志

以养老保险的省级统筹为例，是否实现省级统筹的标志或者判断依据有如下四方面。（1）统一的制度。以省为单位，建立统一的基本养老保险制度，覆盖面应扩大到全省范围内各类城镇企业的职工及其离退休人员。（2）统一缴费与支付的标准。以省为单位，实行统一的基本养老保险缴费基数、费率和离退休待遇计发标准，所有纳入统筹范围的离退休人员，今后离退休金的计发标准、支付办法将完全一致。（3）统一的业务管理。基本养老保险的业务工作由省级社会保险机构在全省范围内实行垂直管理，各级分支经办机构实行统一的工作规范。（4）统一的基金管理与调剂。建立省级基本养老保险调剂基金，即省辖各地区、市、县社会保险机构征缴的基本养老保险费，除用于现收现付（支付现期退休金）和必要储备外，其余一律上缴省级机构并存入财政专户，统一规划在各地区、市、县之间实行余缺调剂。

（二）我国社会保险基金统筹层次的现状

1. 养老保险基金的社会统筹层次

早在 1987 年，当时的国家体改委、劳动人事部就在一份下发的通知中提到："在全国大多数市、县实行退休费用社会统筹，有条件的地方也可以进行全省统筹的试点"。1991年 6 月，国务院在《关于企业职工养老保险制度改革的决定》中提出了由市、县统筹逐步过渡到省级统筹的要求。当时，我国大部分地区还停留在县市级较低统筹层次上，已实行省级统筹的地区存在不规范、不到位的问题。1998 年 8 月，国务院再次重申实行省级统筹，要求在年底基本建立基金省级调剂机制，并将 11 个行业统筹部门所属的 2 000 多个企业移交地方管理。此后，劳动和社会保障部多次发文强调提高养老保险统筹层次。2008 年 3月，劳动和社会保障部设定了实现省级统筹的时间表，即到 2009 年全国各省、直辖市和自治区都应实现养老保险省级统筹，争取到 2012 年实现全国统筹。养老保险的省级统筹现在基本实现，所有的地区都制定了省级统筹制度，但是制度是不是落实还有待评估。人力资源和社会保障部和有关部门耗时三年评估后确认，有 27 个地方已经落实了这项政策[1]。不过，

---

[1] 尹蔚民部长、胡晓义副部长就当前我国的就业形势和社会保障事业发展回答中外记者提问，中华人民共和国人力资源和社会保障部官网，http://www.mohrss.gov.cn，2012 年 3 月 13 日。

人民日报报道指出，我国在 2010 年基本实现城镇职工基本养老保险的省级统筹，但除北京、陕西、黑龙江等少数地区实行养老保险基金统收统支之外，多数地区的省级统筹是采取省级预算管理方式，提取省级调剂金，没有真正实现完整意义上的省级统筹①。

为缓解部分地区基金收支压力，国务院 2018 年 5 月 30 日印发《关于建立企业职工基本养老保险基金中央调剂制度的通知》，决定建立养老保险基金中央调剂制度，自 2018 年 7 月 1 日起实施。各省份按照职工平均工资的 90% 和在职应参保的人数，计算基数，上解企业职工基本养老保险基金。上解比例从 3% 起步，逐步提高。地方上解后，中央根据筹集的调剂基金总额和全国总离退休人数，计算人均拨付额，再根据人力资源和社会保障部、财政部核定的各省份离退休人数，确定拨付给各省份的养老金数额。国务院规定当年筹集的资金全部拨付地方。作为实现养老保险全国统筹的第一步，建立养老保险基金中央调剂制度意义重大，有利于均衡地区间企业职工基本养老保险基金负担，调剂余缺，更好地确保全国企业离退休人员基本养老金发放，增强养老保险制度的可持续性。

2. 医疗保险基金的社会统筹层次

目前，我国城镇职工医保和城镇居民医保已从制度建立初期的县级统筹提升到了地市级统筹，北京、天津、上海、重庆四个直辖市和海南省、西藏自治区实现了省级统筹，新农合仍以县级统筹为主②。

3. 失业保险基金的社会统筹层次

1999 年颁布的《失业保险条例》要求，失业保险基金在直辖市和设区的市实行市级统筹，其他地区的统筹层次由省、自治区人民政府规定。省、自治区可以建立失业保险调剂金。失业保险调剂金以统筹地区依法应当征收的失业保险费为基数，按照省、自治区人民政府规定的比例筹集。统筹地区的失业保险基金不敷使用时，由失业保险调剂金调剂、地方财政补贴。失业保险调剂金的筹集、调剂使用以及地方财政补贴的具体办法，由省、自治区人民政府规定。

随着《失业保险条例》的颁布，各地大力推进基金统筹工作，直辖市和一些设区的市已实现失业保险基金全市统筹，并取得积极效果。但是，仍有相当一部分地区实行县级统筹，市级统筹工作进展比较缓慢，统筹层次低，基金规模小，调剂能力弱，一定程度上制约了失业保险制度应有功能的发挥。

4. 工伤保险基金的社会统筹层次

在 1996 年劳动部颁发的《企业职工工伤保险试行办法》中，规定各地要按照现收现付原则筹集工伤保险基金，实行地市级统筹，集中调剂和使用；2004 年实施的《工伤保险条例》规定工伤保险基金在直辖市和设区的市实行全市统筹，其他地区的统筹层次由省、自治区人民政府确定。跨地区、生产流动性较大的行业，可以采取相对集中的方式异地参加统筹地区的工伤保险。具体办法由国务院劳动保障行政部门会同有关行业的主管部门制定。人力资源和社会保障部 2010 年发布《关于推进工伤保险市级统筹有关问题的通

---

① 人民日报. 养老要公平提高统筹层次，2015 年 12 月 22 日，mohrss.gov.cn.
② 人力资源社会保障部对十二届全国人大五次会议第 7439 号建议的答复，人社建字〔2017〕44 号，2017 年 7 月 11 日。

知》，要求各地切实抓好工伤保险市级统筹的组织实施工作。2011年修订实施的《工伤保险条例》对工伤保险基金的统筹层次进行了修改，规定工伤保险基金逐步实行省级统筹。跨地区、生产流动性较大的行业，可以采取相对集中的方式异地参加统筹地区的工伤保险。具体办法由国务院社会保险行政部门会同有关行业的主管部门制定。我国工伤保险基金的统筹层次目前还停留在市县级统筹为主。

5. 生育保险基金的社会统筹层次

1994年，劳动部颁发《企业职工生育保险试行颁发》，这标志着生育保险制度真正由"企业保障向社会统筹转变"，规定生育保险基金按市（地、州）、县范围进行统筹。由于全国没有统一的生育保险法律法规，部分地区尚未建立生育保险制度，已经建立生育保险制度的地区，也基本上实行的是县级社会统筹。

（三）我国社会保险基金统筹层次低的影响

1. 制度不够规范统一，有失公平性

待遇标准、支出项目差异过多，不利于管理。比如，在生育保险中由于统筹层次低，各地出台的生育保险待遇支付标准不统一，即使是同一个省也不统一。有些地方的产假津贴以最低工资标准为基数，有些地方以上年社会平均工资为基数，还有些地方以职工本人工资为基数；生育保险费用在有些地方是实报实销的，有些地方是定额支付的；给付项目上，有些地方包括全部项目，有些地方只支付住院费用，其他如产前检查等费用未纳入报销范围。这种待遇支付规定上的差距，造成地区间妇女权益的不均等，也给操作带来一定难度。各地在确定生育保险费率时往往存在不确定性，这使得生育保险基金的收支难以求得平衡，不利于生育保险的良性运营。

2. 异地医疗与养老保险困难重重

我国社会保障卡持卡人数已超过9亿，已经进入全民医保时代，提高包括医疗保险在内的社保"便携性"，技术上并不存在难以逾越的鸿沟，最大的障碍还在制度层面。异地就医医保结算困难重重，主要原因在于不同省份的医保缴费水平不同，各省之间医疗水平不一，基本医保属地化管理制度成为跨省就医结算难的症结所在。各统筹地区基本医疗保险药品目录、诊疗项目目录、医疗服务设施项目的不一致，对不同地区的患者按照不同的标准结算，也给异地就医实时结算带来很大困难。

不同地区之间养老保险资金状况不同、待遇水平不同，使养老保险关系在跨省之间转移接续上受到种种制约，影响劳动力跨地区就业。参保人员要在不同统筹区之间转移养老保险关系，有可能影响到这两个统筹区养老保险基金的征缴和使用，因此，大多数统筹区都不支持养老保险关系的无条件转移，往往附加一些条件，减少可能的损失。各地在基本养老保险覆盖范围、缴费费率、待遇计发办法等方面有很多不同，制度碎片化现象严重，难以实现各地制度之间的有效衔接。医疗与养老保险无法全国通用，导致异地医疗与养老困难重重。

3. 各地养老负担畸轻畸重，引发公众担忧

尽管养老保险基金累计结余可观，但是由于统筹层次低，不同统筹省份养老负担差别

大，基金收支状况不容乐观。2014 年，我国出现 3 个省份养老保险基金收不抵支，之后有所扩大。2015 年 6 月公布的《中国社会保险年度发展报告 2014》显示，虽然基金累计结余 30 626 亿元，但是一些省份的企业职工养老保险支出远大于收入。与此同时，不少省份有大量结余，其中，广东一省的结余就达到 5 128 亿元，北京、江苏、上海、辽宁、山西、四川、浙江、山东等省份的结余也在 1 000 亿元以上，累计结余最多的 7 个省份占全部结余的三分之二。此后连续三年，人社部每年都向社会发布社会保险发展年度报告。《中国社会保险年度发展报告 2016》显示，2015 年，我国五项社会保险基金累计结余为 36 970 亿元，全国平均可支配月数为 17.2 月，而在 2012 年我国企业养老金的平均可支付月数为 19.7 个月。当年收不抵支的省份增加至 7 个，分别为黑龙江、辽宁、河北、吉林、内蒙古、湖北、青海。其中，黑龙江不仅当年收不抵支，而且累计结余已经为负，达到－232 亿元。

4. 管理主体众多，基金管理风险加大

我国社会保险基金统筹层次比较低，部分省市实现省级统筹，很多地区还只处于市级统筹和县级统筹。各个层级征集的基金分散在各个统筹区域，管理主体多，不利于基金的监管。

比如新农保和新农合，只做到县级统筹。农村社保基金的管理权限控制在县级政府的手中，这意味着我国农保基金的监管对象是 2 700 多个县的社保基金管理和使用机构，在大大增加基金管理风险的同时，也增加了基金监管的成本和盲区。2011 年审计署对新型农村合作医疗的首次审计就发现有 2 700 多万元基金被挪用。

5. 基金投资缺乏规模效应

统筹层次低，基金过于分散化，即便能确保基金的安全，也难以保证基金的保值增值，不能进行规模化的投资运营，导致基金的闲置与浪费。中国社会科学院社会保障中心主任郑秉文在 2015 年进行过测算，若以居民消费价格指数（CPI）作为基准，我国养老金在过去的 20 年里，贬值了近千亿元。2016 年，我国基本养老保险总资产为 4.87 万亿元，包括城镇职工和城乡居民基本养老保险基金在内，其中超过 86％为银行储蓄存款，各项投资的总比例不到 8％。也就是说，近 5 万亿元的养老金长期"沉睡"在银行储蓄账户，主要收益也来自银行的利息。

（四）我国社会保险基金统筹层次的提高

1. 提高统筹层次的目标与过渡

《中华人民共和国社会保险法》对统筹层次的规定是明确的，养老保险实行基础养老金的全国统筹，主要指的是城镇职工的养老保险，而对其他的社会保险项目确定的方向是省级统筹。

《人力资源和社会保障事业发展"十三五"规划纲要》明确提出实现职工基础养老金全国统筹、积极探索推进医疗保险省级统筹，建立统一的城乡居民、基本医疗保险制度和经办运行机制。改进职工基本医疗保险个人账户，开展门诊费用统筹。将生育保险和基本医疗保险合并实施，全面实施工伤保险省级统筹，完善社会保险转移接续政策，建立更加便捷的社会保险转移接续机制。

由于不同社会保险项目的当前统筹层次不一，有的停留在县级，有的是市级，有的是省级，如何过渡到《社会保险法》提出的统筹层次，路径各不同。是逐步由县市级统筹过

渡到市地级统筹，然后由市地级统筹过渡到省级统筹，抑或是由县市级直接过渡到省级，两者路径不同。先由县市级到市地级，然后再向省级过渡，不仅需要经过两个行政层级，还会引起更多的混乱，要多付出很多成本。如果直接上升到省级，则可实现数据向上集中，服务向下延伸，这将是信息化社会的必然趋势。

2. 提高统筹层次的本质与关键

提高社保统筹层次的本质是对各级政府对社会保险主体责任的调整，因此，必须得到各级政府的理解和支持。

职工基本养老保险的基础养老金全国统筹的困难主要是由于地区之间经济社会发展不平衡，收入水平差异大，即使是按照同一费率和比例计算的缴费以及支付水平，在地区之间的差异也很大。其他社会保险基金提高统筹层次面临同样的困难。一旦实行省级统筹，确保发放的责任将由省级政府承担。欠发达地区在实行省级统筹的时候，都得到了中央财政补助的资金。这样一来，中央财政补助资金、省级财政补助资金和上解的调剂金都集中在省一级，省级就有足够的物质基础推行省级统筹。对于地、市来说，大多数基金缺口比较大，属于受益者，也都愿意实行省级统筹。而发达地区一般无法得到中央财政的支持，基金又大多结余在市、县一级，省级并没有非常充裕的资金用来调剂基金余缺。市、县一般都把征缴的基金看作自己的资源，按照现在的财政体制，如果把结余的基金拿出来支援兄弟市、县，将损害本地的利益。在一个省内，当出现局部利益与全省利益冲突的时候，各个市、县往往选择局部利益，不愿意进行利益调整。省级统筹涉及不同地区现实利益的调整问题，涉及地方财政的责任担当问题和省内各个统筹地区之间的利益调整问题。

3. 提高统筹层次的对策

提高统筹层次，需要利益机制助推，平衡各统筹区域的利益，明确界定各级政府社保责任，是省级统筹的基本要求和核心内容。在中央财政和地方财政的责任划分方面予以明确，企业职工基本养老保险实行属地管理，实行地方人民政府特别是省级人民政府负责制，中央财政对中西部地区和老工业基地基本养老保险基金缺口给予适当补助。无论是养老、医疗、工伤还是生育，要想消除同城差别，让一个城市、一个省的同一制度参保人员同享一种待遇，唯一的办法就是提高统筹层次。考虑到现在的实际困难，只能逐步地实现，比如，先提高到市级统筹，在时机成熟的条件下再实现省级统筹，直至实现全国统筹。

四、社会保障社区管理的发展

(一) 社会保障社区管理的地位与作用

1. 社区的定义

德国社会学家斐迪南·滕尼斯在1887年出版的《社区和社会》中提出，社区是基于亲族血缘关系而成的社会联合。当前社会学界普遍认为，社区是指具有某种互动关系和共同文化维系力的人类群体进行特定社会活动的活动区域，由人口、结构、地域和社会心理等因素构成，具有地域性、规模小的特点。我国形成的社区主要有三类：一是以企事业单位职工居住为主的混合型居住区；二是各类新修商品房居住小区；三是农转非还建房小区。

2. 社区管理与服务

社区管理是指为了维护社区的正常秩序，满足社区居民物质生活、精神生活等特定需要，进行的一系列管理与服务的活动。社区管理与服务的目的在于利用资源、满足需求、促进发展。社区管理与服务的内容相当广泛，包括社区规划、环境卫生、治安管理、计划生育、社会保障等。社区管理与服务的方式主要有自治管理和行政管理两类。

3. 社会保障社区管理的地位与作用

社会保障事业发展脉络呈现出去单位化的特点，在计划经济体制下由单位和企业承担的社会保障管理功能被不断分离出来。与此同时，社区发展功能演变从组织管理向社会服务转变。在1958年时，街道设置的科室包括办事科、民政科、居民科、财务科这样简单的几个；1994年时，扩充到行政、经济、财政、居民、民政、司法、文教、计划生育、城管、综合治理、绿化、劳动、市容，社会保障与社区服务功能已经成为社区管理的主要内容。

随着企业社会保障管理责任的分离，社区承接社会保障基础管理和服务职能，成为社会保障管理体系的基础环节。社会保障社区管理不仅有效地填补社会保障基础管理的空缺，而且发挥着越来越重要的服务职能。社区作为社会保障管理体系基础的有效性主要基于社区管理的特点：首先，社区数量多，遍布基层；其次，社区多是管理对象的居住地，便于管理；第三，社区拥有丰富、可靠的关于管理对象的基础信息；第四，社区管理更有效率，更容易满足相关需求。正因如此，社区不仅可以承载大量具体的社会保障管理职能，而且具有辐射作用，能更好地提供社会保障服务职能。

（二）我国社会保障社区管理的内容

随着我国政治经济体制改革的深入，以工作单位为社会基本组织形式包揽职工衣食住行、生老病死全部社会保障的体制被打破，逐步全部推向社区。在社会保障方面，社区管理包含社区建设、就业培训、推荐就业、民政救助、低保审核、养老保险、医疗保险等大部分工作。

1. 社区社会保障服务

社区服务是社区保障建设的重要内容。社区在社会保障方面提供的服务按照对象的不同可以分为两类：第一类是面向全社区居民提供的社会保障服务，第二类是面向社区特殊群体提供的社会保障服务。

社区向全体社区成员提供的社会保障服务包括社会保险待遇的发放、退休职工的社会管理、老年人的社区养老、社区医疗服务等。在社会福利方面提供便民设施、社区志愿者服务等。社区通过网站、告示栏、宣传栏等方式及时向居民宣传社会保障方面的政策与信息；及时为居民提供就业信息、培训和咨询等服务；向居民公开社会保障对象的申请资格、条件和待遇发放要求，提供社区及本地区社会保障服务机构及其服务项目等信息。

社区向特殊群体提供的社会保障服务包括：失业登记及失业金的发放，就业指导、培训和安排就业，计划生育相关工作等；社会救助方面，负责居民最低生活保障登记、审核，社区救助物资的征集及发放，灾害救助和社区互助等服务；社会福利方面主要包括对福利对象的救助、服务，残疾人社区康复等；社会优抚方面则包括对优抚对象的照顾、拥军优属等。

退休人员、失业人员在办理退休手续和失业登记手续后，社会保障对象与原单位相分离，即进入社区，由户口所在地或常年居住地的社区管理机构和社会服务组织为其提供管理和服务。事业单位退休人员也将全部转入社保，与原单位脱离关系。对于那些以厂矿建市，由企业代行社区职能的地区，退休人员、失业人员随企业社会事务负担的逐步剥离而实现与企业脱钩。

2. 社区社会保障管理

社区在社会保障中的管理功能是指对社会保障对象的社会保障项目进行社区管理。包括对社会保险对象的社区管理、社会福利的社区管理、社会救助对象的社区管理等。社区建立社会保障对象档案，加强社区人力资源管理和财力与物力管理，积极开发整合社区社会保障所需的各项资源，及时为社会保障对象提供社会保障服务。

各地区实行社会化管理的形式应根据本地城市规划、社区建设、经济承受能力和管理水平等不同特点因地制宜地确定。在社会保障社区管理中，应保障退休人员养老、医疗、政治文化生活等方面的权利，保障失业人员的基本生活，救助特殊困难人群。对高龄、伤残、重病等存在特殊困难的退休人员应开办相应的服务项目；对有特殊困难的失业人员，应努力帮助其实现再就业，并根据国家有关规定，对其家庭实行城市居民最低生活保障。

（三）我国社会保障社区管理的不足

由于建立时间较短，我国社会保障社区管理存在多方面的不足。

1. 在管理体制上权责不明确

基层社区组织构架由区、镇街、村居三级组织构成。这种组织结构具有明显的不合理性。几乎所有政府的职能部门都对应着镇街，在街道这个层面上设立了相应的民政、劳动、文教、卫生、社区建设、综合治理等机构。基层政府职能大量地被推向镇街，致使其行政事务越来越多。镇街又将急剧膨胀的具体事务转嫁给社区居委会。镇街将任务下放给社区，保留管理权限，使得社区实际上拥有有限权力，面对无限责任。法律规定居民委员会作为基层群众性自治组织，并不是街道办事处领导的下属机构。社区居委会的体制本应属于社会团体，社区居委会在法律上不具备法人资格，使社区无法独立享有应有的权利和承担应尽的义务。由于社区定位模糊，职责不明，因而社区居委会尽管做了大量的社区管理工作，但他们的管理职权却没有得到上级职能部门的授予和法律的认可，使社区居委会在开展工作时显得没有权威，缺乏力度。

2. 社区经费来源受限

社区居委会的工作经费和居委会成员的生活补贴的范围、标准和来源，由各区规定并拨付给镇街，再由镇街拨付给每个社区。由于在经费和工资上依赖街道，居委会不得不依附于前者。社区没有独立的财务审批权和支配权，完全靠政府拨付，难以支撑日益繁重的社区工作。属于不同政府职能部门对口管理的社区工作者的工资由各职能部门申请拨付，导致管理混乱。

3. 社区社会福利服务难以满足日益增长的需求

面对严峻的人口老龄化形势，社区社会福利服务仍然难以满足日益增长的养老服务需求。人口的城市化流动导致的"空巢"老人日益增多，传统的家庭养老方式已不能满足老人的养老需求，而我国现有的老年人社会福利机构设施远远跟不上老年人的养老需求。一方面，我国老年人福利机构数量不能满足庞大的老龄人口；另一方面，老年人福利机构的设施及服务不能满足老年人的养老需求。我国福利机构的床位数不到老年人的 1%，老年福利机构工作人员服务水平较低，整体服务水平有待提高。

4. 社会保障管理人员不足

社区工作人员由两部分组成，一是选举产生的居委会干部，二是专职社区工作者。社区由于人员经费的限制，大部分的社区都把两委成员拿来兼任社保员，居委会主任身兼数职，一般兼任就业站站长等 2—3 个站长。居委会干部往往也承担具体的社会保障工作，有些还只承担社区工作，没有做居委会的工作。招聘的专职社区工作者工资待遇低，标准不一致，流动性高，难以招聘和留住高素质人才。社会保障各项工作政策性强，新聘用人员工作效率低，不利于工作的开展。在这种社区人员管理体制下，社区工作人员明显短缺且在岗人员文化素质低，年龄偏老龄化。

5. 社区养老服务难以满足增长的需求

自 20 世纪 80 年代我国推行社会保险制度改革以来，对城乡老年人实行社会抚养照料成为居民新的愿望，社区养老服务将成为今后中国养老服务的一种主要模式。城镇退休人员的养老问题和农村社会的养老问题都将赋重任于社区，加上中国传统家庭养老观念的转变，社区成为我国社会化养老的重要力量。社区承担着我国老龄人口居家养老的重担，但我国社区的养老能力远赶不上社会的养老需求，社区养老机构规模小、服务不规范、不完善，社区医疗机构规模小、条件差、技术水平有限等现实问题，使得我国社区在现有水平上很难肩负起社会化养老的重担。

（四）我国社会保障社区管理的未来发展

社区管理和服务的水平反映一个国家的行政管理水平，反映一个国家的文明程度，反映一个国家国民的基本素质，也反映一国居民的根本需要。政府应当加强社区管理，提升社区服务能力，尤其是社会保障福利体系，通过社区工作满足公众各方面的服务。

1. 明确并重视社区在社会保障体系中的地位与作用

我国应建立以政府为主体的社区社会保障体系，社区在整个社会保障体系中承担最为基础的社会保障工作。应当明确并重视社区在社会保障体系中的地位和作用，鼓励社区为居民提供更加完善的社区保障服务，减轻政府的社会保障负担，提高社区在社会保障中的地位和作用。政府在社会保障体系中发挥其责任主体的作用，社区负责政策的具体落实和事项操作，为社区居民提供日常生活中力所能及的服务，完成政府各职能部门交办的各项事务。

2. 加大并拓宽社区社会保障资金来源与支持力度

资金是发展我国社区社会保障必要的支撑。政府在我国社区社会保障的建设中要为社区社会保障建设注入资金，并提供相应的扶持和优惠，鼓励社会力量参与到社区建设中来。社区要主动积极地引进建设资金，从社区自身的资源优势出发，大力发展社区产业，广泛引进社会资金，保障社区社会保障各项服务工作的顺利展开和社会主义现代化社区的建设，满足社区发展的需要。

3. 丰富并提升社区养老基础设施建设和社区养老服务工作

社区养老是以家庭为核心，以社区为依托，以老年人日间照料、生活护理、家政服务和精神慰藉为主要内容，以上门服务和社区日托为主要形式，并引入养老机构专业化服务方式的居家养老服务体系。社区养老内容涵盖广泛，包括：举办养老、敬老、托老福利机构；设立老人购物中心和服务中心；开设老人餐桌和老人食堂；建立老年医疗保健机构；建立老年活动中心；设立老年婚介所；开办老年学校；设立老年人才市场；开展老人法律援助、庇护服务等。社区养老的特点在于让老人住在自己家里，在继续得到家人照顾的同时，由社区的有关服务机构和人士为老人提供上门服务或托老服务。社区养老吸收了家庭养老和社会养老方式的优点和可操作性，把家庭养老和机构养老的最佳结合点集中在社区，是应对中国人口老龄化问题行之有效的养老方式。

4. 稳定并优化社区社会保障队伍

政府和社区应共同努力，不断优化社区工作队伍，吸引具有较强专业技能的高水平人才到社区服务。定期对社区工作队伍进行职业技能的培训，保证队伍的专业化程度；采取积极措施引进优秀高校毕业生到社区社会保障工作岗位，通过国家财政补贴和社区引进补贴资金等方式，提高人才队伍的待遇，逐步稳定社区社会保障工作队伍。发挥社会志愿者的积极作用，组建并扩大社区志愿者队伍，为社区社会保障队伍注入新鲜血液。

随着社会主义市场经济体制的建立和完善，中国城镇化发展步伐的进一步加快，广大农村将成为新型的社区，这些新增的社区需要大量的社区管理与服务人员。时代的发展使得社区管理与服务工作职能发生变化，工作范围扩大，管理与服务内容更加复杂，管理与服务手段更加先进，对这一领域的从业人员提出了更高的要求。城市化进程需要大量高素质的社区管理与服务专业人才。

第三节　社会保障基金管理模式

根据社会保障基金的管理主体不同，社会保障基金管理模式可以分为政府管理模式与非政府组织管理模式。根据社会保障基金的管理集中程度不同，社会保障基金管理模式可以分为集中管理模式、分散管理模式与相对集中管理模式。政府管理通常采用集中管理模式，但非政府组织管理也可以采用集中管理或者相对集中管理[①]。

一、从管理主体角度划分社会保障基金管理模式

(一) 政府管理模式

1. 采用政府管理模式的国家

在政府管理模式下，政府部门直接负责社会保障基金从收到支的各项具体事务。采用

---

① 李珍、孙永勇、张昭华. 中国社会养老保险基金管理体制选择——以国际比较为基础［M］. 人民出版社，2005年8月第1版，第40—47页。

国家如新加坡与美国。新加坡的社会保障基金由政府的中央公积金局直接进行全面管理，美国则由政府内的几个相关部门分工负责管理，其中，老年、残疾和遗属保险由联邦政府的社会保障署管理，老年医疗保险由卫生与人力资源事务部下属的医疗照顾财务局管理，失业保险由联邦和州政府的劳动部门共同负责。

2. 政府管理模式的优缺点

政府管理模式的优点在于：（1）政府注重社会公平，可以通过收入再分配为社会成员提供基本生活保障；（2）政府可以用财政支持社会保障；（3）政府比较注重社会保障基金的安全；（4）政府掌控社会保障基金，可以用于进行宏观经济调控。

政府管理社会保障基金也面临许多困难，该模式的缺点体现在：（1）资金将面临被政府滥用的风险。如果政府从自己的利益而不是公众利益出发来管理基金，则会使基金的安全性与完整性受到影响，甚至出现基金被政府挪用的问题。（2）资金投资渠道狭窄。由于政府比较注重社会保障基金的安全，并且投资专业程度不足，基金多投资于国债，因而投资渠道狭窄，投资收益低下，甚至无法增值保值。（3）容易导致赤字政府的产生。社会保障基金的收支缺口由政府买单，当收支缺口较大时，容易使政府背上沉重负担，导致赤字政府的产生。

（二）非政府组织管理模式

1. 采用非政府组织管理模式的国家

非政府管理模式是指由非政府组织在国家法律规定的范围内具体管理各项社会保障基金具体事务的模式。非政府组织包括营利组织和非营利组织，如基金会、基金管理公司、保险公司、银行等。采用非政府管理模式的典型国家为智利。智利的养老保险基金由私营养老保险基金管理公司（简称 AFP）管理，参保人可以自由选择参加 AFP 管理下的任何一个养老保险基金。

2. 非政府组织管理模式的优缺点

非政府管理模式的优点体现在通过市场竞争提高效率，具有更高的透明度，可以在很大程度上避免政府管理存在的种种缺陷。缺点主要是委托—代理风险的存在，该问题的严重程度取决于信用制度和监督制度的完备程度，需要政府完善法规，加强监管。

二、从管理项目集中程度划分社会保障基金管理模式

（一）集中管理模式

1. 集中管理模式的运行机制

集中管理模式又称集中垄断管理模式，指所有的社会保障基金都交给唯一的管理机构去管理。该管理机构可以是政府机构，也可以是政府授权成立的非营利机构。

2. 集中管理模式的优缺点

集中管理模式的优点是能形成规模效益、降低管理成本。缺点是权力过于集中，容易产生腐败；没有竞争机制，管理效率可能不高；由于管理机构属于政府或者和政府关系密

切，容易被政府操纵。

（二）分散管理模式

1. 分散管理模式的运行机制

分散管理模式也称分散竞争管理模式，社会保障基金交给多个基金管理机构管理，这些机构之间存在相互竞争关系。如果社会保障基金不同类别的业务交给不同机构管理，但是机构之间不存在竞争，至多形成一定的制衡，则不属于分散管理模式，仍然属于集中管理模式。比如，由税务部门负责费用征缴，劳动保障部门负责基金发放，税务部门与劳动保障部门之间不存在竞争，不属于分散管理模式。

2. 分散管理模式的优缺点

分散管理模式的优点在于能通过竞争获得较高收益，避免腐败和政府操纵。缺点是管理成本高，风险较大。

（三）相对集中管理模式

1. 相对集中管理模式的运行机制

相对集中管理模式是集中管理模式和分散管理模式的折中，又称集散结合管理模式。在相对集中管理模式下，建立一个代表成员利益的机构，由该机构把基金管理的一部分业务通过签订合同的形式委托给其他一些相互竞争的管理机构，一部分业务交给自己下属机构去管理。例如，把基金的筹集与支付由下属机构管理、基金的投资委托给一些相互竞争的专业投资机构管理，代表成员利益的机构只制定大致的方针政策。

2. 相对集中管理模式的优缺点

相对集中管理模式在一定程度上克服了分散管理模式成本高昂、委托—代理问题突出等缺点，也在一定程度上避免了机制管理模式缺乏竞争、效率低下等缺陷，是一种较为理想的基金管理模式。

三、我国基本社会养老保险基金管理模式的选择

（一）我国基本社会养老保险基金管理模式选择依据

1. 我国基本社会养老保险基金管理的现实

当前，我国基本社会养老保险基金管理的现状是：社会保障基金管理机构分散，管理层次多；政府集所有职能于一身，缺乏权力的分立制衡；基金投资渠道单一，难以保值增值；社会保障法制不健全，监管不力；社会保障基金管理不够公开透明。

2. 社会保障基金管理模式比较

首先，在政府管理模式与非政府组织管理模式中，应当选择政府管理模式。一是因为我国的社会保障事业采用政府管理模式；二是我国处于体制转轨时期，非政府部门经营尚不规范；三是政府监管还不到位。

其次，在根据社会保障基金管理集中程度划分的集中管理模式、分散管理模式与相对

集中管理模式中，应当选择相对集中管理模式。分散管理模式不适合我国当前国情，集中管理模式效率低下且容易滋生腐败，故相对集中管理模式是长远的选择。

3. 我国基本养老保险制度采用社会统筹与个人账户相结合

从产权结构分析，是公共产权与私人账户的结合。从财务制度分析，是现收现付与基金制的结合，采用统账结合制，较为复杂。从待遇给付分析，社会统筹实行给付确定制、个人账户实行缴费确定制；职工退休后的养老金包括来自统筹基金的基础养老金和来自个人账户的取决于投资水平的个人账户养老金。

(二) 我国基本社会养老保险基金管理模式设计

我国基本社会养老保险基金管理模式应当采用相对集中分权式管理模式①。

1. 相对集中分权式管理的含义

在相对集中分权式管理模式下，实现行政管理权与经营管理权分离、统筹账户与个人账户的管理权相分离、统筹账户的资产管理权与负债管理权分离、资产管理权与资产监管权分离。(1) 行政管理权与经营管理权分离的实现，把基金的行政管理权（如征缴、给付）交给省级社会保险管理部门，基金的经营管理权（如投资）交给全国社会保障基金理事会或专设的基本养老保险基金投资管理部门。(2) 统筹账户与个人账户的管理权相分离的实现，个人账户资产管理经营权交给基金管理公司，统筹账户的资产管理权与负债管理权分离。(3) 统筹账户的负债管理权（如发债）交给财政部门。(4) 资产管理权与资产监管权分离。资产监管权交给社会养老保险基金监督管理委员会、个人账户基金管理委员会、财政部门、审计署等机构。

2. 相对集中分权式管理的特点

相对集中分权式管理具有政事分离、统账分离、资产负债分离的特点。优点是保证基金安全，提高基金收益，有效降低管理成本和交易成本。

3. 相对集中分权式管理的要求

要实现相对集中分权式管理，要求建立独立高效统一的基金监督和管理委员会，建立专业性社会养老保险基金管理局，培育成熟的社会养老保险基金投资人，强化外部监督机制，加快培养精算、会计、审计师事务所、风险评级机构等中介机构。

📖 本章小结

1. 社会保障基金的管理目标：一是确保社会保障基金安全；二是讲求社会保障基金效益；三是促进社会保障制度可持续；四是实现社会公正与和谐。

2. 社会保障基金管理责任在政府与市场、中央与地方以及政府部门之间进行划分。

---

① 李珍、孙永勇、张昭华. 中国社会养老保险基金管理体制选择——以国际比较为基础 [M]. 人民出版社，2005 年 8 月第 1 版，第 314—322 页。

社会保险基金统筹层次的内涵、标志。我国各项社会保险基金统筹层次的现状、目标与对策。社会保障社区管理的地位与作用、现状与不足、未来发展。

3. 社会保障基金管理模式可以根据社会保障基金管理的主体分为政府管理模式与非政府组织管理模式，根据社会保障基金管理的集中程度，分为集中管理模式、分散管理模式与相对集中管理模式。我国基本社会养老保险基金管理模式应当采用相对集中分权式管理模式。

☑ 关键概念

社会保障基金管理　管理目标　管理体制　管理模式

复习思考题

1. 社会保障基金管理要达成什么目标？
2. 为确保社会保障基金的安全，可以采取哪些措施？
3. 社会保障基金的效益如何体现？如何实现？
4. 如何划分社会保障基金管理模式？
5. 结合"中福在线"福利彩票，谈谈你对社会保障基金社会效益与经济效益的认识。

案例 4-1

中福在线：彩票时代的老虎机？

一白领彩民：他在"中福在线"输掉了 80 万元，6 次失去高薪工作，借了 15 万元高利贷。

一银行职员：他在"中福在线"输掉近 40 万元，挪用公款近 10 万元，自称"是我命运破灭的时候"。

一福彩中心前高层："（中福在线）就是个老虎机！"

现任福彩官员："中福在线"不是赌博机。

中国福利彩票发行管理中心主任曾说：安全问题解决不好，不仅会阻碍福彩事业的发展，甚至还会给福利彩票事业带来致命的打击和伤害。

11 月 27 日，甘肃嘉峪关一位彩民投注福利彩票双色球，独揽 1.13 亿元巨奖，创下我国发行彩票 20 年来的单人中奖最高纪录。

但是，这样的中奖神话也让一些人疯狂。五天后，一名重庆男子臆想自己也中了 1 亿元彩票大奖，一时兴奋发疯，把两个儿子扔到楼下致一死一伤，自己跳楼自尽。

还有一些人，尽管没有如此疯狂，却身陷彩票无法自拔。《南方周末》在全国数个大中城市调查发现，沉溺于"中福在线"的彩民数量与程度均最为严重。这些人有的因买彩票而负债累累，有的直至妻离子散。更令人诧异的是，沉迷"中福在线"的多为白领与中产者。

"中福在线"，这种即开型视频福利彩票，到底有什么样的魔力，会让这样一些知识与理性均相对较高的白领、中产者也欲罢不能呢?

被诱惑的白领彩民

"今天赚了 2 000,明天又输回去了;越亏越想扳回,窟窿越来越大。"

韩童,这位曾月入过万元的高薪白领,两年前迷上"中福在线"后,生活与命运从此彻底改变。

在深圳市宝安区龙华镇金龙华广场旁一家低档小餐馆,记者找到了已落魄到在小餐馆打工的韩童。他皮肤白皙,上身着黑色夹克衫,头发梳得异常整齐,根本无法让人想象,他现在只不过是个小餐馆最底层的杂工。"现在,我口袋里连 10 块都拿不出来。"韩童告诉记者。他在餐馆洗碗、扫地,什么活都干,工资 700 元/月。

晚上 10 点下班后,韩童拿出两大本日记,密密麻麻地记录着他迷失在"中福在线"的疯狂和悔恨。"中福在线"是中国福利彩票发行管理中心发行、全国联网、由位于北京的服务器统一控制,在线即投、即中、即兑的视频彩票。

福彩官方在其公开宣传中称,"中福在线"定位于中高收入群体,主要吸纳"较大额度的零花钱",也被福彩管理者称为"中高级彩民的乐园"。

30 岁的韩童正是"中福在线"所欢迎的"白领彩民"。大学毕业的韩童原为湖北某市政府机关的科级干部,后到一家电子公司任业务骨干,月薪万元。

2005 年 6 月 5 日,赴西安发展事业的韩童和女友逛街,偶然看到"中福在线"大奖宣传招牌,就跨进了它的营业点。

宽敞明亮的大厅里,一排排柜式彩票机,界面漂亮,按键操作简单,和游戏厅的游戏机很相似。空调、沙发、免费茶水,服务周到的工作人员,VIP贵宾房。"那像一个环境幽雅的高档休闲场所。"韩童回忆。

服务员告诉他,只需办张投注卡,1 毛钱兑换 1 分,每次充值最高限额一万元,大厅还提供方便快捷的银行卡刷卡充值服务。

韩童充了 200 元,开始玩最受欢迎的"西游夺彩"游戏。很快,韩童玩的机器屏幕出现 5 面旗,卡上分数也变成了 2 万分,"5 面旗,翻一万倍,每条线押 2 分,你赢了 2 000 块钱。"服务员说,"如果每条线押 100 分,就能赢 10 万元!"

从此,韩童成了"中福在线"的常客,但好运似乎再没有眷顾他了。开始,每天都要输上几百元,韩童总是宽慰自己,"就当为了福利事业作贡献,积点德。"当亏上几千元时,又告诫自己,明天去赚回来,以后就再也不玩了。事实上,他已经停不下来。

"2 个月输了 7 万元,那时人开始不清醒。"韩童把手中的股票全部卖光,天天泡在"中福在线"里,"早上 10 点来,凌晨 1 点打烊时走人"。

"这是骗人的游戏。"韩童决定逃离这个城市。2005 年 11 月 18 日,他带着女友南下深圳找了一份工作,月薪 6 000 元。

在度过 7 个月的平静生活后,2006 年 6 月 15 日,韩童去深圳市地王大厦旁的书城买书,无意中看到"祝贺本厅彩民喜中西游夺彩 65 万元"的醒目横幅。他像被魔力再次吸了进去。

在接下来的 10 个月,韩童到青岛、武汉、聊城、黄石、九江、重庆等地出差,所到之处的"中福在线"都留下了他的身影。他那 45 万元的银行存款像水一样流进"中福在线"。

工资输光了,差旅费输光了,然后工作也丢了,女友也与之分手。

"我无数次骂自己,无数次告诫自己,挣一分钱是那样地难,再也不能去赌了。"他甚至把"中福在线"的投注卡和充值票据付之一炬,还把残缺的投注卡贴在日记本上,旁边写着"无耻""去死吧!"等字样来警醒自己。

2007 年 6 月,韩童听说北京没有"中福在线",踏上了去北京的火车。此后,他辗转昆明、北京等地，最后又回到深圳，其间仍把工资、家人汇款和借款不断地送进"中福在线"。

两年来，韩童在"中福在线"输掉80万元家底，6次失去高薪工作。为了翻本，还借了15万元的高利贷，至今得四处躲债……

"'中福在线'的诱惑力和精神控制力太可怕了，我已经无法逃脱。"韩童痛心疾首。他曾经想到卖肾，甚至自杀。

银行职员的《绝望者日记》

"这是我最后的希望，当一切破灭的时候，也是我命运破灭的时候。"

无论是在"中福在线"论坛，还是在QQ群中，不少彩民的经历和韩童相似，他们在"中福在线"里苦苦挣扎。

一位自称湖北荆州某银行的职员在"中福在线"论坛上，写下了《绝望者日记》。因为玩"中福在线"，他输了38万元：其中，存款8万元，父母、亲戚的借款12万元，卖房11万元，还有单位的公款7万元。

他在日记中称，房子变卖后，绝望的妻子离开他和5岁的女儿。现在，他和女儿借住在朋友家的车库里。为了中大奖，他又从单位偷拿了3万元。

每天，这位职员都去"中福在线"。为了给博彩省下钱，他花上1元买土豆，自己炸薯条，哄骗女儿是"肯德基新口味"。

因为他们睡的车库透风，5岁的女儿冻得发烧咳嗽，引发肺炎住院。他在日记中写道，11月3日，女儿要求出院，去私人黑诊所打针输液便宜。女儿对医生说，"手术不要打麻药，可以为爸爸省点。"

即使如此，这位彩民父亲又在以后几天在"中福在线"输了900元。一位服务员笑着对他说，"你现在学会控制了哟，投得那么少。"此时，他已经输了将近40万元。

日记的最后，这位银行职员的焦虑达到了临界点：从银行里私自挪用的3万元只剩两千元了，"这是我最后的希望，当一切破灭的时候，也是我的命运破灭的时候"。

另一名彩民在"中福在线"论坛的陈述更让人震惊。

11月5日，这名自称是青岛某房地产公司策划部经理的彩民在"中福在线"论坛上发帖陈述，"我今年28岁，月薪2万元以上。2006年在青岛最好的地段花68万元买了房，一辆23万元的帕萨特汽车，娶了一个美丽的妻子"。

今年3月，因为送一个朋友而认识了"中福在线"，短短9个月中，他在"中福在线"赔光180万元，房子与车子均贱卖了，工作丢了，妻子自杀了。

他用愤恨的笔调写道，"我将去云南景洪，那里有个我认识的山东大哥等着我，从此，我就是一名毒贩了……"

"'中福在线'把我心中的魔鬼唤醒了"

"中福在线"，它到底有什么样的运行秘密，使这些彩民如此着魔以致身陷窘境？

自1949年后，彩票在现行的政治话语体系中始终是一个敏感词汇。彩票一度和"黄赌毒"一样，被视作"洪水猛兽"。直到1987年，崔乃夫以其政治智慧催生"有奖募捐券"后，逐渐形成为社会福利事业募集资金的各类福彩。

"中福在线"就是这样一项由政府批准具有公益性质的彩票项目，带着"天然的合法性"，一时很难把它和赌博联系在一起。

"以福彩的名义，我们很自然地就会放松警惕。"40岁的唐浩是河南某市机关公务员。

尽管"中福在线"大厅里每台机子都贴有"彩市有风险，请理性投注"的警示语，但到处"爆机"中大奖的条幅和"英雄榜"早就让彩民忘了什么是风险。

"中福在线和传统彩票的玩法不同。"唐浩告诉本报记者。对一般彩票,彩民通常现场购买刮开,或者选择电脑下注,"大家只是想碰运气,很少有人愿意花上几千元,回家晚上等着摇珠开奖"。

但是,"中福在线"不同。它的外形和老虎机、游戏机相似,具有即时开奖、积分兑奖的功能。屏幕上方是全国奖池的总积分,下方滚动报道各地彩民爆机中大奖的字幕,"互动性和刺激性极强"。

"'中福在线'可以刷银行卡充值,不需要带很多现金。"陈宇补充他的分析。陈宇是合肥市一家媒体刚入职的记者,他花在"中福在线"的钱已经超过 8 万元。电子货币的数字变化有时让陈宇输得"没感觉","它不像钱包瘪下去那样感觉实在"。

每天上午 10 点到次日凌晨 1 点,"中福在线"一天长达 15 个小时营业时间,容易让彩民沉溺其中。"每次下注 100 分,共九条线,一次就是 90 元。"陈宇说,"按照 2—3 秒钟按一下键,如果运气不好,2 000 元一分钟就会输光。"

对于彩民来说,"中福在线"最为独特之处在于它通过巧妙的程序,对彩民的赌博心理循环诱激。

"大家并非一开始就输上几十万元。"和绝大部分彩民们一样,唐浩先用几百元试探着玩"中福在线"。几次小胜的经历把唐浩变成"中福在线"的回头客。

很快,唐浩发现自己中了大倍数,却押了小分。悔恨之后,他慢慢开始用大分下注。

"每个人的心中都有个魔鬼,"唐浩说,"'中福在线'把我心中的魔鬼唤醒了。"唐浩自认为很有控制力,但过去一年中,他在"中福在线"已经耗尽 70 余万元,其中的 60 万元为借款,10 万元是自己的积蓄。

"中福在线"是不是老虎机

"在赌场中,老虎机是赌性最差的一种。但跟彩票相比,它是赌性最强的。"

11 月 26 日晚 11 点,在合肥市贵池路"中福在线"二楼 VIP 包房里,陈宇娴熟地拍打着按键。随着投注卡里的积分升降,他时而发出欢呼或叹息声。每周,他都要来"中福在线"2—3 次,尽情地玩上 3 个小时。"'中福在线'和老虎机没有什么不同,两种机器我都玩过。唯一的差别就是经营主体:'中福在线'是福彩中心开的,老虎机是私人老板的。"陈宇认为。

经营主体的不同,正是中国各级福彩管理中心官员认为"中福在线"不是赌博机的理由。2007 年 8 月,新华社报道质疑"中福在线"形似老虎机,"中福在线"有关官员随后对此作了回应:"中福在线"是为公益目的,而私人老虎机是为个人私利;"中福在线"规范化管理,很难作假,老虎机中奖难度可以调,甚至庄家做手脚;"中福在线"是经中国福彩中心和政府批准,合法的。

但是,上海师范大学金融学院彩票研究中心学者李刚认为,无论从游戏规则、玩法,还是参与的目的和心态分析,即开型视频彩票的"中福在线"和老虎机几乎没有区别。

一些业内人士也认为,"中福在线"与赌博机在押宝方式、中奖程序上没有大的区别。天津市一位"中福在线"销售厅负责人在接受新华社记者采访时透露,"中福在线"的机器与"老虎机"一模一样,经营者可以在机器内叠加程序。如在"比大"这个游戏上,可以很容易地安装加"镑"程序,用以控制翻倍的倍数。

"(中福在线)就是个老虎机!"中国福利彩票发行管理中心一位前高层人士在接受《南方周末》记者采访时说,老虎机产生于美国。他介绍,在内华达州附近的一个城市,允许发彩票而不能办赌场。城市管理者就想了一招,把老虎机搞成彩票,变相地在销售彩票的地方搞。

"'中福在线'就是这个问题,它打了个擦边球。"上述前高层人士说。

"在赌场中，老虎机是赌性最差的一种。但跟彩票相比，它是赌性最强的。"这位中国福彩前高层人士认为。

这位高层人士透露，在中国福彩管理高层，对是否引进"中福在线"这个彩票品种，曾存在争议。后来，由于反对者的离任，"中福在线"迅速被引进推广。

"中福在线"可以赚多少钱

营业厅年均至少毛赚 60 万元，中福在线前年销售不到 7 亿元，2007 年已过 100 亿元。

中国福彩中心有关文件规定，"中福在线"采取特许经营管理模式和销售厅集中销售方式，由民政部门组织实施，由彩票机构销售，其他任何单位和个人都不得经营。

但是，一些地方仍存在"中福在线"销售厅变相转包或承包给私人经营的情况。

业内人士透露，"中福在线"不能以个人名义申请，只能以当地民政局名义申请。在山东，先交 400 万元保证金，每台机器押金 2 万元，维护费一台一年 800 元，如果加上场地装修租金等，整个投资超过 1 000 万元。即使这样，还需依靠"过硬的关系"才能入围。

安徽省合肥市一位老板曾经想以 200 万元加盟"中福在线"，但最后因为"关系不过硬"，只好作罢。

湖南省怀化市一位老板告诉《南方周末》记者，在怀化这样的三线城市，"中福在线"销售厅只需 40 万元就能办下来。不过由于最近审批得严格，他打算开第二个销售厅的计划流产了。

据新华社报道，资金雄厚的个人通过"运作"，私底下与民政部门合作。这种合作民政部门只是挂名，并不派人担任销售厅的主要负责人，销售行为完全交给承包人，而承包人会定期给民政部门不菲的管理费，即"干股"。以天津为例，13 家销售网点中，个人承包的就达 10 家。

"销售厅表面上属于民政，实际是由老板控制。"中国福利彩票管理中心的那位前高层人士说。

"中福在线"实际销售额的 50% 为返奖奖金，35% 作为公益金，余下 15% 为发行经费。

在 15% 的发行经费中，中国福彩中心提取 6%，省级福彩中心管理费用计提 1%，地级福彩中心管理费用和销售厅管理、运行维护费为 8%。

私人承包的利润主要在 8% 里与地级福彩中心分成，具体比例要看与民政部门的商谈结果。不过，承包人需要负责销售厅房租、人工、装修等支出。业内人士透露，一般来说，8% 中要拿出 2% 给当地的福彩中心，或是给特定对象干股。

如果按照 2006 年全国"中福在线"共计 459 个销售厅，总销售额 45.667 亿元，平均到每个销售厅，承包人一年可获得近 60 万元的毛收入。

"这东西搞起来没有赔钱的问题，而是赚多赚少的问题。"上述中国福彩前高层人士评价。

2003 年 6 月 28 日，"中福在线"自广州首卖以来，经历了一个超常规的发展历程。来自中彩中心市场四部的统计数据显示，2005 年全国"中福在线"有 176 个销售厅、4 303 台机器，销售总量为 6.75 亿元。2006 年，全国"中福在线"销售厅剧增至 459 个，装机规模达到 11 185 台，销售总量为 45.667 亿元，增幅达到 576%。

2007 年，"中福在线"被定位为福彩的新增长点，销售额要达到 100 亿元。截至 11 月 2 日，"中福在线"已建销售厅 660 个，在建销售营业厅 219 个。今年的销量已突破 100 亿元，把 2006 年的业绩翻了一番。

各方推手跃跃欲试

"要在所有城市和比较发达的县城把'中福在线'搞起来。"

"中福在线"高速发展背后，也隐现各方利益的涌动和博弈。

中国福彩的发展长期一直面临内、外两种压力。作为竞争对手的体彩，追赶的脚步已经让中国福彩的高层感受到外部压力。"尽管现在每周的销量，体彩和福彩还有 3 个亿元的差距，但差距在缩小。"在全国福彩年中业务研讨会上，一个福彩高层人士说，"我们要居安思危。"

福彩也面临着传统彩票品种发展空间封顶、产品急需升级换代的内部压力。"花无百日红，占福彩销售达 88% 的双色球和 3D 也会走下坡路。"一位福彩高层领导表示，"我们要努力推进玩法研究，进行玩法储备。"

"中福在线"出现及其强劲的发展速度，与双色球、3D 一起成为支撑福彩发展的三驾马车。2007 年年初，民政部一位副部长在贵州考察时提出，"要在所有城市和比较发达的县城把'中福在线'搞起来，以满足广大彩民的投注愿望，加快筹集公益金的步伐。""中福在线"也让一些地方政府异常热心。

"当时全国的老板、地方政府的市长，都来找我，表示对这个感兴趣。"中国福彩一位前高层人士向《南方周末》记者透露，"我问他们为何这么积极啊，他们回答，这就是未来赌场的雏形，将来赌场开放，我这个就是基地。他们都是这个心态！"

伴随着"中福在线"的高速增长，是整个中国彩票市场的扩容。据中国福彩高层人士透露，2007 年福彩销售能达到 600 亿元，体彩 400 亿元，整个彩票市场达到 1 000 亿的规模。

中国庞大的彩票市场规模引起了华尔街资本猎头的注意。上海一位彩票研究者向《南方周末》记者透露，一家美国资本投资公司以每小时几百美元的代价，向他咨询中国彩票业发展的信息。

"安全第一"发展诉求

"安全问题解决不好，会阻碍福彩事业的发展。"

对不断扩大的彩票市场和彩票品种，河南财经大学彩票研究所所长冯百鸣持支持态度。但他同时认为，"像'中福在线'这样的彩票，发展得过快了"，"在对它的运行机制造成的彩民心理影响缺乏研究时，应该适当控制它的发展规模"。

中国彩票的高速发展已多次引发行业信任危机。

1993 年，深圳市福彩中心首次推出类似香港六合彩的自选号码的福彩，因为"技术条件不具备，社会心理不成熟"，被中国人民银行叫停。

2004 年，先是福彩中心双色球被指涉嫌造假，后有西安宝马彩票案舆论风暴，最终导致财政部叫停即开型彩票大奖组。

2007 年 4 月，邯郸市农业银行两名金库管理员盗用 4 300 万元去购买彩票案发。

2007 年，全国福彩系统一再强调"安全运行、健康发展"。一位福彩系统的内部人士说，这里主要是指"中福在线"的发展问题。

在 2007 年全国福利彩票年中业务研讨会上，中国福利彩票发行管理中心的负责人发出警告：安全问题解决不好，不仅会阻碍福彩事业的发展，甚至还会给福利彩票事业带来致命的打击和伤害，动摇福彩事业的根基。

针对包括"中福在线"在内的彩票发展，上海师范大学金融学院彩票研究中心学者李刚近日撰文指出，传统型、即开型和乐透型这些国际流行的彩票在中国还有很大的发展空间，没有必要也不应当发行那些更接近赌博的新品种。他质疑说，这些彩种在推出前后，相关部门也专门到国外进行了考察，进行了长时间的论证，但为什么就看不到它们背后隐藏的可怕后果呢？

同时，河南财经大学彩票研究所所长冯百鸣认为，媒体过度关注中大奖，忽视了问题彩民，"媒体有责任引导彩民，建立健康、理性的彩票消费文化"。建议加强对问题彩民的研究和问题彩民救助体系的建立，关注问题彩民的心理问题和社会问题。

12月1日，国务院法制办政法司副司长丁锋透露，首部《彩票管理条例》有望于2008年出台。"其他国家的彩票业都是立法在前、发展在后，而我们正好相反，"丁锋表示，"相关法律法规的缺失已经成为制约我国彩票业健康发展的重要因素。"

资料来源：成功、苏永通. 中福在线：彩票时代的老虎机？[N]. 南方周末，2007年12月6日。

案例 4-2

广州 10 亿元社保基金被挪用

2007年4月2日，省人大常委会主任黄丽满一行来到广州，对社会保险基金管理情况进行调研。据悉，曾备受关注的广州在外营运社保基金10.18亿元，经过各方努力，目前已追回3.626亿元，还有1.05亿元有望追回。剩下的5亿多元一旦无法追回，广州将利用社会保险风险准备金进行填补，确保缴纳者的利益。省委常委、市委书记、市人大常委会主任朱小丹，市委副书记、市长张广宁等领导参加了调研座谈会。

10亿多元被挪用基金有望追回4亿多元

市劳动和社会保障局局长崔仁泉在汇报材料中介绍，由于历史原因，截至1999年年底，广州市发生在外营运社保基金10.18亿元。一直以来，广州市很重视在外营运社保基金的追收工作，建立了工作目标责任制，成立了由副市长牵头、各有关部门组成的纠正回收工作领导小组，负责社保基金的回收工作。

据介绍，动用社保基金结余投资营运形成的项目25个，有19个项目已经采取法律手段处理，至2004年年底，19件案件全部判决，并全部进入执行阶段，这些案件涉案资金8.13亿元，占挪用基金的90%。2006年度，广州市当年共回收在外营运养老保险基金1.096亿元，收回工伤基金2.53亿元。截至2007年2月，广州市尚有在外营运的6.6亿元养老保险基金和0.27亿元工伤保险基金暂未收回。根据广州市社保基金清理回收办的信息反馈，目前有可能待收回的基金约1.05亿元，损失部分将根据审计署的意见进行处理。崔仁泉表示，广州将继续加强基金的清理回收工作，制定切实可行的回收计划，竭力挽回社保基金的损失。

剩下5亿多元如无法追回由政府财政填补缺口

据统计，之前被挪用的10.18亿元的社保基金，已经追回3.626亿元，加上有望追回的1.05亿元，还剩下的5亿多元社保基金没有追回。张广宁表示，广州将按照审计署的处理意见进行处理，如果社保基金无法追回，就由政府财政填补缺口，总之，会确保缴纳者的利益。据介绍，广州已储备了社会保险风险准备金，目前，该风险准备金已经累计达到11亿元，无法追回的社保基金将由风险准备金来填补。

广州个人账户空账运行情况严重

崔仁泉介绍，2006年12月底，广州养老保险历年滚存结余134.34亿元，其中，个人账户养老金结余201.25亿元，统筹基金结余—67.21亿元，空账率达33.40%。个人账户空账运行情况严重，对广州市做实个人账户带来极大压力，养老保险统筹基金长期占用个人账户基金，使个人账户空账率居高不下。据初步统计，广州市历年个人账户空账额达到70.78亿元。

此外，广州医疗消费高度集中在三级医院。崔仁泉介绍，2006年85%的医疗消费集中在三级医院，比2005年上升了2个百分点，二级医院占总消费的13%，一级医院更少，只有2%。

医疗消费集中在三级医院，增加了统筹基金的支出，还造成了资源浪费，也加大了医保基金的支付风险。

　　资料来源：朱小勇. 广州 10 亿元社保基金被挪用，若无法追回政府埋单［N］. 信息时报，2007 年 4 月 3 日。

第二篇

社会保障基金管理内容

　　本篇主要介绍社会保障基金管理各个环节的内容，共四章：第五章社会保障基金筹集管理，第六章社会保障基金投资管理，第七章社会保障基金给付管理，第八章社会保障基金监督管理。

第五章 社会保障基金筹集管理

本章学习目标

1. 理解社会保障基金来源
2. 区分社会保障基金与社会保险基金筹资原则
3. 熟悉并能应用社会保障基金的筹资模式
4. 掌握社会保障基金的费率与缴费规则
5. 知悉我国社会保障基金征缴现状

第一节 社会保障基金筹资原则

一、社会保障基金来源

社会保障基金的来源有国家财政支持、企业或雇主缴费、个人缴费、社会筹资及其他渠道，前三者是社会保险基金的主要筹资渠道。

（一）国家财政支持

国家财政对社会保障基金的支持有三种方式，即财政拨款、税收优惠或让利、国家承担社会保障管理费用，可分为直接支持和间接支持。

1. 国家财政对社会保障基金的直接支持

财政拨款和国家承担社会保障管理费用体现国家对社会保障基金的直接资助。财政拨款可以分为事先拨款和事后拨款。事先拨款往往纳入财政预算，根据社会保障事业发展规划等预先向相关部门拨付资金；事后拨款往往是在社会保障基金发生入不敷出的情形时，国家财政扮演最终支持者的角色，弥补社会保障基金的缺口。例如在经济衰退时，失业人数急剧增加、失业周期变长，失业保险缴费减少、失业保险金支出增加，当失业保险基金出现危机，国家财政为缓解经济与社会危机，往往会补贴失业保险基金。

2. 国家财政对社会保障基金的间接支持

税收优惠或让利体现国家对社会保障基金的间接资助，包括国家允许企业和个人税前缴纳社会保险费、国家对社会保障基金免税，对享受到的社会保障待遇不征税以及对社会保障基金投资给予利率优惠。

（二）企业或雇主缴费或纳税

企业或雇主缴费或纳税是社会保障基金的重要来源渠道。雇主承担方式通常按雇员工资总额的一定百分比缴纳。雇主缴纳的社会保险税费是企业人工成本的组成部分，是企业生产顺利进行的内在要素。社会保险不仅能解决劳动者的生活困难，还能保证劳动力再生产，提高劳动生产率。因此，在员工病残伤亡时，企业应该负责其医疗、生活、抚恤等支出，这些社会保险费用就如同机器出现故障要维修一样纳入生产成本。机器在投入使用期间需连续提取折旧费，员工也相应地要在就业期间提取社会保险费。公务员的雇佣者是国家，因此，国家要动用财政资金为其缴费。

（三）个人缴费或纳税

个人负担社会保障费用包括两个方面：一是法定社会保险制度通常要求劳动者承担缴费义务，个人缴费后才可以成为被保险人，在危险事故发生后，方有资格获得给付和拥有享受社保的权利；二是享受有关社会福利与社会服务时需要承担有限缴费义务。随着社会保障制度对市场机制的引入与重视，社会福利事业开始适当收费。个人缴费的意义在于有利于减轻国家财政的负担，有助于实现互济功能，有利于增强社会成员对社会保障基金的监督。

（四）社会筹资

社会筹资是社会保障基金的补充渠道，主要方式有社会捐赠和发行福利彩票两种。社会捐赠具有自愿特征，可以采用直接筹款、义卖、义演等方式，在运作上由慈善公益机构根据特定事件或特定对象的需要长期或临时向社会募捐社会保障用途的资金或实物。

（五）其他渠道

除上述渠道外，社会保障基金筹资的渠道还包括基金投资收益、滞纳金和罚金收入、减持国有股、变现国有资产、发行长期国债以及国际援助等。减持国有股是指向社会公众及证券投资基金等公共投资者转让上市公司（包括拟上市公司）国有股的行为，国有股包括国家股和国有法人股，减持国有股筹集的资金交由全国社会保障基金理事会管理。国家还可以通过变现国有资产、发行长期国债，或特殊国债等形式筹集社会保障基金，缓解社会保障基金不足的压力。

二、社会保障基金筹集原则

（一）社会保险基金筹资原则

1. 强制筹资原则

在社会保险基金的筹集中，遵循强制筹资原则是为了确保社会保障制度的稳定性。以法律约束各方的权利和义务，雇主和雇员必须依法按时足额缴纳社保费或税，欠缴与逃费都属于违法行为，在建立社会保险制度的国家概莫能外。

2. 收支平衡原则

社会保险基金筹资遵循的收支平衡原则包括横向平衡与纵向平衡。所谓横向平衡，是指当年或近几年内某社会保障项目所提取的基金总和应与其所需支付的费用总和保持平衡；所谓纵向平衡，指某社会保障项目的被保险者在投保期间提取的基金总和，包括本息与投资收益，应与其在享受该项保险待遇期间所需支付的费用总和保持平衡。

3. 共同出资原则

共同出资原则要求国家、企业、个人、社会共同承担社会保险基金。国家通过财政拨款和税收减免等方式直接或间接出资；劳动者在从事劳动期间从工资和收入中拿出一部分进行投保，方具有享受社会保险待遇的资格；企业也要为职工缴纳社会保险费，负担一部分社会保险基金，对职工而言是一种福利，对企业而言是用工成本，最终转移给消费者，使得国家、企业、个人和社会共同承担社会保险基金。

4. 最低成本原则

社会保险基金在筹集过程中必然会产生相应的各种成本和费用，虽然筹资时具有法律强制性，也应该注意节约成本。社会保险基金和其他基金的性质不同，社会保险基金是为保障劳动者在遭遇风险之后的生活来源，因此，需要提高筹资效率，尽可能地用较低的成本完成基金的筹集，避免不必要的资金浪费。在国家法律的强制力下，社会保险基金也没有必要像其他基金筹集那样大做广告。

（二）社会保障基金筹集原则

国际劳工组织 102 号公约《社会保障最低标准公约》指出，社会保障基金的筹集原则是：受保职工负担的费用不应超过全部所需费用的一半，并应避免低收入者负担过重，具体负担比例应充分考虑本国的经济状况。

第二节　社会保障基金筹资模式

世界各国社会保障基金的筹资模式主要有现收现付制、完全积累制和部分积累制三类。

一、现收现付制

（一）现收现付制的含义与本质

现收现付制是按照一个较短的时期内收支平衡的原则确定费率筹集养老保险基金，筹集的资金仅满足同期养老金给付的需要。这个时期通常为一年，最多 2—3 年。现收现付制遵循基金横向平衡，满足"以支定收，略有节余"，当年或近几年内某社会保障项目收缴的基金总和与在此期间支出的资金总额基本保持平衡。

在现收现付制养老保险模式下，当年养老金收入用来支付当年养老金支出，即同一个时期正在工作的一代人的缴费来支付已经退休的一代人养老金的制度安排。现收现付制的实质是代际赡养，下一代人抚养上一代人，下一代人又由再下一代人抚养，世代交替，不断延续。

(二) 现收现付制的优点

1. 一经建立就可以及时给付

现收现付制养老保险制度一经建立，当年就可以用筹集到的资金支付当年的养老金，这是现收现付制的一大优点。不管是什么国家，社会上总会存在一定数量一定比例的已退休老人，因此，在初建养老保险制度时就会面临给付养老金的问题，如何妥善解决该问题涉及老人的生活水平和福利状况，会引起广泛关注，甚至会影响到社会秩序与稳定团结。现收现付制养老保险制度一经建立，不会面临无法发放已退休老人养老金的问题，资金来源有保证，有利于制度的顺利建立与运行。

2. 可以根据需求的增长及时调整征缴比率

现收现付制养老保险制度是一种短期收支平衡，因此，在确定当期缴费率时，一旦影响缴费率高低的相关经济、人口等指标发生变化，可以迅速地调整相应的当期征缴比率，从而保证养老金的实际购买力。

3. 能有效避免物价上涨造成的基金贬值的风险

现收现付制养老保险制度没有大量长期的资金积累，即便有节余，也遵循"略有节余"，结余资金数额不大，结余时间不长。正因为没有大量的储备资金，基金不会受通货膨胀因素的影响，基金基本上不会面临贬值风险。

4. 体现互助互济

现收现付制养老保险制度本质上是一种代际赡养模式，充分体现了社会保险的互助互济功能。

(三) 现收现付制的缺点

1. 资金筹集的抗风险能力弱

由于现收现付制下基本没有储备和积累，养老金的发放主要依赖于筹集资金，一旦筹集资金时面临困难，无法筹集到足额养老金，就会导致入不敷出，基金自身不能实现收支平衡。在这种情况下，如果没有其他渠道注入资金，就会产生支付危机，造成恶性循环。政府为了保证制度的稳定性，必须动用财政收入进行扶持，保证养老金的及时足额发放。

2. 存在代际转移矛盾

作为一种代际赡养制度，现收现付制养老保险制度中，这种代际赡养是向下传递的：甲代人由乙代人供养，乙代人由丙代人供养。但是，不同代人之间的赡养率不同，这使得不同代人的养老负担不同。在人口老龄化发展趋势下，下一代人的养老负担在不断加重，现收现付养老保险制度面临代际转移矛盾，年轻人更愿意对自己负责，不愿意承担上一代人的养老压力与责任。

3. 缴费比率不断上升

养老金的给付具有刚性特点。在人口老龄化趋势加快的形式下，为保证养老金的发放，只能采取提高缴费率来解决这个问题。对处于缴费期的劳动者而言，要经历几十年的缴费期后才能退休领取养老金，面对不断上升的缴费比率，必然会产生动摇和抱怨，严重时可能导致支付危机。

二、完全积累制

（一）完全积累制的含义与本质

完全积累制也称基金积累制或基金制，是对退休率等相关指标进行宏观长期预测后，把被保险者在享受养老待遇期间的养老金支出总和分摊到其整个投保期，并对积累期的养老金进行有计划地投资运营的一种养老保险模式。完全积累制遵循基金纵向平衡。从社会保险项目的被保险者角度而言，该被保险人在投保期间缴纳的基金总和，包括本息与投资收益，应与其在享受该项保险待遇期间所得到的资金总和两者保持平衡。

完全积累制的本质是"同代自养"，参保人在年轻时缴费积累资金，用积累起来的资金支付退休后的养老金，权利与义务完全对等，参保人之间没有互助共济，因此是自我养老。

（二）完全积累制的优点

1. 能应对人口老龄化危机

在采用基金制下，每个参保人都建立起个人账户，该账户上积累的资金就是领取养老金的资金来源，因此，完全积累制能抵御人口老龄化危机。人口老龄化是人口中老年人口比重不断上升的趋势与过程，在此过程中，尽管一个国家或地区的老年人口增加，但是由于每个人都有个人账户，因此，养老保险制度不会受到人口老龄化的影响。

2. 能提高缴费积极性

完全积累制将劳动者在年轻时的部分资金直接转移到年老时进行支付，年轻时缴纳得多，年老后的养老金水平就更高，缴费多少与养老金高低正相关，社会成员的权利义务明晰，有助于增强劳动者的自我保障意识，鼓励人们延长工作年限，提高缴费金额，形成较好的激励机制。

3. 积累的基金能促进经济发展

完全积累制能形成巨额、长期基金，这笔体量庞大的基金对一个国家的资本市场会产生极大的影响，可以将其投资于国家重大基础设施建设，有力地推动国民经济发展。

（三）完全积累制的缺点

1. 缺乏互济性

完全积累制的特点在于缴费与受益具有关联性，互济性则较差。这使得完全积累制在注重效率的同时无法兼顾公平。低收入者在工作期间的缴费水平低，以致退休后能够领取的养老金只能是低水平的，甚至无法满足基本生活需要。

2. 无法应对长寿风险

虽然完全积累制能够抵御人口老龄化危机，但是难以应对长寿风险。即便人口年龄结构没有发生改变，对于寿命长于预期寿命的这部分老人而言，账户里积累的资金不足以满足一生支出所需，有可能在他死亡之前个人账户里的资金就已全部支取完毕，难以有效地应对长寿风险。

3. 难以有效地应对通货膨胀风险

完全积累制采用个人账户，该账户的资金要经过跨度长达十几年甚至几十年的积累才进行给付，因此，作为一项长期计划，该基金很容易受到通货膨胀的影响，有可能贬值。

4. 基金管理水平要求高

如何保证基金做到保值增值，是完全积累制下基金管理的一个重点，这对基金管理提出了更高的要求。除了投资运营方面的要求，日常的管理、缴费的测算等同样需要很强的专业性。

三、部分积累制

(一) 部分积累制的含义与本质

部分积累制养老保险又称部分基金制、混合积累制，是一种按照当前的保险费支出加上一定的储备来提取保险基金的模式，筹集的资金一部分用于支付当期的社会保险金，一部分作为积累，综合体现横向平衡原则与纵向平衡原则。

部分积累制力图吸收现收现付制与完全积累制的优点，克服其缺点，是一种折中的筹资方式。现收现付制是短期平衡，基金制是长期平衡，部分基金制则是中期平衡。

(二) 部分积累制的优点

1. 基金稳定性较好

由于预留了一部分基金，部分积累制可以在较长时间保持基金的收支平衡，同时，由于预留的积累基金规模有限，基金的贬值压力较小。

2. 具有一定的灵活性

当特定年度出现养老金给付缺口时，部分积累制可以从预留下来的基金中提取资金用于弥补缺口，或者采取提高费率的方式筹集资金，较之现收现付具有较好的灵活性与抗风险能力。

(三) 部分积累制的缺点

1. 难以测算缴费率

由于部分积累制是现收现付制与完全积累制的修正混合，故其模型比较复杂，影响这两种模式的因素都会影响部分积累制，因此，如何科学合理地确定积累率成为部分积累制面临的难题，管理的成本相应加大。

2. 储备的资金相对有限

部分积累制通常由两部分组成：社会统筹的部分通常采用现收现付制，用于满足当前支出的需要；个人账户部分采用基金积累制，用于满足未来开支的需要。既要满足当前支出，又要积累资金，资金总量数额庞大，这就决定了个人账户积累的资金非常有限，这部分储备资金的压力将随着人口老龄化、生活水平的提高、养老金给付水平的刚性而越来越大。

第三节　社会保险费费率与缴费

一、社会保险费费率

(一) 社会保险费费率的确定原则

制定社会保险费率重要而复杂，需要遵循适当性、稳定性、可变通、预防性四个原则。

1. 适当性原则

费率适当是指费率的高低适当，如果费率定得过高，会加重缴费者的负担；如果费率定得过低，则难以做到收支平衡，危及社会保险制度的可持续。费率适当也意味着在不同的社保承担主体之间，负担比例适当。企业负担的费率过高，势必增加产品成本，削弱企业产品的竞争力，影响企业的发展甚至生存；个人负担的费率过重，会影响人们的基本生活和消费能力，特别是低收入者的基本生活；政府负担的比重过高，则会增加财政支出，转嫁增加民众负担，影响社会稳定。

2. 稳定性原则

社保费率一经确定，在较长的时间内应保持稳定，不能朝令夕改。费率稳定是编制社保基金预算的前提，否则，难以预测经费高低，缴费主体方能清楚地预期未来缴费的金额高低，做出计划并足额缴费。为确保费率适当，需要运用科学的方法对费率进行测算，由此拟定出来的费率应当在相当长的时期内保持稳定，除非相关条件与环境发生较大变化，否则，不能随意变动费率。

3. 可变通原则

在一定的情况下，需要调整费率，此即可变通原则的含义。可变通原则与稳定性原则并不矛盾。稳定性是相对短期而言，可变通性则相对长期而言。在较长的时期内，物价、人口结构、劳动生产率、GDP 等可能发生较大变动，需要根据具体情况调整费率。在一些特殊情况下，也需要调整部分参保企业或参保人的部分社会保险项目的缴费比例，例如，在经济危机时期可以下调困难企业的社保缴费比例。深圳市根据《关于贯彻落实市政府在特区建立 30 周年之际增加市民福利的实施办法》的规定，凡 2010 年 8 月之前在企业就业参保并按时足额缴纳医疗保险费的住院医疗保险及农民工医疗保险参保人，免除其在 2010 年 9 月至 2011 年 8 月参保期间的医保个人缴费费用，这部分参保人自 2011 年 9 月 1 日起恢复个人缴费。

4. 预防性原则

预防性原则是指通过费率的制定机制，起到预防或减少损失发生的作用。社会保险制度能够弥补被保险人的损失，但对于整个社会而言，风险已经发生，社会蒙受损失。这种事后的被动补救可以通过费率拟定得到改变，从而强化保险的损失预防功能。社保费率的预防性原则主要体现在工伤保险与失业保险中，通过实行差别费率和浮动费率，降低风险发生的概率。比如，在工伤保险中对于工伤事故发生率高的行业实行较高费率，根据事故实际发生情况对企业采取浮动费率，事故发生概率高、损失大则上浮费率。在失业保险中，通过对失业率高的行业或企业实行高费率，发挥限制随意解雇工人的作用。

（二）社会保险费费率的分类

1. 按费率是否固定划分

（1）固定费率。在固定费率下，费率高低由法律规定，不得轻易改变。变动费率需要经过法律程序。固定费率的优点在于费率的稳定性好，雇主和雇员负担稳定；缺点在于灵活性低，由于修改法律条文程序繁杂，难以根据实际情况需要调整费率。

（2）弹性费率。弹性费率制下，费率的调整不需要经过法律程序，而是由社保经办机构负责调整。其优点体现在灵活性较高，有利于社保基金的财务平衡；缺点体现在可能过于依赖费率调整来实现财务平衡，忽视费用与成本的控制。

2. 按费率包含的险种范围划分

（1）综合费率。在综合费率下，不同的社会保险险种采用一个总的保险费率。例如，我国台湾地区的《劳动保险条例》规定，包含生育、伤病、医疗、残疾、失业、老年及死亡在内的七个方面，保险综合缴费按照被保险人当月投保薪资的6%—8%征收。

（2）分类费率。在分类费率下，各种社会保险项目单独确定费率。例如，日本的年金保险、医疗保险、灾害保险、雇佣保险、护理保险的费率都是单独规定的。在年金保险中，有关国民年金的最新规定是从2007年开始，个人缴纳部分上调到14 100日元/月，此后每年4月上调280日元/月，至2017年达到16 900日元/月为止。厚生年金费率规定为从2006年9月起，保费确定为月收入的14.642%，保费比率每年9月上调0.354%，到2017年最终提高至收入的18.30%。面向公务员和学校教职工的共济年金一般为总收入的11.168%—14.76%，国家财政和个人各承担一半。医疗保险费率在3.0%—9.5%不等。由雇主承担的灾害保险保费根据行业确定，为月收入的0.45%—11.8%不等。雇佣保险的保费由个人和企业承担，个人承担月收入的0.6%—0.7%，企业承担0.9%—1.1%。护理保险一般为2 000—3 000日元/人·月。

（3）综合分类费率。在综合分类费率下，保险项目中的几种项目按照一个费率计算，其余的社保项目则单独计算。例如，法国将疾病、生育、老年、残废及死亡五个险种合并，按投保人薪资收入的32%征收，其中，投保人缴纳11.2%，雇主缴纳20.8%，工伤保险、家属津贴则由雇主全部负担，分别为薪资总额的3.73%和9%。失业保险由雇主和雇员共同负担，雇主按薪资总额的4.08%缴纳，雇员按个人薪资的1.92%缴纳。

（三）费率计算方式

费率计算方式可分为均一制与薪资比例制两大类。

1. 均一制

又称均等费额制，指不论被保险人收入的高低，一律缴纳同样数额的社会保障税或费的制度。采取均一制的国家和险种较少，如英国早期对参加老年、残疾、死亡社会保险的劳动者每周一律按 3.4 英镑收费，《1975 年社会保障法》颁布后采用与劳动者收入关联的薪资比例制取代过去的同一金额缴费制。日本的国民年金按照 14 100 日元/月缴纳、护理保险按照 2 000—3 000 日元/人·月，采用的都是均一制，与参保人的收入高低无关。在采用均一制的国家，往往会将参保人分类，不同类别的参保人缴纳不同金额的保费，如国民年金中部分人群不需要缴费。

2. 薪资比例制

又称为工资比例制，按照被保险人薪资的一定比例征收保费，在世界各国广为应用。薪资比例制还可以细分若干类别。

（1）固定比例制。对被保险人按收入的同一百分比确定保险费率，不论被保险人的工资收入高低，保险费率相同。

（2）等级比例制。将被保险人的收入划分若干等级，不同等级征收不同百分比的保险费率。

（3）差别比例制。对雇主和雇员共同承担的社会保险项目，雇主和雇员按照不同比例分担，一般而言，雇主负担的比重高于雇员负担的比重。

（4）累进费率制。对不同收入的被保险人设置不同的费率，低收入者按较低比例收取，高收入者按较高比例收取。

二、单位与个人社保缴费

（一）单位缴费基数

关于缴费基数，单位按照职工工资总额缴费。2006 年 11 月 15 日，劳动和社会保障部社会保险事业管理中心在《关于规范社会保险缴费基数有关问题的通知》中明确："参保单位缴纳基本养老保险费的基数可以为职工工资总额，也可以为本单位职工个人缴费工资基数之和，但在全省区市范围内应统一为一种核定办法。"

（二）单位与个人缴费比例

1. 国家对企业和个人社会保险缴费比例的规定

国家对企业和个人社会保险缴费比例的规定，近年来在不断下调。根据 2005 年 12 月 3 日发布的《国务院关于完善企业职工基本养老保险制度的决定》（国发〔2005〕38 号）、1998 年 12 月 14 日发布的《国务院关于建立城镇职工基本医疗保险制度的决定》（国发〔1998〕44 号）、《失业保险条例》和《工伤保险条例》的规定，用人单位缴纳基本养老保险、基本医疗保险和失业保险的费率，原则上分别是为本单位工资总额的 20%、6% 左右和 2%，不同地区的不同时期，缴费比例不尽相同。养老保险的缴费比例为 20%—22%，医疗保险为 6%—12%，失业保险为 2%，工伤保险为 0.5% 且根据行业实行差别费率和浮动费率，生育保险为 0.5%—1%。

表 5-1 企业与个人社会保险缴费比例

险种	企业	个人	合计
养老保险	22％	8％	30％
医疗保险	12％	2％	14％
失业保险	2％	1％	3％
工伤保险	0.5％	0	0.5％
生育保险	0.5％	0	0.5％
合计	37％	11％	48％

从表 5-1 可以看到，我国企业与个人的社会保险缴费比例合计高达 48％，给企业造成了较大的负担。为此，人力资源社会保障部、财政部 2016 年 4 月 16 日联合发文《关于阶段性降低社会保险费率的通知》，通知要求，一是企业职工基本养老保险单位缴费比例超过 20％的省（区、市），将单位缴费比例降至 20％；单位缴费比例为 20％且 2015 年底企业职工基本养老保险基金累计结余可支付月数高于 9 个月的省（自治区、直辖市），可以阶段性地将单位缴费比例降低至 19％，降低费率的期限暂按两年执行。具体方案由各省（自治区、直辖市）确定。二是从 2016 年 5 月 1 日起，失业保险总费率在 2015 年已降低 1 个百分点基础上可以阶段性降至 1％—1.5％，其中，个人费率不超过 0.5％，降低费率的期限暂按两年执行。具体方案由各省（自治区、直辖市）确定。三是各地要继续贯彻落实国务院 2015 年关于降低工伤保险平均费率 0.25 个百分点和生育保险费率 0.5 个百分点的决定和有关政策规定，确保政策实施到位。2019 年 4 月 1 日，国务院办公厅发布《关于印发降低社会保险费率综合方案的通知》（国办发〔2019〕13 号），规定自 2019 年 5 月 1 日起，降低城镇职工基本养老保险（包括企业和机关事业单位基本养老保险）单位缴费比例。各省、自治区、直辖市及新疆生产建设兵团养老保险单位缴费比例高于 16％的，可降至 16％；目前低于 16％的，要研究提出过渡办法，继续阶段性降低失业保险、工伤保险费率。自 2019 年 5 月 1 日起，实施失业保险总费率 1％的省，延长阶段性降低失业保险费率的期限至 2020 年 4 月 30 日，自 2019 年 5 月 1 日起，延长阶段性降低工伤保险费率的期限至 2020 年 4 月 30 日，工伤保险基金累计结余可支付月数在 18 至 23 个月的统筹地区可以将现行费率基础上下调 20％，累计结余可支付月数在 24 个月以上的统筹地区可以现行费率为基础下调 50％。该通知还涉及调整社保缴费基数政策、加快推进养老保险省级统筹，提高养老保险基金中央调剂比例，稳步推进社保费征收体制改革等方面。

2. 北京市社会保险缴费规定

根据北京市人保局 2017 年 5 月 27 日发布的《关于统一 2017 年度各项社会保险缴费工资基数和缴费金额的通知》，2016 年度北京市职工年平均工资为 92 477 元，月平均工资为 7 706 元。缴费基数分为六类，如表 5-2 所示。

表 5-2　北京市 2017 年社保缴费基数

类型	缴费基数标准	缴费基数金额（元）
1	本市上一年职工月平均工资	7 706
2	上一年职工月平均工资收入超过本市上一年职工月平均工资 300%	23 118
3	本市上一年职工月平均工资的 70%	5 394
4	本市上一年职工月平均工资的 60%	4 624
5	本市上一年职工月平均工资的 40%	3 082
6	个人委托存档的灵活就业人员	略

北京市 2017 年机关、事业单位、企业、社会团体缴费比例如表 5-3 所示。

表 5-3　北京市 2017 年企业与个人社保缴费比例

险种	企业	个人	合计
养老保险	20%	8%	28%
医疗保险	10%	2%＋3 元	12%＋3 元
失业保险	0.8%	0.2%	1%
工伤保险	0.5%—2%	0	0.5%—2%
生育保险	0.8%	0	0.8%
合计	32.3%—33.6%	10.2%	42.3%—43.6%

2019 年 7 月起，北京社保执行新的缴费标准，按照北京市人社局发布的 2018 年全口径城镇单位就业人员平均工资为 94 258 元，月平均工资为 7 855 元，新的社保缴费基数如表 5-4 所示。

表 5-4　北京市 2019 年社保缴费基数

类型	缴费基数标准	缴费基数金额（元）
1	本市上一年全口径城镇单位就业人员月平均工资	7 855
2	上一年职工月平均工资收入超过就业人员月平均工资 300%	23 565
3	上一年职工月平均工资的 60%	4 713
4	上一年职工月平均工资的 46%	3 613
5	个人委托存档的灵活就业人员	略

注：整理自 2019 年 7 月 1 日发布的《关于统一 2019 年度各项社会保险缴费工资基数和缴费金额的通知》（京社保发〔2019〕7 号）。

对比北京市 2019 年与 2017 年社保缴费基数，可以看出北京市缴费基数档次分类发生了改变，除最高限额按照 300% 保持不变，取消了 70% 这一档，将下限从 40% 提高到了 46%。职工和机关事业单位养老保险缴费比例为单位 16%，个人 8%。失业保险单位缴费比例为 0.8%，城镇户籍个人 0.2%，农村户籍个人不缴。工伤保险单位缴费比例为

0.2%—1.9%，个人不缴，北京市 2019 年社保缴费标准如表 5-5 所示。

表 5-5 北京市 2019 年社保缴费标准

险种		基数上下限标准（元）	比例		按基数下限最低缴费金额			按基数上限最高缴费金额		
			单位	个人	单位	个人	合计	单位	个人	合计
养老	职工	3 613—23 565	16%	8%	578.08	289.04	867.12	3 770.4	1 885.2	5 655.6
	机关事业	4 713—23 565			754.08	377.04	1 131.12			
失业	城镇户籍	3 613—23 565	0.8%	0.2%	28.90	7.23	36.13	188.52	47.13	235.65
	农村户籍			不缴		0	28.90		0	188.52
工伤		4 713—23 565	0.2%—1.9%	不缴	略	0		略	0	
医疗		5 557—27 786	10%	2%+3元	555.7	114.14	666.84	2 778.6	558.72	3 337.32

3. 上海市社会保险缴费规定

上海市也在按照国家规定并结合当地实际不断调整社保费率。2011 年 7 月 1 日，上海市对用人单位社保缴费比例进行了调整，此次调整属于结构性调整，单位的社保缴费总的比例没有发生变化，但是不同险种的比例有变化，将失业保险费率下调 0.3 个百分点，同时将生育保险费率增加 0.3 个百分点。调整前后用人单位的社保缴费比例如表 5-6 所示。

表 5-6 上海市 2011 年用人单位社保缴费比例

	养老	医疗	失业	工伤	生育	合计
调整前	22%	12%	2%	0.5%	0.5%	37%
调整后	22%	12%	1.7%	0.5%	0.8%	37%

2017 年，上海的企业所应缴纳的社保费率总体已经降至 31.2%—32.9%，较之 2011 年的 37% 降幅明显。如表 5-7 所示。

表 5-7 上海市 2017 年企业与个人社保缴费比例

险种	企业	个人	合计
养老保险	20%	8%	28%
医疗保险	9.5%	2%	11.5%
失业保险	0.5%	0.5%	1%
工伤保险	0.2%—1.9%	0	0.2%—1.9%
生育保险	1%	0	1%
合计	31.2%—32.9%	10.5%	41.7%—43.4%

根据国家降低社保费率的统一部署，上海市自 2019 年 5 月 1 日起，降低职工社保费

率，进一步减轻企业负担，基本养老保险单位缴费比例降低 4 个百分点，由现行 20％降至 16％，阶段性降低失业保险费率和工伤保险费率，从 2019 年 5 月 1 日至 2020 年 4 月 30 日，执行 1％的失业保险费率，其中单位 0.5％，个人 0.5％；一类至八类行业用人单位工伤保险基准费率下调 20％，调整为 0.16％—1.52％。2019 年继续暂停征收企业欠薪保障费。上海市 2019 年企业与个人社保缴费比例如表 5-8 所示。

表 5-8 上海市 2019 年企业与个人社保缴费比例

险种	企业	个人	合计
养老保险	16％	8％	24％
医疗保险	9.5％	2％	11.5％
失业保险	0.5％	0.5％	1％
工伤保险	0.16％—1.52％	0	0.16％—1.52％
生育保险	1％	0	1％
合计	27.16％—28.52％	10.5％	37.66％—39.02％

虽然上海市的社保缴费比例总体与北京市比较接近，但是在不同险种方面有所不同，更大的不同在于缴费基数。上海市的社保缴费基数比北京市更为简洁，确定好上下限后不再进一步划分多个档次。上海市社保缴费基数按照上一年度上海市平均工资来计算，社保最低缴费基数不低于上一年社会月平均工资的 60％，最高缴费基数不高于上一年社会平均工资的 300％。上海市 2018 年度平均工资为 7 832 元/月，2019 年 4 月 1 日，上海市职工社会保险缴费基数上下限由此调整为 23 496 元和 4 699 元。2019 年 4 月 30 日，上海社保缴费基数又进行了调整，上下限分别为 24 633 元和 4 927 元。这是上海市按照国家要求，以本省城镇非私营单位就业人员平均工资和城镇私营单位就业人员平均工资加权计算的全口径城镇单位就业人员平均工资核定社保个人缴费基数上下限。据此测算，2018 年上海市城镇单位就业人员平均工资为 105 176 元/年，即 8 765 元/月。为切实减轻企业负担对平均工资口径调整，上海市社保缴费基数上下限采用三年过渡到位的办法。从 2019 年 5 月起，以 8 211 元/月作为计算社保缴费基数上下限标准的参考水平，按此计算上下限分别为 24 633 元/月和 4 927 元/月。同时，在 2019 年 5 月至 2019 年 10 月的六个月过渡期内，仍以 7 832 元/月作为参考水平。2019 年 11 月，参考水平调整至 8 211 元/月。

三、个人社会保险缴费计算

(一) 个人缴费基数

职工当年个人缴费基数按其本人上年月平均工资性收入确定，高于上年度全市职工月平均工资收入 300％以上的部分，不计入缴费基数，低于上一年度全市职工月平均工资收入 60％的，按 60％确定缴费基数。

　　首次参加工作和变动工作单位的缴费个人，应按新进单位首月全月工资性收入确定月缴费基数。在岗职工工资总额（即工资性收入）包括计时工资、计件工资、奖金、津贴和补贴、加班加点工资和其他工资。

（二）个人缴费比例

　　个人需要缴纳养老保险、医疗保险和失业保险，不需要缴纳工伤保险和失业保险。缴费比例在不同地区、不同时期会有所不同。比如失业保险，北京市的现行规定为0.2％，上海市的现行规定为0.5％。为简便计算，按照养老保险、医疗保险、失业保险分别为8％、2％和1％。

（三）个人缴纳社保费计算案例

　　由于2019年上海市社保缴费采用过渡期办法，年内缴费基数有变化。为简便计算，说明和掌握社保个人缴费方法，案例以2008—2010年期间工资为例。

　　在上海工作的小张、小王、小李在2008—2010年的月工资如表5-9所示，2008—2010年度上海市职工平均工资分别为39 502元、42 789元与46 757元。据此计算小张、小王、小李2009年社会保险费的缴费基数与各项社会保险费缴费金额。

表5-9　参保人近三年月工资收入表　　　　　　　　（单位：元/月）

月工资	2008年	2009年	2010年
小张	4 000	6 000	8 000
小王	30 000	35 000	40 000
小李	1 800	2 000	2 500

计算思路如下：

步骤1：计算缴费基数上下限。

　　缴费基数取决于上年社会平均工资水平。计算2009年缴费基数应当采用2008年的平均月工资，计算2010年缴费基数应当采用2009年的平均月工资。上海市职工近三年平均工资如表5-10所示。

表5-10　上海市职工2008—2010年平均工资　　　　　　（单位：元）

月工资	2008年	2009年	2010年
年平均	39 502	42 789	46 757
月平均	3 292	3 566	3 896

　　2009年缴费基数上下限分别为上年平均工资的3倍与60％，为9 876元、1 975元，即：

2009年缴费基数的上限＝3 292×300％＝9 876元

2009年缴费基数的下限＝3 292×60％＝1 975元

同理，2010年缴费基数上下限分别为10 698元、2 140元。

步骤2：确定参保人的缴费基数。

将参保人的工资水平与缴费基数相比较，可以确定参保人的缴费基数。根据我国的规定，当年缴费基数取决于上年平均工资。在实践中，社保缴费基数的计算还涉及结算年度，结算年度为当年的 4 月 1 日至次年 3 月 31 日。为简化计算，参保人上年平均工资采用上年 1 月至 12 月月平均工资计算。参保人 2009 年社保费的缴费基数如表 5-11 所示。

表 5-11　参保人 2009 年社保费的缴费基数　　　　　（单位：元）

参保人	2008 年月平均工资	2009 年缴费基数上下限	缴费基数
小张	4 000	1 975—9 876	4 000
小王	30 000	＞9 876	9 876
小李	1 800	＜1 975	1 975

步骤 3：计算参保人的缴费金额。

缴费金额＝缴费基数×缴费比例，据此计算出参保人 2009 年各项社保费的缴费金额，如表 5-12 所示。

表 5-12　参保人 2009 年社保费的缴费金额　　　　　（单位：元）

参保人	缴费基数	养老	医疗	失业	工伤	生育	合计
标准	1 975—9 876	8%	2%	1%	0	0	11%
小张	4 000	320	80	40	0	0	440
小王	9 876	790.08	197.52	98.76	0	0	1 086.36
小李	1 975	158	39.52	19.75	0	0	217.25

第四节　我国社会保险基金筹集

一、我国社会保险基金征缴法规

关于社会保险基金征缴的重要法规，既有专门的《社会保险费征缴暂行条例》，又在《劳动法》《劳动合同法》和《社会保险法》中有相关条款，下面根据相关法规颁布的时间先后简要归纳其主要内容，行政规章和部门规章因其数量众多未列其中。

（一）1995 年 1 月 1 日起施行的《劳动法》

作为维护人权的一项基本法律，劳动法有"第二宪法"之称。1994 年 7 月 5 日八届人大通过，1995 年 1 月 1 日起施行的《中华人民共和国劳动法》共十三章，其中的第九章为"社会保险和福利"。《劳动法》明确规定用人单位和劳动者缴纳社会保险费的义务，同时规定了社会保险基金经办机构负有管理社会保险基金的职责，分别体现在第七十二条和第七十四条。《劳动法》第七十二条规定，社会保险基金按照保险类型确定资金来源，逐步实行社会统筹。用人单位和劳动者必须依法参加社会保险，缴纳社会保险费。第七十四条规定，社会保险基金经办机构依照法律规定收支、管理和运营社会保险基金，并负有使社会保险基金保值增值的责任。社会保险基金监督机构依照法律规定，对社会保险基金的收支、管理和运营实施监督。社会保险基金经办机构和社会保险基金监督机构的设立和职能由法律规定。任何组织和个人不得挪用社会保险基金。

（二）1999 年 1 月 22 日起施行的《社会保险费征缴暂行条例》

为了加强和规范社会保险费征缴工作，保障社会保险金的发放，1999 年 1 月 22 日，国务院颁布《社会保险费征缴暂行条例》（国务院令第 259 号），并自发布之日起施行。该条例适用于基本养老保险费、基本医疗保险费、失业保险费的征收和缴纳，包括总则、征缴管理、监督检查、罚则和附则共五章。该条例第十二条规定，缴费单位和缴费个人应当以货币形式全额缴纳社会保险费。缴费个人应当缴纳的社会保险费，由所在单位从其本人工资中代扣代缴。社会保险费不得减免。第十三条规定，缴费单位未按规定缴纳和代扣代缴社会保险费的，由劳动保障行政部门或者税务机关责令限期缴纳；逾期仍不缴纳的，除补缴欠缴数额外，从欠缴之日起，按日加收千分之二的滞纳金。滞纳金并入社会保险基金。第二十六规定，缴费单位逾期拒不缴纳社会保险费、滞纳金的，由劳动保障行政部门或者税务机关申请人民法院依法强制征缴。

（三）2008 年 1 月 1 日起施行的《劳动合同法》

《中华人民共和国劳动合同法》在 2007 年 6 月 29 日第十届全国人民代表大会常务委员会第二十八次会议通过，自 2008 年 1 月 1 日起施行。劳动合同法共 8 章 98 条，包括总则、劳动合同的订立、劳动合同的履行和变更、劳动合同的解除和终止、特别规定、监督检查、法律责任和附则。在第十七条劳动合同应当具备的条款中规定应当包括社会保险。在第三十八条中规定，用人单位未依法为劳动者缴纳社会保险费的，劳动者可以解除劳动合同。第五十条规定，用人单位应当在解除或者终止劳动合同时出具解除或者终止劳动合同的证明，并在十五日内为劳动者办理档案和社会保险关系转移手续。在第七十四条中规定，县级以上地方人民政府劳动行政部门依法对实施劳动合同制度的情况进行监督检查，包括用人单位参加各项社会保险和缴纳社会保险费的情况。

（四）2011 年 7 月 1 日起施行的《社会保险法》

《社会保险法》于 2010 年 10 月 28 日第十一届全国人民代表大会常务委员会第十七次会议通过，自 2011 年 7 月 1 日起施行。这是新中国成立以来第一部社会保险制度的综合性法律，是中国人力资源社会保障法治建设中的又一个里程碑。《社会保险法》一共十二章 98 条，第七章为社会保险费征缴，对用人单位、社会保险经办机构及工商行政管理部门、民政部门等相关部门的义务作了较为细致明确的规定。在第五十八条中规定，国家建立全国统一的个人社会保障号码。个人社会保障号码为公民身份号码。第五十九条规定，县级以上人民政府加强社会保险费的征收工作。社会保险费实行统一征收，实施步骤和具体办法由国务院规定。第六十条规定，用人单位应当自行申报、按时足额缴纳社会保险费，非因不可抗力等法定事由不得缓缴、减免。职工应当缴纳的社会保险费由用人单位代扣代缴，用人单位应当按月将缴纳社会保险费的明细情况告知本人。无雇工的个体工商户、未在用人单位参加社会保险的非全日制从业人员以及其他灵活就业人员，可以直接向社会保险费征收机构缴纳社会保险费。第六十一条规定，社会保险费征收机构应当依法按时足额征收社会保险费，并将缴费情况定期告知用人单位和个人。

《社会保险法》进一步加大拖欠拒交社会保险费的处罚力度，体现在第六十二条和第六十三条。第六十二条规定，用人单位未按规定申报应当缴纳的社会保险费数额的，按照该单位上月缴费额的百分之一百一十确定应当缴纳数额；缴费单位补办申报手续后，由社会保险费征收机构按照规定结算。第六十三条规定，用人单位未按时足额缴纳社会保险费的，由社会保险费征收机构责令其限期缴纳或者补足。用人单位逾期仍未缴纳或者补足社会保险费的，社会保险费征收机构可以向银行和其他金融机构查询其存款账户；并可以申请县级以上有关行政部门作出划拨社会保险费的决定，书面通知其开户银行或者其他金融机构划拨社会保险费。用人单位账户余额少于应当缴纳的社会保险费的，社会保险费征收机构可以要求该用人单位提供担保，签订延期缴费协议。用人单位未足额缴纳社会保险费且未提供担保的，社会保险费征收机构可以申请人民法院扣押、查封、拍卖其价值相当于应当缴纳社会保险费的财产，以拍卖所得抵缴社会保险费。

二、我国社会保险基金筹集中现存问题

在过去 20 多年社会保险制度实施过程中，在社会保险基金的筹集方面主要面临社会保险参保人群覆盖面有限、社会保险费征收管理主体呈双重格局、社保基金征缴困难、企业缴费工资不实几大问题。

(一) 社会保险参保人群覆盖面有限

按照人力资源和社会保障局相关统计数据，截至 2016 年年底，我国职工基本养老保险制度覆盖各类职工 3.8 亿人，城乡居民基本养老保险制度覆盖城乡居民约 5 亿人。两类养老保险制度共覆盖 8.8 亿人，按 16 岁以上人口 10 亿人估计，养老保险覆盖率在 85% 以上，比 2012 年 76% 的城乡基本养老保险覆盖率显著提高，基本做到了"应保尽保"。但是，我国职工基本养老保险制度的覆盖人数既包括参保职工，也包括离退休职工。一方面，该制度中参保职工占城镇就业人口的比重其实并不高；另一方面，该制度中覆盖人数虽然增长，但离退休职工的增长速度远高于参保职工人数。

目前，参加社会保险的企业以国有企业为主，覆盖面仍然有限。以城镇职工养老保险制度为例，历年来参保人数不断增长，但城镇就业人口养老保险覆盖率并没有随之上涨，仍有超过 40% 的城镇就业人口没有参加养老保险制度。城镇就业人口养老保险覆盖率在 20 年间未取得突破性进展，1990 年城镇就业人口养老保险覆盖率仅为 30.52%，10 年后覆盖率缓慢提升至 42.4%，20 年后覆盖率也仅为 57.01%[①]，而且在 1995—1998 年该比重不断下降，如图 5-1 所示。

---

① 数据来源：笔者根据《中国统计年鉴 2010》中历年城镇就业人口数据与参加城镇基本养老保险职工人数（即参保人数）测算得出。

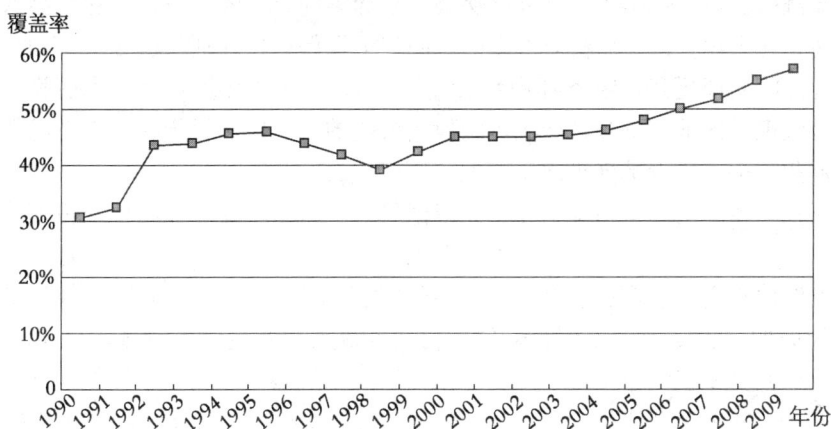

图 5-1 我国城镇就业人口养老保险覆盖率

自 2011 年后，城镇职工基本养老保险参保职工规模在缓慢增长的同时，退休职工人数以更快的速度增长，导致赡养率不断显著提升。2018 年时，制度内赡养率已经达到 39%，说明大约每 2.5 名参保职工要负担一名离退休人员养老。制度内赡养率是指养老保险制度中离退休人员占在职缴费人数的比例。如图 5-2 所示。

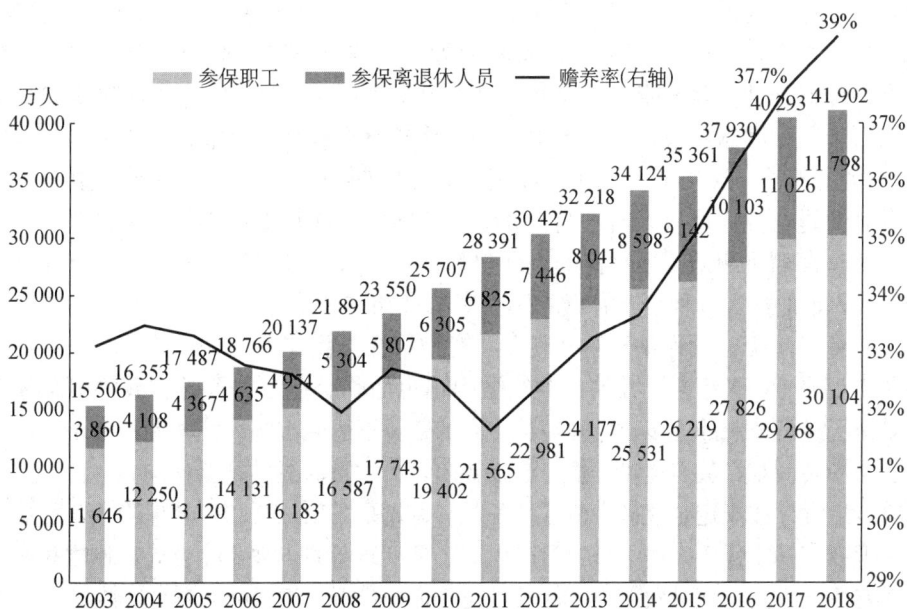

图 5-2 城镇职工基本养老保险参保职工人数增速、离退休人数及制度内赡养率（2003—2018 年）

（二）社会保险费征收管理主体呈双重格局

我国社会保险费征收工作最初完全由社会保险经办机构负责。从 20 世纪 90 年代后期开始，为强化社会保险费的征收力度，一些省市陆续将征缴工作移交给税务部门负责，形成社会保险费双重征收主体的格局。部分省市社保费由税务机关负责征收，部分省市由社会保险经办机构负责，个别省按照社会保险项目的不同分别由税务机关和社会保险经办机构负责，甚至还出现根据企业性质的不同，同一个社保项目分别由税务机关和社会保险经办机构负责征收的情况。由税务部门负责全部或部分项目社会保险费征收的省有 20 个。在双重征收管理主体下，不同管理主体的执法尺度不一，增加了征收成本，降低了工作效率，也给企业和个人缴费带来不便。

双重征收主体的格局正在发生变化。根据中办、国办印发的《国税地税征管体制改革方案》，从 2019 年 1 月 1 日起，将基本养老保险费、基本医疗保险费、失业保险费、工伤保险费、生育保险费等各项社会保险费交由税务部门统一征收。这将大幅减少企业不交全、不按时交、不足额交社保费等不合规行为，履行社保费缴纳的法定义务。

（三）社保基金征缴困难

社会保险费征缴困难的问题存在已久，存在拒缴、拖欠、不足额缴纳等多种情况。其中，有些企业是因为经营困难等客观原因，但也有企业有意规避或者逃避缴纳保险费。有些用人单位只注重经济效益，不重视维护劳动者的合法权益，采取种种手段拖欠甚至拒绝为职工缴纳社保费。比如，不与职工签订劳动合同，不为职工缴纳社会保险费等。部分有能力为职工缴纳社会保险的企业社保意识淡薄，根本不知道或者无视拖欠拒缴将会受到每日加收千分之二滞纳金的处罚。比如，海南某纺织厂长期拖欠员工社保金达 419.37 万元，海口地税局社保费征稽局依法追缴滞纳金后变为 2 302.13 万元，该纺织厂拒绝接收处理决定书，在公告送达期满 10 日内仍未如数缴纳[①]。上海社科院经济研究所副研究员肖严华等人曾在《降低社会保险费率与社保基金收入的关系研究》一文中称，据陕西省政府与省总工会第二十三次联席会议，2016 年陕西省欠缴养老保险费的企业达 4 700 多户，欠缴金额约 42 亿元。从全国来看，全国工商联副主席谢经荣曾透露，2014 年起，全国工商联对全国民营企业进行抽样调查。通过调查 2 000 多个样本的 1 626 个有效问卷发现，2016 年民营企业为全部职工缴纳五项社保的企业仅为 38.2%，比 2015 年的 40.5% 还下降了 2.3 个百分点[②]。企业拖欠社保费不补缴，不仅影响社保基金的支付能力，也影响员工的劳动关系，使企业员工无法续保甚至重新就业，对维护社会稳定产生不利影响。

除了主观恶意拖欠拒缴，社保基金征缴困难也面临企业亏损严重、缴费困难等客观因素。随着市场经济体制的逐步建立和完善，有的企业不适应市场经济体制的要求，经济效益下降，资金周转困难，甚至连年亏损，濒临倒闭，无力按时缴纳社会保险费。破产转制企业欠费更难以追缴。按规定企业破产清偿债务时，首先是职工工资和社会保险费，然后才是其他债务，但在实际工作中，要么企业早已无资产可变现处理，要么企业借改制之机，采取多种手段逃避缴纳欠费，使缴费落空。此外，还存在困难群体缴费能力不足等情况。

（四）企业缴费工资不实

在实际征管中，参保单位极少按规定根据实发工资总额主动办理社保申报，不少企业故意压低缴费基数。有的企业与员工约定以基础工资标准作为缴纳社会保险费的基数，奖

---

① 王彩虹、乐冰. 企业拖欠社保费 419 万元被追缴 2 721 万元 [N]. 海南特区报，2010 年 7 月 26 日。
② 数据来源：社保费明年起由税务部门征收，专家建议为企业设过渡期，21 世纪经济报道，2018 年 8 月 15 日。

金、津贴、补贴等不纳入社保缴费工资计算。员工不愿意因此失去工作岗位或者认为少扣社保还能多拿现金而同意公司的做法。社保经办机构只按照最低标准核定应缴基数，地税机关在征收过程中又是按照社保部门传递的征缴计划进行征收，由此直接导致社保金征收总量的减少。国家统计局早在 1990 年 1 号令就明确规定："工资总额是指各单位在一定时期内直接支付给本单位全部职工的劳动报酬总额，包含计时工资、计件工资、奖金、津贴和补贴、加班加点工资、特殊情况下支付的工资六项。"所以，拆分工资结构只按其中某部分工资来核定社保基数的做法是违反规定的，单位和个人不得约定和压低社保缴费基数，靠压低社保基数来降低成本的做法无法保障员工福利权益，从本质上和长远来看无法实现企业和员工的双赢。

根据国内最大的社保第三方专业机构 51 社保发布的《中国企业社保白皮书 2017》，社保缴费基数完全合规的企业仅占 24.1%。低缴社保费甚至成为业内公开的"秘密"。在大量企业未能按时足额缴纳社保费的背景下，中国社科院财经战略研究院研究员汪德华测算后指出，由税务部门统一征收这一政策至少将增加企业 30% 的成本。他建议给予不合规企业一定的过渡期，继续执行降费率政策，同时逐步实现全国缴费基数、费率的统一，并多渠道地增加社保基金收入，以维持其可持续性。

三、完善我国社会保险基金筹集管理的对策

(一) 扩大社会保险参保对象

一个国家的社会保险制度理应覆盖全体就业人口，否则，难以应对劳动者面临的各种风险，而且不利于拉动需求，制约经济发展。近年来，人力资源和社会保障部不断加强扩面征缴工作，以非公单位员工、灵活就业人员、农民工和被征地农民为重点，有的省市把重心放在城镇贫困残疾个体工商户和灵活就业人员的参保上。扩大社会保险参保对象应当以下列三类人群为重点：一是公务员和事业单位职工；二是农民工和个体工商业雇员；三是外籍务工人员。

1. 享受社保无需缴费的公务员和事业单位职工

国家机关和事业单位工作人员实行与企业职工不同的退休养老制度，养老保险费用由国家和单位负担，个人无需缴纳任何费用，养老金标准以本人工资为基数，按照工龄长短计算来发放。特别是国家机关公务员，退休后基础工资和工龄工资全额发放，职务工资和级别工资按比例发放，退休待遇比缴纳社会保险费的企业职工高。我国有 126 万个事业单位 3 000 多万正式职工，其中，教育系统人员达到一半左右，另有 900 万离退休人员，总数超过 4 000 万人[1]。在职公务员人数与事业单位大致相等，约为 3 000 万人[2]。公务员和事业单位职工在职与退休人员总计约 7 000 万人，这些职工不需缴费却享受更高的社保待遇，和企

---

① 杨琳. 中国事业单位改革全面开闸，真正的考验到来了! [N]. 《瞭望新闻周刊》，2011 年 4 月 9 日。

② 财政部长谢旭人：明年扩大住房公积金贷款试点. 《21 世纪经济报道》，2011 年 12 月 29 日。该文数据显示，截至 2011 年 9 月末，全国住房公积金的缴存人数 9 100 余万中，政府机关和事业单位的公积金缴存人数为 6 100 余万，据此推算出在职公务员人数。

业职工社保待遇差距显著，显失公平。《社会保险法》规定，公务员和参照《公务员法》管理的工作人员养老保险的办法由国务院规定，公务员养老改革迟迟没有时间表，事业单位养老保险改革 2009 年年初在上海、广东、重庆、山西、浙江五省试点，改革举步维艰。整个社会养老保险制度改革最终成功的关键点，在于机关事业单位的养老保险制度改革成功。

为了切实推进事业单位养老保险制度改革，2015 年 1 月 14 日，国务院印发《关于机关事业单位工作人员养老保险制度改革的决定》，决定对机关事业单位工作人员养老保险制度进行改革。改革后实行社会统筹与个人账户相结合的基本养老保险制度，基本养老金由基础养老金和个人账户养老金组成，改革基本养老金计发办法，退休费计发办法改为按缴费水平、缴费年限确定基本养老金待遇，多缴多得，长缴多得。改革后，机关事业单位与企业实行相同的养老保险基本制度模式和政策，可以逐步化解待遇差距拉大的矛盾，更好地体现制度公平和规则公平。养老保险"双轨制"何时能完成并轨，全社会拭目以待，翘首期盼。

2. 社保覆盖率仍然过低的农民工等灵活就业群体

灵活就业人员具有较强的流动性，收入不稳定性等特点，国家虽然出台了相关政策要求和鼓励灵活就业人群参保，但是效果并不理想，参保率始终偏低。在城镇就业压力增大的背景下，灵活就业已成为正规就业的有效补充，城镇灵活就业规模不断扩大，城镇灵活就业人员养老保险覆盖面亟待扩大，这对于缓解人口老龄化进程中的养老金支付压力、促进城市健康发展具有重要意义。尽管现在上海、成都等城市推出面向农民工的社保或者把农民工纳入城镇社保体系，但根据国家统计局黑龙江调查总队 2010 年在黑龙江省 25 个市县的 224 个行政村、2 240 常住户农民家庭的农民工情况问卷调查，社会保障覆盖率依然相当低。外出从业的农民工中，单位或雇主为其办理养老保险的占 1.8%，医疗保险的占 3%，失业保险的占 1.4%，生育保险的占 1%，仅有 0.2% 的农民工单位或雇主为其缴纳住房公积金，办理工伤保险的仅占外出农民工的 6%[①]。扩大农民工参保，不仅仅是提高其参保率，而且应当提高社保统筹层次，理顺社保关系转移制度，让农民工能真正享受到社会保险提供的风险保障。

3. 长期游离于社保体系之外的外籍务工人员

长期以来，在中国就业的境内外国人在获得个人所得税减免待遇的同时，还免除缴纳各项社会保险的义务，游离于我国社会保险征缴体系之外。根据国际通行做法，除非两国签订社会保险双边互免协定，在当地工作的外籍务工人员同样应当缴纳社保。2011 年前与中国签订社会保障双边协定的国家只有德国，两国于 2001 年 7 月 12 日正式签署《中华人民共和国与德意志联邦共和国社会保险协定》，这是中华人民共和国成立以来我国政府与外国政府签署的第一部社会保险方面的双边协定。2011 年 9 月 6 日，人力资源和社会保障部发布第 16 号令《在中国境内就业的外国人参加社会保险暂行办法》，该办法自 2011 年 10 月 15 日起施行。该办法第三条规定，在中国境内依法注册或者登记的企业、事业单位、社会团体、民办非企业单位、基金会、律师事务所、会计师事务所等组织依法招用的外国人，应当依法参加职工基本养老保险、职工基本医疗保险、工伤保险、失业保险和生

---

① 王飚、张晨阳、谭迎春. 劳动强度高、社保覆盖率低——农民工从业状况［N］. 黑龙江日报，2011 年 6 月 28 日。

育保险，由用人单位和本人按照规定缴纳社会保险费。与境外雇主订立雇佣合同后，被派遣到在中国境内注册或者登记的分支机构、代表机构（以下称境内工作单位）工作的外国人，应当依法参加职工基本养老保险、职工基本医疗保险、工伤保险、失业保险和生育保险，由境内工作单位和本人按照规定缴纳社会保险费。其后，韩国（2012年）、丹麦（2013年）、芬兰（2014年）、加拿大（2015年）、瑞士（2015年）、荷兰（2016年）、法国（2016年）、西班牙（2017年）、卢森堡（2017年）分别与我国正式签署社会保险双边协定。中国政府至今已与10国签署双边社保协定，这有利于维护双方劳动者的社会保障权益，解决双方投资企业和员工双重缴纳社会保险费问题，降低企业在外投资的成本，便利人员往来，促进国与国之间的经贸关系。

（二）实现社会保险费的统一征收

造成社会保险费征收管理主体双重格局的原因在于法律层面的许可。《社会保险费征缴暂行条例》第六条规定，社会保险费实行三项社会保险费集中、统一征收。社会保险费的征收机构由省、自治区、直辖市人民政府规定，可以由税务机关征收，也可以由劳动保障行政部门按照国务院规定设立的社会保险经办机构征收。

统一征收既体现在征收主体的唯一性，又体现在征收险种的统一性。统一征收是做好社会保险费征收工作的基本前提。存在两个征收主体且不同险种由不同的机构负责征收是不科学的，应当明确责任主体，实现险种征收的统一性。在征收主体方面，明确社保经办机构是社会保险业务的经管机构，税务机关是社会保险费征收的责任主体。社保经办机构不负责社保费的具体征收，税务机关征缴到的社保费交由社保经办机构管理。这有利于形成相互分工相互制约格局，防止单一部门封闭管理可能导致的道德风险；充分发挥各部门的职能优势，提高管理效率。《国税地税征管体制改革方案》明确了将社会保险费和非税收入征管职责划转到税务部门的时间节点。从2019年1月1日起，社会保险费由税务部门统一征收。为提高社会保险资金征管效率，将基本养老保险费、基本医疗保险费、失业保险费等各项社会保险费交由税务部门统一征收。省级和省级以下国税地税机构合并，具体承担所辖区域内各项税收、非税收入征管等职责。国税地税机构合并后，实行以国家税务总局为主与省（自治区、直辖市）政府双重领导管理体制。为此，人力资源社会保障、税务、财政、医保等部门要抓紧推进信息共享平台建设等各项工作，切实加强信息共享，确保征收工作有序衔接。

（三）加大征缴和规范企业和个人按时足额履行社保缴费义务

加大社保基金的征缴力度，减少社保基金的流失。企业和个人应当依法按时足额缴纳社保费，这是企业和个人的义务。社保经办机构要依法对拖欠社保费的企业征收滞纳金，通过法律法规的完善督促企业和个人按时足额履行缴费义务。《劳动合同法》的实施，提高了企业员工的社保意识；《社会保险法》的颁布，加大了对企业相关行为的处罚和执行力度，人力资源和社会保障部在2011年11月15日向社会征求关于《社会保险费申报缴纳管理规定（草案）》的意见，明确和细化关于未按时足额缴费的强制措施，该法规的正式颁布，更有利于规范社会保险费征缴。国务院办公厅2019年4月1日发布的《关于印发降低社会保险费率综合方案的通知》（国办发〔2019〕13）明确要求妥善处理好企业历史欠费问题，在征收体制改革过程中不得自行对企业历史欠费进行集中清缴，不得采取任何增加小微企业实际缴费负担的做法，避免造成企业生产经营困难。

（四）适当降低社保费率

面对众多企业拖欠甚至拒缴社保费的现状，一方面，要加大征缴和清理欠缴力度；另一方面，应当在适当的时机逐步降低社保费率。企业拖欠社保费的一个客观原因是我国社保费率过高，企业压力大。以上海市为例，按照五项社会保险计算，企业承担的社保费率为 37%，若加上职工的社保缴费 11%，总计高达 48%。虽然近年来有所下调，从过去的 37%降低到 32%左右，不过加上个人社保缴费之后，企业的用工社保成本还是接近 40%，上海市 2019 年社保总费率为 37.66%—39.02%。纵观全球，这个比重仍然过高。全球 127 个国家中，包括养老保险、医疗保险、工伤保险、失业保险和家庭津贴在内的社保费率在 40%以上的仅有 12 个国家，占到 9.4%，费率在 30%—40%的国家有 26 个，占到 20.5%；费率在 20%—30%的国家有 33 个，占到 26%；费率在 10%—20%的有 43 个国家，占到 33.8%；费率在 10%以下的有 13 个国家，占到 10.2%[1]。由此可见，有三分之一的国家采用 10%—20%的社保费率，所占比重最高。费率过高导致企业拒缴社保，而社保收费不足导致支付压力，从而加大征缴力度，由此形成恶性循环。在加大征缴和清理欠缴的同时，适当降低社保费率无疑是理性且可行的选择。

📖 本章小结

1. 社会保障基金的来源有国家财政支持、企业或雇主缴费、个人缴费、社会筹资及其他渠道。社会保险基金筹资遵循四大原则：强制筹资、最低成本、收支平衡、共同出资。

2. 世界各国社会保障基金的筹资模式主要有现收现付制、完全积累制和部分积累制三类，各有其优缺点。

3. 社会保险费率制定需要遵循适当性、稳定性、可变通和预防性四个原则。社保费率可以按费率是否固定划分为固定费率和弹性费率，按照费率包含的险种范围划分为综合费率、分类费率、综合分类费率，费率计算方式可分为均一制与薪资比例制两大类。单位与个人社会保险缴费基数与缴费比例，掌握政策规定与计算方法。

4. 我国社会保险基金征缴的重要法规有《社会保险费征缴暂行条例》《劳动法》《劳动合同法》和《社会保险法》。社会保险基金筹集主要面临社会保险参保人群覆盖面有限、社会保险费征收管理主体呈双重格局、社保基金征缴困难、企业缴费工资不实几大问题，应当扩大社会保险参保对象，实现社会保险费的统一征收，规范企业和个人按时足额履行社保缴费义务，适当降低社保费率，从而完善我国社会保险基金筹集管理。

---

① 刘燕斌. 各国社会保险费率比较 [J].《中国社会保障》，2009（3）。

☑️ 关键概念

筹资　费率　征缴　现收现付　完全积累　部分积累

✒️ 复习思考题

1. 简述现收现付制养老保险制度的本质与优缺点。
2. 在社会保险基金三类筹资模式中，哪种模式在全球居主导地位？我国采用何种模式？
3. 简述社会保险费费率的确定原则。
4. 指出我国社会保障基金筹资现存的主要问题。
5. 筹集社会保险基金时应当遵循哪些原则？

案例 5-1

被强制缴纳社会保险　在华外国人忧虑中观望

强制外国人缴纳社会保险的新规定在中国外商圈子持续引起关注，许多外国人都在忧虑中观望。政策可能冲击部分外籍人员在中国的福利和工作。而据了解，一些国家正探讨与中国签署避免双重缴纳协议的可能性。

据新加坡联合早报网报道，中国人力资源与社会保障部（以下简称人社部）上周在北京向境外媒体表示，要求境内各地方政府最迟在年底要落实外国人缴纳社会保险金的规定，并从2011 年 10 月 15 日起生效。

不过，大部分地区仍未出台实施细则，外籍人员也还没有缴纳。一些外商团体原本在观望地方政府会不会采取拖延政策，随后可以避免缴纳这一段时间的保险金，但人社部明确表示延后缴费也必须回溯自 2011 年 10 月 15 日，让外商忍不住按动计算器。

专门提供商业法律服务的北京天咨律师事务所合伙人路宇指出，律师行自 2010 年起就陆续接到外国企业的电话咨询，自 2011 年 10 月 6 日人社部正式确立有关外国人缴纳社会保险的《办法》后，咨询电话更是"天天不停"。但直至生效当天，供外国人登记申办手续的电脑系统还未正式启动。

新政策可增加地方政府收入

不少外企因此还抱着一丝希望，认为政策可能不是"来真的"。不过，由于这项政策可以增加地方政府的收入，所以，也有不少人相信地方会切实执行。

不愿具名的一个上海美国商会人员说，这是牵涉广泛的重要课题，许多外地媒体连日来都在追问会如何演变。

上海美国商会是亚太地区最大的美国商会，拥有约 3 600 个企业和个人会员，也是上海最大的外国商会。在 2011 年 6 月份给人社部的建议中，上海美国商会提出多项意见，包括在要求外籍人员参加中国社保时，应考虑是否已拥有境外保险，避免重复；此外，对于生育、失业等外籍人员无法享受的保险待遇，不应被要求参加。许多外商团体当时都根据当局的《征求意见稿》提出各种建议，但后来出台的规定并没有多大改变。

根据计算，北京、上海和广州三大主要城市的社保缴纳金额大约在每名外籍雇员每月四五千元人民币（800 至 1 000 新元）。对外商来说，沿海城市人力、租金与材料成本近年来已经节节升高，这一政策无疑是雪上加霜。

上海新加坡商会会长黄忠南对本报表示，可以肯定的是，许多外商会采取"砍人"的手法，就是外籍雇员肯定会减少。

上海一名要求匿名的东南亚商团负责人则表示，企业派遣外籍员工有种种理由，并不是所有职务都能由当地员工取代。整体来说，这名负责人相信："减少外籍员工肯定是选项之一。"

他说："不过，这是否又会间接地推高当地员工的薪酬要求？最近一段时间，当地员工，尤其是高层次、相对稀缺的管理及高端人才的工资水平其实已经上升不少。"

上海市律师协会劳动法业务研究委员会副主任唐毅最近也指出："可预见的是，企业人力部门将重新调整福利待遇的分配，重估境外人员的就业成本，甚至可能重新与境外人员协商工资待遇。"

境外人士缴纳社保金过去在很多地方的规定中都属自愿性质，如今是明确规定必须缴纳。外商和外国人反对的主要理由是保险内涵包括养老、医疗、工伤、失业和生育，而这对绝大多数外籍人员来说都用不上，而他们离境时如何领回等细节也不清楚。

其实，中国人在不同城市所缴纳的社保基金也无法在离开那个城市之后继续享用，除非他回到那个城市定居。因为不同城市间的社保系统并没有联网。

外籍人员：肯定是负担

中国九月份开始调整所得税税率等级，上海一家美国科技公司的高管黄健民表示，他现在每月所得税缴纳比以往多出 5%，对公司来说已是增加了成本，如果再加上社保基金，肯定是负担。但他表示，因为公司规模大，还不会太担心。

黄健民在中国工作已经有 9 年，他表示已做好"退休"的心理准备，不需要担心公司人事政策会不会改变。他相信那些想继续留在中国工作的人士会比较担心，特别是规模较小的企业。

在北京工作近 10 年的一名外籍经济分析师最关注日后能否把钱取出，以及外国人究竟能从中得到什么福利。不愿具名的她说："如果缴付社保也能让我享有退休金等与中国国民一样的福利也就罢了，问题是退休金是国民待遇，中国政府不可能给我们退休金。"

她进一步以所得税作为比较指出，外国人缴税是国际惯例，而且税收是用于当地建设，外国人也享用这些设施，所以缴税是合理的，"可是社保的概念完全不一样"。

新加坡在成都的商家们也密切关注这个问题，在成都做旅游景点开发的新加坡商人黄先生说，这肯定会增加成本，但由于不知道到底要缴付多少，暂时不知道会增加多少负担。

据了解，中国籍员工个人和企业每月需要缴付的社保占薪水的 30% 左右。黄先生说，成都目前还没有听说有具体细则，不清楚外国人缴付的社保比例到底是多少，也不清楚有多少保障，更不知道缴付社保后，有一天离开中国回新加坡，是否能拿回这笔钱。

资料来源：新加坡联合早报，2011 年 11 月 5 日。

案例 5-2

二孩政策放开后，专家提议缴纳生育基金

近日，有媒体刊发题为《提高生育率：新时代中国人口发展的新任务》的署名文章。文章

提出，设立生育基金制度，40 岁以下的公民不论男女，每年必须以工资的一定比例缴纳生育基金，生育第二胎及以上时，可申请取出并领取生育补贴，如未生育二孩，账户资金则待退休时再行取出。该篇文章一经发布，引来网上热议。

"全面二孩"政策落地已有两年多了，可生育潮并未如期到来。虽然有的家庭迎来第二个孩子，可更多的家庭在犹豫、观望，更有直言生"二孩"会是负担。为什么出生人口不升反降？"二孩焦虑"是否存在？

政策落地两年多 "生育潮"迟迟未到

在"只生一个好"的时代，有不少人感叹：如果能多生个孩子多好，孩子有伴了，养老不愁了……终于，2016 年，"全面二孩"政策实施，舆论一片叫好，不少专家预测 2017 年将是生育高峰。然而，2017 年的出生人口数据表明，专家们高估了育龄夫妇生育二孩的意愿。"全面二孩"政策落地两年多，出生人口不升反降。

根据民政部日前发布的《2017 年社会服务发展统计公报》，截至 2017 年年底，全国 60 周岁及以上老年人口 24 090 万人，占总人口的 17.3%。而 2012 年年底 60 周岁及以上老年人口为 19 390 万人，占总人口的 14.3%。五年间，60 周岁及以上老年人口激增近 25%。此外，2017 年各级民政部门和婚姻登记机构共依法办理结婚登记 1 063.1 万对，比上年下降 7.0%。2017 年结婚率为 7.7‰，相比五年前的 9.8‰下降 21.4%。

与此同时，出生人口也在下降。国家统计局数据显示，2017 年全国出生人口 1 723 万人，比 2016 年减少 63 万。其中，一孩 724 万人，占比 43%，比 2016 年减少 249 万人；二孩 883 万人，占比 51.2%，增加 162 万。多地公布的上半年出生数据也不乐观，如上半年江苏共出生 38.3 万人，同比下降 12.8%。

中国社科院人口所副研究员王桥表示，近年来我国人口结构出现较大变化，少子老龄化成为趋势。2016 年实施"全面二孩"政策后，预想中的生育高峰没有出现，出生人口反而在下降，2017 年有 10 个省市出生人口减少。"70 后"二孩生育愿望得到释放，但二孩增量并不大。一孩比例下降则说明，作为生育主体的"80 后"和"90 后"生育意愿在下降。出生人口下降将加剧老龄化趋势，预计到 2020 年我国老龄人口将达到历史峰值。

解放日报社会调查中心联合 KuRunData 中国在线调研，刘 1 000 位适龄生育公民在线调研。结果显示，41% 的受访者没有生育二孩的意愿；22.8% 的受访者正在观望；有计划或已经生育二孩的，分别占 27.1% 和 9.1%。对出生人口不升反降，受访者给出的理由排前三位的依次是养育孩子的成本太高、二孩生育堆积效应在政策放开的第一时间已经大部分释放出来、城市化水平的提高。

奖励政策频发 强制生二孩不靠谱

据悉，不少地方正根据国家统计局《关于做好 2018 年重点选题调研工作的通知》，对上半年的生育情况进行密集调研，涉及育龄妇女生育情况、二孩生育意愿以及"全面二孩"实施效果等。

近期，辽宁省发布新的人口发展规划提出，完善生育家庭税收、教育、社会保障、住房等政策，探索对生育二孩的家庭给予更多奖励政策，减轻生养子女的负担。湖北、新疆等地也提出，简化生育手续，进行医保支持和延长假期，甚至提出减免教育费用和增加购房补贴。陕西省统计局发布的《陕西省 2017 年人口发展报告》建议，适时全面放开计划生育，出台鼓励生育措施，通过对生育进行补贴奖励等方式提高生育意愿。

此外，最近有媒体刊发题为《提高生育率：新时代中国人口发展的新任务》的署名文章，作者为南京大学长江产业经济研究院刘志彪、张晔。

　　这篇文章提出，设立生育基金制度，尽量实现二孩生育补贴的自我运转。可规定 40 岁以下的公民不论男女，每年必须以工资的一定比例缴纳生育基金，并进入个人账户。家庭在生育第二胎及以上时，可申请取出生育基金并领取生育补贴，用于补偿妇女及其家庭在生育期中断劳动而造成的短期收入损失。如公民未生育二孩，账户资金则待退休时再行取出。

　　对此，独立人口学者何亚福指出，建议"公民按工资比例缴纳生育基金"，初衷是为了提高生育率，目标没错，但手段却是错误的。鼓励生育不应该变成强制生育。

　　何亚福说，目前中国社会保险五险费率合计为 39.25％，已属较高水平。如果再实行按工资比例缴纳生育基金，不可避免地会进一步推高社会保险费率，增加企业用工成本。

　　他说，为提高生育率而出台的政策，应该是能够减轻所有养育家庭（包括一孩家庭）的负担，而不是加重其负担。比如对生育家庭减免税收、提供育儿补贴等。而"按工资比例缴纳生育基金"，则会加重包括一孩家庭在内的养育家庭的负担。

　　"公民按工资比例缴纳生育基金"，在实际操作上也存在问题，何亚福指出，现在许多人是自由职业者，没有固定工资，他们是否要缴纳生育基金也值得探讨。

　　对外经济贸易大学教授、社科院经济研究所博士后李长安表示，从内容和做法上来看，该设想明显借鉴了养老保险制度的设计思路。但鼓励生育政策显然与养老保险的性质存在着重大的差别，如果将两者混为一谈，不仅不会对鼓励生育产生积极作用，还会加重缴费者的负担，甚至侵害不生育者的自主权益。因为养老保险是一种可以强制性的社会保障，但生育与否从本质上来说属于个人选择。政策的设计只应侧重于鼓励和支持，而不是强迫和惩罚，否则，会导致适得其反的效果。

　　资料来源：放开生育效果不明显，专家建议缴纳生育基金合理吗？中国财经观察网，2018 年 8 月 17 日，原文来自中国商报/中国商网。

第六章　社会保障基金投资管理

💡📖 本章学习目标

1. 理解社会保障基金投资的原则
2. 了解社会保障基金投资决策工具与决策过程
3. 熟悉社会保障基金的投资模式
4. 掌握我国社会保障基金的投资规定

第一节　社会保障基金投资原则

一、社会保障基金投资目的与意义

(一) 社会保障基金投资目的

社会保障基金投资运营的根本目的是实现社会保障基金的保值增值。保值的含义是维持基金的实际购买力，要求基金的投资收益率要等于通货膨胀率。增值的含义是提高基金的实际购买力，要求基金投资收益率大于通货膨胀率。

1. 通货膨胀的表现与原因

通货膨胀不是个别商品价格或某个行业商品价格的一时性上升，而是指整体物价水平持续性上升，物价不断上涨导致货币购买力不断下降。在中华人民共和国成立前的 12 年间，100 元纸币的购买力急剧下降，在 1937 年还能买到 2 头牛，1941 年就只能换回 1 袋面粉，之后物价一天三变，到 1948 年 8 月仅能换回 3 粒大米！通货膨胀使广大劳动人民陷于极端痛苦和贫困之中。

通货膨胀的原因从国内来看是政府发行纸币过量，大大超过流通实际需要的数量，以致引起货币贬值。比如，从 1937 年抗日战争爆发到国民政府崩溃的 1949 年，纸币发行量累计增加 1 400 多亿倍，致使同期物价上涨 85 000 多亿倍，货币购买力一落再落，最后几乎变成废纸。通货膨胀的另一个原因是拥有世界储备货币地位的国家滥发纸币，导致其他国家的纸币贬值，可称为输入性通胀。在全球化大背景下，美元作为世界储备货币在全球广泛流通，美国通过加印纸币就能把本国的通货膨胀轻松地输入给全世界。

2. 通货膨胀对不同模式社会保障基金的影响

实行完全积累制的社会保障基金，经过长时期的积累后才给付，通货膨胀的威胁极大。部分积累制的社会保障基金，存在积累基金，这部分基金也有保值增值的要求。实行现收现付型社会保障项目基本不会面临通胀压力，因为其基金当期征收当期使用，基本不留积累，即便有积累，基金的存续期较短，几乎不受通货膨胀的影响。

(二) 社会保障基金投资意义

社会保障基金通过投资运营实现保值增值，有利于增强社保基金的给付能力，有利于减轻政府、企业和参保人的负担，有利于促进社会经济发展。

1. 有利于增强社保基金的给付能力

社保基金的最终用途是用于补偿社会成员在面临生、老、病、死、残、失业等风险后的收入损失。社保基金的投资是为了更好地实现社保基金的按时足额给付。社保基金的支付面临通货膨胀的压力、人口老龄化进程加快的趋势、人们生活水平不断提高的要求，只有实现社保基金的保值增值，确保足够且稳定的资金积存，才能满足未来的支付需求。

2. 有利于减轻政府、企业和参保人的负担

社保基金的积累增值能够减轻国家、用人单位和劳动者个人的保险费负担。基金保值情况下，可以保证受益人未来的福利不会随时间推移而下降。基金增值情况下，可以增进受益人的福利。基金一旦贬值，将面临两种情况。一种情形是不增加当期收费，降低社会成员的保障水平，在此情形下政府的支出不增加，企业和个人的缴费率也不提高，但由于社会保障待遇的刚性，降低社会保障待遇会严重影响社会保障制度的可持续性。另一种情形是增加当期收费，保证社会成员在享受待遇时的社会保障水平，这将导致政府支出增加，或者企业和个人的缴费比例提高。在此情形下，为了保持受益人的福利，只能提高政府、企业或个人现期或者未来负担。社会保障基金的有效投资运营将可以避免这些情况的发生，减轻政府、企业和参保人的负担。

3. 有利于促进社会经济发展

投资是经济增长的原动力。储备起来的社会保障基金投入社会再生产过程，由此带来社会总生产的增长，从而起到推动经济发展的作用。社保基金在追求保值和增值的同时，还可以兼顾社会经济发展目标，为经济崛起作出贡献。以养老金为例，养老金是一种社会经济制度，养老金的运作与经济发展之间存在相辅相成、相互促进的关系，需要经济的持续发展作保证。利用养老金投资收益稳定又促进经济发展的基础建设项目，不单使养老金增值，还推动了经济发展，这又反过来更坚实地支撑了养老金的持续运营。

二、社会保障基金投资风险与原则

(一) 社保基金投资风险

社保基金投资和任何投资行为一样要面临投资风险，在投资中可能达不到预期收益甚至遭遇本金损失。投资风险是对未来投资收益的不确定性，这种不确定性可能带来收益，也可能导致损失。社保基金面临的投资风险可以分为系统性风险与非系统性风险两类。

1. 系统性风险

系统性风险是指外部性风险，是由市场因素造成的、所有投资者都要承担的风险，又

称环境风险、不可分散风险，包括政治风险、政策风险、经济周期风险、利率风险、通货膨胀风险。政治风险包括政权更迭、战争冲突等；政策风险是政府的经济政策、法规的出台或调整，如限购限价政策；经济周期风险主要体现在经济陷入衰退期、经济低迷带来的严重和普遍影响；利率风险是市场利率水平变化的影响，特别是对资金供求的影响；通货膨胀风险对投资者有直接和间接多重影响，直接影响表现为投资回报以货币形式支付，通胀时货币购买力下降，由此使得投资的实际收益下降，间接影响表现为投资标的的价值因通货膨胀而贬值，可能令投资者损失。对于投资者而言，系统性风险无法消除，无法通过多样化的投资组合进行防范，但应提高警惕，通过控制资金投入比例等方式减弱系统性风险带来的影响。

2. 非系统性风险

与系统性风险造成的后果带有普遍性不同，非系统性风险是投资者自身内因造成的风险，是投资管理者可以操作、防范、化解的风险，又称非市场风险或可分散风险，如投资决策失误、投资组合选择不当、项目管理风险等。在证券投资中，非系统性风险指某些因素的变化造成单个股票价格下跌，从而给股票持有人带来损失的可能性，是只对某个行业或个别公司的证券产生影响的风险。非系统风险包括上市公司摘牌风险、流动性风险、操作性风险、财务风险、信用风险、经营管理风险等，投资者可以通过证券投资组合将风险分散或转移。流动性风险指的是由于将资产变成现金方面的潜在困难而造成的投资者收益的不确定。操作性风险受投资人的从众心理、贪婪心理、侥幸心理和赌徒心理等投资或投机行为影响。经营管理风险是由于公司的外部经营环境和条件以及内部经营管理存在问题造成公司收入的变动而引起股票投资者收益的不确定。

(二) 社保基金投资原则

社会保障基金的投资应遵循安全性、收益性、流动性、分散性和公益性五大原则，其中，安全性与收益性是最基本的两个原则。

1. 安全性原则

安全性原则是社保基金投资遵循的首要原则。社保基金的性质与一般基金不同，关系到社会保障目标的实现，影响社会稳定与健康发展，首先必须确保社保基金的安全，而不是把追求收益放在第一位。投资风险与投资收益呈正相关，高风险高收益、低风险低收益，要获得更高的收益，就要承担更高的风险。社保基金的投资要做到安全第一，必须加强对风险的监测与防范，制定严格的标准并按照程序进行基金投资运营，社保基金投资要格外谨慎。

2. 收益性原则

在安全性原则的前提下，社保基金投资运营要追求适当的收益。获取投资收益是基金保值增值的基本要求，要在可接受的风险范围内实现投资的最大回报。在进行社保基金投资时，既不能为追求高额利润而冒过高的风险，也不能为了确保基金安全而只考虑低风险的投资渠道和工具。只有当基金投资收益率等于或高于通货膨胀率时，基金才能真正实现保值增值。否则，稳妥投资的结果可能是基金贬值。要实现社保基金的保值增值，在遵循安全第一的基础上提高收益并不容易，因为这两者之间存在矛盾。安全性原则要求社保基金投资时要风险最小化，而收益性原则则使社保基金面临更高的风险，社保基金要在两者之间寻求平衡。

3. 流动性原则

社保基金的投资是为了更好地实现给付，因此，要遵循流动性原则，满足社保给付的需要。流动性是指基金将投资资产转变为现金的难易程度和速度。基金投资的流动性原则要求投资基金在不发生损失或资产转让成本低于资金拆借成本的条件下可以随时变现，以满足随时可能支付的需要。社保基金作为具有专项用途的资金，主要用于社保待遇支付，必须切实保证能够及时足额支付，否则，有违社保基金投资的宗旨。

4. 分散性原则

分散性原则即投资组合分散化或多元化，即"不把鸡蛋放在同一个篮子里"。1952年，哈里·马科维茨提出了著名的投资组合选择理论，通过构建数学模型说明把不同收益形式的投资资产混合构成的投资组合面临的波动性，即风险减弱，从而在风险可控的情况下最大限度地实现预期投资回报率。安全性原则、收益性原则和流动性原则要求社保基金投资时要遵循分散性原则，根据具体社保基金的特点和性质，实现资产配置的多元化。

5. 公益性原则

公益性主要是指社会保障基金投资带来的和社会公众有关的福祉和利益。在社会保障基金投资中，以投资的安全性和收益性为前提，可以考虑其社会和经济效用，如对创办私营企业、国有企业、学生贷款、低成本住房、养老设施、卫生基础设施、旅游及人力资源提高项目的投资。这些投资在很多情况下无法以货币回报的形式充分反映投资的间接回报水平，但可能对国家的长期经济增长作出贡献，从而可以在参保人数、被保险的收益额以及投资的回报率等方面改善社会保障计划的财务状况。因此，应当有一个明确的标准，判断在什么情况下以及在多大程度上可以考虑基金投资的社会和经济效益。如果政府或主管机构认为应向某种具有社会和经济效用的商业经营进行投资，而投资的预期回报可能低于市场标准，为了避免损害社会保障计划的信用责任，应调整社会保障基金投资的结构，使其能够从其他政府财政资源中获得补贴。换言之，政府应考虑对具有公益性质的社会保障基金投资项目在投资前期予以适当补贴。

第二节　社会保障基金投资决策

一、社会保障基金投资工具

从世界各国的具体实践来看，社会保障基金不仅可以进行金融投资，还可以进行实业投资，不仅可以投资国内市场，还可以投资海外市场。下面主要介绍银行存款、债券、股票、贷款、共同基金、创新金融工具、风险投资、私募股权投资和不动产九类投资工具，其中，创新金融工具、风险投资、私募股权投资等属于比较新兴的投资选择。

（一）银行存款

银行存款是一种风险较小、流动性好、操作简单的投资工具，总体而言收益率较低。银行储蓄存款有活期、一年期、五年期等不同类别，利率从低到高有所不同，但对于定期存款来说，若未到期提前支取要遭受利息损失，如我国规定定期存款未到期支取则按活期存款利率计算支取部分的利息。

（二）债券

债券是发行人依照法定程序发行并约定一定期限内还本付息的一种有价证券，收益稳定，投资风险较小。按发行主体的不同，债券可分为国债、地方债券、金融债券、公司债券和国际债券。

1. 国债

国债又称国家公债，是国家以其信用为基础向社会筹集资金所形成的债权债务关系的一种金融工具。中央政府为筹集财政资金，根据有借有还的信用原则，向投资者承诺在一定时期支付利息和到期偿还本金。国债是中央政府的债权债务凭证，由于国债的发行主体是国家，所以它具有最高的信用度，被公认为最安全的投资工具，有"金边债券"的美誉。因此，许多国家都鼓励甚至规定社会保障基金购买国家债券的最低比例。国债是社会保险基金投资最普遍的一个项目，尤其是大多工业化国家，社会保险基金几乎全部投资于国家债券。例如，美国社会保险基金几乎都用于购买政府长期国库券和短期公债；英国的社会保险基金主要用于购买政府发行的公债。拉美国家社会保险基金的主要投资是政府债券。我国国债有凭证式国债、记账式国债和电子式国债三种。

2. 地方债券

地方债券是地方政府为支持辖区经济发展和建设而筹措资金发行的债券。地方政府债券一般是以当地政府的税收能力作为还本付息的担保，信誉仅次于国家债券。与国家债券相同，地方债券免缴所得税，这是其与公司债券的重要区别。地方发债有两种模式：第一种为地方政府直接发债；第二种是中央发行国债，再转贷给地方。目前，全世界已有多个国家实行地方政府债券模式，其中，美国和日本的地方政府债券发行规模最大，发行模式也最具代表性：美国的市政债券代表着分权制国家的地方债券市场制度；日本的地方政府债券则代表集权制国家的地方债券市场制度。市政债券中的一般责任债券属于地方政府债券，而收益债券的偿债资金来源于投资项目中的设施有偿使用带来的收益，与地方政府的预算没有直接关系，地方政府也不为此类债券的偿还进行担保，故而不属于地方政府债券。

3. 金融债券

金融债券的发行主体是银行和非银行金融机构。英、美等欧美国家将金融机构发行的债券归类为公司债券，我国及日本等国则将其称为金融债券。日本的金融债券不同于该国的公司债券，两者遵循不同的法律法规，即使同为金融债券，不同发行主体发行的金融债券又遵从不同的法律法规，是一个特殊的债券品种。我国金融债券的发行始于1985年，种类日益增多，包括央行票据、证券公司债券、商业银行的次级债券、保险公司的次级债券、证券公司短期融资债券、混合资本证券。由于金融机构在一国经济中的特殊地位，政府对其运营有严格的监管，金融债券的资信通常高于非金融机构债券，违约风险相对较小，安全性较高。金融债券的利率通常低于一般的企业债券，高于风险更小的地方债券、国债和银行储蓄存款利率。

4. 公司债券

公司债券是公司依照法定程序发行的，约定在一定期限还本付息的有价证券。公司债具有不免税、有固定发行面值、在交易所上市等特征，通常由评信机构给予信用评定。债券持有人有按约定条件向公司取得利息和到期收回本金的权利，取得利息优先于股东分红，公司破产清算时优于股东而收回本金。发行公司债券的公司必须是承担有限责任的，如有限责任公司和股份有限公司等，其他类型的公司（如无限责任公司、股份两合公司等）均不能发行公司债券，独资企业、合伙制企业、合作制企业也不具备发行公司债券的产权基础。公司债券的期限须在一年以上，是一种长期资金筹集渠道，但可以在发债说明书中规定提前赎回条款、延迟兑付条款等。这种期限既包括公司债券的存续期限，还包括公司债券的付息期限。公司债券的利率一般要比政府债券、金融债券高，因为任何公司的信誉一般都不会超过其所在的国家政府。

5. 国际债券

国际债券是一国政府、金融机构、工商企业或国家组织为筹措和融通资金，在国外金融市场上发行的以外国货币为面值的债券。国际债券的重要特征是发行者和投资者属于不同的国家，筹集的资金来源于国外金融市场。依发行债券所用货币与发行地点的不同，国际债券又可分为外国债券和欧洲债券。外国债券是指借款人在其本国以外的某一个国家发行的、以发行地所在国的货币为面值的债券。例如，在美国发行的外国债券称为扬基债券，在日本发行的外国债券称为武士债券。外国债券是传统的国际金融市场的业务，已存在几个世纪，它的发行必须经发行地所在国政府的批准，并受该国金融法令的管辖。欧洲债券是指一国发行人或国际机构在外国债券市场上，以发行国货币以外的一种可自由兑换的货币发行的债券，发行无需任何国家金融法令的管辖。

（三）股票

股票是股份公司在筹集资本时向出资人公开或私下发行的，用以证明出资人的股本身份和权利，并根据持有人所持有的股份数享有权益和承担义务的凭证。股票已有将近400年的历史，发展至今种类繁多，名称各异。根据投资主体的不同，可以分为国家股、法人股、内部职工股和社会公众个人股；按股东权益和风险大小，可以分为普通股、优先股以及普通和优先混合股；按照认购股票投资者身份和上市地点不同，可以分为境内上市内资股、境内上市外资股和境外上市外资股三类。以英文字母作为代称，我国股票有 A 股、B股、H 股等。A 股的正式名称是人民币普通股票，由中国境内的公司发行，供境内机构、组织或个人（不含台、港、澳投资者）以人民币认购和交易的普通股股票；B 股也称为人民币特种股票，是指在中国大陆注册、在中国大陆上市的特种股票，以人民币标明面值，只能以外币认购和交易；H 股也称为国企股，是指国有企业在香港上市的股票；S 股指主要生产或者经营等核心业务在中国大陆，企业的注册地在新加坡或者其他国家和地区，在新加坡交易所上市挂牌的企业股票；N 股是指在中国大陆注册，在纽约上市的外资股票。

(四) 贷款

社会保险基金可以投资于包括住房贷款、个人贷款及工商业贷款等各类贷款。住房贷款是社会保险基金的重要投资渠道，既能实现投资效益，又能促进住房保障目标的实现，其中最主要的是抵押贷款，因为抵押贷款违约率低，收益相对较高。许多拉美国家把社会保障基金用于住房抵押贷款，中低收入者通过贷款购得住房，社会保障基金找到了投资方向。在西方国家中，瑞典和丹麦的养老保险基金资产中抵押贷款的比重较大。我国社保基金在 2011 年 2 月也首次运用了该投资工具，全国社会保障基金以信托贷款的形式向南京市保障房建设有限公司发放 30 亿元贷款，期限为 2 年 11 个月，利率为 6.05%，由江苏国际信托有限公司发行，民生银行提供连带担保责任，不仅丰富了社保基金的投资工具，而且解决保障性住房建设中的资金来源问题，有力地支持住房保障事业建设等民生工程发展。

(五) 共同基金

共同基金又称投资基金、合作基金，由众多投资者自愿将不同的出资份额汇集起来，交由专家管理投资，所得收益由投资者按出资比例分享的一种信托投资工具。投资者将资金交由专业人士运作，投资人按基金份额分享基金的增值收益。投资基金的投资领域可以是股票、债券，也可以是实业、期货等，具有专家理财、组合投资、规避风险、流通性强、收益稳健等优势。按法律地位，投资基金可分为契约型基金和公司型基金，契约型基金是根据一定的信托契约原理组建的代理投资制度，公司型基金按照股份公司方式运营。按资金募集方式和来源，投资基金可分为私募基金和公募基金。公募基金以公开发行证券募集资金方式设立；私募基金以非公开发行方式募集资金。根据基金的主要投资工具，可分为货币市场基金和证券投资基金，后者同样根据基金单位是否可增加或赎回分为开放式基金和封闭式基金。开放式基金不上市交易，一般通过银行申购和赎回，基金规模不固定；封闭式基金有固定的存续期，期间基金规模固定，一般在证券交易场所上市交易，投资者通过二级市场买卖基金单位。此外，还有以金融衍生工具为主要投资对象的对冲基金等。

(六) 创新金融工具

在竞争加剧、分析技术和信息技术不断发展等因素影响下，创新金融工具日新月异。目前国际金融市场广泛使用的创新金融工具大体可划分为三类：第一类是为套期保值、减少或转移利率或汇率波动风险而创新的金融工具，如浮动利率债券、浮动利率贷款、利率上下限保险、远期利率协议、金融期货、期权与期权合约交易、股票价格指数交易、利率调换等；第二类是为增加金融资产的流动性、降低融资成本而创新的金融工具，如贷款股权对换交易、股权贷款等；第三类是为扩大投资者进行产业投资的机会而创新的金融工具，如可转换为股票的贷款、可转换为股票的债券等。

近年来，一直被养老基金监管者视为禁区的金融衍生工具在养老基金投资中开始得到越来越多的应用。金融衍生产品是建立在传统金融产品如股票等基础上的新型金融产品。

相对原生金融产品，金融衍生产品实行交易保证金制度，只要支付一定比例的保证金即可进行金融交易，因而它的交易具有杠杆效应，保证金越低，杠杆效应越大，相应的风险也越高。随着经济全球化和跨国公司的增多，以及金融市场的不断完善，利率期货、股指期权等金融衍生工具已被用来减轻养老基金投资收益的波动性，但金融衍生产品自身的巨大风险还是限制了它在养老基金投资中的大规模应用。

（七）风险投资

风险投资简称 VC，是 venture capital 的缩写。根据美国全美风险投资协会的定义，风险投资是由职业金融家投入到新兴的、迅速发展的、具有巨大竞争潜力的企业中的一种权益资本。风险投资主要向有发展潜力的私营企业，特别是向开发高新技术或促使其产业化的中小企业提供股权资本，通过股权转让交易来收回投资并获取投资收益。和股票投资的对象是成熟的上市公司不同，风险投资的对象是计算机、互联网、生物工程、基因工程等处于起步或成长阶段的高科技产业，投资期限至少 3—5 年，投资方式一般为股权投资，因此，风险投资具有高风险、高回报的特性。作为一种新型投资方式，风险投资在 20 世纪 90 年代以来有长足的发展。在美国，风险投资从 1992 年的 30 亿美元猛增至 2000 年的 1 040 亿美元，年均增长速度达 53%。在美国金融危机影响下，2010 年全美风险投资总额为 218 亿美元，较 2009 年增长 19%，风险投资交易数量达到 3 277 笔，同比增长 12%[1]。

风险投资是一种长期的流动性差的权益资本，平均投资期为 5—7 年，并且一般不会将风险资本一次全部投入风险企业，而是随着企业的成长分期分批地注入资金。风险投资虽然投入的是权益资本，风险投资家既是投资者又是经营者，但目标不是企业所有权，而是盈利，在得到丰厚利润后会从风险企业退出。风险投资可以是直接投资，也可以通过风险投资基金间接投资。在风险资金的三种主要来源中，养老基金已成为风险资本的一项重要来源，其他两种来源是富人的个人资本和大公司的风险基金。

（八）私募股权投资

私募股权投资简称 PE，是 Private Equity 的缩写。私募股权投资是指通过私募形式对私有企业（即非上市企业）进行权益性投资，并在交易实施过程中考虑将来的退出机制，包括通过上市、并购或管理层回购等方式出售持股获利。

在资金募集上，PE 投资主要通过非公开方式面向少数投资者募集，销售和赎回都是基金管理主体私下与投资者协商进行。作为一种新兴的另类高风险投资，PE 投资具有期限长、金额大、风险高、回报高、流动性差的五大特点。首先，投资期限长，一般需要 5—7 年。其次，投资金额大，千万元级别的始为门槛。第三，风险高，最终收益的实现主要靠收购、兼并和上市，变数多，期限长，波动大，风险高。第四，高回报，潜在收益很高，可能达到几倍甚至十几倍。第五，在流动性方面，PE 的流动性较差，从投资到退出，一般在 3—5 年左右的时间；在组织形式方面，公司制和有限合伙制并存，但有限合伙制形式有很好的投资管理效率和避免双重征税等优点，为 PE 投资机构广泛采用。

---

[1] 报告称 2010 年全美风险投资三年来首次增长，2011 年 2 月 21 日，新浪科技。

　　PE 与 VC 虽然都是对上市前企业的投资，但是两者在投资阶段有很大的不同，VC 投资的对象为处于创业期的中小型企业，而且多为高新技术企业。PE 着重于企业成长与扩张阶段，可以是高科技企业，也可以是传统行业。社保基金近年在股权投资基金方面的投资力度也呈上升趋势。

　　2011 年社保基金新投资了 5 家大型 PE，投资规模达到 70 亿元。至此，社保基金已投资了 13 只 PE，总投资规模达到 200 亿元。不过，社保基金距离其资产配置中 PE 占 10% 的上限仍存在较大差距。根据相关披露，社保基金已达到近 9 000 亿元，可投资 PE 的资金规模约为 900 亿元，仍有 700 亿元的空间[①]。

（九）不动产

　　不动产投资主要是指房地产投资，还包括公共基础设施建设，如水电、能源、交通等。房地产投资既包括通过建设、购买等手段获得房地产后的增值收益，也包括持有期间的租金收入。与证券相比，不动产投资规模大，周期长，流动性差，对宏观经济形势的变化比较敏感，交易成本比较高，需要具有一定的资产评估经验。美国 1974 年颁布的《雇员退休收入保障法》对养老基金投资房地产持鼓励态度，但 20 世纪 80 年代以来，房地产在养老基金投资组合中的比重有所下降。

二、社会保障基金投资决策

　　投资决策是投资者为了实现其预期的投资目标，运用一定的科学理论、方法和手段，制定投资政策和策略，进行资产配置，并在投资决策后对投资业绩进行评估的过程。社保基金的投资决策是一个系统、持续的动态过程，包括确定投资目标、明确投资约束、制定投资政策和策略、进行资产配置、评估投资业绩五个步骤。

（一）确定投资目标

　　投资目标包括投资者所希望达到的收益率要求和风险承受力两个方面的权衡，社保基金追求在最小的风险下实现收益的最大化，其投资目标可以分解为风险目标与收益目标两个方面。

　　1. 收益目标

　　收益目标通常用期望收益率表示。期望收益率不能脱离市场状况、投资能力的约束。不切实际的投资收益目标，既可能对投资管理人形成风险激励，也给社保基金带来潜在风险，过高的赢利目标往往会给投资者带来一定的心理压力，束缚投资水平的正常发挥。期望收益率并非越高越好，需要与风险目标平衡，合理的收益目标是在给定风险的情况下追求收益的最大化。

　　2. 风险目标

　　社保基金的投资期限较长，应该能够承受平均的风险水平，但社保基金风险承受能力

---

　　①　韦成武. 社保基金投资内地更需要透明［N］. 中国经营报，2012 年 2 月 19 日。

受到支付压力的影响，即期支付压力较大，会使社保基金总体的风险承受力较市场平均水平略低。我国社保基金长期以来强调安全性和流动性，说明其承受风险的意愿不强。

（二）明确投资约束

面对市场上各种各样可以选择的投资工具，社会保障基金的投资受多种因素的影响，包括筹资方式、受益方式、投资期限、流动性要求、监管规则、税收政策、法律法规等。

1. 筹资方式

不同的筹资方式对基金的投资约束不同。现收现付制下，基金不留或少量结余，结余基金为周转金和意外准备金，对资金的流动性要求很高，只能选择期限短、流动性高的投资对象，如银行活期存款、即将到期的债券。在完全积累制下，不存在当时支付的责任和需要，基金在社保机构的存留时间较长，甚至长达30—40年，可选择期限长、流动性低、收益率高的投资对象，如房地产投资、基建投资。部分积累制下，基金形态上既有积累部分，又有周转和意外准备金部分，可选择长短期结合、流动性高低结合的组合投资工具。

2. 受益方式

确定给付制DB受益方式下，计划的发起人承担投资风险，基金的积累状态影响其投资决策。确定缴费制DC受益方式下，缴费人承担投资风险，投资工具的选择取决于缴费人的风险偏好和承受能力。

3. 投资期限

投资期限指全部或部分投资的计划终止日期。不同性质的社会保障基金的投资期限受到不同因素的影响。养老金的投资期限是计划参与人的退休日期，受到退休年龄、人们的退休意愿与行动的影响，如人们是否普遍提前退休等；住房公积金的投资期限是参与人因购房而需要提取公积金的日期，受到政府的住房公积金政策、房地产走势等的影响。若一个国家的房地产价格过高，或者政府发布限购令、提高住房公积金政策的条件要求，则住房公积金的投资期限随着人们购房行为的减少而拉长。

4. 流动性要求

不同的投资工具的风险和收益不相同，变现能力也存在差别，决定不同投资工具在资产组合中所占的比重。比如，私募股权投资一般会持续数年，这对于社保基金的流动性要求提出了挑战，又如社保基金实业投资的流动性难题。

5. 监管规则

社保基金的投资营运受到监管规则的约束，不同的监管方式下，社保基金的投资约束不同。审慎监管方式下，监督机构根据审慎原则，不对基金资产的具体安排作任何数量化的规定，仅要求投资管理人的任何一个投资行为都要像一个"谨慎人"对待自己的资产一样考虑各种风险因素。严格监管方式下，监督机构明确规定各种资产在总资产中的比例限制，对基金的结构、运作和绩效等具体方面进行限制性的规定，并密切监控基金的日常运营。

除上述因素外，税收政策、法律法规也是影响社保基金投资的重要因素。税率的高低直接影响投资组合的税后收益，影响合理避税与延缓纳税等方面。

（三）制定投资政策和策略

1. 投资政策书

投资政策书是投资的纲领性文件，阐释投资哲学及原则，建立绩效衡量及风险管理准则，界定基金使命、资产配置与投资运用原则、投资目标及风险管理，使社会大众、受托资产管理业者、相关金融机构等了解基金的投资政策和运用。

2. 确定投资策略

投资策略是投资管理人进行投资分析和证券选择的基本方法，是投资管理人在进行投资决策过程中遵守的投资纪律。投资策略可分为主动投资策略、被动投资策略与半主动投资策略。主动投资策略需要根据市场预期的变化调整投资组合。投资管理人通常会选择一个投资基准作为评估其业绩的依据。投资基准可以是单个指数或几个指数的组合。在被动投资策略下，投资组合的组成不因市场预期的变化而进行调整，如采用指数化投资，是一种较常见的被动投资策略；严格的买入持有策略也是一种被动投资策略。半主动投资策略又称为风险控制下的主动投资策略或增强指数化投资策略，该策略对预期数据的变化仅进行有限的使用。例如，增强指数化投资策略是在对某个指数跟踪的基础上，适度改变组合中证券的权重以获取超额的投资收益。

（四）进行资产配置

资产配置是根据投资需求将资金在不同资产类别之间进行分配，是投资过程中最重要的环节之一，是决定投资组合业绩的主要因素。资产配置在不同的层面有不同含义，从范围上看，可分为全球资产配置、股票债券资产配置和行业风格资产配置；从时间跨度和风格类别上看，可分为战略性资产配置、战术性资产配置和资产混合配置。

1. 战略性资产配置

战略性资产配置是根据投资者的风险承受能力，对资产作出一种事前的、整体性的规划和安排。例如，如果投资者仅投资于股票和债券，两类资产的大致比例应该如何。

2. 战术性资产配置

战术性资产配置则是在大类资产比例基本确定的基础上，深入到特定资产的内部，进行更为完善的细节构造，同时根据对市场趋势的判断以及不同资产的收益变化，对组合进行适时调整。

（五）评估投资业绩

评估投资业绩是评价投资经理执行投资计划的成果，衡量投资计划如何以及在多大程度上实现投资目标。在进行投资业绩评估时，不仅要比较社保基金最终管理的结果，还要分析对结果有重要影响的各种因素。学术界已经形成比较成熟的有关资本市场理论与方法，并在资本市场投资实践得以广泛运用。

投资业绩评估一般包括两个方面：一是业绩属性评价，主要评价影响业绩的各种要素对业绩的影响；二是战略评价，主要是对业绩的综合度量，不仅包括以收益率表示的比较相对业绩方法、风险调整和风格调整的业绩度量方法，还包括市场时机和证券选择能力的评价。

第三节 社会保障基金投资模式

在国际上，社会保障基金的投资运营主要存在两种模式：一种是集中垄断投资模式，以美国、新加坡为代表；另一种是分散竞争投资模式，以智利、我国香港地区为代表。

一、集中垄断投资模式

在集中垄断模式下，由政府或政府授权的公营机构集中运营社保基金，社会保险基金高度集中并具有垄断性，具有运作高效、成本低廉的优点，能避免大量私营管理机构参与而引发的恶性竞争。下面通过新加坡中央公积金的投资运营来了解集中垄断投资模式①。

（一）投资管理机构

始于 1955 年的新加坡中央公积金制度（central provident fund，简称 CPF）是实行集中投资的典型。新加坡中央公积金局（central provident fund board）负责统一管理中央公积金，包括缴费收付、账户管理、养老金支付以及中央公积金的投资。中央公积金局实行董事会领导下的总经理负责制，独立于政府财政。中央公积金局确定投资策略后，由新加坡金融管理局（monetary authority of singapore，简称 MAS）和新加坡政府投资有限公司（Government of Singapore Investment Corporation，简称 GSIC）负责具体的投资事宜，金融管理局负责中央公积金对国债和银行存款的投资管理，新加坡政府投资有限公司负责中央公积金对本土的住房、基础设施建设及海外资产的投资管理。近年来，中央公积金局不断放宽投资政策，允许成员进行多元化的积极投资。新加坡中央公积金投资运营包括中央公积金局的集中投资与成员个人投资，从实际运营来看，前者占比高达 80% 以上，仍然具有集中投资的特点。

（二）个人账户构成

雇主和雇员缴费都进入中央公积金局给每位雇员设立的个人账户中，具体设立了功能不同的四个账户：普通账户（ordinary account）、特别账户（special account）、医疗储蓄账户（medisave account）和退休账户（retired account），以满足不同的储蓄需求。普通账户可用于购房、保险、投资和教育等支出；特别账户用于积累退休金、应急等；医疗储蓄账户为成员及其直系亲属提供医疗保障；退休账户在雇员年满五十五周岁时建立，资金来源于特别账户，当雇员年满六十二岁时用于支付养老金。

① 资料来源：胡秋明、袁中美. 社会养老保险个人账户基金管理模式探析——基于新加坡中央公积金和香港强积金制度的比较分析 [J]. 投资研究，2011（3）.

(三) 新加坡中央公积金局的集中投资

中央公积金局统一进行中央公积金的投资，支付给成员记账利率。该记账利率并不是中央公积金局实际投资获得的收益率，且与实际投资收益之间没有任何关联，而是依据新加坡四大银行 12 个月定期存款利率的算术平均数，与月末储蓄存款利率的算术平均数进行加权平均取得的名义利率，新加坡政保提供最低收益率担保。从 1995 年起，考虑到不同账户的功能和特点不一样，对不同账户实行差别利率。1995 年到 2001 年，普通账户与医疗储蓄账户的记账利率相同，专门账户与退休账户的记账利率一致。自 2001 年起，又将医疗储蓄账户的记账利率提高到与专门账户、退休账户的记账利率持平，三个账户合称为联合账户。此段时间内，普通账户的记账利率为 2.5%，联合账户的记账利率为 4%。从 2008 年起，联合账户记账利率与十年期新加坡政府债券挂钩，为十年期政府债券过去 12 个月的平均收益率加上 1%，同时规定最低记账利率不得低于 4%。

由于集中投资的记账利率不是实际投资收益率，记账利率常常偏低，在通货膨胀高企的年代，新加坡中央公积金的集中投资政策也受到非议，其后，新加坡中央公积金局逐步推行个人可以自主决策的积极投资政策。

(四) 个人自主投资

新加坡中央公积金允许成员将部分中央公积金积极投资于资本市场和金融产品，利用各类金融衍生工具获取较高的收益。早在 20 世纪 60 年代，新加坡政府就考虑用新投资计划来改进中央公积金投资政策，确保中央公积金保值和增值。1968 年，新加坡政府引入公共住宅计划，允许成员用中央公积金储蓄购买政府公寓，尝试用公积金制度来实现"居者有其屋"的政策目标。1986 年引入核准投资计划，允许成员最高可将 20% 的普通账户资金投资在股票、信托基金和黄金中，随后将投资的最高比例限制放宽到 40%。90 年代后，中央公积金的投资政策逐步松绑。1993 年，核准投资计划改名为基本投资计划，成员的普通账户资金最高可投资比例达 80%，同时实施增进投资计划。1997 年，将两个计划融合，形成中央公积金投资计划 (CPF investment scheme)，允许成员购买中央公积金法案许可的股票、基金、人寿保险单、黄金、新加坡政府债券、银行存款和基金管理账户，但有投资比例限制。2006 年，中央公积金投资计划普通账户可选择的金融工具有三种：第一种无投资限制，包括定期存款、新加坡政府债券、国库券、法定机构债券、新加坡政府担保债券、年金、人寿保单、投资关联保险产品、信托产品、交易基金、基金管理账户；第二种投资上限为 35%，包括股票、产业基金、公司债券；第三种投资上限为 10%，一般针对黄金投资。

二、分散竞争投资模式

在分散竞争模式下，政府根据法律规范的资格条件确定多家符合条件的私营机构运营社会保险基金，允许各机构之间开展竞争，如智利的养老金和香港的强制性公积金。分散竞争模式增加了基金投资运营主体，为投资人提供了多重选择。下面通过香港强积金的投资运营来了解分散竞争投资模式。

（一）香港强积金计划的运作

根据 1995 年制定的《强制性公积金计划条例》，所谓强积金，即强制性公积金（mandatory provident fund，简称 MPF），是香港地区政府于 2000 年 12 月 1 日起正式实行的一项政策，强制要求香港地区所有雇主、雇员要为 18—65 岁雇员供款，成立投资基金以满足退休之需。雇主、雇员各自分担比例不低于雇员月薪的 5%，采取个人账户完全积累，实行市场化投资营运。

强积金计划有三种类型：一是雇主营办计划，由只受雇于同一名雇主以及该雇主关联公司的雇员加入，适合规模较大的雇主；二是集成信托计划，任何雇主、雇员、自雇人员及在其他计划中持有权益的人员均可参加，适合中小型雇主；三是行业计划，参保人在同一行业流动就业时无须转换参保关系，专为流动性高的行业设计。

不同类型的强积金计划的运作主体不同。雇主营办计划由雇主自己经办，集成信托计划和行业计划采取信托方式委托商业机构经办，以核准受托人制度为基础，受托人必须委托投资经理和资产保管人分别负责投资管理和资产保管业务。

强积金计划的监察部门是香港强制性公积金计划管理局，其性质为公营机构，职能是负责规管及监督私人托管的公积金计划的运作，核准受托人资格，为公积金计划注册，订立规则或指引，促进香港相关计划的金融市场发展。

根据强制性公积金计划管理局网站公布数据，截至 2019 年 6 月 30 日，强积金登记率为：雇主 100%，有关雇员 100%，自雇人士 73%。该数据为估计数字。经核准并颁发执照的受托人共 15 个，均为法人机构，强积金计划共有 32 个，其中，集成信托计划 29 个，行业计划 2 个，雇主营办计划 1 个。

（二）香港地区强积金账户的投资[①]

强积金计划要求香港地区所有的雇主必须将雇员薪酬的一定部分划出，另加上雇员自己从薪酬中划出的部分资金，共同存入由符合资格的私人托管机构进行资产管理。上述强积金政策允许员工在不同的托管机构开设强积金账户，同时还可以自由变更账户内的投资种类。

强积金主事中介人是获积金局注册为可从事强积金计划销售及推销活动的商业实体，可以是根据《证券及期货条例》（香港法例第 571 章）获注册的认可财务机构或法团，也可以是根据《保险公司条例》（香港法例第 41 章）获授权的保险人或长期业务保险经纪，强积金附属中介人隶属于强积金主事中介人，并获积金局注册，代表主事中介人进行强积金销售及推销活动。该人士可以是根据《证券及期货条例》获发牌以进行证券交易或就证券提供意见的个别人士；根据《银行业条例》（香港法例第 155 章）获注册进行证券交易或就证券提供意见的个别人士；根据《保险公司条例》获委托的长期业务保险代理人；或获授权的长期业务保险经纪的业务代表。截至 2019 年 6 月 30 日，主事中介人和附属中介人分别为 411 个与 32 980 个，其数量与类型如表 6-1 所示。

---

① 以下数据来自香港地区强制性公积金计划管理局网站，http://www.mpfa.org.hk/。

表 6-1　香港地区强积金注册中介人数量与构成

	主事中介人	附属中介人	总计
数量	411	32 980	33 391
按前线监督划分			
· 保险业监管局	363	28 965	29 328
· 金融管理专员	19	2 745	2 764
· 证券及期货事务监察委员会	29	342	371
总计	411	32 052	32 463

在强积金法例下，强积金账户分为供款账户和个人账户两个类别。供款账户主要接收与计划成员现时受雇或自雇有关的强积金供款，以作投资。个人账户主要接收计划成员以往受雇或自雇所产生，并由其他强积金账户转移过来的累算权益，以及计划成员现时受雇所作的雇员强制性供款所产生，并从供款账户转移过来的累算权益，以作投资。根据 2018 年强积金统计报告，2017 年 12 月的供款账户总数为 398 万个，个人账户总数为 549 万个，在此前十年间，供款账户和个人账户数月每年分别平均增长 3.0% 及 7.8%。总参与人数为 427 万人。

根据强制性公积金计划管理局 2011 年 4 月公布的《强积金制度十年投资表现回顾》研究报告，在强积金建立后的 10 年，强积金制度在扣除费用及收费后，按年率化计算的回报为每年 5.5%，高于同期的通胀率和 1 个月港元存款利率，前者为每年 0.7%，后者为每年 1%。2000 年 12 月 1 日—2010 年 12 月 31 日，强积金总净供款额为 2 775.2 亿元港币，截至 2010 年 12 月 31 日，总累算权益已增至 3 654.4 亿元港币，换言之，强积金计划成员共赚取 879.2 亿元港币。在 2017 年 12 月，计划成员的累算权益总额为 8 440 亿港元，其中 87% 的累算权益源自强制性供款，余下 13% 源自自愿性供款和特别自耗性供款。平均而言，每名计划成员在其强积金账户累积了 197 000 港元，相较于十年前的 85 000 港元，累计增幅为 131%。

每个强积金计划都要由多个成分基金组成，强积金基金可分为六类：股票基金、混合资产基金、债券基金、保证基金、强积金保守基金、货币市场基金和其他基金。每个强积金计划至少要提供 1 个强积金保守基金，该保本基金限于港元投资。2005—2010 年间，强积金计划投资于存款和现金、债券、股票的比例基本保持为 17%、22%、61%。香港地区强积金计划的投资收益率基本上随资本市场的波动而变化，年率化内部回报率在 2009 年时达到 30.1%，最低在 2008 年降到 −25.8%。在各类型的强积金基金中，股票基金的回报最高，风险也最高。相对来说，保守基金的回报较低，风险也相对较低。各主要类型基金的年率化回报均跑赢通胀率。由于不同类别基金的投资收益率差别较大，比如股票基金在十年期内的累积回报率高达 75.4%，强积金保守基金同期内的回报则只有 12.6%，成员的基金选择使其账户储蓄成果差异显著，并影响强积金整体的投资业绩。总体而言，股票基金及混合资产基金更受计划成员青睐。在 2017 年 12 月，两者分别占计划成员累算权益总额的 43% 及 37%，合计达到 80%。

（三）香港地区强积金投资管理中的不足

在过去 10 年，香港于 2003 年爆发非典型肺炎，2008 年底经历全球金融危机冲击，强积金制度整体上抵御各种风暴，为成员的供款增值，由此确立了香港地区雇主对雇员的退休承担，但是香港地区强积金投资管理中仍然存在不足。一是长期以来，一直是公司替员工选择强积金的托管银行，每家托管机构均有自己对应的资产管理公司负责投资计划，造成员工无法自己选择一些收费便宜的托管行。二是在金融海啸期间，几乎所有的强积金账户均出现了巨额的投资亏损，而有关的托管机构和资产管理公司仍然要收取高昂的管理费。强积金局披露的数据显示，有些托管机构的费率为每年 2％，这意味着资产管理公司大量蚕食了普通员工的强积金投资额，令香港市民对此不满。

第四节　我国社会保障基金投资

本节主要介绍全国社会保障基金和地方社会保险基金的有关投资法规与投资现状。

一、全国社会保障基金的投资法规与现状

（一）全国社会保障基金的投资法规

和全国社会保障基金有关的投资法规主要体现在财政部、劳动和社会保障部 2001 年联合发布的《全国社会保障基金投资管理暂行办法》，以及财政部、劳动和社会保障部、中国人民银行三部门于 2006 年联合发布的《全国社会保障基金境外投资管理暂行规定》。

1.《全国社会保障基金投资管理暂行办法》

该暂行办法共十章，包括总则、理事会、社保基金投资管理人、社保基金托管人、社保基金的投资、社保基金委托投资管理合同和托管合同、社保基金投资的收益分配和费用、社保基金投资的账户和财务管理、报告制度、罚则。其中，第二十八条、第二十九条和第三十条对社保基金的投资工具进行了严格的比例限制。

第二十八条规定，划入社保基金的货币资产的投资，按成本计算，银行存款和国债投资的比例不得低于 50％。其中，银行存款的比例不得低于 10％。在一家银行的存款不得高于社保基金银行存款总额的 50％。企业债、金融债投资的比例不得高于 10％。证券投资基金、股票投资的比例不得高于 40％。

第二十九条规定，单个投资管理人管理的社保基金资产投资于一家企业所发行的证券或单只证券投资基金，不得超过该企业所发行证券或该基金份额的 5％；按成本计算，不得超过其管理的社保基金资产总值的 10％。投资管理人管理的社保基金资产投资于自己管理的基金，须经理事会认可。

第三十条规定，委托单个社保基金投资管理人进行管理的资产，不得超过年度社保基金委托资产总值的 20％。

2.《全国社会保障基金境外投资管理暂行规定》

该暂行办法共十章，包括总则、全国社保基金境外投资管理人、全国社保基金境外资产托管人、全国社保基金的境外投资、全国社保基金境外投资的外汇管理、报告制度、附则。

第十四条规定，全国社保基金投资境外的资金来源为以外汇形式上缴的境外国有股减持所得。全国社保基金境外投资的比例，按成本计算，不得超过全国社保基金总资产的20%。

第十五条是关于全国社保基金境外投资工具的规定，其中，银行存款要求银行是境外中资银行和国际公认评级机构最近3年对其长期信用评级在A级或者相当于A级以上的外国银行；债券要求国际公认评级机构对其评级在BBB级或者相当于BBB级以上的债券，中国政府或者企业在境外发行的债券不受此限；货币市场产品是指国际公认评级机构对其评级在AAA级或者相当于AAA级的货币市场产品；投资衍生金融工具仅限于风险管理需要，严禁用于投机或放大交易。

第十六条规定，单个全国社保基金境外投资管理人管理的全国社保基金委托资产投资于一家机构发行的单只证券和基金不得超过该证券和基金份额的10%，按成本计算，不得超过其管理的全国社保基金境外委托资产总值的20%。另外，还列出不受前款规定比例限制的两种情形：一是社保基金会委托全国社保基金境外投资管理人以机构投资者身份参与境外上市配售以及定向配售的；二是社保基金会将其持有股票委托给全国社保基金境外投资管理人投资运作的。

此外，在第十七条中指出，财政部会同劳动保障部可根据全国社保基金境外投资运作情况对全国社保基金境外投资品种和比例进行调整。通过上述规定，充分体现全国社会保障基金安全至上的投资理念。

（二）全国社会保障基金的投资现状

1. 全国社会保障基金的投资范围和工具

全国社会保障基金既可以在境内投资，又可以投资于海外市场。境内投资的工具包括银行存款、国债、金融债、企业债、信托投资、资产证券化产品、股票、证券投资基金、股票指数化投资、股权投资和产业投资基金等。境外投资工具包括银行存款、外国政府债券、国际金融组织债券、外国机构债券、公司债券、中国政府或企业在境外发行的债券、银行票据、大额可转让存单等货币市场产品、股票、基金和用于风险管理的掉期、远期等衍生金融工具。

2. 全国社会保障基金的投资特点

社保基金会经历多次国内外金融市场重大变化，逐渐形成以下投资特点：一是坚持审慎投资方针，执行长期投资、价值投资、责任投资的理念；二是坚持资产配置多元化，将基金配置到固定收益产品、股票和实业中去，将基金配置于国内和境外两大市场，根据市场变化及时调整比例，分散投资风险；三是直接投资和委托投资相结合，坚持市场化和专业化操作，选择优秀的委托投资管理人投资复杂多变的股票二级市场；四是投资管理人与托管人分责制衡，由专业投资管理人专门进行基金投资运营，银行专门负责资金托管，确保基金安全。

3. 全国社会保障基金的投资业绩

2018 年年末，社保基金资产总额 22 353.78 亿元。其中，直接投资资产 9 915.40 亿元，占社保基金资产总额的 44.36%；委托投资资产 12 438.38 亿元，占社保基金资产总额的 55.64%。直接投资资产与委托投资资产比重较之 2011 年发生了比较大的变化，2011 年时两者所占比重分别为 58.02% 与 41.98%，这反映出全国社保基金资产中委托投资资产近年来增长迅速。在社保基金资产总额中，境内投资资产 20 610.18 亿元，占社保基金资产总额的 92.20%；境外投资资产 1 743.60 亿元，占社保基金资产总额的 7.8%。2018 年年末，社保基金负债余额 1 780.22 亿元，主要是社保基金在投资运营中形成的短期负债。2018 年年末，社保基金权益总额为 20 573.56 亿元，包括全国社保基金权益 18 104.55 亿元，其中，累计财政性净拨入 9 130.89 亿元，累计投资增值 8 973.66 亿元。个人账户基金权益 1 321.33 亿元，其中，委托本金余额 861.52 亿元，累计投资收益余额 459.81 亿元。地方委托资金权益 1 147.68 亿元，其中，委托本金余额 1 000 亿元，累计投资收益余额 147.68 亿元[①]。

全国社会保障基金自 2000 年成立至今累计投资收益 9 552.16 亿元。资产总额从 2001 年的 805 亿元增长至 2018 年的 22 353.78 亿元，全国社保基金自 2000 年成立以来历年资产总额与累计投资收益如图 6-1 所示。年均投资收益率 7.82%，历年收益率如图 6-2 所示[②]。投资收益率波动幅度较大，最高在 2007 年达到 43.19%，在扣除当年的通货膨胀率 4.8% 之后，实际收益率也高达 38.39%；次年受金融危机影响投资收益率为 −6.79%，在考虑通货膨胀因素后，实际收益率更低至 −12.69%，为历年最低。实际收益率为负的情况还出现在 2004 年，当年的名义收益率为 2.61%，但通货膨胀率高达 3.9%，使得实际

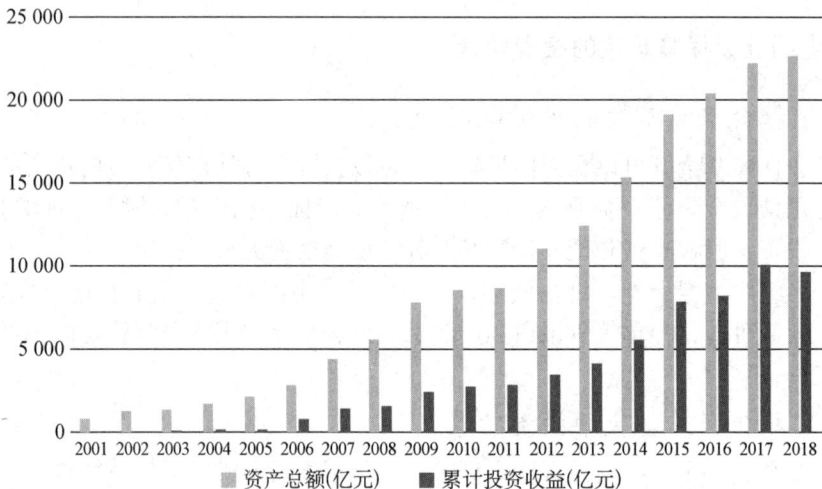

图 6-1 全国社保基金资产总额与累计投资收益（2001—2018 年）（单位：亿元）

---

① 数据来源：《全国社会保障基金理事会社保基金年度报告（2018 年度）》，ssf. gov. cn。
② 数据来源：基金历年收益情况表，全国社会保障基金理事会网站，http：//www. ssf. gov. cn。

收益率跌至－1.29％。最为景气的 2006 年、2007 年和 2009 年三年中，虽然社保基金的收益率分别给出 29.01％、43.19％和 16.12％的成绩，但同期上证指数分别上涨 130％、97％和 80％①。

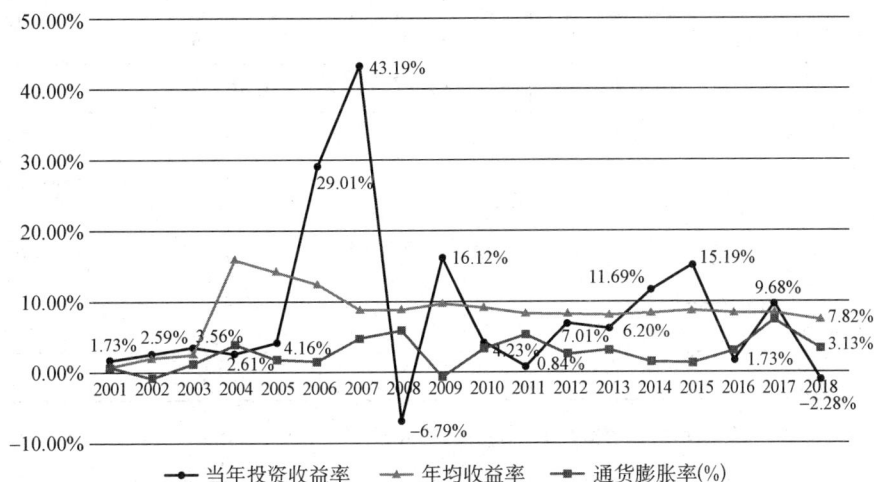

图 6-2　全国社保基金投资收益率（2001—2018 年）

近十年间，全国社保基金的年均收益率保持在 8％左右，看似比较平稳，但这是对当年投资收益率进行简单加权平均的计算结果。当年投资收益率仍然呈现不规律的波动起伏，2009 年和 2015 年的投资收益率冲高到 16.12％和 15.19％，但是 2011 年和 2016 年仅为 0.84％和 1.73％，这两个年度内的实际投资收益率都为负，当年通货膨胀率都远高于投资收益率。2018 年，受多重因素影响，国内经济下行压力凸显，全国社保基金投资受挫，当年投资收益率为－2.28％。

全国社保基金自 2000 年成立至今 17 年来的投资业绩数据详见表 6-2。

表 6-2　全国社保基金投资业绩（2000—2018 年）

年份	资产总额（亿元）	累计投资收益（亿元）	当年投资收益率(%)	自成立以来的年均收益率(%)	同期通货膨胀率(%)
2018	22 353	9 552	－2.28	7.82	3.13
2017	22 231	10 074	9.68	8.44	7.5
2016	20 423	8 227	1.73	8.37	3
2015	19 138	7 908	15.19	8.82	1.4
2014	15 356	5 612	11.69	8.38	1.5
2013	12 416	4 187	6.20	8.13	3.2
2012	11 060	3 492	7.01	8.29	2.6
2011	8 688	2 846	0.84	8.40	5.4
2010	8 567	2 773	4.23	9.17	3.3

① 圈钱顽疾难治、养老金只赚不赔是做梦，人民日报海外版，2012 年 2 月 10 日。

（续表）

年份	资产总额 （亿元）	累计投资收益 （亿元）	当年投资 收益率(%)	自成立以来的 年均收益率(%)	同期通货 膨胀率(%)
2009	7 766	2 449	16.12	9.75	−0.7
2008	5 624	1 598	−6.79	8.89	5.9
2007	4 397	1 454	43.19	10.86	4.8
2006	2 828	800	29.01	6.24	1.5
2005	2 118	180	4.16	2.44	1.8
2004	1 711	109	2.61	2.10	3.9
2003	1 325	72	3.56	1.97	1.2
2002	1 242	27	2.59	1.44	−0.8
2001	805	8	1.73	0.87	0.70

数据来源：整理自《全国社会保障基金理事会社保基金年度报告》（2001—2018 年），ssf.gov.cn。

二、地方社会保险基金的投资法规与现状

（一）地方社会保险基金的投资法规

地方社会保险基金长期以来投资范围有限的情形在近两年得以松动，2015 年 8 月，国务院印发《基本养老保险基金投资管理办法》，地方养老金将有超过 20 种投资途径，除了可以存入银行、购买债券，还可以投资股票、基金类产品以及国家重大工程项目建设、国企的改制、上市等。同年 5 月 1 日起施行的《全国社会保障基金条例》规定社会保险基金可以委托全国社会保障基金理事会进行投资运营。

1. 《基本养老保险基金投资管理办法》

办法第二条规定，基本养老保险基金包括企业职工、机关事业单位工作人员和城乡居民养老基金。第四条规定，养老基金投资应当坚持市场化、多元化、专业化的原则，确保资产安全，实现保值增值。第三十四条规定，养老基金限于境内投资。投资范围包括：银行存款，中央银行票据，同业存单；国债，政策性、开发性银行债券，信用等级在投资级以上的金融债、企业（公司）债、地方政府债券、可转换债（含分离交易可转换债）、短期融资券、中期票据、资产支持证券，债券回购；养老金产品，上市流通的证券投资基金，股票，股权，股指期货，国债期货。第三十五条规定，国家重大工程和重大项目建设，养老基金可以通过适当方式参与投资。第三十六条规定，国有重点企业改制、上市，养老基金可以进行股权投资。范围限定为中央企业及其一级子公司，以及地方具有核心竞争力的行业龙头企业，包括省级财政部门、国有资产管理部门出资的国有或国有控股企业。第三十七条规定投资股票、股票基金、混合基金、股票型养老金产品的比例，合计不得高于养老基金资产净值的 30%。办法对基本养老保险基金的委托、托管、估值、报告、监督等进行了规定。

2.《全国社会保障基金条例》

我国自 2018 年 5 月 1 日起施行《全国社会保障基金条例》,《条例》增加了一项重要内容,即经国务院批准,理事会可以接受省级人民政府的委托管理运营社会保险基金;受托管理运营社会保险基金,按照国务院有关社会保险基金投资管理的规定执行。这为社会保险基金入市提供了法律依据,也是社会保险全国统筹前的过渡性办法。《全国社保基金投资管理暂行办法》规定,划入全国社保基金的货币资产中,证券投资基金、股票投资的比例不得高于 40%。

3.《社会保险法》

在《社会保险法》第八章社会保险基金中,有关社会保险基金投资的规定主要体现在第六十九条和第七十条。

第六十九条规定,社会保险基金在保证安全的前提下,按照国务院规定投资运营实现保值增值。社会保险基金不得违规投资运营,不得用于平衡其他政府预算,不得用于兴建、改建办公场所和支付人员经费、运行费用、管理费用,或者违反法律、行政法规规定挪作其他用途。

第七十条规定,社会保险经办机构应当定期向社会公布参加社会保险情况以及社会保险基金的收入、支出、结余和收益情况。

4.《企业职工基本养老保险基金实行收支两条线管理暂行规定》

《社会保险法》对社会保险基金投资的规定是禁止性的而非指导性的,对于我国社会保险基金的投资工具与投资渠道的明确规定,体现在 1998 年财政部与劳动部联合发布的《企业职工基本养老保险基金实行收支两条线管理暂行规定》中。第十一条指出,基本养老保险基金结余额预留相当于 2 个月的支付费用外,应全部购买国家债券和存入专户。任何部门、单位或个人不得利用基本养老保险基金在境内进行其他形式的直接或间接投资。

(二) 地方社会保险基金的投资现状

1. 地方社会保险基金的投资工具和投资现状

根据上述法规,地方养老保险基金的投资已经从国家债券和银行存款放宽到可以进入股市。基本养老保险基金限境内投资,主要有存款、国债和股票基金三种投资类型,并对各项投资比例有严格限制,风险低的投资比例高,风险高的投资比例较低。基本养老保险基金投资工具与比例见表 6-3。

表 6-3　基本养老保险基金投资工具与比例

类别	投资工具	投资比例
(一)	● 银行活期存款 ● 一年期以内（含一年）的定期存款 ● 中央银行票据 ● 剩余期限在一年期以内（含一年）的国债 ● 债券回购 ● 货币型养老金产品 ● 货币市场基金	合计不得低于养老基金资产净值的 5%。

(续表)

类别	投资工具	投资比例
（二）	● 一年期以上的银行定期存款、协议存款、同业存单 ● 剩余期限在一年期以上的国债 ● 政策性、开发性银行债券 ● 金融债 ● 企业（公司）债 ● 地方政府债券 ● 可转换债（含分离交易可转换债） ● 短期融资券 ● 中期票据 ● 资产支持证券 ● 固定收益型养老金产品 ● 混合型养老金产品 ● 债券基金	合计不得高于养老基金资产净值的135%。其中，债券正回购的资金余额在每个交易日均不得高于养老基金资产净值的40%。
（三）	● 股票 ● 股票基金 ● 混合基金 ● 股票型养老金产品	合计不得高于养老基金资产净值的30%。
（四）	● 投资国家重大项目和重点企业股权	合计不得高于养老基金资产净值的20%。

资料来源：国务院《基本养老保险基金投资管理办法》。

截至 2018 年 6 月底，全国已经有 14 个省（自治区、直辖市）与社会保险基金理事会签署了委托投资合同。合同总金额 5 850 亿元，其中，3 716.5 亿元资金已经到账并开始投资，其他资金将按合同约定分年分批到位。从投资情况来看，2017 年投资收益率为 5.23%。上述 14 个省份分别为北京、山西、上海、江苏、浙江、安徽、河南、湖北、广西、重庆、云南、西藏、陕西、甘肃。上海准备追加委托投资 300 亿元，四川准备委托投资 1 000 亿元，正在与全国社保基金理事会商洽签署投资合同。地方养老金 2017 年投资收益率为 5.23%，远高于同期银行的存款利率。作为全国首个试点养老金"入市"的地区，2012 年广东委托全国社保基金理事会投资运营 1 000 亿元，至 2016 年，理事会的年报显示，该笔资金累计投资收益已达到 331.57 亿元[①]。

2. 地方社会保险基金累积巨额结余

根据《2017 年人力资源和社会保障事业发展统计公报》，全年五项社会保险基金收入合计 67 154 亿元，比上年增加 13 592 亿元，增长 25.4%。基金支出合计 57 145 亿元，比上年增加 10 257 亿元，增长 21.9%。

根据《2017 年人力资源和社会保障事业发展统计公报》，我国五险累计结余为 77 311 亿元，如图 6-3 所示。其中，基本养老保险基金占比接近 65%，基本医疗保险基金约占 25%。2017 年年末，基本养老保险基金累计结存 50 202 亿元，其中，城镇职工基本养老保险基金累计结存 43 885 亿元，城乡居民基本养老保险基金累计结存 6 318 亿元。另外，

① 数据来源：陈颖，数据解读我国养老金为何要"入市"，新京报，2018 年 8 月 9 日。

企业年金基金累计结存 12 880 亿元。2017 年年末，基本医疗保险累计结存合计 19 386 亿元，其中，统筹基金累计结存13 234 亿元（含城乡居民基本医疗保险基金累计结存 3 535 亿元），个人账户积累 6 152 亿元。2017 年年末，失业保险基金累计结余 5 552 亿元，工伤保险基金累计结存 1 607 亿元（含储备金 270 亿元），生育保险基金累计结存 564 亿元。

在《2018 年人力资源和社会保障事业发展统计公报》中，公布的数据口径有变化，从过去的五项减少为养老、失业、工伤三项。2018 年全年基本养老保险、失业保险、工伤保险三项社会保险基金收入合计57 089 亿元，比上年增加 8 509 亿元，增长 17.5%；基金支出合计 49 208 亿元，比上年增加 7 228 亿元，增长 17.2%。其中，基本养老保险基金总收入 55 005 亿元，基金总支出 47 550 亿元，年末基本养老保险基金累计结存 58 152 亿元。

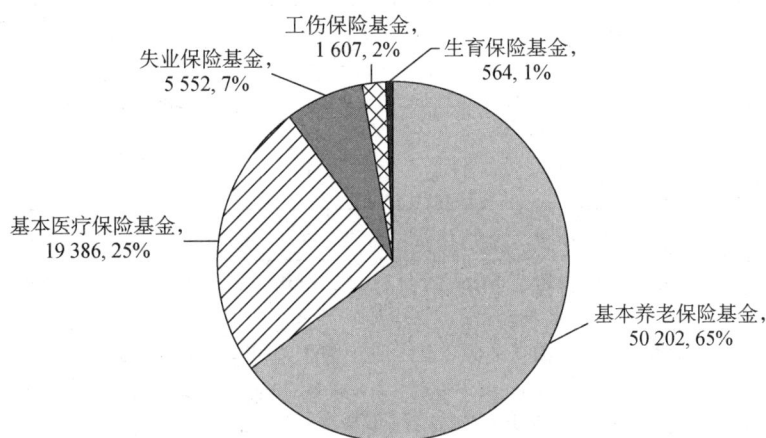

图 6-3　2017 年年末我国社会保险基金累计结余及其构成（单位：亿元）

从 2007—2017 年近十年间，我国社保基金收入与支出均不断增长，而且增长幅度较为可观。社会保险基金收支金额近十年的情况如图 6-4 所示。

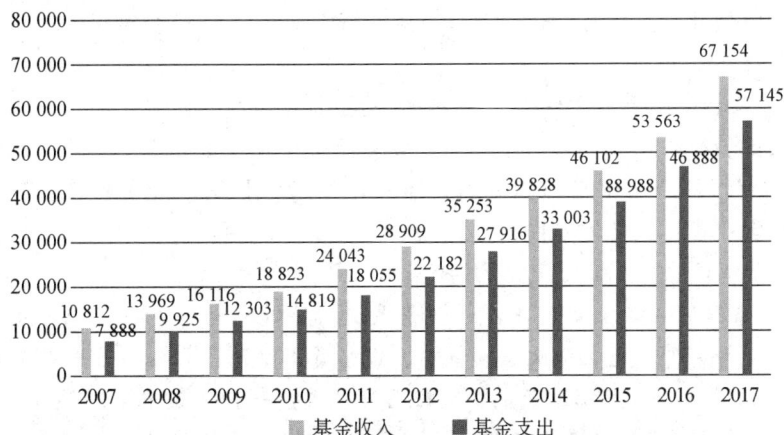

图 6-4　近十年我国社会保险基金收支金额（单位：亿元）

数据来源：《2017 年人力资源和社会保障事业发展统计公报》《2012 年人力资源和社会保障事业发展统计公报》和《2007 年人力资源和社会保障事业发展统计公报》。

　　图 6-5 进一步直观地分析了近十年我国社保基金收入与支出的增速①。首先观察社保基金收入增速，除了 2014 年增速低于 15％，其他年份社保基金收入均超过 15％，最高的 2008 年增速接近 30％，社保基金收入年均增速 20.16％。再看社保基金支出增速，十年来均高于 18％，支出增速最高的年份也是 2008 年，为 25.82％，社保基金年均支出 21.93％，高出社保基金收入的年均增速近 1.8 个百分点。比较社保基金收入与社保基金支出两者的增速，除了 2008 年、2011 年和 2017 年这三年，其他年份里，社保基金支出的增速均高于社保基金收入的增速。

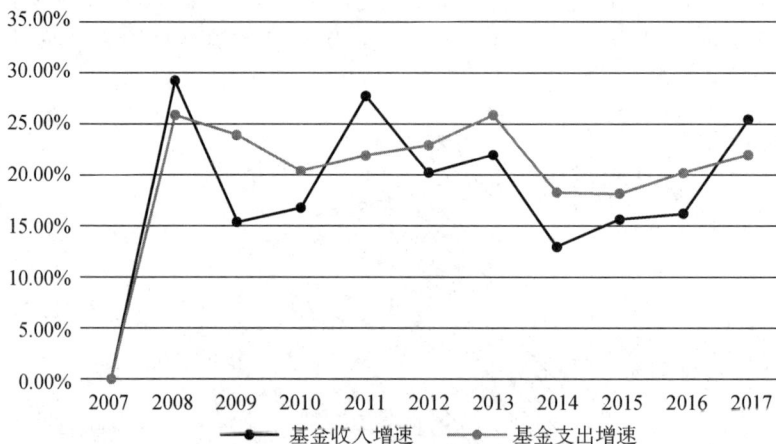

图 6-5　我国社会保险基金收支增速（2007—2017 年）

数据来源：《2017 年人力资源和社会保障事业发展统计公报》《2012 年人力资源和社会保障事业发展统计公报》和《2007 年人力资源和社会保障事业发展统计公报》。

本章小结

　　1. 社会保障基金投资运营的根本目的是实现社会保障基金的保值增值，意义体现在有利于增强社保基金的给付能力；有利于减轻政府、企业和参保人的负担；有利于促进社会经济发展。

　　2. 社保基金投资面临系统性风险与非系统性风险，应遵循安全性、收益性、流动性、分散性和公益性五大原则，其中，安全性与收益性是最基本的两个原则。

　　3. 社会保障基金不仅可以投资国内市场，还可以投资海外市场，投资工具包括金融投资和实业投资，具体有银行存款、债券、股票、贷款、共同基金、创新金融工具、风险投资 VC、私募股权投资 PE 和不动产等。

　　4. 社会保障基金投资决策过程是一个系统、持续的动态过程，包括确定投资目标、明确投资约束、制定投资政策和策略、进行资产配置、评估投资业绩五个步骤。

　　5. 社会保障基金的投资运营主要存在两种模式：一种是集中垄断投资模式，以美国、新加坡为代表；另一种是分散竞争投资模式，以智利、中国香港地区为代表。

---

　　①　2007 年数据由于公式编辑原因显示为零，可忽略不计。

6. 根据《全国社会保障基金投资管理暂行办法》和《全国社会保障基金境外投资管理暂行规定》，全国社会保障基金既可以在境内投资，又可以投资海外市场。境内外投资工具包括银行存款、国债、金融债、企业债、信托投资、资产证券化产品、股票、证券投资基金、股票指数化投资、股权投资和产业投资基金、衍生金融工具等。根据《社会保险法》和《企业职工基本养老保险基金实行收支两条线管理暂行规定》，《基本养老保险基金投资管理办法》地方社会保险基金的投资已经从国家债券和银行存款放宽到可以进入股市。

关键概念

社会保障基金投资　全国社会保障基金　投资工具　投资模式

复习思考题

1. 社会保障基金投资的原则有哪些？
2. 社会保障基金可以投资于风险投资和股权投资吗？两者有何异同。
3. 社会保障基金有哪两种不同的投资模式？
4. 全国社会保障基金和地方社会保险基金的投资工具有何不同？
5. 养老金入市受哪些因素影响？一旦养老金入市，又会产生什么影响？

案例 6-1

养老金投资暂缓　未来三成或入市

养老金入市运作到了哪一步？

近日，一位接近权威机构的知情人士向本报表示，备受关注的养老金投资方案一度"议而已决"，只不过被舆论耽搁了出台步伐。

具体是，历时一年半制定的养老金多元化投资方案还未公布，便遭遇舆论养老金入市等于"羊入虎口"的论调，从而让这份方案再度搁置。

"舆论这次帮了养老金改革的倒忙。"一位参与方案制定的人士称，由于舆论对养老金入市有争议，养老金改革战略又退回去了，"年内有动作的可能性不大。"

作为人力资源与社会保障部社会保险基金监督司 2012 年社会保险基金监督工作要点之一，最新的消息是，《社会保险基金监管条例》处于调研起草阶段。

然而，对之后若干年养老金改革战略的推进，仍是乐观论调。此间业内人士预计，在未来的 20 年中，以社保基金为主导的最大机构投资者，将对金融市场的制度变迁与结构调整产生重大影响，甚至可能引领金融市场的重大结构性调整。

对于养老金进入股市就被吃掉的顾虑，据社保专家、中国社科院拉美所所长郑秉文称，多元化投资改革不代表全部进入股市，只占百分之几十。

"基本养老基金投资股市的比例可能在 30% 以下；另外 70%，首先要投资政府债券，或者特种债券，还有企业债券、股权投资、实业投资等。"常年参与国家养老金改革重大课题的郑称。

未投资损失 7 000 亿元

投资方案悬而不决之下，呼吁已久的养老金保值需求暂时得不到满足。

人力资源与社会保障部的数据显示，2011 年城镇五项保险（养老、医疗、失业、工伤和生育）的总收入为 23 700 亿元，总支出为 17 900 亿元，累计结余 28 700 亿元，从 2000 年的两千亿元，迅速增长到目前的近三万亿元，而且这个趋势还将继续下去。

"我们是全世界唯一吃银行利息的社保基金管理体制。"郑秉文说，据其测算，躺在银行账户上的社保基金的损失是天量的。

统计显示，2000 年至 2008 年全国养老金账户的年均收益率不到 2%，低于同期 2.2% 的 CPI 年均增幅。

比较而言，全国社保基金理事会管理的社保储备基金（财政拨付）过去 11 年间的收益比较可观，年均收益率达到 9.17%。

"若按照 9.17% 计算，减去 2% 的名义收益率（银行利率），养老金过去十余年损失达 7 000 亿元；如果算上社保五险基金合在一起，损失合计 1.1 万亿元，抵消了 2000 年以来财政资金对社保的全部补贴。"郑秉文说。

"到 2020 年，社保五险基金总计高达 18—19 万亿元，养老基金为 11—12 万亿元，如果投资体制继续不变，损失会是多少？"郑问。

中央财经大学褚福灵教授也介绍，尽管基本养老保险基金实行省级核算，但结存基金受托存储在市、县一级，形成了 1 000 多个小规模基金，缺少保值增值手段，贬值严重。

根据统计，2007—2008 年的养老保险基金的平均利息率分别为 1.79% 和 2.16%，低于一年期存款利率。并且这个利率赶不上通货膨胀的速度。

储福灵介绍，按照 1997 年建立养老金个人账户时的制度理想设计，假定参保人缴费 40 年，退休余寿 12 年，每年的工资增长率等于基金投资回报率，按投资回报率 5% 测算，个人账户可以提供的养老金相当于退休前工资水平的 38%。

但是，制度运行十几年以来的数据却显示，平均每年工资增长率比基金投资回报率要高出 10 个百分点，从而使得过去积累的养老金水平相对当期工资严重缩水，进而使得个人账户的替代率水平（替代雇员平均工资的比例）从原来的 38% 下降到 10%。

"基金保值增值必然要提上日程。"中国人民大学社会保障研究中心杨俊副教授表示。

入市可能比例

就改革办法看，目前业界比较一致的观点是，个人账户基金应该采取政府管理下的委托代理的、多元化投资模式。

据郑秉文介绍，美国社保总署顾问委员会曾做过一项研究，以 30 年为刻度，拿出 200 年股市中任意时段的 30 年，社保基金的收益率都高于 7%，包括 1929 年金融危机期间。加拿大也类似，其 2010 年以前的 35 年，实际收益率在减去 CPI 后仍高于 6%。

养老基金的投资比例，郑也有研究。

"来自财政转移支付的全国社保基金投资股票的比例是 40%，基本养老基金不可能超过这个数字，可能在 30% 以下；另外 70%，首先要投资政府债券，或者特种债券，还有企业债券、股权投资、实业投资等。"郑秉文称。

"有人担心进股市亏了，现在每年损失一个百分点是将近 300 亿，两个百分点是将近 500 亿，这么大的损失，责任谁来负？"郑反问。

更重要的是，他指出，目前我国的社保制度远未实现全覆盖；如果现在不进行多元化投资改革，一旦中国未来社保实现全覆盖，可能失去投资的时间窗口。

除了城镇居民，我国还有 2.3 亿名农民工和七八千万名城镇灵活就业人员没有纳入社保体制。

"每年能扩容进一千万人，每年进来的新人补社保'窟窿'，使得收入大于支出，即使把现在所有的社保基金结余补进去投资，10 年内也不会影响当期发放。而未来时间窗口一关闭，想再改革投资体制就更难了。"郑说。

投资策略组合

在投资细节上，学者们也有关注。

从基金投资组合策略看，增大长期资产的投资份额，降低或限制短期银行存款的投资份额，选取具有较高收益的长期债券，如国债或企业债被普遍建议。

西南财经大学林义教授称，股权投资和基础设施投资应该是首要选择。此外，可以有针对性地选取国内重大基础设施项目、国家政策扶持项目等，作为实业投资对象。

在股市还不成熟的前提下，可探索投资超长期的政府国债投资项目、政府主导下的长期指数化专项国债等。

此外，选取具有良好业绩的基金或信托股份作为股权投资对象也被学者建议。

对于多方博弈的养老金监管主体，比较一致的建议是，应由政府设立专门的社保基金投资担保机构，为社保基金受益人的基本待遇提供保障。

但相关投资管理主体以中央或省为主体，还有争议。

杨俊建议，为了配合个人账户制度调整和实现基金的保值增值，还需要有相应的配套措施。比如提高个人账户基金管理的统筹层次，建立统一的、省级或省级以上的基金投资管理主体。

不过，对于以省为单位进行养老金投资，郑秉文明确表示反对。

"这必将引发很多意想不到的问题。而一旦利益格局形成，以后中央就不可能收回来了。"郑说。

资料来源：耿雁冰、纪佳鹏. 养老金投资暂缓，未来三成或入市 [N]. 21 世纪经济报道，2012 年 2 月 16 日。

案例 6-2

中国养老金入市别想太美

现在该不该把养老金投到股市里去？养老金入市会不会吃掉养命钱？在目前养老金管理水平和统筹层次较低的情况下，拿这笔养命钱去投资"负和博弈"的中国股市，风险太大了。

但是，现在有人三番五次地想打养老金的主意，想将这笔钱拿进股市去做"长期饭票"，充当挽救当下中国股市的"解放军"。

虽然此举确实对当下的股市有所帮助，但如果股市圈钱的功能不改，这一次救了下次谁来救？显然不能再寄托资金救市的短期效益上。

当下中国股市确实很缺资金，尤其股权分置改革之后大量限售股减持套现，最可怕的是早年上市的很多公司经过多次分红、送股后成本基本为零，一旦可以市价减持之后，他们只顾套现而不计成本，从而"成本分置"严重冲击了二级市场的走势。

近几年股市低迷和起不来的根本原因就是股权分置改革带来的"成本分置"后遗症，解决办法确实是需要引入增量资金，现在将养老金拿来填中国股市"成本分置"的大坑不可取，这是养命钱，处理不好不但救不起股市，反而会让这笔养命钱身处险地。

尤其在"负和博弈"的中国股市里，投资的分红回报率极低，过去20多年的实际情况告表明长期投资是靠不住的。

有一组数据佐证大部分投资者在中国股市长期是亏损的，从1990年至今，A股市场累计现金分红总额约1.8万亿元，投资者在上市公司的持股比例平均若按三分之一算，大家分到的红利也就5 000多亿元，若剔除交易所的规费、证券登记结算公司的过户费、券商的佣金和给政府上缴的印花税，如此一算，自有中国股市以来A股市场的投资者整体处于负收益，也印证了A股市场确实不是在"零和博弈"，而是在"负和博弈"。在这样一个市场里去进行所谓的"投资"、保值增值、战胜通胀，岂不是可笑？

况且，中国目前的养老金是现收现支，而且还有巨大的亏欠，随着未来老龄化的到来，养老金的缺口会越来越大，这就要求对于这笔资金的运作务必要安全第一，不能有任何闪失，而股票市场根本不能保证100%的盈利。

如果让养老金在"负和博弈"的股市里100%盈利，那一定是建立在其他人亏损、贡献的基础之上，显然这对其他投资者不公平，这是对市场行为的操纵，因此，投资者千万不要把养老金入市"救市"想得太美。

现在建议让养老金入市最有说服力的论据是，目前养老金每年的投资收益率只有2%，远低于CPI，也远低于社保基金每年9.17%的投资收益率，养老金在通胀面前严重缩水，因此，急需对养老金投资理财，只有这样才有可能填补养老金的缺口，而且养老金入市是国际惯例。

似乎有些道理，但是仔细想一想，一年期的存款基准利率是3.5%，但为何养老金的投资收益才2%？社保基金平均每年9%以上的投资收益究竟是怎么来的？养老金入市是国际惯例吗？养老金的缺口只能通过投资股市才能补吗？

养老金的投资收益率为何只有2%。之所以低于一年期存款基准利率，主要是由于将养老金的大部分资金都放在活期存款项上，或许会有人说这是为了应付现收现支，为了灵活支付，但如果这个管理部门稍微有点核算能力就能测算出究竟会有多少钱收支之后会出现结余。而且会大概知道结余的存续时间，完全可以将这笔结余的资金存成定期存款，为何一些养老金收支有结余的地方都是长期存活期而不存定期？

有人质疑这中间有猫腻，比如某家银行搞定了某个地方养老金管理部门的主要负责人，并私下给这个部门一些好处，银行就可以获得数量巨大的"长期活期存款"，会给银行省下一大笔利息开支。

虽是猜测，但如此大规模的资金长此以往这样运作，被人怀疑也不为过。况且，目前中国养老金的统筹层次较低，中国有2 000多个养老金持有主体，而且大部分分散在县市一级的社保经办机构手中，并沉淀在县市财政专户中。

对于如此众多的管理主体显然很难有效监管，投资管理效率自然低下，当务之急应该尽快地实现全国统筹，提高统筹层次，把所有劳动者纳入统一的社会保障制度内，并要打破公务员与企业职工在养老保险待遇差异方面的"多轨制"，公开、透明运作，而不是拿到股市去冒险。

中国社保基金之所以有较高的年均投资收益率，主要得益于四大银行改制上市的原始股和新股网下特权配售，在新股有暴利时赚了钱，还有在上一轮大牛市（2005—2007年）中赚得钵满盆溢，近两年的投资收益率其实并不高。

养老金入市并不是所谓的国际惯例。比如，美国规定全国统筹的社会基本养老金只允许购买政府债券，不得进行任何其他投资。

美国的养老金体系是由三部分构成，第一部分是全国统筹的社会养老保险（OASDI）计划；第二部分是企业发起设立的企业年金等私人养老金，包括以 401K 为代表的 DC 计划；第三部分是家庭个人开设的个人退休账户（IRA）或购买商业保险。

显然第二部分和第三部分属于补充养老金的范畴，但现在很多人在说起养老金入市时就会提及美国的 401K，而 401K 是企业年金，是补充养老金，并非中国统筹的社会基本养老计划。

而且美国的社会养老保险与资本市场的关系并不大，其持有的资产全部都是联邦政府债券或特种国债，而中国的企业年金早都可以投资股市了，所以，千万别拿 401K 对美国股市的贡献来忽悠中国股民。

欧美一些国家之所以不允许将基本养老金投入股市及金融衍生品，不是说他们的金融机构没有能力，主要是由于股市风险太大，一旦金融市场低迷、经济不景气，基本养老保险充当着社会稳定的最后一道防线，一旦亏蚀了，老百姓的养命钱结果可想而知。

对于如何做实中国的养老金账户，除了提高养老金存量部分的管理运营效率外，关键还是要拓展增量部分。

比如，这些年中国的财政收入大幅飙升，2011 年财政收入超过 10 万亿元，只要每年从中稍微多拿出一点，解决养老金的缺口应该不成问题，而且公共财政有责任也有义务来搞社会保障等公共服务。

另外，全民所有制的中国国企现在已经成了最赚钱的企业，他们的利润有必要适当地向社会养老体系划拨。同时，应该加快发展、壮大补充养老金的规模，实现多元化的养老保障。

资料来源：苏培科. 中国养老金入市别想太美[N]. BWCHINESE 中文网，2012 年 2 月 23 日。

第七章 社会保障基金给付管理

本章学习目标

1. 区分社会保障基金给付、支出、偿付的概念
2. 理解社会保障基金给付的原则
3. 认识社会保障基金给付方式
4. 熟悉社会保障基金给付模式
5. 掌握并应用社会保障基金支出水平
6. 掌握养老保险和医疗保险基金给付的基础知识

第一节 社会保障基金给付原则

一、社会保障基金给付的含义

(一) 社会保障基金给付的相关概念

社会保障基金给付、社会保障基金支出以及社会保障基金偿付这三个概念经常出现，有的场合将三者等同，但其含义存在区别。

1. 社会保障基金给付

社会保障基金给付是指按照法律、法规和规章的规定，由社会保障管理机构按一定的标准和方式将资金支付给符合条件的社会成员，使其享受相应的社会保障待遇。社会保障基金给付又称为社会保障基金支付。

2. 社会保障基金支出

支出与收入相对应，是指资金的流出。社会保障基金支出即社会保障基金的流出，其范畴要大于社会保障基金给付。社会保障基金支出的主要内容是社会保障基金的给付，除此之外，还有社会保障管理费用的支出。社会保障管理费用是指社会保障管理机构及其人员在社会保障运行、管理与服务过程中产生的相关经费，如办公经费。社会保障管理费用是与社会保障有关的支出项目，不是社会保障基金给付。社会保障管理费用支出有的是从社会保障基金中列支，有的由国家财政单独拨款解决。

3. 社会保障基金偿付

偿付通常是指偿还债务，也可称偿债，在社会保障中较少用到，研究养老保险隐性债

务问题会涉及偿付能力。偿付能力多用于商业保险公司，指保险人履行赔偿或给付责任的能力。学者将其援引至社会保障，认为社会保障基金的偿付能力是指社会保障的总资产在一定的积累模式下的偿付能力。

（二）社会保障基金给付的意义

社会保障基金给付是社会保障功能实现与否和实现好坏的重要环节，是社会保障基金管理的最终环节，是国民社会保障权益实现的标志。依法给付社会保障基金，是社会保障管理与经办机构的义务，是社会保障基金管理的重要内容。

二、社会保障基金给付的原则

社会保障基金给付应当遵循适度原则、统一原则和分享原则。

（一）适度原则

在给付社会保障基金时，应当维持合理的给付水平，既满足被保险人基本的生活需要，又不能超越生产力发展水平和承受能力。适度原则要求社会保障给付待遇不能过高，也不能过低。如果待遇过高，社会保障基金甚至国家财政难以负担，加重企业的劳动力成本，还会降低人们工作的积极性，对国民经济的发展造成负面影响；如果待遇过低，无法保障人们在风险发生后的基本生活，难以摆脱困境，同样有悖社会保障制度的初衷和功能。社会保障待遇不能过低，要求社会保障提供能保证和满足人们基本生活需要的社保待遇，也要求随物价变动调整社保待遇。

（二）统一原则

为了实现公平，在社会保障基金给付时应当遵循统一原则，严格按照国家的法律法规和政策统一执行，杜绝不规范的给付行为。比如在养老保险中，虚报、冒领、死亡不报告、多处同时领取等；在医疗保险中，骗取他人社保卡开药倒卖，医院虚开病床增加住院率；在低保中，让不符合条件的亲属享受低保，把真正符合条件的群众拒之门外等。统一原则要求在进行社会保障基金给付时，应当制定明确的给付条件和标准，严格审核相关材料的真实性、合理性，确保将社保基金切实给到符合条件的被保险人或其亲属，不徇私舞弊，实现制度面前人人平等。需要注意的是，公平不等于平均，统一原则并不意味着所有被保险人就应该获得完全相同的社保待遇。比如，失业津贴的高低与被保险人缴费的年限有关，缴费年限越长，获得的失业津贴越高。

（三）分享原则

国民经济的增长为提高社保待遇奠定坚实的物质基础。国民经济发展越快，社会保障的实力越强，对社会成员的基本生活保障能力就越强，因此，社会保障基金的给付要遵循分享原则，让社会成员能通过社会保障制度分享经济发展的成果。随着社会经济增长，政府应当逐步提高社保给付水平。经济的增长体现在一个国家国民经济的增长、社会平均工资的增长等方面。为了保证社会成员的社会保障待遇水平与社会基本生活水平相适应，应当随着一个国家国民经济的增长、社会平均工资的增长而调整社会保障待遇水平，使社会成员分享社会经济增长的成果。特别是对养老保险制度而言，退休后的老人分享经济增长成果的机会很少，养老金是让退休老人共享社会成果最好的途径，有时甚至是唯一的渠道。

三、社会保障基金给付的方式

（一）按给付周期划分

1．定期给付

也可称为周期性给付或年金给付，一般按月固定给付，每次支付同等金额。定期给付的管理过程将持续数十年，多用于长期性保障项目，如养老金、伤残补贴。定期给付有利于保障投保人，能为被保险人提供稳定的收入来源、避免被保险人资金使用不当或过快的风险，有利于社会稳定，但会加大管理成本，增加支出，加大基金的保值增值压力和投资风险。

2．一次性给付

在被保险人发生风险时，可以获得一次性的经济补偿，管理机构从此不再对被保险人负保障责任。一次性给付方式多用于短期性、一次性保障项目，如死亡丧葬费、突发性灾害救助，有的养老保险也采用该方式。一次性给付的管理相对简单，不仅可以节省大量的管理费用，而且降低了社保经办机构的保障责任，有利于社保机构，但不利于保障被保险人。被保险人如果未能合理运用资金，可能造成资金的浪费或损失，使自己暴露在风险下。特别是在养老保险中，退休人员一次性领取养老金，若寿命较长，晚年生活难以获得保障。

（二）按给付标准划分

1．比例给付

又称工资比例制、固定比例制。给付标准是受益人退休前某一时点上的工资收入或者某一时期的平均工资收入，以此为依据按照受益人缴费年限等条件乘以相应的比例确定给付金额。

2．均一给付

又称固定金额制，给付标准不与工资收入挂钩，对符合条件的受益者给付完全相同的金额。比如英国的国家基本养老金 2010 年度为每人每周 97.65 英镑，或者每对夫妇 156.15 英镑，受益者获得国家基本养老金的具体金额和退休前的缴费额无关，可能会受到参加社会保险年限等个人条件的影响，主要体现社会公平。英国给无法参加国家基本养老保险制度的穷人提供低保养老金。提供给个人的低保养老金和国家基本养老金数额一致；提供给每对夫妇的低保养老金高于国家基本养老金，2010 年为 202.4 英镑，成为贫困年老者的主要收入。此外，80 岁以上的老人还可以领取每周 58.5 英镑的高龄津贴，主要针对那些无国家保险缴费，或者因缴费时间不足从而领取国家养老金不足 58.5 英镑的高龄人士。

(三) 按给付形式划分

1. 货币给付

提供现金是社会保障基金给付最主要的方式，具有很大的灵活性和适应性，受益者有较大的自由支配空间。

2. 实物给付

除了直接发放现金，社会保障基金在给付时还可以提供物资的方式进行给付，包括直接发放实物和发放等价购物券，通常用于社会救助、社会福利中。在灾害救助的第一时间，帐篷、水、食物等物资是灾民需求最迫切的，即便发放货币也难以购买或获得这些物资，只能采用实物给付的方式进行援助。

3. 服务给付

提供服务也是社会保障基金的给付方式之一，如医疗保险中的身体检查、疗养与康复基地、敬老院等。服务给付方式虽然不如货币给付和实物给付得到更广泛的应用，但也应当对其有足够的重视。比如在人口老龄化程度较深的地区，应当确保失能老人、生活不能自理的老人、高龄老人等得到生活起居护理的服务。

(四) 其他给付方式——以工代赈

1. 以工代赈的含义与实践

赈是指免费救济；以工代赈则是指让人们劳动工作去换取食物或钱财，而不是直接发放物资或货币。以工代赈主要应用于扶贫开发和灾害救助中。比如我国安排以工代赈投入建设农村小型基础设施工程，贫困农民参加以工代赈工程建设，获得劳务报酬，直接增加收入。印度在 1977 年制定了以工代赈计划，用粮食来支付生活低于贫困线以下的在该项目中就业的人的劳动工资，项目内容有修建水井、道路、学校、村庄蓄水池、植树造林等。2004 年海啸过后，印度尼西亚在约 60 个村庄实施了以工代赈项目，18 000 人从中受益。

2. 以工代赈的特点

以工代赈有助于新建或恢复必要的基础设施，还可以为贫困群众与受灾群众提供收入，帮助家庭满足消费需求和其他的紧迫需求。受灾社区和贫困家庭可以从收入转移中直接受益，项目新建或维修的固定资产还能让他们间接受益。以工代赈具有劳动密集、收入较低的特性，能为低技能劳动力提供短期就业。除此之外，以工代赈项目灵活，便于控制管理成本，扩大规模，能迅速调集资源，这使得以工代赈容易锁定特定地区，便于实施。

第二节 社会保障基金给付模式

社会保障基金的给付模式可以分为待遇确定型、缴费确定型与介于两者之间的混合型三类，多用于养老保险与企业年金计划。

一、待遇确定型

(一) 待遇确定型的含义

待遇确定型 (defined benefit，简称 DB) 又称给付确定型，养老金计划发起人或管理人向计划参与者作出承诺，保证其养老金收益按事先的约定发放，即无论企业年金资产收益高低和雇员退休余命的长短，雇员退休后的养老金待遇是确定的，并基本与雇员的最后工资水平挂钩，风险由雇主承担。

(二) 待遇确定型的特点

1. 遵循以支定收原则

待遇确定型计划遵循以支定收原则，根据事先承诺职工退休后可享受的退休金水平，通过精算方法计算当期社会保障支付总额，以此为基础，根据基金的运营状况、职工年龄、服务年限等因素计算缴费额，因此，待遇确定型计划在建立之初一般没有积累资金。

2. 统一管理基金

待遇确定型计划不为每个雇员单独建立个人账户，而是将筹集到的资金存入一个公共账户，统一进行投资与管理，基金主办方或计划发起人拥有该共同账户的投资选择权。

3. 基金主办方承担投资风险

待遇确定型计划由政府或者雇主作为基金主办方发起建立，并承担投资风险。基金主办方保障职工获得稳定的企业年金，承担因无法预测的社会经济变化引起的企业年金收入波动风险。基金主办方为预定的年金收益率水平提供担保，也为职工在退休之前发生的残疾和死亡风险提供保障。

(三) 待遇确定型的优点

1. 有利于保障劳动者的基本生活

在收入水平上，DB 型计划收入稳定，雇员无须为市场风险操劳，也无须担心长寿的风险，是一个很好的可以分散死亡风险的工具。

2. 有利于增强企业的凝聚力

待遇确定型计划中一般都规定较为严格的享受条件或资格，如在该企业工作必须满 10 年或 15 年，如果在达到规定年限之前离开企业，雇员往往就失去领取养老金的资格。这种受益资格的限制能吸引员工较长时间留在企业，成为企业提升员工凝聚力的重要举措，有利于增强员工对企业的归属感和长期服务意识。

(四) 待遇确定型的缺点

1. 基金主办方的压力比较大

在待遇确定型计划下，按期足额支付养老金的责任由基金主办者承担，如果到期不能按照原先的约定支付养老金，违约责任也应由基金主办者承担。基金主办者要承担不能足额支付的风险、投资失败风险、通货膨胀风险等一系列风险。这使得待遇确定型计划面临一个最大的风险——雇主破产风险，雇主破产必然伴随着计划终止，如果偿付能力不足，计划终止时对雇员的退休待遇承诺就无法兑现，雇员就会丧失多年甚至毕生辛勤工作积累的既得退休待遇，很多雇员可能陷入既失去工作又失去养老金的境地。

2. 精算与管理复杂

由于待遇确定型涉及大量的精算假设和会计估计，如职工未来养老金水平、领取养老金的年数、剩余服务年限、未来工资水平、能够领取养老金的职工人数的折现率等，故不仅需要一套复杂的精算公式，注重精算方法和精算成本，而且会计处理也比较复杂。企业当期应确认的养老金成本除当期服务成本外，还涉及过去服务成本、精算利得和损失以及利息费用等项目。企业对职工的养老金义务符合负债的定义，因此，理应确认为企业的一项养老金负债。养老金负债是企业采用一定的精算方法、估计合适的折现率所计算出的未来需要支付的养老金总额的折现值。

3. 限制劳动力流动

待遇确定型计划不利于激发职工的积极性和鼓励员工的合理流动。该计划的养老金通常也不能提前领取，制度灵活性较差。计划参与者如果提前离开企业，则其过去服务所赚得的养老金福利很有可能部分甚至全部丧失。

（五）待遇确定型的运用

1. 英国职业年金计划的发展历程

英国于1975年出台《社会保障法》（*1975 Social Security Act*），简称1975 SSA；推出了国家收入关联养老金计划（state earnings related pension scheme），简称SERPS。随着社会经济的发展变化，依靠该计划提供的基本养老金无法维持退休后的生活，国家基本养老金的工资替代率很低。一些大公司的雇主设立职业养老金计划，大多比照SERPS设立，多为待遇确定型的DB计划。1975年社保法案要求全部工薪雇员参加强制性SERPS，允许已经是职业养老金计划的成员继续留在原计划之内。为保护养老金计划成员的利益，在1986年以前，英国政府不允许待遇确定型计划"协议退出"SERPS。1986年推出的社保法（1986 SSA）虽然允许缴费确定型计划退出SERPS，但要求雇主保证最低缴费水平。英国由此建立起包括待遇确定型、缴费确定型及混合型在内的职业年金计划。

2. 英国职业年金计划的现状

作为英国第一支柱的国家基本养老金的替代率仅为20%—40%，大部分人退休后的主要收入来源于第二支柱的职业养老金。2008年年底时所有职业养老金资产达到1.41万亿英镑。截至2010年7月，英国待遇确定型计划的资产为9 210亿英镑，缴费确定型的资产也在大幅度提高。截至2010年3月，英国待遇确定型、缴费确定型和混合型三类计划的覆盖人数分别是830万、150万、610万人；计划数量分别为6 300个、47 500个、1 800个，大多数大公司提供的是缴费确定型计划，其中，63%的计划参与者集中在成员人数一万人以上的138个大型计划中。由于待遇确定型计划的责任主要集中在雇主与政府，英国就业与养老金部成立了养老金保护基金来为破产的 DB 计划提供担保①。

3. 英国职业年金计划的发展趋势

为减轻负担，已有 73％的待遇确定型计划对新员工关闭。《2008 年养老金法案》规定，自 2012 年之后，所有新雇员将只能参加缴费确定型计划。所有年收入 7 475 英镑以上，年龄在 22 岁至法定退休年龄之间，没有参加任何职业养老金计划的雇员都将按照法案"自动加入"职业养老金计划。该计划为雇员建立个人账户，按照工资的 8％注入资金，其中的 3％来自雇主，4％来自雇员，剩下的 1％由政府以税收让利的形式注入，政府由此企图强制性地建立缴费确定型的养老金的第二支柱，并实现职业年金计划对雇员的全覆盖。英国职业年金计划参与者占全部人口的 45％左右，目前职业年金的平均替代率约为 50％左右，已经成为英国养老金体系中最重要的组成部分。

二、缴费确定型

(一) 缴费确定型的含义

缴费确定型（defined contribution，简称 DC）参与者的缴费水平是确定的，退休后每月可领取的养老金数额不确定，取决于个人账户的养老金总额，即缴费和投资收益的总和。

(二) 缴费确定型的特点

1. 遵循以收定支原则

缴费确定型计划下，通常按照雇员收入的一定比例或者固定数额缴纳，计划参与者的待遇水平完全来源于个人账户中的积累资金，该资金包括历年缴费和投资的收益。个人账户积累余额高，则退休待遇高；反之，则待遇较低。

2. 设立个人账户

缴费确定型计划下，通常会为每个参保人设置个人账户，资金进入个人账户。

3. 参保人承担投资风险

参保人既是个人账户的所有者，也是风险承担者。企业提供一系列的投资选择供职工投资参考；职工自行决策，自担风险，养老金给付取决于缴费额和投资收益的高低。不同投资者的风险偏好不同，投资工具不同，决定着个人账户投资收益的高低不同，使得个人账户的投资收益可能呈现较大差异。

(三) 缴费确定型的优点

1. 权利义务对等且透明度高

缴费确定型计划下，企业和职工的共同缴款全额进入个人账户，该账户资金完全归个

---

① 数据来源：胡继晔. 英国养老金体系的最新改革 ［N］. 中国经济时报，2011 年 5 月 31 日。

人所有，不存在代际之间的再分配，实质是劳动者收入在生命周期内的再分配，强调权利与义务的对等，多缴费多受益。特别是在人口老龄化程度加深的趋势下，职工不必担心其缴费得不到回报。个人账户的管理透明度较大，可以随时查询个人账户余额，雇员亲自参与投资管理，容易得到雇员的接受。

2.具有灵活性与便携性

缴费确定型计划下的社会保障计划在缴费、投资、领取和转移方面都具有较好的灵活性。个人账户能随劳动者的工作流动而转移，便携性好，有利于劳动力流动。对于年轻劳动者而言，职业变化和获得更高薪酬的劳动机会较多，便携性更好的缴费确定型计划对劳动者而言更有利，更具有吸引力。在领取待遇时，缴费确定型允许雇员在遭遇经济危机等特殊情形下提前领取，但原则上不鼓励待遇的提前给付，因此，会收取一定金额作为惩罚。灵活性还体现在发生经济困难时一般可以申请贷款。

3.对企业和国家的压力较小

对企业来说，缴费确定型计划无需精算，不用对职工作任何给付的承诺，没有"最低融资条件"的强制性要求；对国家而言，监管相对比较容易，不必设立担保机制，没有财政风险。

（四）缴费确定型的缺点

1.待遇不确定

职工退休后领取的退休金数额是不确定的。由于投资风险由计划参与者承担，投资收益不确定，个人账户中的养老金受投资环境和通货膨胀的影响比较大，在持续通货膨胀和投资收益不佳的情况下，养老金难以保值增值。雇员退休时的养老金取决于其个人账户中的养老金数额，使得参加养老金计划的不同年龄的雇员退休后得到的养老金水平相差比较大。

2.容易导致老年人不退休现象

由于退休后的待遇不确定，取决于个人账户积累余额，雇员将承担个人账户投资风险与长寿风险。一旦个人账户积累不足，计划参与人在生命晚期将可能陷入生活困窘之中。在这样的情况下，人们为了增加个人账户的积累额，往往选择延迟退休。在就业机会一定的情况下，老员工继续待在工作岗位上，势必影响年轻人的就业机会，造成年轻人的失业率上升，不利于社会稳定。

（五）缴费确定型的运用

1.美国401K计划的推出

美国的401K计划是一种典型的缴费确定型企业年金。401K计划也称401K条款，指美国1978年《国内税收法》的第401条K项条款的规定，其正式称谓为现金购买或延期支付计划（CODA），该计划从1980年开始实施。401K计划是一种由雇员、雇主共同缴费建立起来的完全基金式的养老保险制度，对缴费和投资收益免税，只在领取时征收个人所得税。

2.美国401K计划的运行机制

按该计划，企业为员工设立专门的401K账户，员工每月从其工资中拿出一定比例的资金存入养老金账户，企业一般也按一定的比例（不能超过员工存入的数额）往这一账户存入相应资金。美国 401K 计划的运作机制如下：在缴费比例方面，参加 401K 的员工拿出工资比例的 6% 投入到 401K 计划，公司另外投入其工资比例的 3%；在账户管理方面，每一个参加 401K 的员工有一个个人账号。401K 账户的投资管理主体是个人，完全由个人承担账户的投资风险。企业向员工提供 3 到 4 种不同的证券组合投资计划，从最保守的货币市场基金到最激进的新兴市场基金，以及常见的股票基金、债券基金和指数基金、平衡基金等，员工可自主选择进行投资。在领取条件方面，员工退休时，年满 59.5 岁可以选择一次性领取、分期领取和转为存款等方式使用。其他几种可以领取的情形包括：死亡或永久丧失工作能力；发生大于年收入 7.5% 的医疗费用；55 岁以后离职、下岗、被解雇或提前退休。在取款规定方面，提前取款将被征收惩罚性税款，但允许借款和困难取款。雇员年满 70.5 岁必须开始从个人账户中取款，否则，将对应取款额征税 50%。

3. 美国 401K 计划的发展状况

401K 计划在 20 世纪 90 年代迅速发展，逐渐取代传统的社会保障体系，成为美国诸多雇主首选的社会保障计划。全美国共有 60 万个 401K 计划正在进行，超过 80% 的家庭参加了 401K 计划。2000 年，401K 计划覆盖 30 万家企业、4 200 多万人，积累的资产达到 1.8 万亿美元。至 2007 年年底，美国养老金市场总资产为 15 万亿美元，401K 计划的市场份额达到 8.4 万亿美元。根据《全球养老金资产研究报告》，在 2016 年，美国仍是全球排名第一的养老金市场，养老金资产总额为 22.48 万亿美元[①]。

401K 计划在实施过程中也暴露出面临的问题与危机。很多大公司的雇主用该公司的股票来支付员工账户 3% 的款项。50% 参加的人过度投资在一两个投资品种上，而且往往就是他们自己公司的股票。最典型的案例要数安然公司，该公司原是世界上最大的综合性天然气和电力公司之一，在北美地区是头号天然气和电力批发销售商。2001 年，安然公司宣告破产，股价由 90 美元一路下滑至 30 美分，导致 2 万多名安然员工养老金损失达 20 多亿美元，为此，美国养老金保险公司不得不启动一项拯救计划。除了过度相信本公司股票，在所有的 401K 计划中，有 56% 的比例将资金投资到美国股市，即有 4.7 万亿美元私人养老金投资于股票市场。美国金融危机爆发后，超过 53% 的 401K 个人养老金账户持有人已经将资金从股票市场转移到非股票领域，而 19% 比例的持有人已经通过该账户向银行金融机构申请困难贷款。401K 计划在实施中除了雇员承担风险过重，发展速度也在减缓，因为最初加入计划的"婴儿潮"这一代人已进入领取期，新加入的年轻人越来越少。此外，由于雇员多选择一次性领取，养老的目的也难以实现。

三、混合型

（一）混合型的含义

混合型是指兼具给付确定型和缴费确定型两种计划特征的社会保障计划。给付确定型和缴费确定型各有优劣，给付确定型因待遇水平确定受到员工与工会的青睐，缴费确定型

因企业和财政的负担较小、操作简单受到企业和雇主的青睐。发起人和参与人希望在两种计划间寻求权衡，因此，自20世纪90年代以来，混合型社会保障计划逐渐兴起。

(二) 混合型的种类

混合型种类非常丰富，常见的有现金余额计划、保底补偿计划、目标待遇计划和待遇混合计划。

1. 现金余额计划

现金余额计划（cash balance plan）是确定收益型计划和确定缴费型计划的一种混合型计划，是DB计划向DC计划转换中的一种中间型计划。现金余额计划通常由雇主缴费存入每位参保者的个人账户，缴费为薪资的一定比例并支付定期利息回报。个人账户资金集中管理，按发起人规定计息。规定计息与发起人投资收益无关。对雇员而言，现金余额计划更似供款确定型计划；对雇主而言，现金余额计划更似收益确定型计划，雇主预先将供款积累起来，为拥有的资产选择投资方式，并承担全部投资风险，即便储备资产投资出现损失，发起人仍然必须根据缴费和规定计息形成的账户总额向参保人支付待遇。

2. 保底补偿计划

保底补偿计划（floor offset plan）由一个保底确定收益型计划和一个确定缴费型计划组成。通常先由保底确定收益计划确定最低的受益水平，该受益水平与年龄、服务年限等相关，一旦参保人从确定缴费计划中领取的待遇水平等于或者高于最低受益水平，则其收益完全来自确定缴费计划；若参保人从DC计划中领取的待遇水平低于最低收益水平，则由保底确定收益计划补足差额。

3. 目标待遇计划

目标待遇计划（target benefit plan）为每位参与者确定目标待遇水平，然后通过精算确定雇主的缴费义务，向个人账户供款。退休给付水平决定于投资效果，即实际账户的余额，因此，待遇水平是不确定的，可能会高于或低于目标待遇水平。

目标待遇计划从表面上看类似于待遇确定型，但是两者存在差异。目标待遇计划所确定的目标待遇水平仅用于计算雇主缴费水平，最终的实际待遇与个人账户的缴费和投资收益挂钩，参保人承担投资风险。因此，目标待遇型计划实质上更接近缴费确定型计划。

4. 待遇混合计划

待遇混合计划由两部分组成，一部分来自待遇确定型计划，另一部分来自缴费确定型计划，两类计划同时运作，互不影响。无论缴费确定型计划提供的待遇高低，给付确定性计划都会进行一定的待遇给付。从运行方式看，待遇混合计划是待遇确定型计划和缴费确定型计划的简单混合。

(三) 混合型的优点

混合型计划的快速发展主要得益于它能扬长避短，满足计划主办方和参与人的需求。不同的混合型计划的优点有所不同。

1. 现金余额计划的优点

现金余额计划的优点体现在三方面：第一，避免参保人暴露于投资风险，通过将资金集中统一管理，不仅费用相对更低，而且有利于形成规模效应；第二，由于现金余额计划设立个人账户有利于参保人账户的转移携带，有利于劳动力的流动，增强对参保人缴费的激励功能；第三，账户按规定计息，有利于激励参保人提高储蓄资金的投资管理效率。

2. 保底补偿计划的优点

保底补偿计划能激发参保人积极缴费与投资，使大多数参保人可以通过确定缴费计划获取相应待遇。对于少数因缴费不足或投资损失导致账户积累额过低的参保人，保底补偿计划能为其提供基本的社会保障待遇。

3. 目标待遇计划的优点

目标待遇计划有利于账户转移和便携，参保人对个人账户资金具有投资管理权并且承担投资风险，使得发起人负担较轻。发起人通过设定目标待遇来确定缴费水平，容易获得参保人的接受。

4. 待遇混合计划

待遇混合计划最终的给付水平由两个部分组成，使得参保人面临的风险得到一定程度的分散，补偿参与人个人账户积累的不足。

（四）混合型的缺点

1. 计划较为复杂

不同的混合型计划在缴费、投资运作、账户、领取等方面存在显著差异，混合型计划的发展使得社会保障计划种类得到丰富的同时，也使社会保障计划日趋复杂。计划过于复杂会使计划的透明度受到影响，计划参与人难以对计划的实质有正确的认识。

2. 增加监管难度

混合型计划的发展和创新给政府在社会保障计划方面的监管提出了更高要求。待遇确定型计划和缴费确定型计划在运行模式、风险分担上的差异要求采用不同的监管方式与会计准则。许多表面上具有缴费确定型特征的计划，实质却是待遇确定型的，待遇承诺是发起人的隐性债务。如果没有认识到其本质而采用缴费确定型的监管方式，就会造成财务信息失真，不能真实反映对社会保障计划的运行状态。

（五）混合型的运用

据美国劳工部的统计，1999 年，美国有 1 300 个现金余额计划，约占所有收益确定型计划参与者的 15%，资产的 20%。2000 年，现金余额计划的数量占收益确定型计划的比例达 23%。在过去 20 年里，现金余额计划的规模已发展到 1 700 个，覆盖人群则有 800 万人[①]。到 2007 年，现金余额计划的规模进一步增长至 4 735 个，参与人数达到 1 052 万人。

包括 DB、DC 以及混合型计划中的现金余额计划、目标待遇计划在内的美国各类型养老金计划的个数与参与人数，从 1999 年到 2007 年的发展情况分别如表 7-1 和表 7-2

---

① 陈星. 美国养老金制度的改革与创新 [J]. 经济导刊，2005（10）。

所示①。

表 7-1　美国各类型养老金计划个数（1999—2007 年）　　　（单位：个）

年份	DB 计划	DC 计划	混合型计划	
			现金余额计划	目标待遇计划
1999	48 571	677 978	1 324	5 122
2000	47 483	682 946	1 290	3 932
2001	45 382	683 427	1 477	3 184
2002	45 466	683 424	1 903	2 519
2003	46 748	651 072	2 288	1 904
2004	44 517	634 115	2 965	1 452
2005	44 513	630 182	3 101	1 200
2006	44 669	644 769	3 910	1 202
2007	44 247	657 793	4 735	1 012

表 7-2　美国各类型养老金计划参与人数（1999—2007 年）　　　（单位：千人）

年份	DB 计划	DC 计划	混合型计划	
			现金余额计划	目标待遇计划
1999	35 252	60 160	6 175	208
2000	34 597	61 617	7 016	99
2001	34 248	64 429	7 820	82
2002	33 834	65 196	8 244	79
2003	32 833	64 052	9 346	65
2004	31 900	64 560	9 808	67
2005	31 790	75 416	10 135	65
2006	31 960	79 760	10 185	86
2007	31 760	81 508	10 520	66

第三节　社会保障基金支出水平

一、社会保障支出水平的内涵与界定

（一）社会保障支出水平的含义

社会保障支出水平是指一定时期内一国或地区社会成员享受社会保障待遇的高低程度，也称社会保障水平。社会保障水平越高，人们享受的保障程度越高。

---

① 数据来源：转引自陈志国、黄薇薇. 美国现金余额计划及其对我国的启示 [J]. 保险研究，2010 (6)。

（二）社会保障支出水平的特点

1. 动态性

一个国家或者地区的社会保障水平并非一成不变，在不同的历史时期，社会保障水平会因为本国或地区经济发展水平、人口结构等因素的变动而改变。社会保障水平不是静止不变的，而是动态变化的。

2. 刚性

社会保障水平的刚性是指社会保障水平发生动态变化时，往往只能提高，难以降低。一旦降低社会保障水平、削减社会保障项目、缩小社会保障覆盖人群，必然会受到利益受损者的不满与抗议，严重时甚至引发社会骚乱与动荡。

3. 适度性

社会保障支出水平的刚性决定着社会保障水平的调整只能上调，但是并非越高越好，社会保障水平客观上存在适度区间，既不能过高，也不能过低。社会保障水平过高，则会加重企业负担，加大企业成本；社会保障水平过低，则难以提供基本的生活保障，无法发挥稳定功能。社会保障水平的高低受制于经济规模与经济发展水平。社会保障水平只有保持适度，方能促进经济发展。

（三）社会保障支出水平的指标

社会保障支出水平可以用一系列指标来描述。如在具体的社会保障项目中，待遇的高低水平，包括退休人员的人均养老金水平、失业人员的失业津贴高低、城乡最低生活保障标准等。为了反映一个国家或地区人们享受社会保障待遇的总体水平，并且便于不同地区、国家之间进行横向和纵向的比较，在实践中更多应用到下列三个指标，即部门行业领域社会保障水平、财政转移支付社会保障水平和社会保障总水平。

1. 部门行业领域社会保障水平

部门行业领域社会保障水平又称为社会保障的工资比重系数，分子为社会保障支出总额，分母为工资总额，可以反映一个企业、部门乃至行业的工资总额中用于社会保障的支出比重。该比重系数以生产劳动要素分配项目工资为基数，也可以称为劳动工资社会保障水平。

2. 财政转移支付社会保障水平

财政转移支付社会保障水平又称为社会保障的财政支出比重系数，分子为社会保障支出总额，分母为财政总支出，反映政府公共财政支出中社会保障支出的比重。该公式中的社会保障支出是指在财政总支出中用于社会保障支出的总额。正如第 2 章"社会保障基金与国家财政"指出的，财政支出直接为社会保障基金提供重要的资金来源，社会保障基金支出是财政支出中相当重要的内容，并且可以用财政转移支付社会保障水平予以量化。该指标既可以用于说明地方财政中对社会保障的转移支付比重，也可以用于说明中央财政中对社会保障的转移支付比重。

3. 社会保障总水平

社会保障总水平又称为社会保障的国内生产总值比重系数，是衡量社会保障水平最主要的指标，分子为社会保障支出总额，分母为国内生产总值 GDP。社会保障支出总额占国内生产总值的比重全面反映了一个国家或地区的资源中用于全体社会成员社会保障待遇的程度。该指标消除了货币计量单位的不同带来的可比性问题，因此，它成为广泛用于衡量社会保障水平的国际通用指标。

二、适度社会保障水平

(一) 适度社会保障水平的内涵

1. 适度社会保障水平的内涵与判断

适度社会保障水平是指社会保障制度在保证公民一定的经济生活水平的基础上，对国民经济发展起到积极的推动作用。适度社会保障水平要求社会保障制度能发挥制度的多重功能，包括稳定功能、调节功能、补偿功能和促进社会经济发展的功能，而且社会保障制度本身良性运转，具有可持续性，从而能推动国民经济的发展。

2. 社会保障适度水平的影响因素

从供给角度而言，社会保障适度水平的影响因素包括 GDP、居民收入和储蓄、财政收入、国有资产、社会保障资金等。从需求角度而言，社会保障适度水平的影响因素包括人口总量结构、社会保障项目、风险与自然灾害、经济周期等。比如，风险与自然灾害频繁、自然灾害造成的损失比较严峻时，社会保障需求程度上升，要求提高社会保障支出水平。经济周期陷入衰退期时，失业率上升，社会保障支出需求增加。然而，在衰退期经济陷入低迷，供给能力下降，由此形成社会保障支出供需之间的矛盾。

(二) 适度社会保障水平的意义

1. 适度社会保障水平的促进作用

社会保障水平处于适度水平具有三方面的作用：对劳动者而言，能保证劳动力的再生产，激励生产积极性，提高劳动者素质，有利于人力资源的优化配置；对企业而言，能使企业的社会保障负担趋于适度，提高市场竞争力；对国家而言，能为经济发展创造必要的生活环境，促进国民经济的发展和社会进步。

2. 不适度社会保障水平的影响

不适度的社会保障水平存在两种情形。一种是社会保障供给不足，在此情形下容易导致民不聊生，甚至引发社会危机；另一种情形是社会保障供给过度，在此情形下容易养懒汉，并且造成资源浪费。

(三) 适度社会保障水平的测定模型①

1. 适度社会保障水平的测定模型的假设条件

条件 1：首先界定社会保障水平，社会保障水平是指社会保障支出占国内生产总值的

---

① 穆怀中.社会保障国际比较 [M].中国劳动社会保障出版社，2007 年 8 月。

比重，即社会保障总水平。

条件 2：侧重从供给角度分析社会保障水平在何限度内方能适应国民经济的发展。

条件 3：依据柯布-道格拉斯生产函数，将国内生产总值划分为由劳动生产要素投入所创造的总产值和由资本生产要素投入所创造的总产值两部分。由劳动生产要素投入所创造的总产值，通过工资和收入的方式分配给劳动者，其中，社会保障支出包含在由劳动生产要素投入所创造的总产值中。

2. 适度社会保障水平的测定模型

$$S = \frac{S_a}{G} = \frac{S_a}{W} \times \frac{W}{G} = Q \times H$$

模型中，S 表示社会保障水平；S_a 表示社会保障支出总额；G 表示 GDP；W 表示工资收入总额；引入中间变量工资收入总额 W 后，社会保障水平指标分解为两个指标 Q 与 H 的乘积，其中，Q 为社会保障支出总额占工资收入总额的比重系数，又称为社会保障负担系数；H 为工资收入总额占国内生产总值的比重系数，又称为劳动生产要素投入分配比重系数。

3. 适度社会保障水平的上限

社会保障负担系数 Q 可用来测定社会保障支出是否既能保证公民的基本生活又能鼓励劳动者积极劳动。统计结果表明，以人口零增长条件下平均寿命为 85 岁计算，未来人口老龄化高峰期老年人口比重达到 30.5%，社会保障负担系数 Q 为 34.88%，即 $Q_{max} = 34.88\%$。

基于历史统计资料，依据柯布-道格拉斯生产函数，合理、适度的劳动生产要素分配比重系数为 75%，即 $H_{max} = 75\%$。

将 Q 和 H 的值代入公式，得到社会保障水平的上限约为 26.16%，即

$$S_{max} = Q_{max} \times H_{max} = 34.88\% \times 75\% = 26.16\%$$

以人口实现零增长且人口老龄化达到高峰期的数据计算出来的社会保障水平的上限也称为未来高峰期社会保障水平上限。立足于现存人口老龄化程度设立的可承受的上限可以称为现实社会保障水平上限。

4. 适度社会保障水平的下限

计算社会保障水平的下限时，劳动生产要素分配比重系数 H 既定的情形下，社会保障水平的下限主要由社会保障负担系数 Q 决定。又由于工资收入总额既定，社会保障负担系数 Q 的大小主要由 S_a 表示的社会保障支出总额决定，具体可以分解为各项社会保障项目占工资收入总额的比重。社会保障水平的公式可进一步写为

$$S = Q \times H = 0.75(Q_a + Z + J + M)$$

其中，Q_a 为老年人口比重；Z 为失业保障支出比重系数；J 为工伤、生育保障支出比重系数；M 为社会福利和社会优抚支出比重系数。根据国际经验和中国的社会保障政策，Z 一般在 1%—1.5%，下限选 1% 为宜；J 一般在 0.016%—1.5%，下限选 0.016% 为宜；M 一般在 1%—1.5%，下限选 1% 为宜。在得到既定时期的老年人口比重后，就可以把数

据代入公式测算出适度社会保障水平的下限。

三、社会保障水平超度

(一) 社会保障水平超度的含义

社会保障水平超度是指社会保障水平超过适度水平的上下限。世界各国社会保障的发展现状与趋势表明，社会保障水平超出上限是面临的主要问题，因此，将社会保障水平超度的含义缩小为社会保障水平超过适度水平的上限。

英国、芬兰、瑞典、丹麦、德国、法国、美国等西方主要工业化国家在 20 世纪 70 年代中期开始出现社会保障水平超度，如表 7-3 所示[①]。

表 7-3　西方工业化国家社会保障水平超度情况　　　　　　（单位:%）

国家	社会保障水平	1970	1975	1980	1985	1990	1995	2000
英国	当时水平	15.90	19.50	20.20	24.30	22.30	27.10	27.00
	适度上限	17.33	18.23	18.90	19.13	19.50	19.57	19.58
芬兰	当时水平	13.40	16.20	19.20	23.80	25.60	32.20	25.60
	适度上限	14.63	15.68	16.73	17.10	17.78	18.38	18.90
瑞典	当时水平	21.10	26.70	29.70	30.90	31.80	35.00	31.50
	适度上限	18.00	19.05	19.95	20.63	21.08	20.85	20.70
丹麦	当时水平	19.50	25.80	26.50	25.50	27.60	31.30	28.10
	适度上限	16.95	17.78	18.53	19.05	19.43	19.20	18.83
德国	当时水平	25.60	27.20	26.00	26.50	25.60	29.70	29.30
	适度上限	18.00	18.83	19.43	18.68	18.90	19.35	20.03
法国	当时水平	15.30	24.10	21.40	26.50	27.10	30.50	30.10
	适度上限	17.40	17.85	18.15	17.40	18.23	19.13	19.80
美国	当时水平	14.70	18.60	17.80	19.20	21.00	23.70	23.70
	适度上限	15.08	15.60	16.20	1 6.65	17.10	17.25	17.03

(二) 社会保障水平超度的原因

西方工业化国家社会保障水平超度的主要原因在于保障项目过多、保障程度过高、失业率不断攀升以及人口老龄化加重。

1. 保障项目过多

第二次世界大战后，社会保障制度从欧洲推向全球，社会保险的项目向综合保险转

---

① 表格来源：穆怀中．社会保障国际比较 [M]．中国劳动社会保障出版社，2007 年 8 月，第 126 页。

变，涵盖范围逐渐扩大，并且纷纷将以前的自愿参保改为强制保险。保障项目日趋繁多，各国普遍建立起包括老年、残障、疾病、医疗、失业、家庭、儿童、住房以及其他社会救助在内的社会保障体系，有的国家社会保障项目多达 200 多种。有"福利国家橱窗"之称的瑞典，保障内容涵盖生育、疾病、伤残、失业、养老、儿童、遗属、单亲家庭、住房、教育和培训津贴，除了现金津贴项目，还提供医疗、护理等服务。1940 年，全球有 135 种社会保险、社会救助、雇主责任制和社会津贴等社会保障项目，到 1979 年时，这些项目增加至 494 项①。

2. 保障程度过高

保障程度过高是西方国家以《贝弗里奇报告》为指导思想所建立起来的社会保障制度的显著特点，具有浓郁的福利色彩。比如，日本的与收入关联的养老金给付公式为每月保险给付金额的 1% 乘以 15 年平均收入乘以保险年限。德国的劳动者在患病期间不仅可以通过医疗保险报销医疗费用，还能得到工资支付。保障程度过高也体现为待遇领取资格较为宽松。各国通常都采用在缴纳最短持续期后就能够领取基本养老金的制度，使得大部分福利国家的社会保障支出开始超过国民生产总值和政府财政的增长速度。

3. 失业率较高

20 世纪 70 年代末，西方发达国家经济开始出现衰退。比如，瑞典的经济增长速度由 1960—1965 年的年平均 5.7% 减慢为 1970—1974 年的年平均 3.0%，其后的 1975—1979 年进一步降低至 0.3%，经济减速明显。经济衰退造成大量企业减产和破产，工人被解雇。1983 年年底，德国、意大利、荷兰、英国、比利时等国的失业率纷纷突破 7% 的恶性警戒线，分别高达 9.5%、11.2%、11.4%、11.9% 和 14.9%。由于失业后不仅不用缴纳社保费或者税，反而可以领取相当于失业前 65% 以上的失业津贴，有的国家失业者最高能领取相当于失业前 95% 甚至 100% 的失业津贴，失业待遇优厚、容易获取且享受期限较长，失业者缺乏回到工作岗位上的动力，甚至不乏有意失业者，把失业视为职业。

4. 人口老龄化加重

第二次世界大战后，人口结构发生较大改变，随着科学技术的发展、营养卫生条件的改善，西欧各国开始步入人口老龄化国家行列，65 岁以上老人占总人口的比重在 20 世纪 70 年代已经高达 13%，70 岁以上的老人则接近 5%。65 岁以下就业人员与 65 岁以上老人的比例纷纷下降，法国在 1950 年时为 3.9∶1，1970 年减少为 3.1∶1，1980 年再降为 3.0∶1，即平均 3 个劳动者供养一名老人；比利时的情况更不妙，从 3.6∶1 降为 2.8∶1，1980 年时继续降为 2.7∶1。人口老龄化直接导致各国养老金开支急剧上升。比利时的养老金和退休金的开支从 1960 年到 1977 年间增长了 8.6 倍，同期，英国、德国、瑞典、法国分别增长了 7.9 倍、8.6 倍、11.4 倍和 17.5 倍。

（三）社会保障水平超度的后果

社会保障水平超度的最严重后果是不断加大财政赤字、进而影响国民经济的良性运行，除了导致政府财政赤字外，还可能抬高企业成本，影响企业竞争能力；在劳动者中滋

---

① 孙树菡. 社会保险［M］. 中国人民大学出版社，2008 年 1 月，第 44 页。

生惰性，损害经济效益。

1. 加大政府财政赤字，影响国民经济良性运行

面对社会保障支出水平的直线上升，社会保障制度本身出现入不敷出的危机，政府最感焦虑的是由此导致的财政赤字。如表 7-3 所示，社会保障支出占 GDP 的比重在 1970 年时在 15% 左右的国家有芬兰（13.4%）、美国（14.7%）、法国（15.3%）、英国（15.9%），2000 年时这些国家的社会保障水平分别上升至芬兰（25.6%）、美国（23.7%）、法国（30.1%）、英国（27%）；社会保障水平 1970 年时在 20% 左右的国家有丹麦（19.5%）、瑞典（21.1%）、德国（25.6%），2000 年时社会保障水平增长至丹麦（28.1%）、瑞典（31.5%）、德国（29.3%）。由此可见社会保障水平的刚性增长和强劲增速。庞大的社会保障开支成为国家财政的沉重包袱，导致政府财政赤字累累。以英国为例，1973—1981 年间，各级政府财政赤字从 39 亿英镑上升至 120 亿英镑，政府不得不大规模发行国债，同期国债总额从 108 亿英镑增加到 375 亿英镑。瑞典的财政赤字 1970 年时是 0.2 亿克朗，1980 年猛增到 430.3 亿克朗。

2. 抬高企业成本，影响企业竞争能力

社会保障开支的迅猛增长使得企业要为员工缴纳高额所得税和社保费，产品成本不断提高。1973 年时，瑞典一名年收入 3 万克朗的单身职工应缴纳的包括社会保险税在内的税款达到 15 220 克朗，占到收入的 51%；一名年收入 4 万克朗的中等收入水平的单身职工应缴纳的税款占其收入的 54%。20 世纪 80 年代，瑞典的工业产品成本是 20 世纪 70 年代的 2.5 倍。企业成本过高，势必影响产品的市场竞争力，甚至危及企业存亡。美国通用汽车正是由于员工的退休福利、医疗保险和失业待遇过高而在 2009 年一度申请破产保护。从 1992 至 2006 年，通用汽车的雇员退休基金投入高达 560 亿美元；每年的医疗保险支出达到 450 亿美元，如此庞大的费用，甚至超过公司在购买钢铁方面的支出，相当于每部车增加 1 200 美元的成本[①]。

3. 劳动者滋长懒惰，损害经济效益

一方面，高福利国家的普通劳动者可以通过各种社会福利缩小与高收入阶层的收入差距；另一方面，部分劳动者中滋生依赖社会保障的懒惰心理，缺乏劳动积极性。20 世纪 60 年代初，英国劳动者的收入组成中，来自工薪的比重为 88.8%，70 年代中期下降到 84.5%，与此同时，来自福利的比重从 11.2% 上升至 15.5%。同一时期，德国劳动者收入中来自工薪的份额从 69.2% 下降到 61.1%，来自福利的份额从 30.8% 上升至 38.9%；法国劳动者收入中来自工薪的份额从 62.1% 下降到 55.3%，来自福利的份额从 37.95% 上升至 44.7%[②]。美国联合汽车工会成员失业期间可以领取全额工资的 95%，而且工人可以无限期地"待业"。美国通用的工作银行 Jobs Bank 供养着 8 000 多名全薪下岗工人，他们和其他工人一样拿着 15 万美元的年薪。由于劳动者收入中相当比重不是来自劳动贡献，光靠社会福利就能生活下去，劳动者的积极性和主动性大大削弱，劳动生产率难以提高，

---

① 全国社会保障基金理事会．美国汽车行业救助措施之分析［N］．中国养老金网，www.cnpension.net，2009 年 9 月 27 日。

② 穆怀中．社会保障国际比较［M］．中国劳动社会保障出版社，2007 年 8 月，第 134 页。

经济效益受损，不利于经济发展。

第四节 我国社会保险基金给付

社会保险基金的给付，主要包括给付条件、给付标准、给付内容、待遇的丧失等方面，且随着社会保险项目的不同而不同，不可一概而论。下面分别论述养老保险、医疗保险、失业保险、工伤保险和生育保险五大项目的基金给付。

一、养老金的给付

（一）养老金的给付条件

1. 各国养老金的给付条件规定

各国养老保险制度的类型不同，养老金给付条件也不相同，但普遍从退休者的退休年龄、缴费年限、工作年限、居住期限四个方面作出明确规定，当然不一定全部涉及。比如，法国规定退休者工作期间须缴纳满 150 个季度（即 37.5 年）的保险税、达到法定退休年龄方可全额领取养老金；德国规定男性公民缴费须满 15 年、女性公民缴费须满 10 年；罗马尼亚规定男女公民工龄应分别达到 30 年和 25 年；菲律宾规定男女公民工龄在 15 年以上。日本 1954 年修订后的《厚生年金法》规定缴费年限为 20 年，支付年龄为男性 60 岁，女性 55 岁。实行国民年金制度的国家通常要求被保险人必须达到规定的年龄，并且要符合居住国规定的居住年限，才有资格领取养老金。比如，丹麦规定领取养老金的条件为年满 67 岁之前的连续 5 年居住在本国，且有公民权；加拿大规定，国民年金的享受条件为年满 65 岁，18 岁以后在加拿大每居住一年，可领取最高养老金的 1/40，至少可领取 10 年，最多可领取 40 年。

有的国家的养老金不仅发放给劳动者本人，还发放给其配偶。养老金待遇不仅与前述四方面因素有关，还与生育子女数量有关。比如，法国的法定基本养老金提供本人退休养老金（即直接待遇）和遗属待遇。在直接待遇中，女性每生育一个孩子，可得到两年的视同缴费年限。在遗属待遇中，配偶或没有再婚的原配偶去世后，生存配偶或原配偶在以下条件下有权领取养老金：婚龄至少有 2 年；年满 55 岁；符合规定的收入条件。

2. 我国企业职工养老金的给付条件

我国企业职工养老金的给付需满足三个条件：达到法定退休年龄、连续工龄满 10 年、单位和本人按规定缴费且累计缴费年限（含视同缴费年限）满 15 年。我国法定正常退休年龄规定为：企业、事业单位和党政机关、社会团体的工人，男年满 60 周岁，女年满 50 周岁；党政机关、群众团体、企业、事业单位的干部，男年满 60 周岁，女年满 55 周岁。从事国家法定特殊岗位、工种的工作者，如高温、井下、低温、特别繁重体力劳动、有害工作环境等，退休年龄可以较正常情况下提前 5 年，即男年满 55 周岁，女年满 45 周岁。如个人缴费年限不满 15 年（含视同缴费年限），退休后不能领取基础养老金，个人账户中的存储额一次性支付给本人。

3. 各国对法定退休年龄的改革

为了应对人口老年化带来的财务支付压力，大多数发达国家开始改革法定退休年龄，呈现出以下三个特点：一是不断延长退休年龄；二是男女退休年龄趋向一致；三是鼓励延迟退休。

（1）不断延长退休年龄。目前，许多国家的法定退休年龄大体在 65 岁左右。2010 年法国退休金制度改革将法定最低退休年龄从 60 岁提高到 62 岁，将可正常领取养老金的退休年龄从 65 岁提高到 67 岁。日本在 2006 年修改法律，计划在 2006 年至 2013 年间，把男性领取养老金年龄从 60 岁延长到 65 岁，女性从 56 岁延长到 60 岁。美国 1983 年签署的《社会保障法案》规定，退休年龄将从 65 岁提高到 67 岁。在 2000 年开始施行，并且采用渐进式延迟退休，直至 2015 年，退休年龄被延长到 67 岁。巴西在 2003 年把退休年龄从 55 岁提高到 60 岁。

（2）男女退休年龄趋向一致。全世界一共有 165 个国家对退休年龄作了具体规定，全世界男性平均退休年龄约为 60 岁，女性约为 58 岁。西欧各国实行的退休年龄各不相同，较低的意大利为男子 60 岁、女子 55 岁，较高的丹麦为男子 67 岁、女子 62 岁。奥地利为男 65 岁、女 60 岁，德国为男 63 岁、女 60 岁，瑞士为男 65 岁、女 62 岁，英国为男 65 岁、女 60 岁。实行男、女退休年龄相同的国家相对较少，比如荷兰与比利时，男女退休年龄均为 65 岁。随着女性寿命的延长，有的国家开始改变男女不同龄退休的传统。比如英国，从 2010 年 4 月起，英国女性和男性的退休年龄同样是 65 岁。德国也将男女的退休年龄统一调高至 65 岁。

（3）鼓励延迟退休。比如，美国规定了三个年龄界限：一是正常退休年龄；二是提前退休年龄；三是推迟退休年龄。正常退休年龄的标准是动态的，只有达到正常退休年龄的人才能获得完全的退休给付；提前退休年龄不得低于 62 岁，提前退休者只能获得低于正常退休年龄的退休给付；凡是推迟退休者，均能获得大于正常退休年龄的退休给付，但最大奖励退休年龄不能超过 70 岁。法国也规定了最低退休金年龄、全额退休金年龄和必须终止一切经济活动的年龄这三种退休年龄。原全额退休金年龄为 65 岁，后因故提前至 60 岁，2010 年改革后又将其提高到 62 岁。

（二）我国企业职工养老金待遇计算方法

1997 年，国务院颁发《关于建立统一的企业职工养老保险制度的决定》（国发〔1997〕26 号），提出全国统一的方案，逐步实行省级统筹，从原来的现收现付制转变为社会统筹与个人账户相结合的部分积累制养老保险制度。2005 年，国务院在《关于完善企业职工基本养老保险制度的决定》（国发〔2005〕38 号）中调整养老金计发办法。根据这两个重要文件，我国企业职工养老金待遇计算方法可分为三类不同对象：老人、中人与新人。不同对象的养老金计发不同，新人新制度，老人老办法，中人逐步过渡。如图 7-1 所示。

1. 老人老办法

所谓"老人"，是指国发〔2005〕38 号决定实施前已经离退休的人员，仍按原来的规定发给养老金，同时执行养老金调整办法。老人老办法的原则能确保老人的养老金待遇不

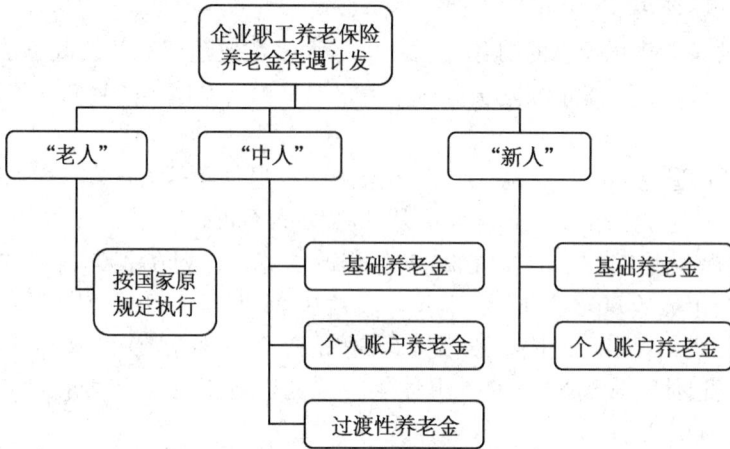

图 7-1　企业职工养老保险待遇给付

仅不降低，而且能通过养老金待遇调整分享社会经济发展成果。

2．中人中办法

"中人"是指国发〔1997〕26号文件实施前参加工作，国发〔2005〕38号决定实施后退休的人。若缴费年限累计满15年，在发给基础养老金和个人账户养老金的基础上，再发给过渡性养老金。过渡性养老金由各省、自治区、直辖市人民政府按照待遇水平合理衔接、新老政策平稳过渡的原则，在认真测算的基础上，制订具体的过渡办法，报劳动保障部、财政部备案。若缴费年限累计不满15年的人员，不发给基础养老金，个人账户储存额一次性支付给本人，终止基本养老保险关系。

"中人"月基本养老金＝基础养老金＋个人账户养老金＋过渡性养老金

3．新人新办法

"新人"是指（国发〔1997〕26号）文件实施后参加工作的人。缴费年限（含视同缴费年限）累计满15年的人员，退休后按月发给基本养老金。基本养老金由基础养老金和个人账户养老金组成。退休时的基础养老金月标准以当地上年度在岗职工月平均工资和本人指数化月平均缴费工资的平均值为基数，缴费每满1年发给1％。个人账户养老金月标准为个人账户储存额除以计发月数，计发月数根据职工退休时城镇人口平均预期寿命、本人退休年龄、利息等因素确定。

"新人"月基本养老金＝基础养老金＋个人账户养老金

个人账户养老金＝个人账户储存额÷计发月数

退休年龄与计发月数不再统一是120，例如40岁为233，50岁为195，55岁为170，60岁为139。

基础养老金＝（全省上年度在岗职工月平均工资＋本人指数化月

平均缴费工资）÷2×缴费年限×1％

本人指数化月平均缴费工资＝全省上年度在岗职工月平均工资

×本人平均缴费指数

本人平均缴费指数是职工个人实际的缴费基数与社会平均工资之比的历年平均值。低限为 0.6，高限为 3。

（三）养老金待遇的调整

《社会保险法》第十八条规定，国家建立基本养老金正常调整机制。根据职工平均工资增长、物价上涨情况，适时提高基本养老保险待遇水平。国发〔2005〕38 号文第七条规定，建立基本养老金正常调整机制。根据职工工资和物价变动等情况，国务院适时调整企业退休人员基本养老金水平，调整幅度为省、自治区、直辖市当地企业在岗职工平均工资年增长率的一定比例。各地根据本地实际情况提出具体调整方案，报劳动保障部、财政部审批后实施。自 2005 年至 2018 年，我国连续 14 年调整企业退休人员基本养老金水平，每次调整的幅度约为人均基本养老金的 10%①。企业退休人员月人均基本养老金水平从 640 多元提高到 2017 年的 2 500 多元。

二、医疗保险基金的给付

（一）医疗保险的给付与支付

医疗保险的给付不等于医疗保险的支付。

医疗保险的给付是指被保险人患病后，按照规定的条件和待遇标准，从医疗机构获得相应的医疗服务，并从社保机构获得医疗费用补偿。给付的内容包括医疗服务和医疗费用；给付的对象是被保险人；给付的主体是医疗机构和社保机构。

医疗保险的支付是指社保机构代替被保险人，向为其提供医疗服务的医疗机构支付医疗费用，是一种第三方付费行为。支付的内容是医疗费用；支付的对象为医疗机构；支付的主体是社保机构。

（二）医疗保险费用的支付方式

医疗保险费用的支付方式多种多样，根据费用支付的时间先后，可以分为后付制与预付制。按服务项目付费属于后付制，是运用最广泛的一种方式。预付制包括总额预算制、人头预算制、定额预算制与病种预算制。根据费用支付的对象，可分为对医院的支付和对医生的支付，后者包括工资制和相对价值标准制。

1. 按服务项目付费

按服务项目付费，是指医疗机构定期向保险机构提交医疗服务记录，保险机构据此向医疗机构支付费用。医疗服务的项目繁多，诸如诊断、治疗、化验、药品、麻醉、护理等。优点体现在操作方便，适用范围广。缺点体现在医院有过度服务的动机，社保机构控制医疗费用的成本高。

2. 总额预算制

总额预算制下，医疗机构与保险机构协商确定年度预算总额，保险机构据此向医疗机

---

① 数据来源：人力资源和社会保障部. 2011 年全国社会保险情况，http：//www.mohrss.gov.cn。

构支付费用，医院要向所有被保险人提供合同规定的服务。年度预算的考虑因素有医院的规模与设施、服务的数量和质量、被保险地区的人口密度和人口结构、通货膨胀等。总额预算制的优点在于保险机构能较好地控制医疗费用。缺点是医院有紧缩服务的动机。

3. 人头预算制

人头预算制下，医疗机构与保险机构协商被保险人数，保险机构根据被保险人数的多少定期向医疗机构支付一笔固定的费用。人头预算制的特点是，医疗服务提供方服务的被保险人数越多，预算可以获得的收入就越多；在实际提供医疗服务时，提供的医疗服务越多，成本越高导致医院的利润越少。优点体现在鼓励医院以更少的费用为更多的人提供医疗服务，鼓励医疗资源流向预防服务。缺点是医院有减少服务、节省费用的动机。

4. 定额预算制

定额预算制下，医疗机构与保险机构协商确定住院日费用标准和门诊次费用标准，保险机构根据该标准按照实际的住院天数和门诊次数向医疗机构支付费用。优点在于鼓励医院降低每日住院成本和每次门诊成本。缺点是医院有延长住院天数和增加门诊次数的动机。保险机构的应对措施是同时核定住院天数，即对每一出院病人支付相同数额的费用。

5. 病种预算制

病种预算制下，医疗机构与保险机构协商确定病种分类，保险机构根据病人所患病种的不同，按照相应的标准向医疗机构支付固定费用。优点在于鼓励医院降低成本。缺点是医院有升级患病种类、诱导病人住院或手术的动机，制定标准的过程复杂，管理成本高。

6. 工资制

社保机构根据医护人员提供的服务向他们发放工资。优点是医生的收入来源稳定，与服务量多少没有关系。缺点在于难以调动医生提高服务质量的积极性。

7. 相对价值标准制

社保机构通过比较各专科医生服务中投入资源要素成本的高低，计算每项服务的相对价值，以此作为确定各项服务费用的依据。投入资源要素包括服务全过程所花的时间和劳动强度、业务成本、培训的机会成本。优点是鼓励医生提供合理服务，均衡不同科医生的收入，优化人力结构和布局。

（三）医疗保险费用的分担方式

医疗保险费用的分担是指对患者就医产生的全部医疗费用，由患者本人承担其中的一部分，其余由社保机构通过医疗保险基金支出。目的是防止滥用医疗资源，控制过度需求造成的医疗费用快速增长。医疗保险费用的分担方式有如下四种。

1. 起付线——扣除保险

起付线又称扣除保费，它是由保险机构规定医疗保险费用偿付的最低标准，低于起付线以下的医疗费用全部由病人自负，超过起付线的费用由医疗保险机构偿付。

2. 封顶线——限额保险

封顶线也叫限额保险，是与起付线相反的费用分担方法。该方法规定费用支付的最高限额封顶线，社保只偿付低于封顶线以下的费用，超出部分由参保人或参保人与其单位共同分担。

3. 自付率——共付保险

自付率又称共付保或按比例分担险，即保险机构和被保险人按一定比例共同偿付医疗费用，这个比例可以是固定的，也可以是变动的。如某些药物和医用材料虽属公费范围，但个人还需自费一部分，从50％—90％不等。

4. 定额自付——自付金额

定额自付又称自付金额，被保险人每发生一次门诊或住院费用，都自付一定数量的医疗费用。

(四) 我国城镇职工基本医疗保险

1998年12月，国务院发布《关于建立城镇职工基本医疗保险制度的决定》，建立起我国城镇职工基本医疗保险制度的基本框架：低水平、广覆盖；保费由单位和个人共同负担；社会统筹和个人账户相结合，即城镇职工基本医疗保险基金由统筹基金和个人账户构成。统筹基金和个人账户资金分开管理，区分使用范围，不得相互挤占。

1. 个人账户支付规定

职工个人缴费全部计入个人账户；在职职工缴费率为本人工资的2％。用人单位缴费30％左右划入个人账户，其余70％作为社会医疗统筹基金。用人单位缴费率约为职工工资总额的6％，上海、北京等地区缴费率较高，分别达到10％和9％。个人账户归个人使用，可以结转和继承，主要支付门诊费用、住院费用中个人自负部分及在定点药店购药费用。

2. 统筹基金的支付规定

统筹基金用于支付住院医疗和部分门诊大病费用。参保人员发生的符合规定的医疗费用超过起付标准、在最高支付限额之内的部分，主要由统筹基金支付。起付标准即起付线，一般为当地职工年平均工资的10％；最高支付限额即封顶线，一般为当地职工年平均工资的4倍左右，2009年提高到6倍。2009年3月17日，国务院发布《关于深化医药卫生体制改革的意见》；当年7月23日，国务院办公厅具体部署《医药卫生体制五项重点改革2009年工作安排》，规定城镇职工或居民医保最高支付限额分别逐步提高到当地职工年平均工资和居民可支配收入的6倍左右。

三、失业保险基金的给付

1999年，国务院发布《失业保险条例》，对失业保险基金的给付作出详细规定。

(一) 失业保险基金支出内容

失业保险基金支出项目包括：失业保险金；领取失业保险金期间的医疗补助金；领取失业保险金期间死亡的丧葬补助金及其供养的配偶、直系亲属的抚恤金；领取失业保险金期间接受职业培训、职业介绍的补贴；国务院规定或批准的其他与失业保险有关的费用。

（二）享受资格

按照规定参加失业保险，所在单位和本人已按照规定履行缴费义务满 1 年；非因本人意愿中断就业；已办理失业登记，并有求职要求。

（三）失业津贴标准

失业保险金的标准，按照低于当地最低工资标准、高于城市居民最低生活保障标准的水平，由省、自治区、直辖市人民政府确定。

（四）领取期限

失业人员失业前所在单位和本人按照规定累计缴费时间满 1 年不足 5 年的，领取失业保险金的期限最长为 12 个月；累计缴费时间满 5 年不足 10 年的，领取失业保险金的期限最长为 18 个月；累计缴费时间 10 年以上的，领取失业保险金的期限最长为 24 个月。重新就业后再次失业的，缴费时间重新计算，领取失业保险金的期限可以与前次失业应领取而尚未领取的失业保险金的期限合并计算，但是最长不得超过 24 个月。

（五）待遇的丧失

失业人员在领取失业保险金期间有下列情形之一的，停止领取失业保险金，并同时停止享受其他失业保险待遇：重新就业；应服征兵役的；移居境外的；享受养老保险待遇的；被判刑收监执行的；无正当理由，拒不接受当地人民政府指定的部门或机构介绍工作的；法律、法规规定的其他情形。

四、工伤保险基金的给付

《工伤保险条例》于 2004 年 1 月 1 日起施行，并于 2010 年 12 月 8 日经国务院修改，新《工伤保险条例》自 2011 年 1 月 1 日起施行。人力资源和社会保障部颁布了系列相关部门规章，包括《工伤认定办法（修订）》《非法用工单位伤亡人员一次性赔偿办法（修订）》《部分行业企业工伤保险费缴纳办法》。

（一）因工死亡给付

职工因工死亡，其近亲属按照下列规定从工伤保险基金领取丧葬补助金、供养亲属抚恤金和一次性工亡补助金：丧葬补助金为 6 个月的统筹地区上年度职工月平均工资；供养亲属抚恤金按照职工本人工资的一定比例发给由因工死亡职工生前提供主要生活来源、无劳动能力的亲属。标准为：配偶每月 40%，其他亲属每人每月 30%，孤寡老人或者孤儿每人每月在上述标准的基础上增加 10%。核定的各供养亲属的抚恤金之和不应高于因工死亡职工生前的工资。供养亲属的具体范围由国务院社会保险行政部门规定。一次性工亡补助金标准为上一年度全国城镇居民人均可支配收入的 20 倍。

（二）伤残津贴与一次性伤残补助金待遇

伤残津贴与一次性伤残补助金待遇与伤残等级有关，我国工伤伤残等级分十个级别，一级最重，十级最轻，如表7-4所示。

表7-4 伤残津贴与一次性伤残补助金待遇

伤残等级	一次性伤残补助金	伤残津贴
基数	本人工资	本人工资
一级	27个月	90%
二级	25个月	85%
三级	23个月	80%
四级	21个月	75%
五级	18个月	70%（单位支付）
六级	16个月	60%（单位支付）
七级	13个月	
八级	11个月	
九级	9个月	略
十级	7个月	

（三）工伤保险基金其他支出项目

1. 工伤医疗费

治疗工伤、职业病所发生的符合国家规定的相关目录或标准的全部费用。

2. 生活护理费

生活护理费与生活自理程度有关，标准为统筹地区上年度职工月平均工资的百分比。生活完全不能自理情况下，支付比例为50%；生活大部分不能自理情况下，支付比例为40%；生活部分不能自理情况下，支付比例为30%。

3. 其他支出

包括辅助器具配置费、康复性治疗费、劳动能力鉴定费等费用支出。

（四）工伤保险待遇的停止支付

工伤职工有下列情形之一的，停止享受工伤保险待遇：丧失享受待遇条件的；拒不接受劳动能力鉴定的；拒绝治疗的。

职工被派遣出境工作，依据前往国家或者地区的法律应当参加当地工伤保险的，参加当地工伤保险，其国内工伤保险关系中止；不能参加当地工伤保险的，其国内工伤保险关系不中止。

五、生育保险基金的给付

(一) 享受生育津贴的条件

《社会保险法》第五十三条规定，职工应当参加生育保险，由用人单位按照国家规定缴纳生育保险费，职工不缴纳生育保险费。第五十四条规定，用人单位已经缴纳生育保险费的，其职工享受生育保险待遇；职工未就业配偶按照国家规定享受生育医疗费用待遇。所需资金从生育保险基金中支付。

不同地区享受生育津贴的条件不同。广州市规定，一是用人单位为职工参加生育保险缴费累计满 1 年以上，并同时继续为其缴费；二是符合国家和省、市人口与计划生育规定。上海市规定，属于计划内生育，在按规定设置产科、妇科的医疗机构生产或者流产的，享受生育保险待遇的对象有：(1) 本市户籍（含农村户籍）的生育妇女，无论在职或失业，参加过本市城镇社会保险并按规定建立个人账户的；(2) 非本市户籍的从业妇女，与用人单位建立劳动关系且在单位工作，参加本市城镇社会保险（五险）期间生育的。江西省规定，男女职工均必须参加生育保险，但职工个人不缴纳生育保险费；缴费满一年方可享受生育保险待遇，用人单位已缴纳生育保险费的，其职工享受生育保险待遇；职工本人已缴纳生育保险费，其未就业配偶也可享受生育医疗保险待遇，所需资金从生育保险基金中支付。

(二) 生育保险基金支付项目

《社会保险法》规定，生育保险待遇包括生育医疗费用和生育津贴。生育医疗费用包括下列各项：生育的医疗费用；计划生育的医疗费用；法律、法规规定的其他项目费用。第五十六条规定，职工有下列情形之一的，可以按照国家规定享受生育津贴：女职工生育享受产假；享受计划生育手术休假；法律、法规规定的其他情形。生育津贴按照职工所在用人单位上年度职工的月平均工资计发。

📖 本章小结

1. 社会保障基金给付应当遵循适度原则、统一原则和分享原则。社会保障基金给付方式，按给付周期划分为定期给付和一次性给付；按给付标准划分为比例给付和均一给付；按给付形式划分为货币给付、实物给付和服务给付；此外，还有以工代赈方式。

2. 社会保障基金的给付模式可以分为待遇确定型、缴费确定型与介于两者之间的混合型三类，各有其特点、优点和缺点。常见的混合型计划有现金余额计划、保底补偿计划、目标待遇计划和待遇混合计划。

3. 社会保障支出水平是指一定时期内一国或地区社会成员享受社会保障待遇的高低程度，也称社会保障水平；具有动态性、刚性和适度性三个特点。衡量社会保障支出水平的指标有部门行业领域社会保障水平、财政转移支付社会保障水平和社会保障总水平。

4. 适度社会保障水平是指社会保障制度在保证公民一定的经济生活水平的基础上，对国民经济发展起到积极的推动作用。社会保障水平超度的主要原因在于保障项目过多、保障程度过高、失业率不断攀升以及人口老龄化加重。社会保障水平超度的最严重后果是不断加大财政赤字，进而影响国民经济的良性运行；抬高企业成本，影响企业竞争能力；在劳动者中滋长懒惰，损害经济效益。

5. 养老保险、医疗保险、失业保险、工伤保险和生育保险五大项目的社会保险基金的给付，包括给付条件、给付标准、给付内容、待遇的丧失等。

☑ 关键概念

基金给付　基金支出　偿付能力　社会保障支出水平

✎ 复习思考题

1. 社会保障基金给付应遵循什么原则？为什么？
2. 缴费确定型与待遇确定型的含义是什么？有何不同？
3. 社会保障水平、适度社会保障水平、社会保障水平超度之间有何关系？
4. 列出我国养老保险基金的给付资格。
5. 列出我国失业保险基金的给付资格。
6. 医疗保险费用的支付方式有哪几种？分担方式又有哪些？

案例 7-1

深圳社保水平是否倒数第一

"2006 年中国城市生活质量报告"最近公布，报告将深圳社保水平排在 287 个城市的最后，深圳市劳动和社会保障局副局长袁建勇称排名让他们很震惊，表示很多因素都减少了政府对社会保障的支出，但并不是说这些人没有享受到社会保障待遇，恰恰说明政府的社保工作做得好。

"深圳社会保障基本水平在全国是最高的。"今天，深圳市劳动和社会保障局副局长袁建勇称。

据了解，"2006 年中国城市生活质量报告"是北京国际城市发展研究院发布的。

"我们专门派人到研究院了解了一下情况，他们的答复是这个社会保障水平的排名依据就是一个'社保投入系数'——政府对社会保障的补贴支出、对社会福利救济和抚恤的财政支出占政府财政总支出的百分比。"袁建勇说。

北京国际城市发展研究院的报告说，深圳 2005 年地方财政预算支出是 386.287 3 亿元，政府的社会保障补助支出只有 3.615 2 亿元，抚恤和社会救济支出 2.828 7 亿元。深圳用于社会保障的支出仅占财政预算支出的 1.68%。这个系数为全国最低。

"我们认为用社保投入系数来衡量社会保障水平显然是不妥的。"袁建勇在今天的新闻发布会上说。衡量社会保障水平的因素是社会保险、社会福利救济和抚恤的水平，也就是说，需要救助的人是否得到了救助，救助的金额有多高，这是衡量社会保障水平的一个基本因素。

袁建勇说，在社会保障水平因素中应包含三项主要因素：退休人员的养老金水平、失业员工失业救济金的水平、城市最低生活保障线的水平，这是最基本的三条保障线。

他解释说，深圳企业退休人员人均养老金目前的水平是 2 000 多元，全国企业退休人员平均养老金是 735 元；深圳失业人员失业救济金是 648 元，全国平均水平只有 300 多元；深圳月最低生活保障线的救济水平是人均 344 元，全国平均最低生活保障线是 130 元。"三个数据都说明深圳社会保障基本水平在全国是最高的。"

袁建勇认为，深圳社保投入系数比较低的原因是，深圳社会保险参保率高，基金收支够平衡，不需要财政对社会保险进行补贴，社保基金能够自求平衡。深圳把许多原来的农村居民及城镇化人员全部纳入城镇社保体系，这些人中的相当一部分过去要领最低生活保障金，现在改领养老金，政府支出就减少了。此外，深圳残疾人保障金收支能够平衡，能够对残疾人进行有效的保障，这就不需要政府财政再支出一部分来进行这方面的社会救济。这些因素都减少了政府对社会保障的支出，但并不是说这些人没有享受到社会保障待遇。

"这一点恰恰证明，在确保退休人员养老金水平较高，需要救助的低收入人群得到的救助水平较高、范围较广的前提下，财政社保投入系数越低，这个地方政府的社会保障工作做得越好、社会保障水平越高。"袁建勇说。

资料来源：李桂茹. 深圳社保水平是否倒数第一 [N]. 中国青年报，2006 年 10 月 22 日。

案例 7-2

他该到哪里领养老金

"难道工作了一辈子，到头来却是'老无所养'？"

6 月 9 日，南京市白下区法院一审判决蒋乃群诉南京市社保局不履行办理退休手续法定职责案败诉。

"按照国务院有关规定，我的养老保险'视同缴费'和实际缴费年限累计达 37 年。可为什么我就领不到养老金呢？现在法院也判我败诉了。我在哪里才能领到养老金？难道我工作了一辈子，到头来却是'老无所养'？"

两年来，60 多岁的蒋乃群一直在为自己的养老金苦苦奔波于深圳、南京和北京三地。而问题至今没有得到解决。

两地"踢皮球"

2002 年 4 月 7 日，年满 60 周岁的蒋乃群收到了深圳市社保局的退休通知：他已到退休年龄，该局应停止收取其社保费。

蒋乃群本以为，自己从此可以过上"老有所养"的悠闲生活，没想到，麻烦才刚刚开始。

很快，深圳市社保局又通知蒋乃群：根据《深圳经济特区企业员工社会养老保险条例》第 23 条规定，非深圳户籍员工必须实际缴费年限累计满 15 年，才能享受按月领取养老金的待遇，而他在深圳的实际缴费年限只有 7 年。因此，他不具备在深圳市按月领取养老金的条件。

蒋乃群的户籍在江苏南京，他 1962 年起在南京汽车制造厂任职全民固定工，连续工龄 30 年。在此期间，他于 1987 年随企业参加南京市的社会统筹。

　　1992年，50岁的蒋乃群从南汽办理离职手续，南下深圳，应聘于一家外企。同时，他的档案也从南京汽车制造厂调入南京市人事局人才服务中心。

　　按照深圳有关地方性法规的规定，蒋乃群从1995年6月开始在深圳参加社会保险，缴纳社保费，直至2002年4月正式退休。"我在南京汽车制造厂工作的30年，按照国务院的规定是'视同缴费'，再加上在深圳缴费7年，累计37年，现在却领不到养老金！这晚年生活怎么过呢？"为争取自己的晚年生活保障，蒋乃群开始一次次地到深圳市社保局上访、求情，希望该局能"网开一面"，让他"老有所养"。

　　但是，深圳市社保局始终没有"松口"。不过，该局给蒋乃群指出了一条"生路"：按照有关规定，蒋乃群可在自己的户籍所在地退休，而其在深圳缴纳的社保金积累额可全部转往户籍所在地社保机构。

　　2002年5月份，蒋乃群找到南京市劳动和社会保障局，要求解决其退休养老的问题。但是，得到的答复竟是"无法办理"。该局养老处负责人告诉蒋乃群，按照劳动保障部的说法，在哪里缴纳社保金，就应该在哪里领取养老金。所以，他应该在深圳领取养老金，因为南京没有他的社保号。

　　"皮球"又被"踢"回深圳。

　　无奈之下，蒋乃群所能做的就是把南京市劳动和社会保障局的答复意见反馈给深圳市社保局。同时，他还向深圳市社保局表明，根据《国务院关于建立统一的企业职工基本养老保险制度的决定》第5条的规定，他此前在南京汽车制造厂工作的30年应视为"视同缴费30年"，这已大大超过了深圳方面缴费15年的规定。

　　但是，深圳市社保局答复蒋乃群，按照《〈深圳经济特区企业员工社会养老保险条例〉若干实施规定》，非深圳户籍员工未在深圳缴费的工作时间不视为缴费年限。因此，他不符合在深圳按月领取养老金的条件。

　　如果其户籍所在地社保机构不接受其所缴保费的积累额（即个人账户），就一次性全部退还给本人，就此结束社会保险关系。蒋乃群7年的个人账户积累额大约有1万多元。

　　对于这样的处理结果，蒋乃群当然无法接受。

　　他告诉记者："我参加社会保险的目的就是为了退休后能老有所养，现在如果一次性退还社保金，不但违背了劳动者参加养老保险的初衷，而且也令养老保险失去了应有的意义。何况，1万多元怎么解决我在深圳的养老问题？""深圳社保局不承认我在南京的视同缴费年限，那南京市劳保局总该承认了吧？"2002年6月，蒋乃群又找到南京市劳保局。

　　这一次，南京市劳保局告诉蒋乃群，国家劳动和社会保障部办公厅在2002年5月30日给上海社保部门的一份《关于对户籍不在参保地的人员办理退休手续有关问题的复函》（劳社厅函〔2002〕190号）中有关他这种情况的明确答复：（1）参保人员因工作流动在不同地区参保的，不论户籍在何处，其最后参保地的个人实际缴费年限，与在其他地区工作的实际缴费年限及符合国家规定的视同缴费年限，应合并计算，作为享受基本养老金的条件；（2）参保人员达到法定退休年龄时，其退休手续由其最后参保地的劳动保障部门负责办理，并由最后参保地的社会保险经办机构支付养老保险待遇。

　　拿到这份"红头文件"，困扰已久的蒋乃群如获至宝。时隔两年后，他仍清晰地记得自己当时喜悦的心情，"我以为有了劳动和社会保障部的文件，我的问题应该不难解决了"。

　　然而，残酷的现实再一次击碎了蒋乃群短暂的喜悦。

　　当蒋乃群拿着上述文件再次来到深圳市社保局讨要自己的养老金时，该局工作人员却说，该文件发出日期是2002年5月30日，而他的退休日期是2002年4月7日，文件内容对其不发生效力。

当年 11 月，深圳市社保局在《关于蒋乃群养老保险待遇问题的答复》中更进一步表示，劳社厅函〔2002〕190 号文和《深圳经济特区企业员工社会养老保险条例》的规定"直接相冲突"，"按照《立法法》第 65 条规定，特区法规在经济特区范围内适用"，而该文件"仅是劳动和社会保障部办公厅对上海社保部门发出的一个复函，并非具有普遍约束力的法规，在法律效力上远远低于作为特区法规的《条例》"。因此，对于蒋乃群的养老保险待遇问题，"只能适用《条例》，而不能适用劳社厅函〔2002〕190 号文件"。

绕了一大圈，蒋乃群的养老金问题又回到原地。

两地社保机构都引法据规，而个人的无奈和愤懑在政策法规面前显得苍白无力。但蒋乃群还是要问："那我该去哪里领养老金呢？"

被逼上法院

多次碰壁之后，蒋乃群想到了仿效上海市社保部门的做法，向劳动和社会保障部反映自己的问题，并咨询处理意见。

2002 年 7 月 18 日，蒋乃群将反映自己情况的材料发往国务院法制办和劳动和社会保障部。

同时，在南京市社保局养老处单副处长的要求下，蒋乃群咨询了劳动和社会保障部的专家田春润。这位专家告诉蒋乃群，深圳特区有法规规定，他的户籍在南京，个人缴费不足 15 年，不符合在深圳退休的条件。

看来在深圳退休已是"此路不通"，蒋乃群只得又把希望寄托到南京方面。

当年 9 月 12 日，一直关注此事的《深圳特区报》刊载"南京市社保局解决蒋乃群老人养老金问题"一文，称"南京的社保机关部门负责人"表示"可以解决蒋乃群的养老金问题"，由于"蒋乃群来深圳前已在南京汽车制造厂工作 30 年，来深圳后其档案一直托管在南京人事局人才服务中心。因此，蒋乃群只要将档案从劳动人事部门转到社保局办理退休手续，并补齐从南京汽车厂工作 30 年后至退休前这段时间的社保费，就可以在南京取得社保号并享受养老待遇"。

山重水复疑无路，柳暗花明又一村。蒋乃群以为这一次自己的问题总算可以解决了。

2004 年 1 月 20 日，蒋乃群将上述报道先后传真给南京市劳保局和南京市人才服务中心，并于 2 月 8 日再次来到南京，与市人才服务中心的郑科长一起会见了市社保局的单处长。

没想到，单处长只是重申了根据劳社厅函〔2002〕190 号文件的精神，强调蒋乃群在深圳参加社会保险，就应该在深圳办理退休养老。

单处长还告诉蒋乃群："你在南京没有社保号，现在已超过了退休年龄，我们不好给你办退休养老。你应该向国家劳动保障部写信反映。你要到书面回复后，我们才能按批示办理你的退休手续。"

2004 年 2 月 10 日，蒋乃群上访到南京市劳保局监察室。该室的金主任要他去南京汽车制造厂"把参加统筹的证明开出来"。

2 月 16 日，南京汽车制造厂向南京市社保局开出证明称，"蒋乃群自 1962 年 10 月至 1989 年 4 月期间任南京汽车制造厂全民固定工，1992 年 9 月调入南京市人事局人才服务中心"，并强调，南京市 1987 年起实施企业养老统筹时，南汽"同步加入，并按规定缴纳养老保险费"。

拿到这个证明，蒋乃群才知道，他早在 1987 年就已参加了社保，应该属于"在南京确有社保关系"，而且作为全民固定工有视同缴费 30 年，符合国务院的规定，完全可以在南京办理退休。因此，他再次要求南京市劳保局为他解决养老金问题。

面对蒋乃群的质问，南京市劳保局这回祭出的法宝是《江苏省城镇企业职工养老保险规定》（省政府 139 号令）第 20 条的规定："参加我省养老保险规定的职工在达到国家、省规定退休年龄的，企业和个人按照规定缴纳养老保险费的，缴费年限满 10 年以上的，可以按月领取养老金。"该局认为蒋乃群于 1995 年在深圳参加社会保险，一直缴费到退休年龄（2002 年 4 月），不符合在南京市办理退休的条件。

这个回复，让蒋乃群刚刚燃起的希望又一次像肥皂泡一样破灭了。

"难道我真的领不到养老金了吗？"蒋乃群愤懑地对记者说，"看来只有通过法院来讨回我的权益了。这是我最后的希望了，希望我能在有生之年看到问题的解决。"

意料中的败诉

2004 年 3 月 29 日，蒋乃群向南京市白下区法院递交了诉状，起诉南京市劳保局不履行办理退休手续的法定职责。同时，他还将市人才服务中心作为第三人起诉到法庭，认为"当年人才中心和其签订的托管合同中有'代办社会养老保险'的规定。但 10 年来，该中心只管每年收取管理费，没有尽到通知义务，致使原告在不知情的情况下，只在深圳参加了社会养老保险"，因此，该中心对他领不到养老金的问题应负主要责任。

蒋乃群要求法院判决南京市劳保局立即为他办理在南京的退休手续并按月计发养老金，同时补发拖欠的养老金本金和利息及精神损失费 10 000 元。

2004 年 4 月，白下区法院开庭审理了此案。6 月 9 日，该院作出一审判决：驳回了蒋乃群的诉讼请求，因为他没有证据证明他及相关企业按规定为其缴纳了养老保险费用。"我预料到自己会败诉。但是，我就是要这个判决，要这个书面的证据。"蒋乃群告诉记者，"两年来，南京劳保局话说了一大堆，但始终不给我任何书面回复。有了判决，即使输了，我还可以上诉，还可以上访。总会有地方讨回公道啊！"

目前，蒋乃群已提出了上诉。他在上诉书中写道："按照国务院决定，我有视同缴费年限 30 年，个人缴费年限 7 年，累计满 37 年，完全符合中华人民共和国企业员工退休养老的条件。我的退休养老问题直接关系到我的生存，南京政府主管部门必须从'国家尊重和保障人权'出发，为我解决退休养老问题。"

5 月底，记者在深圳再次见到蒋乃群。距 2004 年 1 月初次见面仅过了几个月，他又憔悴了很多。

蒋乃群的代理人徐小芬告诉记者："蒋乃群是高级工程师，20 世纪 80 年代是南京汽车制造厂常驻意大利业务代表，负责南汽依维柯有关技术引进项目；2000 年作为中方首席设计师，负责上海 APEC 会议主会场的照明工程。现在，由于退休养老没有解决，他不得不继续工作，参加西部开发建设，2003 年全年长期出差。就这样还要到北京去上访，身体受损很大。谁不想有个安闲的晚年，但他工作了一辈子，到头来还是老无所养啊！"

如何应对"蒋乃群式"的问题

国家建立社会养老保险制度的目的，就是要实现"老有所养"的社会理想。但是，作为具体执行机构的南京和深圳的社保部门为什么要把蒋乃群老人的养老金问题推来踢去呢？

深圳市社保局政策法规处的一位工作人员认为："蒋乃群的问题的根源，在于户籍制度及依附在户籍制度之上的社保制度。即使户籍制度取消了，但依附在其上面的其他制度并不会随之自然取消，城乡二元结构及内地落后地区和沿海发达地区的差距也无法消除。"

她还告诉记者："目前国务院关于养老保险制度只有一个原则性的规范，并没有具体的实施的细则。所以，像蒋乃群这样的问题，只能由各地方自己制定实施细则来解决。"

据了解，《国务院关于建立统一的企业职工基本养老保险制度的决定》（国发〔1997〕26 号）虽然明确要求"具体办法，由劳动部会同有关部门制订并指导实施"。但 7 年过去了，劳动部并没有制定任何实施细则。

对此，深圳市社保局的这位工作人员分析说："这是由于全国各地的情况太过复杂，劳动保障部无法制定出可供具体操作的细则。"

结果，各地纷纷以地方立法（如深圳）或政府令（如江苏）的形式制定出实施细则，而本应由国家统一认定的如"视同缴费"等问题，也都由各地按对自己有利的解释来执行了。

但是，情况复杂并不能阻止千千万万个蒋乃群在全国各地流动。如果蒋乃群的问题不能得到解决，那"蒋乃群式"的问题就会越来越多地出现。

"蒋乃群的事情要想在深圳解决，除非养老保险的政策全国统一，养老保险的基金全国统筹。但是，这一点现在还无法做到，近年内也无法做到。"深圳市社保局政策法规处沈华亮处长告诉记者，"现在的养老保险都是地方统筹，多养一个人就多一份负担。但如果改由国家统筹的话，地方又没有积极性，工作一样做不下去。"

有资料显示，现在全国每年的社保缺口高达 1 000 多亿元，其中，养老保险的缺口有 300 多亿元。既然各地的养老保险基金是地方统筹、自负盈亏，可想而知，各地肯定都希望交钱的人多一点，而领钱的人少一点了。

"深圳现在的户籍人口只有 100 多万，而非户籍人口高达 300 万—400 万。如果在深圳工作的人都在深圳退休而不加以限制的话，深圳肯定养不起。"深圳市社保局办公室副主任张学泰说，"但在深圳工作、在深圳纳税、在深圳缴费，却不能在深圳领取退休金，这对蒋乃群个人来说是不公平的。"

张学泰因此提出了一个解决问题的思路："鉴于各地经济水平的差距，是否可以对以前在内地的缴费或视同缴费以打折的方式来处理，从而解决这部分人群的问题，以体现公平的原则？"

资料来源：何雪峰. 他该到哪里领养老金 [N]. 南方周末，2004 年 7 月 1 日。

第八章　社会保障基金监督管理

1. 认识社会保障基金监管的内涵与原则
2. 知悉社会保障基金监管的内容
3. 掌握和区分社会保障基金监管的方式与模式
4. 了解我国社会保障基金监管法规与监管现状

第一节　社会保障基金监管原则

一、社会保障基金监管的内涵

(一) 社会保障基金监管相关概念

社会保障基金监督管理简称社会保障基金监管。社会保障基金的监管与社会保障基金的管理这两个概念经常出现、时常混淆，应予区别。

1. 社会保障基金监管的内涵

社会保障基金监管是指由国家行政监管机构、专职监督部门及社会公众等主体为防范和化解风险，根据国家法规和政策规定，对社保基金经办机构、运营机构或其他有关中介机构的管理过程及结果进行的评审、认证和鉴定。

2. 社会保障基金管理的内涵

社会保障基金管理是指为保障劳动者的基本生活，根据国家和个人的经济承受能力而开展的基金筹集、待遇支付、基金保值增值的行为和过程。社会保障基金管理主要包括社会保障基金收支管理、社会保障基金的预算和决算管理、社会保障基金投资运营管理、社会保障基金稽核和监督等[①]。

3. 社会保障基金监管与管理的关系

根据社会保障基金监管的定义，社会保障基金监管的对象正是社会保障基金的各种管理行为；而根据社会保障基金管理的定义，社会保障基金管理的范畴更大，包括社会保障基金的监管，社会保障基金监管是管理中的一环。两者之间的关系取决于对社会保障基金

---

① 吕学静. 社会保障基金管理［M］. 首都经济贸易大学出版社，2010年6月修订第2版，第26页。

管理的界定。若将社会保障基金管理的范畴界定得广，社会保障基金的监管则成为管理当中必不可少的环节之一；若将社会保障基金管理的范畴界定得窄，则社会保障基金监管则独立于管理之外。不管如何界定社会保障基金管理的范畴，不能将社会保障基金的监管与社会保障基金管理等同对待，两者不能画等号。

(二) 社会保障基金监管的意义

1. 确保社保基金的安全与完整

确保社会保障基金的安全与完整是社会保障基金监管的主要目标。社会保障基金从筹集到投资、支付的各个环节都面临各种各样的风险。要克服信息不对称所造成的风险和损失，就必须加强对社会保障基金运行全过程的监管，增强社保基金经营的透明度和运营主体行为的理性，控制和减少逆向选择，保证社保基金的安全与完整。

2. 维持社保体系的良性运行

社会保障基金是社会保障体系的物质基础和核心，是社会保障体系正常运行的前提条件。社会保障基金的经办或者运营机构的利益目标不可能与社会利益时时保持一致，当其不能承担全部的风险成本时，其风险成本只能由整个社会保障体系甚至全社会来承担，因此，代表公众利益的政府与国家有必要对社会保障基金实施监管。社保体系的良性运行需要对社会保障基金进行有效的监管，从而获得公众的信任。一旦失去公众的信任和信心，社保基金就难以获得公众支持。2010 年的"郭美美事件"引发对中国红十字基金会基金管理的信任危机，慈善机构的公众捐款额大幅下降。

3. 维护劳动者的合法权益

维护劳动者的合法权益是社会保障基金监管的根本宗旨，特别是社会保险基金。这是国家依照法律法规强制建立的，保障劳动者在年老、失业、疾病、伤残、生育时的基本生活需要的专项基金，俗称劳动者的"血汗钱""保命钱"。社会保险基金的征缴程度、发放情况直接关系着千千万万参保职工现在的和未来的切身利益。由于社会公众难以充分了解基金的管理运营状况，其利益往往容易受到侵害，这就要求基金监管机构代表参保人员，对基金运行进行严格监管，规范管理行为，以切实维护劳动者的合法权益，维护社会稳定。

二、社会保障基金监管的体系

(一) 社会保障基金监管的主体

1. 一元监管主体论与多元监管主体论

国内外学术界关于社保基金的监管主体主要有两种观点：一元监管主体论和多元监管主体论。一元监管主体论是指政府尤其是财政当局在社保基金的监管中处于核心地位。多元监管主体论认为社保基金的监管体系由政府、社会公众和中介机构等多方主体构成，中介机构、社会公众的监管是行政监管和专门监管的有益补充①。

---

① 马振林. 浅析我国社保基金之监管主体 [J]. 经营管理者，2010 (19)。

2. 社会保障基金监管主体的类别

多元监管主体论虽然肯定了政府以外的其他监管主体的价值，但只是将社会力量等其他监管主体视为行政监管、专业监管的补充。事实上，中介机构等社会监管力量在公共管理领域发挥着重要作用[①]。

社会保障基金的监管主体可分为政府监管主体和非政府监管主体两类。政府监管主体根据政府部门职能分为立法监督、司法监督和行政监督三类。立法监督是立法机构通过颁布法律建立起社会保障基金法律体系，同时制定负责执行该法律的有关机构应当遵守的一般标准和职责范围；司法监督是司法部门参与社会保障基金监督活动；行政监督是由具体的行政机构专门监督社会保障基金的活动。非政府监督有审计和金融机构监督、行业协会监督、中介机构、新闻媒体、工会监督等方式。

3. 我国社会保障基金监管的主体

我国社会保障基金监管的主体由人力资源和社会保障部及各级社会保障厅、局，财政部及各级财政厅、局，全国社会保障基金理事会、审计、税务、邮政部门和人民银行分支行等组成。

人社部负责组织拟订养老、失业、工伤等社会保险及其补充保险基金管理和监督制度，编制相关社会保险基金预决算草案，参与拟订相关社会保障基金投资政策。会同有关部门实施全民参保计划并建立全国统一的社会保险公共服务平台，负责就业、失业和相关社会保险基金预测预警和信息引导，拟订应对预案、实施预防、调节和控制，保持就业形势稳定和相关社会保险基金总体收支平衡[②]。各级财政部门负责对社会保障基金财务、会计制度执行情况的监督，定期或不定期地对基金收入户、支出户及财政专户基金管理情况进行监督。各级审计部门依法对社会保障基金管理及使用情况进行审计监督，对基金收入户、支出户及财政专户基金管理情况进行审计。实行税务机关征收社会保险费的地区，各级税务机关对征收社会保险费的情况进行监督检查。中国人民银行各分支行要对社会保障基金账户的开立和使用情况进行监督检查。各级邮政部门要对邮政机构代发放社会保险金情况进行监督检查。

（二）社会保障基金监管的客体

社会保障基金监管的客体是指依法应当接受基金监管当局监管的机构和个人。各级社会保险费征收机构、社会保险金发放机构、社会保障基金管理和运营机构及基金开户银行，要自觉接受监督，配合有关部门做好检查工作。社会保障基金监管的客体可分为三类：一类是基金的具体征收、储存、支付机构，如各级社保机构的具体操作部门；第二类是基金的运营机构，如基金公司、证券公司、投资基金及其托管银行等；第三类是基金的缴纳人和受益人，如参保的各类企业和劳动者个人等。

（三）社会保障基金监管的手段

基金监管的手段是基金监管部门实施监管的工作方法的总称，是基金监管方式的具体

---

① 牛彦峰．我国社会保障基金监管述评［J］．河南高等商业专科学校学报，2008（1）。
② 人力资源和社会保障部主要职责和内设机构，人社部，2019.4.16。

体现。基金监管的手段主要有法律手段、行政手段和经济手段。

1. 法律手段

基金监管的法律手段，指国家和政府通过法律和法规，将基金的运行纳入法制的轨道，用法律、法规来规范、约束和监督基金运行主体的行为。

2. 行政手段

基金监管的行政手段，指基金监管部门用行政手段强制监控和干预基金的运行，如对基金运营机构的资质进行审批或强制退出，对其运营情况进行强制性稽核，对违反有关规定的机构、企业和个人进行行政处罚并限期纠正等。

3. 经济手段

基金监管的经济手段，指基金的监管部门根据客观经济规律的要求，采用经济技术分析工具，对基金的运行状况进行定量监测、分析和预测；运用财政、税收、利率等经济杠杆，引导、鼓励基金的运营进入良性循环，抑制其经营过程中的非理性行为等；通过建立预警指标体系，科学地界定基金的运行状态，有效地监测和预警基金运行的失衡状态，尽早发现运行陷于危险状态的先兆，以便尽早采取措施，减少损失，避免危机的出现。

三、社会保障基金监管的原则

社会保障基金监管应当遵循独立、公正和科学三原则。

1. 独立原则

监督机构依照法律法规独立行使行政监管权力，不受其他任何单位和个人的干预，以确保监管的严肃性、强制性、权威性和有效性。缺少独立性，基金监管主体可能有失公正，或者难以发现或不愿公开基金中的问题和错误。独立性原则要求监督机构对经办机构和运营机构进行监管时，应尽量减少对社会保障监管机构的政治干预和影响，保持相对的独立性。监督人员不得参与经办机构、运营机构和中介机构的管理运营活动，如有利害关系和亲属关系，应予回避。如果监管机构的某个成员在监管机构处理的问题中有或可能有任何商业利益，该成员不得参加对该问题的讨论和表决。监督机构与监督对象在划清职责界限、互不干涉的原则下，要和相关机构密切合作，独立性与协作性并不矛盾。

2. 公正原则

监管机构在履行监管职能时，应以法律规章为准绳，以客观事实为依据，综合运用行政、经济和法律手段，对经办机构及有关机构的违规违纪行为予以监督检查。监管机构要保持客观、公正、公开，提高执法的透明度，对监管的主体、对象、目的、手段和程序进行统一规范，使被监管者充分了解自己的权利和义务，自觉地依照法律管理基金。监管机构的行为也应当符合法律法规的约束，不能违法执法。

3. 科学原则

监管机构必须建立严密的监管法规体系和科学规范的监管指标体系，包括监督组织体系、监督方式体系、法律体系以及管理运营预警体系和风险监测体系等，适应金融业发展和变革的情况，运用先进的科学技术，不断提高监管的质量和效率，推动基金监管水平不断提高。

第二节　社会保障基金监管内容

一、社会保障基金征缴的监管

(一) 对征缴机构行为的监管

征缴机构是否按规定的项目和标准及时足额地征缴社会保险费；是否擅自提高或降低社会保险费的征缴比例，擅自对企业减免征收社会保险费。有无转移或隐瞒基金收入，私设"小金库"或多头开户。有无挤占挪用收入户基金的行为；是否将收入户基金及时、足额地缴存财政专户；有无不按规定收取滞纳金，或未将滞纳金列入基金收入的情况。企业有无以实物抵顶社会保险费，造成少征基金的情况。

(二) 对缴费单位行为的监管

缴费单位或个人是否按规定缴纳社会保险费，有无隐瞒工资总额，造成少缴或漏缴的情况。缴费单位有无故意拖欠或拒缴社会保险费的情况，有无将应缴的社会保险费截留，用于单位其他开支的情况。

二、社会保障基金支付的监管

(一) 对经办机构或社会化发放机构行为的监管

是否违反社会保险有关政策法规，任意扩大基金开支范围和标准，并用基金支付待遇。是否依法及时足额地支付生活保险金，有无拖欠、截留的问题。保险金支付是否按规定编制预算、计划，调剂金的分配、使用是否合理合法，资金的调度和用款计划是否按规定的程序报批和审核。有无虚列支出、转移资金和挤占挪用等损害侵蚀社会保险基金的问题。内部控制制度是否健全，内部管理是否形成相互制约、相互监督机制，业务结算中是否出现计算差错，造成多付或重复支付。基金当年入不敷出时，是否按照规定的顺序保障基金支付：(1) 动用历年滚存结余中的存款。(2) 建立基金调剂金的地区由上级调剂安排，提取风险基金的新型农村合作医疗统筹地区按程序申请动用风险基金，提取储备金的工伤保险统筹地区按程序申请动用储备金。(3) 转让或提前变现基金投资产品。(4) 同级财政部门给予补贴。(5) 在财政给予支持的同时，按照国务院有关规定报批后调整社会保险缴费比例或待遇支付政策。职工基本医疗保险基金在申请调整缴费比例之前可经同级财政部门审核并报同级人民政府批准后，在国家规定的范围内，调整单位缴纳的基本医疗保险费划入职工基本医疗保险统筹基金与职工基本医疗保险个人账户基金之间的比例。

(二) 对参保单位或参保人行为的监管

领取社会保险金的人员是否已参加社会保险并符合享受的条件。参保人是否有骗取社会保险金的情况。参保单位是否有多报离退休人数或死亡不报、冒领社会保险金的行为。

三、社会保障基金结余的监管

（一）社会保险基金结余的管理规定

根据 2017 年 8 月 22 日修订后的《社会保险基金财务制度》要求，基金结余指基金收支相抵后的期末余额。包括企业职工基本养老保险基金结余、城乡居民基本养老保险基金结余、机关事业单位基本养老保险基金结余、职工基本医疗保险基金结余、城乡居民基本医疗保险基金结余、工伤保险基金结余、失业保险基金结余、生育保险基金结余等。

职工基本医疗保险基金和城乡居民基本医疗保险基金遵循"以收定支、收支平衡、略有结余"的原则。新型农村合作医疗基金累计结余应不超过当年筹集基金总额的 25%（含风险基金）。职工基本医疗保险基金结余包括统筹基金结余和个人账户基金结余。职工基本医疗保险基金实行分账核算、统一管理。工伤保险基金应按规定留存一定比例的储备金。

基金结余除预留一定的支付费用外，应在保证安全的前提下，按照国务院相关规定开展投资运营实现保值增值。社会保险行政部门和财政部门对基金投资运营实施严格监管。企业职工基本养老保险基金结余应当预留相当于两个月的支付费用。

（二）社会保障基金结余监管内容

各级政府、财政部门、经办机构和其他单位、个人有无将社会保险用于对外投资、经商办企业、自行或委托放贷、参与房地产交易、弥补行政经费和平衡财政预算以及为企业贷款担保、抵押等问题。经办机构的年度决算和有关会计账簿、凭证是否真实合法。经办机构的内部控制部门是否能够有效地行使权力，基金是否安全、完整，其保值增值是否合法、合规。管理人员有无贪污、私分基金等违法违纪行为。是否发生不可抗拒的基金损失，如盗窃和自然灾害事件。基金管理措施是否安全严密。

四、社会保障基金投资的监管

为确保社保基金的安全稳健，各国在进行社保基金投资监管时，主要采用以下措施。

1. 对社保基金投资管理机构进行资格认定

为确保社保基金投资管理机构具备较好的资质和诚信，往往要求只有获得政府或者监管机构颁发的资格证才能开展社保基金投资管理业务。资格的取得需要满足相关条件，并且通过激烈的竞争，一旦投资管理机构侵害社会保险参保人和社会公众的利益，将丧失来之不易的资格，面对撤销资格认定这一项很重的处罚。

比如，全国社会保障基金理事会在 2010 年 10 月发布公开征选投资管理人公告，征选条件为"截至 9 月 30 日，资产管理规模不少于 200 亿元人民币，实收资本不少于 1 亿元人民币，在任何时候都维持不少于 1 亿元人民币的净资产，3 年以上证券投资管理业务经验"。由于竞争激烈，当年获得管理人资格的 7 家基金公司管理公募基金规模最少有 420 亿元，如果加上企业年金、专户等资产规模，管理总资产规模最少有 600 亿元，比征选条件的最低门槛 200 亿元高出 2 倍多。当年获得全国社保基金境内委托投资管理人的 7 家基金公司分别为大成基金、富国基金、工银瑞信基金、广发基金、海富通基金、汇添富基金和银华基金，另外还有中信证券，加上 2002 年首批的 6 家基金公司和 2004 年第二批的 3 家基金公司，一共有 16 家基金公司获得全国社保基金境内委托投资管理人资格。

2. 设置社保基金投资工具和比例限制

鉴于社保基金的特殊性和重要性，出于对社保基金安全性的考虑，不同投资工具的风险性差异较大，许多国家往往会对社保基金投资工具的风险程度进行较为科学的界定与划分，在此基础上制定社保基金投资工具的控制比例。对风险较高的金融工具，一般会规定其投资上限；对风险较低的金融工具，一般会规定其投资下限。以养老基金为例，比利时规定必须用 15％的养老基金购买政府债券；法国规定养老基金必须投资于政府债券的最低比例为 34％；瑞士政府对各种不同风险工具的养老基金投资设置了最高上限，其中，国内股票 30％、外国股票 10％、外国货币资产 20％；丹麦政府规定养老基金投资于风险较小的安全性金融资产的下限，养老基金至少有六成必须投资于政府债券、金融机构证券，含银行存款等比较安全的金融工具。

3. 实施最低相对收益率担保

实施最低相对收益率担保，目的在于实现社保基金价值的保值，防范与化解因物价上涨、经济增长、收入与消费水平提高等可能引起社保基金贬值的风险，维护基金所有者的权益。不少国家采取了对社保基金投资收益水平设置最低相对收益率的做法。比如，瑞士规定养老基金投资营运的名义收益率必须高于 4％。在智利，私人基金公司的养老基金的最低投资收益率以法律进行严格的限定，各基金公司可以在政府给定的两个标准中自行选择其一作为其最低投资收益率指标：一个是投资收益率不得低于所有基金公司平均投资收益率的 50％；另一个是投资收益率不低于所有基金公司平均投资收益率两个百分点。如果基金公司的投资收益率达不到预先选定的最低收益率，必须以该公司的投资准备金补足，保障养老基金等计划参与者获得起码的投资收益率。

4. 建立完备的信息披露与报告制度

建立完备的信息披露和报告制度，有两方面的作用。一方面，可以降低监管部门的监管成本，投资管理人和受托人将基金投资的成本效益及其他重大事项及时进行披露和报告，监管机构则着重审查信息披露与报告的真实性；另一方面，有助于提高社保基金经办、托管和投资机构的透明度，使相关利益方获得充分的信息，减少因不完全甚至虚假错误信息导致的风险和损失。这就将基金投资管理人置于监管机构和社会公众的双重监督之下，不仅能降低监管部门的监管成本，更重要的是，通过市场的力量监管有关当事人，更有效地防范违法违规行为的发生。

5. 发挥中介服务机构的监督作用

中介服务机构包括为社保基金管理提供服务的投资顾问公司、精算咨询公司、律师事务所、会计师事务所等专业机构。这些中介服务机构要对社保基金的运营管理进行合法合规检查，比如会计师事务所要定期出具审计报告。作为独立的专业审计和法律服务机构，他们对虚假信息披露完全有条件和能力实现早发现、早控制的信息披露监管目标。如果经审计发现养老金管理公司运营不合规，或是信息披露造假，可以马上通知监管部门并据此撤销其投资管理资格。

第三节　社会保障基金监管方式

基金监管方式是为履行基金监督职能，完成或达到基金监管的任务或目的而采取的方式方法。根据监管机构是否到被监管机构实地查看，可以分为现场监管和非现场监管。此外，根据监管介入的时间先后，可以分为事先控制、实时监控和事后控制三类。事先控制主要采用基金预算、确定收益率指标等方法进行控制。实时监控特指对基金在征缴、支付和运营过程中所实施的控制，如社保机构的内部控制、IT平台的实时监控等。事后控制是指从基金的运行结果中获取信息，并采取积极措施处理有关问题，如清理被挤占挪用的基金、内部和外部审计。

一、现场监管

(一) 现场监管的概念

现场监督是指监督机构对被监督单位社会保险基金管理情况实施的实地检查。按照现场监督进行的时间间隔，可分为定期监督和不定期监督。按照现场检查的内容，可分为全面检查和专项检查。全面检查是对有关机构的相关业务、管理运营和财务状况进行检查。专项检查是对某一业务或某一方面某项具体问题而进行的检查，或者对按《社会保险基金监督举报工作管理办法》的规定受理的举报案件进行查处。

(二) 现场监管的作用

现场监督是监督机构实施有效监督的主要方法，也是社会保险基金监督过程至关重要的组成部分。现场监督是监督机构派人到被监督单位对基金管理水平、基金资产质量、基金收益水平、基金流动性等进行全面检查或专项检查。监督机构通过检查比较详尽地掌握有关基金运作的控制程序和相关信息，对其业务经营合规状况、内部控制和管理水平以及基金流动性、安全性和效益性进行深入细致的了解，发现一些财务报表和业务资料中很难发现的隐蔽性问题，并对有关机构的资产财务状况和遵守法规政策情况作出客观的评价。

(三) 现场监管的权限

监督机构及其监督人员在履行职责时，享有下列权利：①要求被监督单位提供或报送社会保险基金预算或财务收支计划、预算执行情况、决算、财务报告以及其他与社会保险基金管理有关的资料；②查阅被监督单位与社会保险基金有关的会计凭证、会计账簿、会计报表以及其他与社会保险基金管理有关的资料；③就监督事项向有关单位和个人进行调查，并取得有关证明材料；④对被监督单位隐匿、伪造、变造会计凭证、会计账簿、会计报表以及其他与社会保险基金管理有关的资料的行为予以纠正或制止；⑤对被监督单位转移、隐匿社会保险基金资产的行为予以纠正或制止；⑥对被监督单位违反社会保险基金管理法律、法规的其他行为予以纠正或制止。

（四）现场监管的程序

监督机构实施现场监督，依照下列程序进行，包括立项、通知、实施、报告、处理五个阶段。

1．立项

根据年度监督计划和工作需要确定监督项目及监督内容，挑选既具备专门知识和业务专长又具有丰富经验的检查人员组成检查组，并指定检查组长和主查人，收集与检查事项有关的法律法规、政策规定及其他资料，拟定现场监督实施方案。

现场监督实施方案经基金监督机构批准后，由检查组负责组织实施。现场监督实施方案主要包括：①被监督单位名称和基本情况；②检查目的；③检查范围、内容和重点；④预定检查起止日期；⑤监督人员及其分工；⑥编制日期。

2．通知

根据上次检查报告和上次检查以来的非现场监测报表、分析报告和其他有关资料，确定检查重点，研究检查方案，准备检查问卷，在实施监督 3 日前向被检查单位发出检查通知，通知被监督单位，向被监督单位下达现场监督通知书。现场监督通知书应统一编制文号，加盖劳动保障行政部门公章。

现场监督通知书主要包括下列内容：①被监督单位名称；②检查依据、范围、内容和方式；③检查起始时间；④要求被监督单位配合事项；⑤监督人员名单；⑥签发日期及公章。基金监督机构认为提前向被监督单位下达现场监督通知书可能会影响检查结果时，可以选择适当的时间或方式下达现场监督通知书。

3．实施

检查组进驻被检查单位，出示检查证，向被监督单位说明检查依据、目的、内容、范围、时间等，要求被监督单位介绍有关情况，提供有关文件、资料和其他事项。被监督单位应主动配合，全面提供与检查事项相关的资料，真实反映有关问题，并根据监督人员要求，就其真实性、完整性作出书面承诺。现场监督过程中，发现现场监督实施方案与实际情况不相适应或客观情况发生变化等，检查组报基金监督机构同意后，可调整现场监督实施方案。

现场监督人员应运用监盘、观察、询问、记录、计算、复核、复制、分析等方法，审查被监督单位的银行开户、会计凭证、会计账簿、会计报表、业务台账、统计报表，查阅与检查事项有关的文件、资料、合同，检查现金、存款、有价证券，向有关单位和个人进行调查，并取得有关证据。

监督人员应记录检查发现的重要事项，编制现场监督工作底稿。现场监督工作底稿应一事一稿，并附有关检查证据。现场监督工作底稿经检查组审定后，送被监督单位相关人员签署意见。现场监督工作底稿主要包括下列内容：①现场监督工作底稿编号；②被监督单位名称；③重要事项发生日期、文件号、凭证号、原会计分录和金额等内容摘录；④附件的主要内容及数量；⑤被监督单位相关人员意见及签名；⑥编制人员签名及日期；⑦复核人员签名及日期。

检查证据是现场监督工作底稿反映重要事项的依据，主要包括财务账表、文件资料复印件及谈话记录等。检查证据应由有关单位人员签名或盖章。有关人员和单位拒绝签名或盖章的检查证据，应注明原因和日期。拒绝签名或盖章不影响客观事实的证据仍然有效。监督人员应对被监督单位或有关人员有异议的检查证据进行核实。现场监督结束时，检查组应向被监督单位通报情况，听取被监督单位的意见和建议。

4. 报告

检查组应根据现场监督工作底稿及有关法规、政策和资料，综合分析检查情况，在规定的时间内向监管机构提交检查报告，一般在离开现场后 7 个工作日内完成。现场监督报告主要包括下列内容：①检查工作情况；②检查范围、内容、方式和时间；③被监督单位基本情况；④被监督单位存在的问题、评价、结论和依据；⑤意见和建议；⑥检查组长签名和日期。

5. 处理

检查报告经监管机构审核后，对被检查单位存在的一般性问题提出整改建议，出具检查意见书，对应当纠正或给予行政处罚的行为，依法作出检查处理决定。监督报告应送被监督单位征求意见，被监督单位应当在接到监督报告 10 日内提出书面意见。逾期未提出书面意见的，视同无异议。被监督单位对报告有异议，检查组应进一步研究核实，并据实修改现场监督报告。检查组应在接到被监督单位书面意见后 7 日内，向劳动保障行政部门基金监督机构提交现场监督报告，并附被监督单位意见。遇有特殊情况，经基金监督机构同意，提交现场监督报告的时间可适当延长。

基金监督机构对检查组提交的报告应予以审核。审核主要包括下列内容：①检查的有关事项是否清楚；②检查证据是否充分、合法、具有说服力；③检查程序是否符合有关规定。对事实不清、证据不足的现场监督报告，基金监督机构应责成检查组长说明情况或核实，也可另行调查取证核实。

劳动保障行政部门基金监督机构根据现场监督报告，分别作如下处理。不需要行政处理的，下达监督意见书。监督意见书主要包括下列内容：①主送单位；②检查情况；③评价和整改意见；④发文机关和日期。需要行政处理的，下达处理意见书。处理意见书主要包括下列内容：①主送单位及抄送单位；②被监督单位违纪违规事实及处理意见；③处理意见的执行期限和要求；④建议政府及有关部门的处理意见；⑤发文机关和日期。需要政府或上级主管部门处理的重大问题，应及时报告。报告主要包括下列内容：①主送单位；②检查情况；③被监督单位违纪违规事实；④处理建议；⑤发文机关和日期。被监督单位接到处理意见书后应按要求进行整改，并将处理和整改结果报基金监督机构。基金监督机构应检查处理意见的执行情况。

现场监督结束后，检查组应做好检查材料的整理归档工作，并及时移交基金监督机构。基金监督机构要做好后续资料的收集归档工作，妥善保管归档材料。归档主要包括下列资料：①现场监督实施方案；②现场监督通知书；③现场监督工作底稿；④现场监督报告；⑤被监督单位对现场监督报告的书面意见；⑥监督意见书、处理意见书及建议处理报告；⑦被监督单位整改及处理结果报告；⑧其他应归档资料。

二、非现场监管

（一）非现场监管的概念

非现场监督是指监督机构对被监督单位报送的社会保险基金管理有关数据资料进行的检查、分析。非现场监督分为常规监督和专项监督。常规监督通过被监督单位按监督机构的要求定期报送有关数据进行；专项监督通过被监督单位按监督机构的要求报送专项数据进行。

（二）非现场监管的作用

非现场监督是现场监督的基础，也是基金监督的重要方式之一。监督机构通过报表分析，对经办机构和有关机构管理运营基金的活动进行全面、动态的监控，了解基金管理的状况、存在问题和风险因素，发现异常情况及时采取防范和纠正措施。一般情况下，现场检查的间隔时间较长，在此期间可能发生一些变化和问题，监督机构可以通过非现场监督，依靠经办机构和有关机构报送的数据，进行多方面的分析、测算并加以管制。

非现场监督的目的主要是发现那些目前管理运营状况尚好，但在短期或中期可能会出现问题的机构，防患于未然；密切监视已经发现问题的机构，不断获得管理运营信息，掌握改进情况，防止进一步恶化；评估整个基金管理运营系统的动态，通过对有关报表和报告的综合研究，分析基金管理运营的轨迹和趋势，为制定切实有效的基金政策和监督措施提供依据。在非现场监督过程中发现被监督单位存在严重违法违纪问题的，应实施现场监督。

（三）实施非现场监督的技术要求

1. 建立规范统一的数据库

各地应根据"金保工程"建设的统一要求和标准，在数据中心生产区建立集中的社会保险业务、基金财务数据库，为基金监督提供准确、及时和完整的数据信息，并以此为依托，按照全国统一的基金监管指标体系的要求，从生产区采集基金征收、支付、管理等环节的业务、财务数据，在交换区建立规范统一的社会保险基金监管数据库。

2. 依托"金保工程"网络

通过"金保工程"业务专网进行基金监督数据的采集和传输。省级基金监管应用系统应具备向部里传输监督数据、接受地市监督数据的功能。地市基金监管应用系统应具备向省里传输监督数据、支持区县级基金监督机构开展本级基金监督工作的功能。各地要积极创造条件，逐步实现与财政、税务、银行、邮政、公安、工商、民政、统计等相关部门和单位联网，并通过网络获取有关监督数据。

3. 建设满足需求的应用系统

各地要积极创造条件，逐步升级财务管理软件，尽快实现财务管理软件与业务管理软件的无缝对接。设计规范统一的非现场监督工作流程，确定指标需求，建立基金监管应用系统，并完善业务管理和宏观决策等应用系统，对各项社会保险基金管理和制度运行状况实施有效的监控、分析和评估。

（四）非现场监管的程序

监督机构实施非现场监督，依照下列程序进行，包括收集资料、审核资料、分析资料、完成报告和信息反馈五个阶段。

1. 收集资料

根据监督计划及工作需要，确定非现场监督目的及监督内容，提出定期报送数据或专项报送数据的范围、格式、报送方式及时限，通知被监督单位。

2. 审核资料

审核被监督单位报送的数据，对其完整性、真实性、准确性进行审查。对不符合要求的数据，应要求被监督单位补报或重新报送。

3. 分析资料

分析被监督单位报送的数据，评估社会保险基金管理状况及存在的问题。对被审核单位经营管理上的问题提出质询，被审核单位应按规定的时间和方式对质询事项作出说明，并提供有关资料。

4. 完成报告

根据非现场监管的结果，按有关规定写出非现场监管报告，并按规定对被审查单位作出审查结论，必要时可作出处理决定。

5. 信息反馈

监管机构应及时将审查结论、处理决定和其他有关分析报告向被审查单位反馈，对非现场监管审查中发现的重大问题，要写出专题报告，提出可采取的措施、意见和建议。必要时，劳动保障部门可向社会公布非现场监管的结果。

第四节 社会保障基金监管模式

一、审慎监管模式

（一）审慎监管的含义

审慎监管是在确保安全和收益最大化的目标前提下，容许投资管理主体在投资决策方面拥有较大的自主权，监管机构重点关注投资决策过程是否全面科学周密。这种方式将有利于合理配置资产，实现风险收益关系的最优化。

根据审慎原则对基金进行监管的主要目的是控制系统性风险。监督机构不对基金资产的具体安排作任何数量化的规定，但要求投资管理人的任何一个投资行为都要像一个"谨慎人"对待自己资产一样考虑各种风险因素。

（二）审慎监管的特点

1. 监督机构较少干预基金的日常活动

监管机构放松对有关合同条款、市场准入条件、投资组合等方面的约束。政府坚持审慎原则，在细节的投资行为及其他方面则给予养老基金充分的自由。监管机构注重打击基金管理者的欺诈行为，从而保护基金持有人的利益。

2. 强调基金管理者的自律和风险防范

强调基金管理者对基金持有人的诚信义务以及基金管理的透明度。要求对基金资产进行多样化的组合，避免风险过于集中；限制基金管理者进行自营业务，防止利益冲突；鼓励竞争，防止基金管理者操控市场和避免投资组合趋同。如美国规定养老基金必须具有开展信托和金融业务的专业化水平、经验和能力，但政府并不严格地对养老基金的资产配置数额作出限制；它通常要求养老基金进行多样化投资，并采取普遍认可的行动。

3. 注重市场的监管角色和力量

审慎监管很大程度上依靠审计师、精算师、资产评估机构等市场中介组织对基金运营进行监管，只是在当事人提出要求或基金运营出现问题时才介入。

4. 以严格的法律约束为保障

在审慎性原则之下，基金管理人虽然拥有很大的自主权，但其背后是以严格的法律约束为保障的。美国有《雇员退休收入保障法》和《社会保障法》，英国有《信托法》和《养老金计划规则》等。

5. 适用条件较高，多用于发达国家

审慎监管的运用需要较高的条件，包括资本市场比较成熟，管理主体的治理结构比较完善，监管机构的经验比较丰富等。审慎监管模式适合于经济发展比较成熟、金融体制比较完善、资本市场和各类中介组织比较发达、基金管理机构有一定程度的发展、相关法律比较健全的国家。采用这种模式的国家有美国、英国、加拿大、澳大利亚等英美法系国家。

（三）审慎监管的优劣

1. 审慎性监管模式的优点

首先，监管法规、机构均超脱于投保人之外，能更严格、公平、有效地发挥其监管作用。其次，重视立法管理，使监管手段更具严肃性和公平性。最后，管理者相对超脱的地位，使其注重保护投保人的利益。

2. 审慎性监管模式的不足

法律手段相对稳定，不利于问题的灵活处理。政府的作用仅限于监管检查，政府的功能相对弱化。由于投资运作充分依赖基金管理公司的自主行为，若信息披露制度不完善或法律有空白，很容易给基金管理公司造成可乘之机，做出有损于投保人的行为。

（四）审慎监管的运用

下面以美国企业年金计划为例，考察审慎监管模式下的监管主体、职责、主要内容及

监管的途径。

1. 监管主体

美国企业年金计划基本不受州级政府的管制和管辖。联邦政府中主管企业年金计划的部门共有三个：税务局、劳工部下属的养老金和福利受益管理署，以及退休金津贴保障公司。

2. 监管主体的职责

美国税务局的主要作用是对企业年金计划是否符合《税收法》中对企业年金计划获得优税或延税的优待应满足的要求进行监督、监控，还要对计划在实际运行中是否完全符合《税收法》的各种要求进行监视和实地抽查与审计。

美国劳工部下属的养老金和福利受益管理署的主要责任是监督企业年金计划是否符合《雇员退休收入保障法》中所提出的各项要求和规定，包括对受托人的职责、职能和被禁止交易的要求与规定进行监督和监控。

美国的退休金津贴保障公司是根据 1974 年通过的《保障法》而建立的一个政府机构。该机构对企业待遇确定型退休金计划进行保险，雇主可以单独或联合投保。在雇主由于经济困难或破产而无力支付其资助的待遇确定型退休金计划所提供的退休金的情况下，可由该机构建立的保险基金进行资助。

3. 监管的内容

监管的主要内容包括企业年金基金投资营运机构准入限制、控制规则、资产分离原则、企业年金基金的投资限制、最低收益率要求、佣金限制、信息披露要求等。除了对收益确定性计划的自我投资作出了明确要求不得超过基金的 10% 以外，美国对企业年金基金受托人在对基金的投资工具和每种投资工具的比例限额方面没有强制的规定，只要求受托人对基金进行多元化投资。根据《税收法》的有关要求，受托人对基金投资管理必须保证其资产有足够的流动性，以满足向受益人支付退休金的需要。《雇员退休收入保障法》和《税收法》要求受托人就基金的投资必须要达到和投资市场收益率相符合的投资收益。在衡量基金投资于股票市场的收益率时，其衡量的标准是整个股票市场的投资表现。

4. 监管的途径

在审慎性原则下，美国监管当局对基金投资行为及市场表现的监管主要通过公开披露的信息和现场审查两个信息途径，最主要的途径是通过基金公开披露的信息进行监管，也称为非现场监管。鉴于基金数量庞大，其披露信息的可靠性主要是靠外部的独立审计而非监管当局自己的确认来保证。监管当局只是在处理到具体问题时才采用现场审查方法，并不作为常规方法使用。

（五）审慎监管的发展趋势

社会政治经济条件的变化催生了新的风险，实行审慎性监管模式的国家也顺应时代的变化而调整监管政策，改变监管形式。美国仍然单纯地依赖审慎性监管模式；加拿大、芬兰等国在审慎性监管模式的基础上融入了定量监管模式；意大利、日本、荷兰等没有信托法的国家也采取了审慎性监管模式与限量监管模式相结合的混合监管模式。

审慎监管注重对系统性风险的控制，美国金融危机之后，全球主要经济体和国际组织都深刻认识到需要加强和完善以宏观审慎监管为重要内容的金融监管。宏观审慎监管是一种新型的金融监管模式，它与微观审慎监管的区别在于将整个金融系统所面对的风险都纳入监管范畴，即把众多金融机构看作一个整体，通过制定全面的金融稳定政策，避免金融机构负面作用的冲击和蔓延带来整个金融系统的不稳定，维护金融和经济的稳定、协调、可持续发展。构建宏观审慎监管框架需要关注以下五个方面：第一，明确监管主体；第二，注重信息工作，能及时识别、分析、评估和判断系统性的不稳定因素，提高分析、把握宏观经济金融形势的能力；第三，不断研究、创新和完善宏观审慎监管工具和监管规则；第四，改进监管方法和手段，提高监管技术水平；第五，加强跨行业、跨部门、跨国界金融机构监管，积极参与国际、区域以及双边等多层面的金融监管合作，实现信息共享，借鉴监管经验。

二、严格监管模式

(一) 严格监管的含义

严格监管又称限量监管。在严格的限量监管中，监管机构独立性强，权力较大，除了要求基金达到最低的审慎性监管要求外，还对基金的结构、运作和绩效等具体方面进行严格的限量监管，即预先配置好各种资产在总资产中的比例，然后按照既定的比例投入资金。监督机构根据这些规定，通过现场和非现场监管方式密切监控基金的日常运营。代理风险较小，但保值风险一般高于审慎性监管模式。

(二) 严格监管的特点

1. 监管机构独立性强

这种模式的特点是监管机构独立性强，权力较大。例如，智利、波兰、匈牙利等国家都建立了独立的养老保险监管机构，权力较大，代表国家对养老基金进行统一监管。

2. 对基金投资有限制性规定

除了要求基金达到最低的审慎性监管要求之外，还对基金的结构、运作和绩效等方面进行严格的限制性规定。监管机构根据这些规定，通过现场和非现场监管的方式密切监控基金的日常营运。例如，德国规定，在一个养老基金的资产组合中，证券、房地产和外国资产的比例分别不能超过20％、5％和4％；法国则规定，补充性养老基金的资产中必须有50％投资于政府债券；在丹麦，养老基金须持有60％以上的国内债权，外国资产不能超过20％，房地产和股票均不能超过40％。

3. 严格的信息披露制度

信息披露的内容包括资产估价的原则、资产估价的频率及其他财务数据等，监管机构通常直接审查信息披露的真实性。

4. 实行最低收益原则

要求基金的投资收益达到一定的水平。例如，智利规定养老基金的投资收益率必须高于全部基金平均收益的 50%；乌拉圭养老金的实际投资收益率必须高于 2%。当养老金投资收益达不到上述最低要求时，先由各基金管理公司的储备金进行弥补，当储备不足时，由国家财政预算予以支持。

5. 采用国家主要是大陆法系的国家与发展中国家

大陆法系的国家如法国、德国、日本等国；发展中国家如智利、菲律宾、马来西亚等国。

（三）严格监管的优劣

1. 严格监管模式的优势

有利于充分发挥政府的功能，能根据实际情况迅速采取有效措施，灵活处理问题，推进基金的起步和成长壮大，同时，对发挥基金在支持国家金融发展和经济建设方面的积极作用有重要帮助。

2. 严格监管模式的不足

由于基金较多地受到政府的约束，不利于发挥基金业务机构的主动性和创造性，使基金管理公司不能及时根据市场经济的要求，做出最有利于投保人的投资组合。不利于培养、造就高素质、高水平的养老保险基金管理人才及养老保险投资专家队伍，容易孳生腐败和官僚作风。

（四）严格监管的运用

下面以智利养老金计划为例，考察严格监管模式下的监管主体、职责、主要内容及监管的途径。

1. 监管主体

在智利，负责对基金管理公司及其活动进行监管的主体是政府所属的养老保险基金监管局。养老保险基金监管局通过劳动和社会保障部负责社会保障的副部长向政府提交报告。

2. 监管主体的职责

作为独立的监管机构，养老保险基金监管局的职责主要包括制定有关法律、法规和实施细则、批准管理公司的建立和注册、对基金管理公司的日常活动进行监督、对违规行为进行处罚等。

3. 监管的内容

严格监管的内容较审慎监管多，智利的养老金监管主要包括以下内容。

（1）养老基金投资营运机构准入限制。智利的《养老保险法》规定养老金的管理由私人机构实施，为此建立了养老金基金管理公司。

（2）控制规则。在智利，管理规则强调养老金基金管理公司必须直接忠实于养老保险基金的管理职责，不允许分散和转包其管理职能，每一经理只允许管理一个基金。

（3）资产分离原则。基于防范基金管理人挪用养老金以购买营运资产或为自己牟利的目的，在智利实施基金管理公司资产与养老基金分离制度，养老基金的净值完全独立于基金管理公司的自有资产。

（4）养老基金投资限制。养老基金管理公司负责养老金的投资运作，相关法律法规对养老金的投资范围与投资限额、投资市场限制、投资证券的安全保管有严格的规定。

（5）最低收益保证。养老基金管理公司每月的投资收益率不得低于 12 个月全部养老金平均实际收益率 2 个百分点。如果养老基金管理公司的投资收益率低于最低收益标准，可用收益波动准备金和现金准备金予以弥补。

（6）佣金限制。在智利，养老基金管理公司向成员收取佣金，数额取决于会员缴款率水平，一般在员工缴款的 20%—30%，平均为员工工资的 3%—3.5%。

（7）信息披露要求。智利的养老保险基金监管局要求养老基金投资管理人对养老基金的投资运营情况进行规范、详尽的信息披露。监管局建立了每日汇报制度，基金管理公司必须向其报告每天的全部交易情况，监管局则逐日检查基金管理公司递交的信息并与从其他信息系统得到的信息加以比较。另外，基金管理公司还必须每月向其管理的个人账户资金的所有人就其投资的实际收益实施公告。

4. 监管的途径

智利对基金管理公司投资活动的监管方式极为严格，且实施时时监控。基金管理公司必须向其报告每天的全部交易情况，此外，监管局还经常对管理公司进行事先不通知的现场检查，以核对每日报告的信息是否正确。

（五）严格监管的发展趋势

严格限量监管模式对投资所作的监管并非一成不变，资本市场的发展情况、法制的健全程度等因素发生变化会导致监管模式的变化。从智利来看，在 20 世纪 80 年代创建新型的政府强制但私人管理的养老金计划时，限于资本市场开发不足，养老基金的规模较小，政府实行了非常严格的投资限制。这种严格监管规则在养老基金发展初期被证明是有效的。

随着改革的深化，公众对新制度认可程度的提高，资本市场在深度和广度上的发展，投保人在金融市场的经验越来越丰富等，监管供求双方的力量发生了变化，为顺应这种变化，监管形式必须相应地作出改变，因此，智利政府放宽了对养老基金的投资监管政策，许可投资的范围逐步扩大，可选择的投资工具也比过去显著增加了，严格限制的规则逐渐削弱。1985 年年初，对可投资项目和各自的限度进行了重大调整，第一次允许将养老资产的最多 30% 投资于由前国有企业转为私有化公司的股票。另一重大变化发生在 1990 年，当时养老金被允许投资于封闭式公司和外国证券。从趋势上看，实行严格限量监管模式的智利在有选择性地放松限制，并逐步向审慎性监管模式过渡。

第五节　我国社会保障基金监管

一、我国社会保障基金监管的法规

（一）社会保障基金监管的行政法规

1991 年，国务院在总结地方企业职工养老保险社会统筹试点经验的基础上，发布了

《国务院关于企业职工养老保险制度改革的决定》，其中正式提出："养老保险基金实行专项储存，专款专用，任何单位和个人均不得擅自动用。地方各级政府要设立养老保险基金委员会，实施对养老保险基金管理的指导和监督。"

1994 年颁布的《劳动法》从法律上作出规定："社会保险基金监督机构依照法律规定，对社会保险基金的收支、管理和运营实施监督。"

2010 年全国人大常务委员会颁布的《社会保险法》专门单列一章，即第十章"社会保险监督"，从人大监督、行政监督、社会监督三方面就基金监管作出详尽规定，内容如下。第八章和第十一章中也有相关条款，对社会保险基金监管的组织体系、主要内容、保障措施、处罚办法、纪律要求、刑事责任等作出了规定。

1. 对社保基金的人大监督

《社会保险法》第七十六条规定，各级人民代表大会常务委员会听取和审议本级人民政府对社会保险基金的收支、管理、投资运营以及监督检查情况的专项工作报告，组织对本法实施情况的执法检查等，依法行使监督职权。

第七十七条规定，县级以上人民政府社会保险行政部门应当加强对用人单位和个人遵守社会保险法律、法规情况的监督检查。社会保险行政部门实施监督检查时，被检查的用人单位和个人应当如实提供与社会保险有关的资料，不得拒绝检查或者谎报、瞒报。

2. 对社保基金的行政监督

《社会保险法》第七十八条规定，财政部门、审计机关按照各自职责，对社会保险基金的收支、管理和投资运营情况实施监督。

第七十九条规定，社会保险行政部门对社会保险基金的收支、管理和投资运营情况进行监督检查，发现存在问题的，应当提出整改建议，依法作出处理决定或者向有关行政部门提出处理建议。社会保险基金检查结果应当定期向社会公布。社会保险行政部门对社会保险基金实施监督检查，有权采取下列措施：（1）查阅、记录、复制与社会保险基金收支、管理和投资运营相关的资料，对可能被转移、隐匿或者灭失的资料予以封存；（2）询问与调查和事项有关的单位和个人，要求其对与调查事项有关的问题作出说明、提供有关证明材料；（3）对隐匿、转移、侵占、挪用社会保险基金的行为予以制止并责令改正。

第八十一条规定，社会保险行政部门和其他有关行政部门、社会保险经办机构、社会保险费征收机构及其工作人员，应当依法为用人单位和个人的信息保密，不得以任何形式泄露。

3. 对社保基金的社会监督

《社会保险法》第八十条规定，统筹地区人民政府成立由用人单位代表、参保人员代表以及工会代表、专家组成的社会保险监督委员会，掌握、分析社会保险基金的收支、管理和投资运营情况，对社会保险工作提出咨询意见和建议，实施社会监督。社会保险经办机构应当定期向社会保险监督委员会汇报社会保险基金的收支、管理和投资运营情况。社会保险监督委员会可以聘请会计师事务所对社会保险基金的收支、管理和投资运作情况进行年度审计和专项审计。审计结果应当向社会公开。社会保险监督委员会发现社会保险基金收支、管理和投资运营中存在问题的，有权提出整改建议；对社会保险经办机构及其工作人员的违法行为，有权向有关部门提出依法处理建议。

第八十二条规定，任何组织或者个人有权对违反社会保险法律、法规的行为进行举报、投诉。社会保险行政部门、卫生行政部门、社会保险经办机构、社会保险费征收机构和财政部门、审计机关对属于本部门、本机构职责范围的举报、投诉，应当依法处理；对不属于本部门、本机构职责范围的，应当书面通知并移交有权处理的部门、机构处理。有权处理的部门、机构应及时处理，不得推诿。

第八十三条规定，用人单位或者个人认为社会保险费征收机构的行为侵害自己合法权益的，可依法申请行政复议或者提起行政诉讼。用人单位或者个人对社会保险经办机构不依法办理社会保险登记、核定社会保险费、支付社会保险待遇、办理社会保险转移接续手续或者侵害其他社会保险权益的行为，可以依法申请行政复议或者提起行政诉讼。个人与所在用人单位发生社会保险争议的，可以依法申请调解、仲裁，提起诉讼。用人单位侵害个人社会保险权益的，个人也可以要求社会保险行政部门或者社会保险费征收机构依法处理。

2012年4月27日，第十一届全国人民代表大会常务委员会第二十六次会议通过《中华人民共和国军人保险法》，其中的第六章"军人保险基金"规定，军人保险基金包括军人伤亡保险基金、军人退役养老保险基金、军人退役医疗保险基金和随军未就业的军人配偶保险基金。各项军人保险基金按照军人保险险种分别建账，分账核算，执行军队的会计制度。军人保险基金由个人缴费、中央财政负担的军人保险资金以及利息收入等资金构成。军人应当缴纳的保险费，由其所在单位代扣代缴。随军未就业的军人配偶应当缴纳的保险费，由军人所在单位代扣代缴。中央财政负担的军人保险资金，由国务院财政部门纳入年度国防经费预算。军人保险基金按照国家和军队的预算管理制度，实行预算、决算管理。军人保险基金实行专户存储，具体管理办法按照国家和军队有关规定执行。军人保险基金由中国人民解放军总后勤部军人保险基金管理机构集中管理。军人保险基金管理机构应当严格管理军人保险基金，保证基金安全。军人保险基金应当专款专用，按照规定的项目、范围和标准支出，任何单位和个人不得贪污、侵占、挪用，不得变更支出项目、扩大支出范围或者改变支出标准。第七章"保险经办与监督"对军人保险基金的经办与监督进行了明确规定。

（二）社会保障基金监管的部门规章

为加强对社会保险基金的管理和监督，人力资源和社会保障部、财政部、审计署等相关监管部门依据国家的法律法规制定了一系列规章和制度。

1995年10月，劳动部和审计署联合发布《社会保险审计暂行规定》。此后，根据1999年1月国务院发布的《社会保险费征缴暂行条例》，以劳动和社会保障部为主，联合财政部、审计署等相关监管主体发布了多个部门规章。1999年3月，劳动和社会保障部发布《社会保险费征缴监督检查办法》；1999年6月，财政部会同劳动和社会保障部发布《社会保险基金财务制度》；1999年6月，财政部发布《社会保险基金会计制度》。

2001年3月，劳动和社会保障部发布《关于认真做好公布社会保险费征缴情况工作的通知》；2001年4月，劳动和社会保障部发布《关于开展基本养老保险费征缴专项稽核的通知》；2001年5月，劳动和社会保障部发布《社会保险基金行政监督办法》和《社会保险基金监督举报工作管理办法》；2001年8月，劳动和社会保障部办公厅发布《关于进一步做好社会保险费征缴和清欠工作的通知》，该规定现已失效。

2002 年 5 月，劳动和社会保障部办公厅发布《关于进一步规范管理〈社会保险审计检查证〉的通知》；2002 年 7 月，劳动和社会保障部、财政部、信息产业部、中国人民银行、审计署、国家税务总局、国家邮政局联合发布《关于加强社会保障基金监督管理工作的通知》。

2003 年 1 月，劳动和社会保障部发布《社会保险稽核办法》；2003 年 3 月，劳动和社会保障部印发关于《社会保障基金现场监督规则》的通知。

2004 年发布的规章都是关于企业年金的监管，包括：劳动和社会保障部 4 月发布的《关于贯彻〈企业年金试行办法〉和〈企业年金基金管理试行办法〉的通知》；9 月劳动和社会保障部、中国证监会联合发布的《关于企业年金基金证券投资有关问题的通知》；12 月劳动和社会保障部发布的《企业年金基金管理机构资格认定暂行办法》和《关于印发〈企业年金基金管理运作流程〉、〈企业年金基金账户管理信息系统规范〉和〈企业年金基金管理机构资格认定专家评审规则〉的通知》。

2005 年 1 月，劳动和社会保障部发布《关于进一步加强社会保险稽核工作的通知》；2005 年 6 月，劳动和社会保障部发布《关于开展社会保险基金非现场监督工作的通知》；12 月，劳动和社会保障部发布《关于做好 2006 年度社会保险基金预算和 2005 年度社会保险基金年报编报工作的通知》。

2006 年 9 月，劳动和社会保障部发布《关于进一步加强社会保险基金管理监督工作的通知》；2006 年 9 月，劳动和社会保障部办公厅发布《关于转发驻部纪检组监察局关于进一步加强社会保险基金监管严肃基金纪律的意见的通知》；2006 年 11 月，劳动和社会保障部、中国人民银行联合发布《关于企业年金基金银行账户管理等有关问题的通知》；2006 年 11 月，劳动和社会保障部发布《关于贯彻落实国务院常务会议精神加强社会保险基金监管有关问题的通知》；2006 年 11 月，劳动和社会保障部发布《关于印发社会保险基金要情报告制度的通知》。

2008 年 7 月，人力资源和社会保障部、财政部、中国人民银行、国家税务总局、监察部、国务院纠风办、全国社会保障基金理事会、审计署、卫生部、证监会十部委联合发布《关于印发社会保险基金专项治理工作方案的通知》。

2011 年 7 月，人力资源和社会保障部第 67 次部务会审议通过《社会保险基金先行支付暂行办法》。

二、我国社会保障基金监管的现状

新中国成立至今，我国社保基金监管体系初步建立，体现为社保基金监管主体逐渐明确、监管法规陆续颁布和规范、行政监管机构组织开展了大量工作；与此同时，社保基金监管任务艰巨，形势复杂，体现在基金种类不断增多、规模庞大、基金管理方式变化、社保基金被侵吞挪用案件层出不穷等方面。

(一) 社保基金监管体系初步建立

1. 社保基金监管主体逐渐明确
我国的社会保险制度从新中国成立就逐步建立，但在 1983 年以前，社会保险基本是采取企业自行管理的即期支付方式，经费由各单位在营业外支出中列支，没有形成基金，基金监督主要通过严格相关财务制度来体现。进入 20 世纪 80 年代以后，随着企业职工养老保险社会统筹试点的开展，开始形成社会保险基金，但对如何监督还没有清晰的认识，基金监督蕴含在基金管理之中。

1997 年，财政部介入社会保障基金的管理和运行并承担相应的财务监管职能，制定社会保障基金收支两条线管理模式。1998 年，国家成立了劳动和社会保障部，标志着社会保障成为一项专门事业。同年，劳动和保障部成立专门的社会保险基金监督司，明确了基本的任务职能，确立了由一个专门机构负责基金监管工作的体制，其后，各地陆续建立专门的基金监督行政机构。到 2005 年年底，全国有 239 个地市设立了基金监督机构，27 个省、自治区和直辖市建立了省级社会保障监督委员会，30 个省级和 205 个地市劳动保障部门开通了社会保险基金监督举报电话[①]，建立以行政监管、内部控制和司法部门监督并立的社保基金监管体系。

2. 监管法规陆续颁布和规范

随着基金监督机构实现从无到有的突破，在基金监管的法规方面先后制定了多个涉及不同社会保障基金的法规。在财务会计制度方面，建立了《社会保险基金财务制度》《社会保险基金会计制度》《社会保障基金财政专户管理暂行办法》《企业职工基本养老保险基金实行收支两条线暂行规定》；在投资方面，制定了《全国社会保障基金投资管理暂行办法》；在基金征缴方面，制定了《社会保险费征缴暂行条例》《社会保险费征缴监督检查办法》；在基金监管方式上，制定了《社会保障基金现场监督规则》《社会保险基金行政监督办法》《社会保险基金监督举报工作管理办法》。不仅有对社会保障基金整体的规定，还针对企业职工养老保险基金、企业年金、全国社会保障基金等不同性质的基金制定了相应的法规和管理办法，从而初步建立起社保基金征缴、支付和投资营运的财务、会计、审计等制度。

3. 行政监管机构组织开展了大量工作

各级社会保险基金监督部门制定了一系列规章政策和办法，逐步建立和完善基金监管制度，开展各种形式的监督检查，如近几年开展的社会保险基金专项治理、经办机构内控制度检查、养老保险费征缴情况检查、医疗保险基金管理使用情况检查等，发现和纠正了一批侵害社会保险基金的违法违规问题，挽回了大量基金损失，促进了管理经办工作的加强，提高了防范基金风险的能力。

(二) 社保基金监管任务艰巨

1. 基金种类不断增多，规模庞大

目前，社会保险类的基金已在原来养老、医疗、失业、工伤、生育等保险基金的基础上，增加了新型农村养老保险、城镇居民养老、医疗保险、企业年金、全国社会保障基金等。与此同时，基金规模迅速扩大。2010 年，五项社会保险基金收入 18 646 亿元，支出 14 810 亿元，累计结余 22 709 亿元；企业年金积累 2 910 亿元；全国社会保障基金资产总

---

① 巴曙松、谭迎庆、丁波. 社保基金监管的现状、问题与建议 [J]. 当代经济科学，2007 (5)。

额 8 377 亿元。2017 年，五项社会保险基金收入合计 67 154 亿元，支出合计 57 145 亿元，累计结余 77 311 亿元；企业年金基金累计结存 12 880 亿元；全国社会保障基金积累资产总额达到 22 231 亿元。社保基金的管理分散在各个省、市甚至县，基金监管面临的形势更加复杂。

2. 基金管理方式变化

社会保险基金由原来经办机构独家管理，变为部分省市由税务机关负责征收，纳入财政专户管理，银行、邮局负责发放，定点医院、药店负责提供医疗服务，企业年金实行市场化管理运营，管理环节增加，基金链条延长，风险点明显增多。

3. 社保基金被侵吞挪用案件层出不穷

随着社会保险基金管理和监督不断加强，严重违法违规问题得到遏制，但管理不规范的现象还不同程度地存在，侵占、挪用、套取基金的案件时有发生。1998 年以来，我国清理回收挤占挪用的社保基金已达到 160 亿元，2001 年以来，追缴的社保基金也已达到 95 亿元。尤其是发生在上海的社保基金惊天大案，使得社保基金的安全保障问题暴露无遗。

除上海社保基金外，部分地方没有将社保基金当作公共资金，对基金的重要性认识不够，将其作为地方性的资金。有些地方存在社会保险基金被挪用作财政支出和违规投资现象。各地挪用社会保险基金的主要情况有：把基金用于当地建设，如建电站、修公路、建楼堂宿舍、搞开发区，有的没有利息，无法收回本金；把基金以"启动资金""扶持资金"的名义借给企业，企业倒闭后借出去的资金无法收回；把基金借给一些机关企事业单位或者社会团体甚至个人办经济实体，有的动用基金做房地产生意或炒股票，造成利息损失或投资风险甚至本金难以收回。基金安全形势不容乐观，必须进一步强化监管。

三、我国社会保障基金监管的问题

社保基金频发问题的原因在于我国社会保障基金监管体制仍然存在问题，主要表现为以下五方面：一是没有独立的社会保障监督法律法规；二是社会监督呈缺位状态；三是监管机构职能交叉重叠；四是监管主体独立性不足，监管力量薄弱；五是社保基金管理透明度低。

1. 没有独立的社会保障监督法律法规

《社会保险法》中有些规定还比较有原则，要成为一项监管制度进入操作实施层面，需要对很多问题进一步作出规定，把法律原则具体化。目前，我国还没有独立的社会保障监督法律法规，我国在社保基金监管方面出台了不少规范性文件，但这些规范性文件多是以"条例""办法""通知"等形式出现，权威性不够，显得零散与混乱。我国社会保障监督立法工作的相对滞后，使得监督机构和监督职能没有相关法律法规的支持和保护，甚至形同虚设，极大地影响监督权威和效果。由于立法层次较低，执法缺乏相应的权威性和稳定性。对地方政府的监督有难度，横向对有关部门、纵向对地方政府，都存在监督不力的问题。社会保障基金在使用和管理上往往受到地方政府短期行为和部门利益的影响，容易在社会保障运营中出现重大问题，如社会保障资金被大量拖欠、挪用和挤占等，非法挪用、挤占保险金的违法甚至犯罪行为得不到及时惩处，广大社会保障投资者的合法权益受到严重损害，影响了社会稳定。

2. 社会监督呈缺位状态

我国社保基金监管过分依赖行政手段，社会监督力量薄弱。社会监督是人民群众通过社会团体和社会组织，舆论机构以及公民个人对社会保险基金管理情况的监督。社会团体和社会组织包括人民政协、民主党派、工会、共青团、妇联等；舆论机构包括报刊、电视、广播等。在各级社会保障监督委员会中，财政、劳动保障、审计等政府部门占主导，虽然也吸收了企业代表、职工代表、专家及其他社会利益代表，但数量有限。从各省的情况看，社会保障监督机构没有完全与行政管理部门、运营经办机构分立，存在着"一套人马，多块牌子"的现象，权力不明确，责任不清晰，监督机构形同虚设。在实际运行过程中，他们往往被排斥在外，很难发挥独立监督作用。在具体事务的协调上，习惯于把社会保障监督当作由政府来操作的事务，仍按照政府部门的工作程序，在政府各个职能部门之间进行，在一定程度上存在政府内部控制问题，社会监督不到位。

3. 监管机构职能交叉重叠

行政监督属于执法性质的监督。由于我国没有在统一的法律框架下对社会保障的监督机构、行政管理部门、运营机构进行非常明确的职责分工，出现职能交叉重叠的情况。社会保险基金的行政监督包括人社部监督、财政部门的财务监督和审计部门的审计监督。除此之外，中国人民银行、国家税务总局、国家监察委员会、全国社会保障基金理事会、国家卫健委、证监会、国家金融监督管理总局等部门都有相应的监管职责。各部门制定的政策、文件往往具有明显的部门主义色彩，政出多门。

4. 监管主体独立性不足，监管力量薄弱

与其他国家主要是依靠立法来监管社保基金形成鲜明对比的是，我国主要采取的是行政手段。行政监督是按照行政管理权限和行政隶属关系，由行政机关对社会保险基金管理的监督。这种制度设计，无论是在权威性、稳定性，还是在实施的效果层面，都存在明显不足。在政府主导型的社保基金监管体制下，社会保障部门集政策制定、保费征收、基金管理、投资运营以及争端处理等多项职能于一身，既当监管者，又充当委托人、投资人和资产管理者，角色模糊不清。在行政监管过程中，存在由于各种原因导致的政府失灵，出现行政监管的低效率、无效率甚至负效率。监督职能基本上仍由行政主管部门执行，在具体解决问题的协调上仍由省政府主管领导来进行，尚未形成一个相对独立的环节，不能有效地发挥监督作用。

5. 社保基金管理透明度低

社保基金管理透明度低，信息披露不充分。政府主导的监管模式没有透明化的信息披露，没有市场化的监督制衡，更无受益人对于委托人的自由选择权，导致基金运营黑箱作业，效率低下，违规投资、腐败受贿接踵而至。以上海为例，上海是全国最大的地方官办年金中心，掌握着110亿元的巨额资金。2004年5月，中央四部委联合发文明确中国未来年金管理的市场化方向后，上海市社保局并未从市场退出。在上海社保基金案中，社保基金通过委托贷款进入房地产和股市，并委托证券公司做国债回购、协议委托理财等，从而被挪用。整个过程中，社保当局没有向工薪阶层等利益相关者披露任何信息，因此公众很

难发挥市场监督的力量。

四、我国社会保障基金监管的完善

完善我国社会保障基金的监管，要从以下五个方面着手。

1. 建立专门的社保基金监管法律并加强执法

必须尽快制定一部较高法律层级的社保基金监管行政法规或法律，对社保基金的性质、资金来源、投资运营、监管者权力边界、纠纷解决机制尤其是法律责任等问题作出明确界定。通过国务院行政法规的形式，颁布《社会保险基金监督条例》，确定社会保险基金监管体系框架，重点解决监管主体和监管政策问题，理顺监管体制，规范职责权限。在此基础上，制定相关的程序性法律法规，确保法规的具体执行。

社保基金监管法的出台，是对法律缺位的弥补，必将对完善我国的社保基金监管体系产生深远影响。此前频发的违规挪用社保基金案例，对行为人的处罚普遍较轻，多以行政处罚终结，追究刑事责任者寥寥无几。必须构建一套严格的法律责任体系，充分发挥法律的威慑、惩罚与教育功能。《社会保险法》在第一章就提出"国家对社会保险基金实行严格监管"，因此，对社会保险基金要依法实行严格监管，提高基金安全程度。

2. 推进社保基金监管的市场化

欧美发达国家的社会保险基金监管正向市场化发展，拉美、东欧国家社会保险基金监管市场化的步伐也在加快。我国已逐步搭建起企业年金和全国社会保障基金市场化管理运营的基本框架，但在社会保险基金中并未实现角色分离和权力制衡，政府社保部门既充当监管者，同时又是委托人、投资人和资产管理者。这种做法与当今世界多数国家引入竞争机制，由商业机构进行运作的市场化模式显得格格不入。调整的思路是在社保基金监管体系中引入竞争机制，由市场化的民营机构负责运营和投资，政府制定政策，明确规则，对基金运作实施有效监管。

市场化运营以后，金融机构成为企业年金管理运营的主体，社保基金按照相关规定投资运作，包括进入资本市场运营，社保经办机构不直接参与运营管理。监管机构负责制定监管政策和实施监管，规范市场行为。鉴于社保基金在实际运行中出现的大量违规投资行为，监管机构应着重加强基金营运监管，研究和设置风险控制指标体系，强化资质监管，设计和创造能进能退的竞争机制。

3. 构建协同监管的社保基金监管体系

各部门的监督各有侧重：劳动保障部门是社会保险基金监督的主体，从制定相关政策开始，对社保基金运营的全过程进行全方位监督；财政部门的监督主要通过对财政专户的管理来进行，对社保基金的财务制度执行情况进行监督；审计监督部门依法对社会保险基金资金管理及使用情况进行审计监督，是事后的监督检查；税务部门对征收社会保险费的情况进行监督检查。在履行好各自职责的基础上，劳动保障部门应密切与各金融监督部门保持沟通和联系，形成监管协调机制，提高行政监管的有效性。该监管协调机制甚至可以考虑建立一个独立的社保基金监管委员会的形式。成员由人社部、财政部、全国社会保障基金理事会、证监会、国家金融监督管理总局等部门的人员组成，并可以吸收企业和个人代表共同参与，负责对社保基金进行全面监管。

4. 推进社保基金监管的信息化

将现场监管和非现场监管相结合，大力推进非现场监督。在"金保工程"建设中将基金监督纳入总体规划，做到实时监控和事先控制，大力推行会计电算化等现代核算管理，建立完整的信息数据库和健全的信息网络，运用现代计算机技术进行监督。各经办机构按时间要求，报送基金预、决算报表、基金统计报表等，建立相关台账资料，通过报表分析，对基金的运行进行全面、动态的监控，掌握基金运行状况，及时进行分析研究，化解可能存在的问题和潜在的风险。

5. 完善社保基金监管的信息披露制度

完善社保基金监管制度，必须构建高度透明的管理体制和健全的信息披露制度。首先，要建立强制性的信息披露制度，确保信息披露内容的真实性、准确性和完整性。其次，在社保基金财务会计报告和管理报告中，必须提供注册精算师的精算报告和意见书。这是保证信息披露内容真实性、准确性和完整性的重要途径，通过法律明确规定注册精算师的职责，使其在出具精算报告和意见书时，能够依据自身的技能和经验作出独立的判断。最后，赋予社保基金所有人知情权与监督权。我国社保基金长期处于社保部门的封闭运作之中，作为所有人的老百姓无从知晓基金的来源、运作、增值等状况，这本身就是一个不合理的状态。所有人理应有权获悉自己财产运营的状态，管理者有义务向社会公众披露信息。这种信息披露是事前监督的有效方式。对于社保基金的发放、收支结余等情况，应当接受老百姓经常性的监督。除此之外，设立举报箱，向社会公布举报电话，实行举报奖励，及时预防和查处冒领、骗取社保金等现象。社保基金的运营只有保持高度透明的状态，让全社会都来行使监督的权利，才能有力确保基金管理机构以谨慎人的态度和原则保管好社保基金。

📖 本章小结

1. 社会保障基金监管是指由国家行政监管机构、专职监督部门以及社会公众等主体为防范和化解风险，根据国家法规和政策规定，对社保基金经办机构、运营机构或其他有关中介机构的管理过程及结果进行的评审、认证和鉴定。社会保障基金监管体系由监管的主体、客体、手段构成。基金监管应遵循独立、公正、科学三大原则。

2. 社会保障基金监管的内容包括基金征缴的监管、基金给付的监管、基金结余的监管和基金投资的监管。各国在进行社保基金投资监管时采用的措施有：对社保基金投资管理机构进行资格认定；设置社保基金投资工具和比例限制；实施最低相对收益率担保；建立完备的信息披露与报告制度；发挥中介服务机构的监督作用。

3. 社会保障基金监管的方式可分为现场监管与非现场监管。现场监管的程序为立项、通知、实施、报告、处理；非现场监督的程序为收集资料、审核资料、分析资料、完成报告、信息反馈。

4. 社会保障基金监管的模式有审慎监管模式与严格监管模式两类。两类监管模式的特点差异较大。

5. 我国社保基金监管体系初步建立，体现为社保基金监管主体逐渐明确、监管法规陆续颁布和规范、行政监管机构组织开展了大量工作。与此同时，社保基金监管任务艰巨，形势复杂，体现在基金种类不断增多、规模庞大、基金管理方式变化、社保基金被侵吞挪用案件层出不穷等方面。

6. 我国社会保障基金监管体制存在以下五个方面的问题：一是没有独立的社会保障监督法律法规；二是社会监督呈缺位状态；三是监管机构职能交叉重叠；四是监管主体独立性不足、监管力量薄弱；五是社保基金管理透明度低。完善我国社会保障基金监管，要从以下五个方面着手：一是建立专门的社保基金监管法律并加强执法；二是推进社保基金监管的市场化；三是构建协同监管的社保基金监管体系；四是推进社保基金监管的信息化；五是完善社保基金监管的信息披露制度。

关键概念

监管方式　监管模式　审慎监管　严格监管　现场监管　非现场监管

复习思考题

1. 社会保障基金监管与社会保障基金管理是何关系？
2. 社会保障基金监管应遵循什么原则？
3. 简述社会保障基金投资监管的举措。
4. 在社会保障基金的监管方式中，如何看待现场监管和非现场监管的关系？
5. 我国社会保障基金监管是采用审慎监管还是严格监管？两者有何不同？
6. 我国社会保障基金监管中存在哪些问题？应当如何改进？

案例 8-1

审计上海社保黑幕

事实远比已知的触目惊心。

就在上海社保案渐入尾声，主要涉案人员已进入司法审判程序之际，记者获得一份审计署所做的 2007 年第 86 号《上海市社保基金运营及管理情况专项审计》报告。

该报告系统地揭示了自 20 世纪 90 年代上海市社保制度建立至 2006 年 7 月 17 日上海市社保案发之日止，上海社保基金真实的运营及管理情况。

报告所披露的社保基金整体状况远比此前所暴露的福禧个案更为触目惊心："多年来，上海市社保局共计运营基本社会保险基金、企业年金、小城镇保险等 8 个险种的社保资金，金额共计 329.44 亿元，截至 2006 年 7 月 17 日，尚未收回的资金达 255.41 亿元，占运营资金余额 387.31 亿元的 66%。"

根据报告，这些违规运营的社保资金大量投向了和国家宏观政策导向不符的产业领域，如房地产业。

"截至 2006 年 7 月 17 日，对 44 家房地产企业的贷款余额为 201.25 亿元，社保资金甚至给不法商人和企业提供了大量的资金支持。"

更有甚者，上海社保局一方面曾试图弄虚作假掩盖投资损失，另一方面又曾试图掩盖投资收益。"弄虚作假掩盖损失 9 262.2 万元"，"长期两套报表，瞒报增值收益 31.22 亿元"。

对于自 1991 年起步的中国养老保险改革，18 年间争议不断，围绕社保金该如何运营，在业界一直存在两种观点。

一种观点认为，鉴于我国庞大的人口老龄化压力，社保资金未来存在巨大的支付压力，因此，应当在完善制度建设的前提下允许社保资金投资运营；另一种观点则认为，社保资金是"养命钱"，不可轻举妄动，应严格限制投资运营，以避免可能带来的投资损失风险。上述两种观点既有交锋的一面，更有统一的一面，即在具有完善制度和阳光规则的前提下，保障社保资金的安全运作。

眼前的这份上海社保审计报告为人们展示了一个"坏的样本"：在不透明的制度下，社保资金不仅无法遏制投资冲动，长期大量违规投资，而且在投资领域、投资程序、投资收益分配等各个环节，无不存在严重问题。

更让人忧心的是，此种状况不独上海，全国其他地方也相去不远。

2007 年 11 月，审计署对全国 29 个省（自治区、直辖市）社保基金的专项审计结果显示，1999 年前发生的违规金额为 23.47 亿元，2000 年以来发生的违规金额高达 47.88 亿元。

违规运营 329 亿元

1991 年，按照国家社会保险改革的要求，上海市陆续建立了五项基本社保制度（基本养老保险、医疗保险、失业保险、工伤保险、生育保险）和企业年金制度。此外，在 1999 年前后，上海基于地区特性，还相继设立了小城镇社会保险、小企业欠薪保障金、外来从业人员综合保险等地方性社保制度。

1993 年，前身为上海市社会保险管理局的上海市社保局成立。至此，上海开始采取五险合一制度，即除医保、残疾人保障、农村社会养老保险外，其余的社会保险资金都由上海市社保局统一管理。

从此，正如审计报告中所指出的"没有收支两条线，市财政局也没有参与日常监督管理，仅对社保基金年度决算进行复核和汇总上报"那样，数额庞大的社保资金从征缴到发放，到管理监督，整个环节均操控在上海市社保局一个部门的手中。

此种被审计署斥为"一门式管理，一支笔批条子"的管理方式，为日后的种种乱象埋下了伏笔。

经过整整一年半（2006 年 7 月—2007 年 12 月）的审计，审计署得出了如下结果："上海市社保局共运营 8 种社保资金，共计 329.44 亿元，截至 2006 年 7 月 17 日，尚未收回 255.41 亿元，占余额 387.31 亿元的 66%。"

其中，违规运营数额最大的是企业年金基金和地方性社保基金，分别高达 132.73 亿元和 175.91 亿元，占违规运营金额总额的 93%。

审计报告显示："上海市社保局违规运营企业年金基金 132.73 亿元。其中，委托银行向哈尔滨百联德泓商业广场有限公司等发放贷款 100.43 亿元，向沸点发放和展期 24 亿元，通过中泰信托等机构发放贷款 8.3 亿元，截至 2006 年 7 月 17 日，尚未收回 96.05 亿元。"

上海市社保局手握多少企业年金一直秘而不宣。据 2005 年上海社保局副局长鲍淡如公开透露，当时上海社保局所掌握的年金数字是 110 亿元。累积至 2007 年年底，据业内人士透露，总额在 150 亿元左右。由此可推断，社保局基本把全部家底都拿出去"当"了。

地方性社保资金则是另一个"钱库"。

自 1999 年 11 月，上海市颁布《上海市小企业欠薪基金试行办法》始，在 2002 年和 2003 年，上海市相继颁布了《上海市外来从业人员综合保险暂行办法》《上海市小城镇社会保险暂行办法》等三项地方性法规，建立了地方性社保制度。期间，关于基金管理作了如下规定：开立专户，专款专用，任何部门、单位和个人不得转借、挪用、侵占，而对资金运营则只字未提，成为留白地带。

审计报告显示："上海市违规运营地方性社保基金 175.91 亿元。其中，使用小城镇社会保险基金 169.06 亿元，向沸点、帝泰发放委托贷款 157.06 亿元；使用小企业欠薪保障金发放委托贷款 1.85 亿元；使用外来从业人员综合保险基金发委托贷款 5 亿元。上述地方性社保基金中有 141.56 亿元尚未收回。"

如此操作的重要原因是，上海的企业年金制度一度被誉为"领先改革的制度"，其关于投资运营的规定远较基本养老保险更为宽松，而地方性社保资金由于国家相关法律不完善，也更容易找到运作缝隙。

比如，企业年金制度的基本法规依据是 2004 年 10 月劳动和社会保障部颁布的《企业年金试行办法》，其中规定，企业年金基金可以按照国家规定投资运营。

该办法允许企业年金投资的前提是引入市场化年金运营框架，建立"四种人"制度——通过企业年金的管理关系中的受托人、托管人、投资管理人、账户管理人，形成制衡关系，打破政府社保部门大权独揽的局面。

当时，上海的情况并非如此。自 2002 年起，上海市社保局设立企业年金中心这一隶属于社保局的事业单位以来，其一手掌控了上海几乎所有的企业年金。

除上述两项巨额挪用外，上海市社保局还挪用了基本社会保险基金 20.8 亿元。

审计报告显示："自 2005 年起，使用失业工伤保险基金和促进就业资金委托银行发放贷款 20.8 亿元，其中，失业工伤保险资金 10.8 亿元，促进就业专项资金 5 亿元，截至 2006 年 7 月 17 日，尚未收回 17.8 亿元。"

201 亿元投向房地产

在高达 300 多亿元的违规运营背后，更令人咋舌的是，2/3 以上的社保资金都违规投入了房地产行业。

审计报告显示："截至 2006 年 7 月 17 日，社保资金对 44 家房地产企业的贷款余额高达 201.25 亿元。"

201.25 亿元意味着什么？据上海市银监局的统计，上海市全年的房地产企业信贷量不到 1 000 亿元。可见 201 亿元足以改变整个上海房地产信贷市场的大局。

这些社保资金违规入市的结果就是这样一个"巧合"：上海市社保资金投入房地产行业的时间段和上海房地产市场走强的时间段几乎完全吻合！

据了解，上海社保资金运营分三个阶段，其自 2002 年起进入扩大运营阶段。而此时正是上海市房地产市场逐渐走强之时，乃至于引起央行等国家机构多次发出预警信号，要求严格执行国家宏观调控政策。

大量社保资金入市显然对上海楼市升温起到了推波助澜的作用。"基金的投向和国家有关宏观政策导向不合。"审计报告中这样强调。

审计报告就此问题进行了详细披露，比如，2003年央行出台"121文件"，明确提出各商业银行要严格控制豪宅别墅等高档物业信贷，但是社保资金同期却逆向而行，向永德等12个别墅项目贷款25亿元。

而且，这201亿元中的大部分投向了国家严格限制的不合贷款条件的房地产企业。

根据"121文件"等调控措施规定，银行发放开发贷款时要求必须"四证齐全""开发项目资本金不得低于35％""发放的贷款不得跨区使用"等。

审计报告透露出，上海社保资金随意放宽贷款条件发给不符合条件的企业，共有159.07亿元贷款发放给了36家不合条件的地产相关企业。

三重风险

从1994年委托上海市浦东发展银行运营至今，上海社保资金的投资运营一直处于隐秘地带，基本没有像专业金融机构那样相对完善的风险控制机制，其风险自然不言而喻。

审计报告举了这样一个例子：在一次资本市场运作中，由于社保局对委托运营资金缺乏监控，社保基金损失高达9 262.2万元。

其具体事实是，2001年7月，社保局拿出企业年金2亿元，委托华鑫证券进行运作，由上海仪电集团担保。后来，华鑫证券通过国债回购质押的方式将1.3亿元挪作他用，最后无法偿还。

为了掩盖这笔资金损失，上海仪电集团将其拥有的账面价值5 197.17万元资产评估为20 052万元，通过法院判决，以上海仪电集团下属企业作为欠费抵押的方式，将资产抵押给社保局，以此来掩盖违规投资造成的资金损失。

"该资产按照重新评估价格10 790.3万元计算，社保资金损失了9 262.2万元。"审计报告显示。

除了违规运营带来的风险之外，社保资金本身也管理混乱。

在1998年以前，各地的社保局、社保中心等社保机构是从社保基金中提取管理费维持运转，1998年的27号文则明确规定社保经办机构不得从地方社保基金中提管理费，由财政全额拨款维持运作。

但是，上海社保局并未遵守这一规定，而是"通过违规列支经办机构经费9.7亿元等方式，挤占挪用社保资金16.94亿"。

多险种合一的管理制度也造成了一定风险，"自1999年以来，社保局将基本养老保险基金违规划转到其他社保基金43.59亿元"。

此外，上海社保局还大量存在以物抵费的情况。此次审计就发现了以物抵缴欠费37.8亿元。

15年投资路

纵观上海社保的投资历史，大规模的投资起步于1994年，15年之路显示，无论在投资领域、投资程序，还是投资收益分配等各个环节，此前由少数人决断、缺乏监督的运营模式都是一个错误的方向。

1994年，上海浦东发展银行在政府的同意下成立了社保基金部，专司负责运营社保基金，此为上海社保资金投资的第一阶段。

社保基金这一托管运营模式，曾写进1994年颁行的《上海市城镇职工养老保险办法》。《办法》第四十一条称："养老保险基金的增值运营委托上海浦东发展银行进行。"

1994年至1998年，社保资金通过上海浦东发展银行社保部共投入105.2亿元，主要投资领域是房地产和证券。

1998 年，由于《焦点访谈》节目播出了四川的社保基金被挪用的情况，当时的国务院领导看后要求全国清查社保资金情况，随后国务院即发布第 27 号文。

27 号文件一方面严格限定地方社保基金的投资范围只能是存国有银行或者购买国债，另一方面明确了地方社保基金的管理方式采用收支两条线，由财政局设立财政专户管理。

由此，上海社保按照国家要求，在 1999 年清理收回了委托上海浦东发展银行运营的资金，清理活动持续至 2005 年年底。

据了解，此阶段的投资收益尚可，共取得投资收益 40.91 亿元。但是，社保局曾试图隐瞒投资收益。"通过编制两套报表的方式，试图隐瞒委托上海浦东发展银行的基本养老保险基金增值收益 18.53 亿元。"审计结果显示。

1998 年国务院 27 号文发布后，社保局作为运营主体，开始进入第二阶段——自营初始阶段。

此时，出于社保资金安全性的考虑，房地产投资和证券投资已经被严令禁止，但是，上海社保资金此时不仅没有从房地产中脱身而出，相反继续大肆进军房地产领域。

在此期间，社保基金以安联公司和东展公司的名义，相继投资了明天广场、永银大厦、东银大厦、东海广场和来福士广场五大商业地产。

如果说第一阶段社保基金投资房地产和股票尚可解释为"探索"，此时，已明显是以身试法。

2002 年，社保资金运营进入最危险的第三阶段——扩大运营阶段，各种问题开始集中爆发。

一位社保局干部承认，就社保资金的运营，社保局曾在 2000 年制定《专项保险基金委托运营管理办法》，后于 2002 年又制定了一个《专项基金运营管理办法》（没有正式发文），以规范社保资金运营的程序。

但实际情况是，多年以来，社保资金的运营情况即使在社保局内部也只有极少数人知道。除了参与处室的少数人，局里其他人并不了解资金量和资金运营情况。仅有的一次通报，是在 2005 年年底的一次会议上向全局通报了资金运营工作的概况，但也没有透露具体的投资保值增值情况。

其决策程序、投向哪些领域、以什么方式投资，更是只有少数几个经办人和个别领导才掌握的"核心机密"。

据一位原社保局副局长口述，这些情况从来没有在局长办公会上讨论过，他在 2006 年 7 月之前，甚至都不知道有"沸点"这个公司。

由此可见，借保值增值名义进行的上海社保资金管理模式改革，事实上已沦为少数人操控的资金游戏。

从 2002 年开始，社保局一方面扩大了基金运营的规模和范围，除了企业年金基金外，还拓展到其他险种，截至 2006 年 7 月，运营基金余额达到 387.31 亿元；另一方面，采用包括委托贷款、信托贷款、直接贷款、购买银行债券等多种形式展开运营，资金风险进一步放大。

据社保局一位干部介绍，社保资金进行委托理财，从 2000 年开始经历了三种模式，起初是银证合一的模式，由社保局将资金委托证券公司理财，银行作为第三方负责担保，后来银行的角色由担保变成监管，在 2003 年 11 月前后，银行从监管变为托管。

一位法律界资深人士分析，通过这三种模式的变化，资金方（社保资金）的风险事实上被逐步放大了。

他解释说："因为银行作为第三方，角色分别是担保—监管—托管，其中，担保的责任最大，一旦资金损失，银行要全部承担赔付责任，托管则要看具体托管条款怎么签，是否列明严格的托管责任，一般而言，只是资金放在银行，所有权不转移，银行也不承担风险。"

到了 2004 年，上海社保资金委托理财模式进一步改革，开始引进第四方经纪人，由经纪人接受受托的证券公司指令操作进行交易。同在这一年，社保基金开始在个别受托的证券公司开展债券交易。

从表面看，社保资金购买国债为国家法律所许可，但同样存在后续风险。"通过国债回购质押，本不许进入证券市场的社保资金就'曲线'入市，在我们经手的案件中，社保资金存在这种情况。"上海市法院系统人士介绍。

1998 年开始，上海社保还采取了信托贷款的模式，基本原理和委托理财一样。前述社保局内部人士介绍，信托贷款只委托给了三家，分别是爱建信托、国际信托和华宝信托。其区别在于，在国际信托和华宝信托，社保资金有独立账户，在爱建信托则没有。

法律界人士指出，没有独立账户，使得社保资金和爱建信托本身的资金混为一体，其资金所有者权益难以保障。爱建信托本身的运营乱象同样是前几年的公共话题。

委托贷款是最新的一种模式，是从 2004 年 4 季度才开始的。

其基本路径是社保局把钱通过银行给借款人，借款人提供抵押物对应该债权，由银行实施监管。

张荣坤的沸点投资就是采用了这种模式，即社保局借款给沸点公司，沸点公司用这笔钱去购买沪宁高速公路后，反手将公路抵押给社保局。

知情人士介绍，2004 年之后，由于国家收紧房地产信贷银根，房地产公司从银行贷款非常困难，社保局委托贷款则相对容易得多。因为其程序相当简单——借款人由社保局选定后，通过银行办理贷款手续。既没有对借款人信用、还贷能力的严格审查，对项目本身的合规性要求也非常宽松。

由此，一大批"四证不全"、自有启动资金不足的项目成功地从社保局获得资金支持。审计报告显示，有 159.07 亿元贷款发放给了 36 家不合条件的房地产企业。

除了多种方式进行资金运营带来的风险之外，社保局内部的架构也是一片混乱，所谓的内部分工监管形同虚设。

2002 年，上海社保局同时设立了社保中心和年金中心两大事业机构，但实际上，基本养老保险金和企业年金如同上海社保局的左右两手。

"我们局就是以企业年金发展中心的名义进行社保资金的运作，局里决定如何运作后，有关资金运营的合同、协议盖企业年金中心的章。考虑到社保局是政府机关，以局的名义运作不太妥当。"一位社保局内部人士交代。

据社保局官方网站介绍，社会保险基金监督管理处是社保局一个内设行政业务处室，其职责是制定本市社会保险基金管理、运营的政策；组织社会保险基金预决算方案编制的有关工作；对社会保险基金管理实施行政监督等。

实际上，这一本应承担内部行政监督职能的处室没有履行其应有的行政监督职能，相反，其所谓的监督职能体现在对社保资金投资的项目进行审核上。

据该处室内部人士透露，基金监管处自 2000 年开始负责基金运营的监管。2004 年 4 季度，社保局开始搞委托贷款项目，基金监管处负责对资金托管机构处提出的项目的意向书进行审核后报给局领导，同时对抵押物进行审核。

更具讽刺的是资金托管机构，该机构成立于 2003 年 11 月。设立之初的职责是对原已经在证券市场上运营的委托理财资金做清理回收工作，但在 2004 年 3 季度社保局开始委托理财项目后，其职能非但不是清理回收，反而是继续放贷。

"机构处 2004 年 3 季度增加了一项业务，就是对委托贷款项目进行项目可行性的分析、论证、办理委托贷款和委托贷款后的日常监督管理。"资金托管机构处一位内部人士介绍说。

亡羊补牢

社保案发后，上海开始积极采取补救措施。

2006年年底，上海市政府常务会议通过了《上海市社会保险基金财务管理办法》，办法对社保基金财务管理制度作了进一步的细化、健全和完善。

2007年1月，上海着手组建体制内、开放型的上海市社会保障监督委员会。

据市劳动和社会保障局有关负责人介绍，监督委员会的主要职责除了研究本市社保监督工作的重大事项外，还将依法组织对社保政策执行情况和社保基金管理运营情况进行监督，并定期公布社保基金的管理和监督情况。

2007年5月19日，上海挂牌成立长江养老保险股份有限公司，该公司由11家中央及上海国有大企业共同发起设立，注册资本为5亿元人民币。

据有关方面透露，社保资金的清理回收工作还在进行中，到期贷款已逐步收回，未到期贷款也在有关方面的严格监管中，将逐步收回。

审计报告透露，截至2007年4月23日，255.41亿元已收回167.71亿元。

资料来源：陈芳．审计上海社保黑幕［N］．21世纪经济报道，2008年3月26日。

案例8-2

社保基金监管规章有望出台

记者近日获悉，备受关注的社保基金监管条例由于争议较大，可能以变通的方式率先出台：降格为部委规章，作为《社会保险法》的配套规章，由人力资源和社会保障部出台。

作为我国社保领域的基本法，《社会保险法》已于2011年7月1日正式实施。按照程序，其相关的配套规章也会于年内陆续出台。此前，《先行支付暂行办法》《个人权益记录管理办法》等配套规章都已出台。

社保基金监管是《社会保险法》中重点提及的章节。中国政法大学法和经济学研究中心承担了社保基金监管条例的起草工作，该中心副教授胡继晔透露，"部委级的社保基金监管规章不日就会出台"。

胡继晔说，2011年4月和6月，针对部委级的社保监管规章，曾有过两次专门研讨。该规章的重点将放在社保基金的征缴和支出环节上，比如对这些环节程序的设定、如何运行以及如何管理等。但是，对于有争议的基金投资力度、基金的管理体系等则着墨较少，甚至可能会淡化或回避。

不过，记者从人力资源和社会保障部了解到，社保基金监管条例的立法预期并没有改变，该条例草案有望年内上报国务院审批。

■ 争议

条例为何四年难出台

专家称各方"博弈依旧"，争议较大

该条例从2008年年底起草，到如今已经快4年了，目前在一些重要的议题上仍然存在较大的争议。胡继晔坦言，"几乎是十几次易稿"，先降格出台部委规章的一个重要原因在于"社保监管条例草案争议较大"。

在养老金个人账户基金的投资问题上，相关部门依然偏向保守稳健。草案则一直希望在基金投资问题上能更为积极一些。在社保基金的管理上，也有不同声音，全国社保基金理事会希望由其全面托管，各省则希望由省一级管理，人力资源和社会保障部也提出由该部设部门托管社保基金。

目前，我国社保覆盖力度加大，每年统筹资金增量加大，草案一直希望财政部能以发行特种国债的形式运营这些增量基金，但是迟迟未能达成共识。"各方博弈依旧。"胡继晔坦言，在这种背景下，率先出台部委规章也是权宜之计。

■共识

保值增值成为监管共识

调查发现58％的省份社保基金是按活期存款利率存放

尽管争议较大，社会保障基金监管条例的起草还是达成了不少共识。如基金的增值保值和基金的发放管理。

刚刚实施的《社会保险法》规定，社保基金以不低于一年期定期存款的形式存放。而目前CPI增幅则已超过5％，比一年期定期存款利率高不少。这意味着，即使全国社保基金全都按照一年期定期存款利率定存，存放一年的负利率也会达到2％左右。更何况，目前大部分省市的社保基金还都是活期存放的。

胡继晔介绍，他们曾对17个省市的社保基金投资情况做过调研，发现其中有58％的省份社保基金是按活期存款利率存放的。可见社保基金的贬值问题已经非常突出。在社保基金监管条例起草过程中，这一点上达成了共识，各方普遍认为，基金的保值增值问题至关重要。

另外，在社保基金的支付环节，达成的共识也比较多。

资料来源：韩宇明. 社保基金监管规章有望出台 [N]. 新京报，2011年7月4日。

第三篇

社会保障基金管理方法

　　本篇主要介绍社会保障基金管理方法，共四章：第九章社会保障基金财务管理，第十章社会保障基金会计制度，第十一章社会保障基金统计制度，第十二章社会保险基金精算管理。

第九章　社会保障基金财务管理

📖 **本章学习目标**

1. 了解社会保障基金财务管理法规
2. 掌握社会保险基金财务管理内容
3. 熟悉社会保险基金预算的原则
4. 知悉我国社会保险基金预算编制现状

第一节　社会保障基金财务管理法规

一、社会保险基金财务制度

财政部、劳动和社会保障部 1999 年共同颁布《社会保险基金财务制度》，明确了社会保险基金的对象、财务管理的目标与具体方法，对社会保险基金的筹集、支付与结余、资产与负债进行了明确规定。2017 年 8 月 22 日，为进一步规范社会保险基金财务管理行为，加强基金收支的监督管理，根据《中华人民共和国社会保险法》《中华人民共和国预算法》《中华人民共和国劳动法》等相关法律法规，财政部会同人力资源和社会保障部、国家卫生计生委对《关于印发〈社会保险基金财务制度〉的通知》（财社字〔1999〕60 号）进行了修订。本制度自 2018 年 1 月 1 日起施行。《财政部、劳动和社会保障部关于印发〈社会保险基金财务制度〉的通知》（财社字〔1999〕60 号）、《财政部、劳动和社会保障部关于加强社会保险基金财务管理有关问题的通知》（财社〔2003〕47 号）、《财政部、卫生部关于印发新型农村合作医疗基金财务制度的通知》（财社〔2008〕8 号）、《财政部、人力资源和社会保障部关于印发〈新型农村社会养老保险基金财务管理暂行办法〉的通知》（财社〔2011〕16 号）、《财政部人力资源社会保障部关于机关事业单位基本养老保险基金财务管理有关问题的通知》（财社〔2016〕101 号）同时废止。

本制度适用于中华人民共和国境内依据《社会保险法》建立的企业职工基本养老保险基金、城乡居民基本养老保险基金、机关事业单位基本养老保险基金、职工基本医疗保险基金、城乡居民基本医疗保险基金（包括城镇居民基本医疗保险基金、新型农村合作医疗基金、合并实施的城乡居民基本医疗保险基金）、工伤保险基金、失业保险基金、生育保险基金等基金的财务活动。生育保险与职工基本医疗保险合并实施的统筹地区，不再单列生育保险基金。

基金财务管理包括以下任务：（1）贯彻执行国家法律法规和方针政策，依法筹集和使用基金，确保各项基金应收尽收和社会保险待遇按时足额发放。（2）合理编制基金预算，强化收支预算执行，严格编制基金决算，真实准确地反映基金预算执行情况。（3）健全财务管理制度，加强基金核算分析，积极稳妥地开展基本养老保险基金投资运营，实现基金保值增值。（4）加强基金财务监督和内部控制，确保基金运行安全、完整、可持续。

二、社会保险法

《社会保险法》在《社会保险基金财务制度》基础上较为概括地对社会保险基金财务管理进行了规定。第八章社会保险基金第六十四条规定，社会保险基金包括基本养老保险基金、基本医疗保险基金、工伤保险基金、失业保险基金和生育保险基金。各项社会保险基金按照社会保险险种分别建账，分账核算，执行国家统一的会计制度。社会保险基金专款专用，任何组织和个人不得侵占或者挪用。第六十五条规定，社会保险基金通过预算实现收支平衡。县级以上人民政府在社会保险基金出现支付不足时，给予补贴。第六十八条规定，社会保险基金存入财政专户，具体管理办法由国务院规定。

三、其他法律法规

为更好地贯彻落实《社会保险基金财务制度》，加强社会保险基金财务管理，经国家税务总局同意，财政部于2003年发布《关于加强社会保险基金财务管理有关问题的通知》，针对各地在执行制度过程中的具体问题进一步明确了要求。2003年，财政部印发《社会保险基金会计核算若干问题补充规定》的通知。2009年，人力资源和社会保障部、财政部发布《关于进一步加强社会保险基金专项治理工作的通知》。2010年1月，国务院发布《关于试行社会保险基金预算的意见》，同年3月，财政部发布《社会保险基金预算编制手册（试行）》。2010年6月，财政部发布《关于将按预算外资金管理的收入纳入预算管理的通知》，决定从2011年1月1日起，将按预算外资金管理的收入（不含教育收费）全部纳入预算管理。2011年6月，人力资源和社会保障部发布《社会保险基金先行支付暂行办法》。

除了行政法规和部门规章，社会保险基金财务管理的法律法规还包括地方规章。比如上海市2008年审议通过《上海市社保基金财务管理办法》；广东省人大常委会2004年审议通过《广东省社会保险基金监督条例》；广东省劳动保障厅、广东省财政厅与广东省地税局2009年联合发布《广东省社会保险基金账务核对管理暂行办法》。

第二节　社会保险基金财务管理内容

社会保险基金财务管理与企业财务管理所包含的内容有很大不同。为实现利润与相关者利益最大化，企业财务管理包括筹资管理、投资管理、利润分配、成本管理等内容。社会保险基金财务管理主要包括社会保险基金预决算管理、社会保险基金收支及结余的财务管理、社会保险基金账户管理、社会保险基金财务监督四方面内容。

一、社会保险基金预决算管理

（一）社会保险基金预算管理

基金预算是指根据国家预算管理和社会保险相关法律法规编制，经法定程序审批、具有法律效力的年度基金财务收支计划。基金预算由基金收入预算和基金支出预算组成。社会保险基金预算应当做到收支平衡。社会保险基金预算执行关系到各项社会保险政策的落实，涉及广大人民群众的切身利益，对于提高社会保险基金预算管理水平至关重要。预算编制机构要在认真分析本年度预算执行情况、科学测算下年度基金收支情况的基础上，编制社会保险基金年度收入和支出预算，确保社会保险费和其他基金收入按时足额筹集，社会保险待遇按时足额发放。预算经批复后，应严格按照批复的预算和程序执行。社会保险基金预算不得随意调整，执行中因特殊情况需要增加支出或减少收入，应当编制社会保险基金调整预算，提高预算编制的准确性，增强预算的严肃性，增强预算的约束力。编制预算后，应当定期填报社会保险基金预算执行报表，撰写预算执行分析报告。

（二）社会保险基金决算管理

社会保险基金决算是指社会保险经办机构在年度末根据财政部门规定的表式、时间及要求编制的基金年度财务报告，由社会保险基金决算报表和财务状况说明书组成。社会保险基金决算报表包括资产负债表、收支表和有关附表。社会保险基金决算是反映基金财务收支状况和结余情况的总结性书面报告，是实施社会保障预算制度的重要环节。通过编制社会保险基金决算，可以全面、完整地反映社会保险基金的年度收支状况，有利于考核国家有关方针政策的贯彻执行情况，有利于分析和检查预算的执行情况，发现预算管理和财务管理工作中存在的问题，进而采取有效措施改进和加强预算管理，为制定决策提供可靠依据。

年度终了，统筹地区经办机构应按照规定编制年度社会保险基金决算草案，报同级社会保险行政部门审核汇总。经统筹地区财政部门审核并汇总编制，会同社会保险行政部门报本级人民政府审定后，提交同级人大常务委员会审查和批准。统筹地区社会保险基金决算草案经本级人大常委会审批后，由同级财政部门、社会保险行政部门分别报送上级财政部门和社会保险行政部门。省级社会保险基金决算草案经省级人大常委会审批后，由省级财政部门、社会保险行政部门分别上报财政部、人力资源和社会保障部和国家卫生计生委。

中央社会保险基金决算草案由人力资源和社会保障部社会保险事业管理中心编制，报人力资源和社会保障部审核汇总。经财政部审核并汇总编制，会同人力资源和社会保障部报国务院审定后，提交全国人大常委会审查和批准。

二、社会保险基金收支及结余财务管理

（一）社会保险基金收入的财务管理

社会保险基金收入包括社会保险费收入、财政补贴收入、集体补助收入、利息收入、

委托投资收益、转移收入、上级补助收入、下级上解收入、其他收入等。其他收入指滞纳金、违约金、跨年度退回或追回的社会保险待遇、公益慈善等社会经济组织和个人捐助以及其他经统筹地区财政部门核准的收入。上述基金收入项目按规定分别形成各项基金。

社会保险基金应按照《社会保险法》和其他有关行政法规规定，按时、足额地筹集，任何地区、部门、单位和个人不得截留或减免。社会保险费征收机构应当依照法律、行政法规的规定，及时、足额地征收应征社会保险费，不得违反法律、行政法规规定多征或减征，不得截留、占用或挪用。各级财政部门应根据《预算法》和《社会保险法》等法律、法规及相关制度规定，安排基金财政补助，纳入同级财政年度预算并按规定程序及时办理拨付手续。用人单位和个人应当以货币形式全额缴纳社会保险费，严禁以物抵费，对于未按规定按时足额缴纳社会保险费的用人单位，征收机构按照有关法律法规进行处理。

社会保险费征收机构应当按时足额地将征收的基金收入缴入财政专户，具体时间和方式由各省、自治区、直辖市自定。缴入资金时，须填制银行制发的进账单、划款凭证（一式多联）或其他有效凭证，有关部门或机构以该凭证记账。税务机关征收社会保险费的，经办机构应及时向税务机关提供征收所需的用人单位和个人参保登记等相关信息，税务机关应及时向经办机构提供征收信息、征收明细数据等相关情况。

（二）社会保险基金支出的财务管理

社会保险基金支出包括社会保险待遇支出、转移支出、补助下级支出、上解上级支出、其他支出等。其他支出指经国务院批准或国务院授权省级人民政府批准开支的其他非社会保险待遇性质的支出。

根据社会保险的统筹范围和社会保险年度基金预算，按照国家规定的项目和标准安排基金支出，任何地区、部门、单位、个人不得增加支出项目、扩大享受人员范围、提高开支标准、虚报冒领及骗取、套取基金。社保基金不得用于运行费用、财务费用（含银行手续费）、管理费用、兴建改建办公场所和支付人员经费，或者违反法律法规规定挪作他用。

基金支付需严格履行申报审核程序。经办机构根据财政部门批复的社会保险基金预算，在规定时间内向同级财政部门提交用款计划。对不符合规定的用款计划，财政部门有权不予拨款并责成经办机构予以纠正。除国家另有规定外，财政部门对用款计划审核无误后，应在规定时间内从财政专户拨付基金。社会保险经办机构应在规定时间内支付待遇。

（三）社会保险基金结余的财务管理

基金结余指基金收支相抵后的期末余额。包括企业职工基本养老保险基金结余、城乡居民基本养老保险基金结余、机关事业单位基本养老保险基金结余、职工基本医疗保险基金结余、城乡居民基本医疗保险基金结余、工伤保险基金结余、失业保险基金结余、生育保险基金结余等。

职工基本医疗保险基金和城乡居民基本医疗保险基金遵循"以收定支、收支平衡、略有结余"的原则。新型农村合作医疗基金累计结余应不超过当年筹集基金总额的25%（含风险基金）。职工基本医疗保险基金结余包括统筹基金结余和个人账户基金结余。职工基本医疗保险基金实行分账核算、统一管理。工伤保险基金应按规定留存一定比例的储备金。

基金结余除预留一定的支付费用外，应在保证安全的前提下，按照国务院相关规定开展投资运营，实现保值增值。社会保险行政部门和财政部门对基金投资运营实施严格监管。企业职工基本养老保险基金结余应当预留相当于两个月的支付费用。

社保基金当年入不敷出时，按以下顺序保障基金支付，如图 9-1 所示。

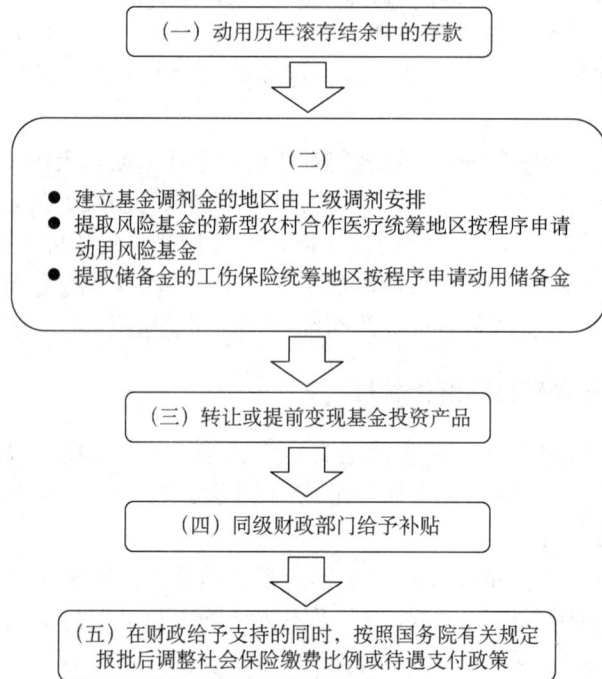

图 9-1　社保基金当年入不敷出时的支付顺序

在上述第五个步骤中，职工基本医疗保险基金在申请调整缴费比例之前可经同级财政部门审核并报同级人民政府批准后，在国家规定的范围内，调整单位缴纳的基本医疗保险费划入职工基本医疗保险统筹基金与职工基本医疗保险个人账户基金之间的比例。

三、社会保险基金账户管理

社会保险基金通过在国有商业银行开设收入户、支出户和财政专户三个银行账户，收入户只收不支，支出户只支不收，实现基金"收支两条线"管理。

根据《社会保险基金财务制度》和"收支两条线"管理规定，本着方便征收、网点便利、诚信可靠和公开、公平、公正的原则，社会保险基金管理中要开设收入户、支出户和财政专户，财政专户、收入户和支出户在同一国有商业银行只能各开设一个账户。实行税务机关征收社会保险费的地区，税务机关和社会保险经办机构均不得设立收入户或待解户等过渡性账户，征收的社会保险费要按规定及时缴入财政专户。财政专户和收入户、支出户都要按规定及时结转、划拨资金，严禁坐支。收入户、支出户的基金不得转为定期存款。收入户月末无余额。存入收入户、支出户和财政专户中的社会保险基金，要按中国人民银行规定的优惠利率计息。各项社会保险基金要分别计息，分别核算。

(一) 社会保险基金收入户

收入户的主要用途是：暂存由经办机构征收的社会保险费收入；暂存上级经办机构下拨或下级经办机构上解的基金收入；暂存该账户利息收入；暂存社会保险基金转移收入以及其他收入等。收入户除向财政专户划转基金、向上级经办机构缴拨基金、原渠道退回保险费收入、退回转移收入等情形外，不得发生其他支付业务。收入户原则上月末无余额。

实行经办机构征收社会保险费的地区，经办机构可以设立社会保险基金收入户。实行税务机关征收社会保险费的地区，税务机关不设收入户，基金及时划入财政专户。

(二) 社会保险基金支出户

支出户的主要用途是：接受财政专户拨入基金；暂存社会保险支付费用及该账户利息收入；支付基金支出款项；向财政专户缴入该账户利息收入；上解上级经办机构基金或下拨下级经办机构基金。

支出户除接受财政专户拨入的基金、上级经办机构拨付基金、暂存该账户利息收入、原渠道退回支付资金外，不得发生其他收入业务。

(三) 社会保险基金财政专户

财政专户是财政部门按照国务院有关规定设立的社会保险基金专用计息账户，在同级财政和劳动保障部门共同认定的国有商业银行开设。基金纳入社会保障基金财政专户，简称财政专户，实行"收支两条线"管理。基金按照险种及不同制度分别建账、分账核算、分别计息、专款专用。基金之间不得相互挤占和调剂，不得违规投资运营，不得用于平衡一般公共预算。

财政专户的主要用途是：接收税务机关或经办机构缴入的社会保险费收入；接收税务机关或收入户缴入的利息收入及其他收入；根据委托投资合同或有关计划接收和拨付投资运营基金；接收基金投资收益及支出户缴入的利息收入等；接收财政补贴收入；接收转移收入；接收上级财政专户划拨或下级财政专户上解基金；向上级或下级财政专户上缴或划拨基金；根据经办机构用款计划和预算向支出户拨付基金或按国家规定直接与有关机构办理基金结算；办理跨省异地就医结算业务；国家规定的其他用途。各级财政部门国库管理机构应当按月提供对账凭证，与社会保险经办机构核对账目。

财政专户发生的利息收入直接计入财政专户，收入户和支出户的利息收入定期缴入财政专户，且不得跨年。银行提供一式多联的利息通知单，同时送财政部门和经办机构分别记账。

由于财政专户的重要性，财政部高度重视社保基金财政专户管理，近年来出台多个文件指导和规范各省、自治区、直辖市财政厅（局）的社保基金财政专户管理。

2011年1月，财政部发布《关于进一步加强和规范财政资金管理的通知》（财办

〔2011〕1号），要求全面推进非税收入收缴管理改革，深化完善国库集中支付改革，严格规范财政专户和预算单位银行账户管理，分散在财政相关职能部门管理的财政专户必须在2011年年底前全部转归到财政国库部门统一管理。

2011年12月，财政部发布《关于清理整顿地方财政专户的整改意见》（财库〔2011〕171号），指出检查发现的主要问题：专项支出专户开设过多过乱；违规开设不符合基本条件的专户、社会保险基金多头重复开户问题突出；非税收入专户管理亟待加强；财政专户归口管理不彻底；财政专户开户银行选择与管理缺乏规范性；将国库资金采取"以拨作支"方式调入财政专户；影响预算执行信息的真实性；财政专户管理基础工作薄弱。针对每一类问题提出整改要求，加强和规范社会保障基金财政专户管理。

2012年2月，财政部发布《关于加强和规范社会保障基金财政专户管理有关问题的通知》（财社〔2012〕3号），针对2011年以来财政部在全国范围内组织开展的地方财政专户清理整顿工作发现的问题，进一步明确管理要求：一是高度重视社保专户清理整顿工作；二是明确社保专户归口管理后的职责划分；三是严格执行社会保险基金计息和保值增值规定；四是合理归并社保专户；五是清理纳入社保专户管理的财政补助资金；六是建立社保专户规范管理的长效机制。

四、社会保障基金财务公开与监督

经办机构要建立健全内部管理制度，定期或不定期地向社会公告基金收支和结余情况，接受社会监督。劳动保障、财政和审计部门等要定期或不定期地对收入户、支出户和财政专户内的基金收支和结余情况进行监督检查，发现问题及时纠正，并向政府和基金监督组织报告。进一步推动预算公开，各级财政部门要及时公开经同级人大或其常委会审查批准的政府财政收支预决算，进一步细化和扩大公开的内容，特别是重点公开与人民群众利益密切相关的教育、医疗卫生、社会保障和就业、住房保障以及"三农"方面的财政支出。此外，要将财政支出的政策、资金额度、发放标准、发放结果予以公示，接受人民群众监督。

下列行为属于违纪或违法行为：截留、挤占、挪用、贪污基金；擅自增提、减免社会保险费；不按时、按规定标准支付社会保险待遇的有关款项；未按时将基金收入存入财政专户；未按时、足额地将财政专户基金拨付到支出户；其他违反国家法律、法规规定的行为。

有上述行为的，应区别情况限期纠正，并作账务处理。（1）即时追回基金；（2）即时退还多提、补足减免的基金；（3）即时足额补发或追回社会保险待遇的有关款项；（4）即时缴存财政专户；（5）即时足额地将财政专户基金拨付到支出户；（6）国家法律、法规及财政部规定的其他处理办法。

对有违纪或违法行为的单位以及主管人员的直接责任者的处罚，按照《中华人民共和国行政处罚法》《国务院关于违反财政法规处罚的暂行规定》《社会保险费征缴暂行条例》等有关法律、法规执行。触犯法律的，依法追究刑事责任。对单位和主管人员及直接责任者处以的罚款应及时上缴国库。

第三节 我国社会保险基金预算编制

一、社会保险基金预算意义

(一) 预算基础理论

预算（budget）是国家机关、单位、团体、企业等对未来一定时期内的收入和支出的计划。预算的编制期限有短期与长期之分，短期预算包括年度、半年度、季度、月、周几种；长期预算多为 1 年以上 10 年以下。

预算有复式预算与单一预算两类模式。复式预算与单一预算相对应，指通过两个以上的表格来反映国家财政收支计划的一种预算形式。1927 年，丹麦首次使用复式预算，其后，瑞典、英国、意大利、德国等发达国家相继使用。20 世纪 80 年代以来，部分国家放弃复式预算。1991 年 9 月 6 日，国务院通过《国家预算管理条例》，决定自 1992 年 1 月 1 日起实行复式预算。1994 年，我国颁布《预算法》。

采用复式预算的意义体现在以下三个方面：首先，可以区分经常性预算与建设预算的收支，增强预算透明度。用特定的收入保证特定的支出需要，在预算收支之间建立比较稳定的对应关系，有利于分析各种预算资金来源及使用情况，加强管理和监督。经常性预算是指政府一般行政事业管理上的经常收支；建设性预算是指国有资产的资本化收益和政府投资。其次，可以清楚地反映国家预算平衡状况，坚持经常性预算收支平衡，建设性预算要量力而行。最后，有利于国家间的信息交流，提高财政管理水平。

社会保障基金预算既不是经常性预算，也不是建设性预算，属于特种预算。

(二) 编制社会保险基金预算的意义

1. 有利于规范基金管理

通过对社会保险基金筹集和使用实行预算管理，可以进一步健全社会保险基金管理体制，提高基金管理水平，确保基金管理更加规范有序。社会保险基金纳入预算管理之后，能够使资金运营更加规范，可以有效地反映各项基金的盈余情况，避免不同基金的串用，能对基金的收支有更强的约束。

近年来，社会保险基金规模越来越大，却长期在预算外运行。当前，社会保险基金管理制度还不完善，社会保险基金管理存在一定的问题。纳入预算管理后，基金收支的预算管理具有法律约束，增强基金管理的透明性，还要接受人大代表等社会的严格监督，基金的安全性有较大幅度的提升，有利于保证社会保险事业的健康稳定发展。

2. 有利于明确政府责任

建立社会保险基金预算制度后，明确了各级政府及相关部门的责任。纳入预算后，有利于保证社保基金政府部分的资金来源。虽然不能解决目前部分地区存在的基金缺口问题，但至少可以让政府有一个提前的考量以及分析判断，合理确定所需的资金量。将社保基金纳入政府预算管理，体现了政府公共财政向社保等民生领域的倾斜。

建立社会保险基金预算制度为提高社会保险统筹层次奠定了坚实基础。统一编制和实施社会保险基金预算，是实施基本养老保险省级统筹、明确界定各级政府责任、落实挂钩机制的基本要求，也是实现基本养老保险公平的核心所在。各地的经济发展水平不一样，实现统筹后，经济发展水平高的地区要对经济发展水平较差的地区有所回报，这就必须明确地方政府的责任。从制度建设着手，从统一编制基金预算着眼，从根本上解决好资金不足的问题。

3. 有利于完善政府预算体系

建立社会保险基金预算制度，对健全由公共财政预算、国有资本经营预算、政府性基金预算和社会保障预算组成的有机衔接的政府预算体系具有重要意义。20世纪90年代中期预算改革以后，中央提出要建立由公共财政预算、国有资本经营预算和社会保障预算等组成的功能互补的政府预算体系，社保基金纳入政府预算代表着预算改革朝着这个方向更进了一步，大力推动了由公共财政预算、政府性基金预算、国有资本经营预算和社会保险基金预算组成的有机衔接的政府预算体系建设。

二、编制社会保险基金预算

（一）社会保险基金预算的基本原则

根据国务院2010年发布的《关于试行社会保险基金预算的意见》，编制社会保险基金预算，需要遵循以下基本原则。

1. 依法建立，规范统一

依据国家法律法规建立，严格执行国家社会保险政策，按照规定范围、程序、方法和内容编制。

2. 统筹编制，明确责任

社会保险基金预算按统筹地区编制执行，统筹地区根据预算管理方式，明确本地区各级人民政府及相关部门的责任。

3. 专项基金，专款专用

社会保险各项基金预算严格按照有关法律法规规范收支内容、标准和范围，专款专用，不得挤占或挪作他用。

4. 相对独立，有机衔接

在预算体系中，社会保险基金预算单独编报，与公共财政预算和国有资本经营预算相对独立，有机衔接。社会保险基金不能用于平衡公共财政预算，公共财政预算可补助社会保险基金。

5. 收支平衡，留有结余

社会保险基金预算坚持收支平衡，适当留有结余。

（二）社会保险基金预算编制的基本要求

编制社会保险基金预算，应严格按照预算编制的基本要求，保证社会保险基金预算编制的科学性、规范性、准确性、完整性和及时性。

1. 科学性

要准确把握社会保险基金的发展规律，统筹考虑上年度基金预算执行情况、本年度国民经济和社会发展计划、人力资源和社会保障事业发展规划、社会保险政策和财政补助政策等因素，科学编制基金预算草案。

2. 规范性

要规范社会保险基金收支行为，严格按照规定的范围、程序、方法和内容编制。纵向来说，要以统筹地区为单位，自下而上，层层编制，层层汇总，层层审核，层层上报，不得代编、漏编。横向来说，在部门分工上，财政部门、人力资源和社会保障部门及其所属社会保险经办机构、税务机关等都参与此项工作，多家协作，密切配合。

3. 准确性

要保持预算编制规范、预算执行有效。社会保险费收入应根据社会保险参保人数、社会保险缴费率、上年度社会平均工资水平、工资增长等因素，结合社会保险征缴扩大覆盖面任务目标合理确定。财政补贴收入应统筹考虑上年度财政补助水平，并剔除不可比因素后加上本年新增补助综合分析填列。编制基金支出预算草案应按照规定的支出范围、项目和标准，并考虑基金支出变化趋势，综合分析人员、政策等影响支出变动的因素，编制基金支出预算草案。各地要严格执行各项社会保险待遇规定，确保各项社会保险待遇政策落实，不得随意提高支付标准、扩大支出范围。

4. 完整性

将基金所有收支项目都纳入预算管理范围，全面反映各项社会保障基金的收支结余情况。当前，要将企业职工基本养老保险、失业保险、城镇职工基本医疗保险、工伤保险、生育保险五项保险基金的保险费收入、利息收入、财政补贴收入、其他收入等所有收入项目纳入基金收入预算编制范围；将各项社会保险基金按规定应当支付的待遇支出项目纳入支出预算编制范围。从长远看，要积极创造条件，将根据国家法律法规建立的其他社会保险基金尽快纳入社会保险基金预算管理。

5. 及时性

尽管社会保险基金预算工作涉及面广、任务重、要求高，但是各地必须按照社会保险基金预算工作要求，认真做好报表填报和数据审核工作，按时完成社会保险基金预算的编制、汇总、审核、报送等工作。

（三）社会保险基金预算的编制内容

社会保险基金预算按险种分别编制，包括企业职工基本养老保险基金、失业保险基金、城镇职工基本医疗保险基金、工伤保险基金、生育保险基金等内容。各险种的基金在编制预算时都包括收入预算与支出预算。社会保险基金预算要全面反映收入、支出和结余情况。

社会保险基金预算坚持收支平衡，适当留有结余，不得出现赤字。编制社会保险基金预算草案应综合考虑统筹地区上年度基金预算执行情况、本年度国民经济和社会发展计划、人力资源和社会保障事业发展规划、社会保险政策和财政补助政策等因素。

社会保险基金收入预算草案的编制应按照收入项目分别进行测算。社会保险费收入应根据社会保险参保人数、保险费率、上年度社会平均工资水平、工资增长等因素，结合社会保险征缴扩大覆盖面任务目标合理确定。财政补贴收入应统筹考虑上年度财政补助水平，并剔出不可比因素后加上本年新增补助综合分析填列。利息收入按照存入银行和购买国债的利息收入及个人账户基金按规定运营取得的投资收益等合理测算。转移收入、上级补助收入、下级上解收入、其他收入等要按照上年度执行情况合理测算本年收入。

社会保险基金支出预算草案的编制应按照规定的支出范围、项目和标准进行测算，考虑近年基金支出的变化趋势，综合分析人员、政策等影响支出变动的因素。各地要严格执行各项社会保险待遇规定，确保各项社会保险待遇政策落实，不得随意提高支付标准、扩大支出范围。

（四）社会保险基金预算的编制程序

年度终了前，统筹地区经办机构应按照规定表式、时间和编制要求，综合考虑本年度预算执行情况、下年度经济社会发展水平以及社会保险工作计划等因素，编制下年度基金预算草案，报本级社会保险行政部门审核汇总。由税务机关负责征收的险种，社会保险费收入预算草案由经办机构会同税务机关编制。

财政部门负责审核并汇总编制社会保险年度基金预算草案，会同社会保险行政部门上报同级人民政府，经同级人大批准后，批复经办机构具体执行，并报上级财政部门和社会保险行政部门备案。由税务机关负责征收的险种，社会保险费收入预算批复税务机关和经办机构。

经办机构严格按照批复预算执行，定期向同级财政部门和社会保险行政部门报告预算执行情况。财政部门和社会保险行政部门应逐级汇总上报预算执行情况，并加强基金运行监控，发现问题及时处置。由税务机关负责征收的险种，税务机关应严格按照批准的预算和规定的程序执行，定期向同级财政部门和社会保险行政部门报告。

基金预算不得随意调整。执行中因特殊原因需要调整时，统筹地区经办机构应当编制预算调整方案，报同级社会保险行政部门审核汇总。统筹地区财政部门审核并汇总编制预算调整方案，会同社会保险行政部门上报同级人民政府，按要求经同级人大常务委员会批准后，批复经办机构执行，并报上级财政部门和社会保险行政部门备案。由税务机关负责征收的险种，社会保险费收入预算调整方案由经办机构会同税务机关提出，并批复税务机关和经办机构。税务机关应严格按照批准的预算和规定程序执行，定期向同级财政部门和社会保险行政部门报告。

三、我国社会保险基金预算现状

（一）社会保险基金预算编制的总体要求

2009 年的《政府工作报告》中指出，深化预算制度改革，实现政府公共预算、国有资本经营预算、政府性基金预算和社会保障预算的有机衔接，积极推进预算公开。2010

年的《政府工作报告》要求全面编制中央和地方政府性基金预算，试编社会保险基金预算，完善国有资本经营预算制度。

2010 年，《国务院关于试行社会保险基金预算的意见》颁布实施，社会保险基金预算开始在全国范围内试编。2010 年是我国建立社会保险基金预算制度的第一年。由于 2010 年是编制社会保险基金预算的第一年，情况特殊，因此放宽期限，要求各省（自治区、直辖市）财政部门、人力资源和社会保障部门于 2010 年 4 月底前将政府批准后的全套报表数据及软盘（光盘）分别报送财政部和人力资源和社会保障部。社会保险经办机构按上述内容报送上级社会保险经办机构。

自 2011 年起，我国建立基金预算正常报送机制。2011 年社会保险基金预算编制和 2010 年相比有两大进步：一是编报时间提前，各地社会保险基金预算上报时间与 2010 年比较提前了 3 个月，全国社会保险基金预算上报国务院的时间提前了 5 个月；二是编报范围扩大，在 2010 年五项社会保险基金的基础上，将新型农村社会养老保险基金和城镇居民基本医疗保险基金也纳入预算编制范围。2012 年基本实现编报范围的全面覆盖，将企业职工基本养老保险、失业保险、城镇职工医保、工伤保险、生育保险、城镇居民社会养老保险、新农保、城镇居民医保和新农合等所有社会保险基金纳入试编范围。社会保险基金预算目前公布的报表主要是全国社会保险基金决算情况总表。财政部、人力资源和社会保障部和国家卫生计生委每年发布全国社会保险基金决算报告，详细公开各项基金收支数据。社会保险基金预算按险种分别编制，包括企业职工基本养老保险基金、城乡居民基本养老保险基金、城镇职工基本医疗保险基金、居民基本医疗保险基金、工伤保险基金、失业保险基金和生育保险基金。

（二）社会保险基金预算编制的完成情况

从 1996 年起，北京、河北、辽宁、浙江、安徽、福建、山东、湖北、广东、新疆、海南等省（自治区、直辖市）先后开展了社会保险基金预算试编工作，对建立社会保险基金预算制度进行了积极探索。地方试编社会保险基金预算的实践，取得了明显成效，为加强社会保险基金预算管理提供了有益的尝试，也为全国社会保险基金预算编制提供了参考依据。近几年，为加强管理，社会保险经办机构也组织各地编制了社会保险基金收支计划，为建立全国统一的社会保险基金预算制度积累了宝贵的经验。

根据财政部的统一部署，全国各省（自治区、直辖市）财政部门、人力资源和社会保障部门会同相关部门编制了 2010 年、2011 年和 2012 年社会保险基金预算。各地在规范和完善预算制度方面取得了较大进展。2011 年，国家纳入基金预算编制的范围由五项社会保险基金扩大为七项，有的省（如河北省）除国家要求的七项外，还将新型农村合作医疗和部分社保资金也纳入预算编制范围。建立了社会保险基金预算执行分析报告制度，及时调整了社会保险基金预算，并按季上报执行情况。

社会保险基金预算工作在取得成绩的同时也存在不足。一是社会保险基金预算编报的准确性有待增强。各地在编制方法和程序上差异较大，基金预算编制办法还不够科学，加之地方存在希望加大上级财政补助力度的意愿，造成部分地区基金预算中收入预算增幅偏低，支出预算增幅偏高。二是社会保险基金预算编报时间仍需提前。社会保险基金预算编报时间晚于公共财政预算编报时间，制约了社会保险基金预算管理作用的发挥，削弱了社会保险基金预算的计划性和约束力，难以满足向人大报告社会保险基金预算的要求。三是社会保险基金预算执行有待进一步加强。编制社会保险基金预算的最终目的是增强社会保险基金管理的计划性和约束力。目前，一些地区仍存在重编制、轻执行的倾向，基金预算编制与执行管理脱节。虽然 2012 年下发了加强预算执行的文件，但从实际情况来看，仍有个别地区没有按要求报送基金预算执行报告，还有的地区分析问题不够深入，基金预算调整工作仍需加强。四是社会保险基金预算监督有待强化。增强社会保险基金预算透明度是加强社会保险基金预算管理的内在要求，尽管《社会保险法》和有关制度均对此有明确规定，但有的省社会保险基金预算仅报送本级政府审批。

结合贯彻落实《社会保险法》和三部文件精神，以及适应社会保险制度未来发展改革需要，在社会保险基金预算编制和执行方面应当从以下三个方面改进。一是提前社会保险基金预算编报时间。提前社会保险基金预算编报时间，实现社会保险基金预算编报时间与公共财政预算和国有资本经营预算等保持同步。二是加强社会保险基金预算执行管理。各地要进一步提高认识，严格按照要求定期报送社会保险基金预算执行情况，切实做好社会保险基金预算调整工作。在总结经验的基础上，进一步完善社会保险基金预算执行报告制度、社会保险基金预算调整制度等项工作，切实建立起基金预算监督管理的长效机制。三是努力增强基金预算透明度。逐步探索建立社会保险基金预算信息披露制度，适时对外公开社会保险基金预算信息，积极主动地接受人大和社会各界的监督。

四、我国社会保险基金决算

根据财政部社会保障司公布的数据，2017 年，全国社会保险基金总收入 58 437.57 亿元，比上年增长 16.6%；总支出 48 652.99 亿元，比上年增长 11.6%；本年收支结余 9 784.58 亿元，年末滚存结余 75 348.58 亿元[①]。比 2016 年增长近一个亿。各险种情况如表 9-1 所示。

表 9-1 2017 年全国社会保险基金收支决算表　　　　　（单位：亿元）

项　目	合计	企业职工基本养老保险基金	城乡居民基本养老保险基金	城镇职工基本医疗保险基金	居民基本医疗保险基金	工伤保险基金	失业保险基金	生育保险基金
一、收入	58 437.57	33 542.04	3 339.30	12 134.65	6 838.33	831.77	1 112.63	638.85
1. 保险费收入	42 417.66	26 228.39	829.62	11 224.43	1 812.72	783.71	962.69	576.10
2. 财政补贴收入	12 351.76	4 955.13	2 319.19	103.53	4 918.68	11.34	0.23	43.66
二、支出	48 652.99	28 566.73	2 395.31	9 298.36	6 121.16	641.43	893.76	736.24
其中：社会保险待遇支出	47 575.47	28 179.11	2 336.70	9 192.73	6 094.91	634.96	404.65	732.41

---

①　数据来源：关于 2017 年全国社会保险基金决算的说明，财政部，2018.10.31。

(续表)

项　目	合计	企业职工基本养老保险基金	城乡居民基本养老保险基金	城镇职工基本医疗保险基金	居民基本医疗保险基金	工伤保险基金	失业保险基金	生育保险基金
三、本年收支结余	9 784.58	4 975.31	943.99	2 836.29	717.17	190.34	218.87	−97.39
四、年末滚存结余	75 348.58	41 574.33	6 341.91	15 668.97	4 065.70	1 590.56	5 552.37	554.74

数据来源：2017 年全国社会保险基金决算总表，财政部，2018.10.31

本章小结

1. 我国社会保障基金财务管理法规主要有《社会保险基金财务制度》《社会保险法》以及其他行政法规和行政规章。

2. 社会保险基金财务管理主要包括社会保险基金预算、社会保险基金决算、"收支两条线"管理、财政专户管理以及财务公开与监督等内容。

3. 编制社会保险基金预算有利于规范基金管理，确保基金安全；有利于明确政府责任，提高社会统筹层次；有利于完善政府预算体系。

4. 社会保险基金预算的基本原则：一是依法建立，规范统一；二是统筹编制，明确责任；三是专项基金，专款专用；四是相对独立，有机衔接；五是收支平衡，留有结余。编制社会保险基金预算的基本要求：应保证社会保险基金预算编制的科学性、规范性、准确性、完整性和及时性。

5. 我国从 2010 年起全面正式建立社会保险基金预算制度，在取得成绩的同时也存在一些问题，应当提前社会保险基金预算编报时间，加强社会保险基金预算执行管理，增强基金预算透明度。

关键概念

财务管理　预算　决算　财政专户　收支两条线

复习思考题

1. 社会保障基金财务管理的内容有哪些？

2. 财政专户可否用来发放社会保险基金？为什么？

3. 社会保障基金管理中为什么要实行"收支两条线"？如何实现？

4. 我国社会保险基金预算与政府公共财政预算是什么关系？

5. 编制社会保险基金预算的基本原则与基本要求是什么？

6. 简要评价我国社会保险基金预算编制现状。

案例 9-1

上海完善社保基金财务管理制度

上海市政府常务会议通过了《上海市社会保险基金财务管理办法》（下称《办法》）。《办法》在国家已有规定的基础上，紧密结合上海实际，对社保基金财务管理制度做了进一步细化、健全和完善。

上海市市长韩正 2006 年 10 月 30 日主持召开市政府常务会议，审议并通过了该《办法》。《办法》对于保障社保基金的安全运行将发挥十分重要的作用。

《办法》明确将基金纳入财政专户，实行"收支两条线"管理，专款专用。《办法》对基金预决算、基金筹集和支付、基金结余、银行开户管理、基金监督与检查等，均作出了严格的规定。

养老、失业、医疗、生育、工伤等 5 项基本社会保险基金，以及小城镇保险基金、外来从业人员综合保险基金，均被纳入《办法》的适用范围，农村养老保险基金、残疾人就业保障金等也参照该《办法》执行。

会议强调，健全和完善社保基金财务管理办法，是从体制机制上加强对各类社保基金的监管，确保社保基金安全运行的一项重要举措。要着力加强制度建设，真正做到用制度管权、用制度管钱、用制度管事、用制度管人，把依法管理、严格监督、透明运行贯穿于社保基金运作的全过程、各环节，构筑起社保基金运行的安全网。

会议还指出，包括社保基金在内的社会公共性资金涉及千家万户，直接关系到广大人民群众的切身利益。管好、用好社保基金，从制度上防范各种可能发生的风险，是一项十分重要而紧迫的任务。要从确保社会保障体系可持续发展的内在要求出发，从促进社会和谐稳定的迫切需要出发，切实加强对各类社保基金的监管。

会议还强调，必须按照决策、执行、监督相互协调又相互制约的要求，大力推进制度建设，强化监督，完善管理，保障社保基金安全运行。要坚持依法管理，严格执行各项基金法规政策，严格遵照相关规章制度进行规范管理；要坚持严格监督，相关部门必须明确责任，各司其职，加强协调配合，形成监督合力；要坚持透明运行，依法主动向社会公布社保基金运行情况，增强透明度，以透明运行促有效监督、保安全运行。

资料来源：胥会云. 上海完善社保基金财务管理制度 [N]. 第一财经日报，2006 年 10 月 31 日。

案例 9-2

江西全面编制社会保险基金预算

社会保险是国家为保障公民在年老、疾病、工伤、失业、生育时获得必要的帮助，依法向用人单位和个人征缴社会保险费以及通过其他方式筹集，专门用于支付法定的社会保险待遇以及其他事项的一种社会和经济制度。它主要包括养老保险、医疗保险、工伤保险、失业保险和生育保险，与老百姓的生、老、病、死切相关，是整个社会保障制度的核心。随着城乡社会保险体系的不断完善，社会保险基金规模迅速扩大，越来越受到党中央、国务院和社会各界的高度关注。"十一五"期间，江西省五项社会保险基金收入从 102 亿元增长至 299 亿元，基金支出从 84 亿元增长至 246 亿元，收支均增长了 1.9 倍；基金累计结余从 69 亿元增长至 297 亿元，增长了 3.3 倍。基金规模的不断扩大，必然要求加强基金管理，强化基金监督，确保基金保值增值，提高基金的抗风险能力。

2010 年 1 月，国务院决定在全国范围内试编社会保险基金预算。2010 年 10 月，第十一届全国人大常委会第十七次会议审议通过的《社会保险法》规定各项社会保险基金通过预算实现收支平衡。根据财政部的统一部署，江西省已连续两年编制 2010 年、2011 年全省社会保险基金预算，在全国预决算评比中分别荣获三等奖、二等奖。

2011 年 8 月，国务院第 168 次常务会议第一次听取了财政部关于全国社会保险基金预决算情况的汇报，决定从 2013 年开始，全国社会保险基金预算将向全国人大报告，各级社会保险基金预算也要向本级人大报告。为贯彻落实好《社会保险法》和国务院第 168 次常务会议的精神，江西省研究下发了赣财社〔2011〕161 号文件，建立了江西省社保基金预算执行分析报告制度，要求各设区市财政、人保部门按照统一的要求从 2011 年第 3 季度起，在每季度结束后 15 日内分别向省财政厅、省人保厅报送社保基金预算季度执行分析报告。从 2011 年 11 月开始，根据中央统一部署，江西省财政厅牵头与省人力资源和社会保障厅、省卫生厅联合下文并召开全省社会保险基金预决算编制工作视频会议，部署 2012 年社会保险基金预算编制工作。江西省各设区市、县（市、区）财政部门、人力资源和社会保障部门、卫生部门和社会保险经办机构的分管领导及相关科股室人员 1 000 余人参加会议，省财政厅副厅长辜华荣及省人力资源和社会保障厅、省卫生厅分管厅领导出席会议并讲话。辜华荣副厅长在讲话中强调了社会保险基金预算管理工作的重要性，要求各级财政部门从思想上和行动上予以高度重视，并切实担负起牵头责任，全力组织好社会保险基金预决算的编制、审核、汇总工作，按照省里规定的时间要求在 2011 年 12 月 10 日前报送基金预算报表。

与前两年相比，江西省 2012 年社会保险基金预算的编制有以下 3 个特点：一是将所有的 9 项社会保险基金全部纳入预算编制范围，包括城镇企业职工基本养老保险基金、城镇居民社会养老保险基金、新型农村社会养老保险基金、城镇职工基本医疗保险基金、城镇居民基本医疗保险基金、新型农村合作医疗保险基金、失业保险基金、工伤保险基金和生育保险基金，提高了基金预算的完整性；二是大幅提前报送时间至 2011 年 12 月，为 2013 年社会保险基金预算向人大报告打下基础；三是进一步明确了预算编制方法和原则，要求各地综合考虑统筹地区上年基金预算执行情况、本年国民经济和社会发展计划、社会保障事业发展规划、社会保险政策和财政补助政策等因素，按照"收支平衡，适当留有结余，不得出现赤字"的原则科学合理地编制预算。

2011 年 12 月，江西省财政厅牵头与省人保厅、省卫生厅一起对全省 2012 年社会保险基金预算进行了审核汇总，并按要求分别报送三部门和省政府审批。目前，2012 年社会保险基金预算已经批准同意，2012 年全省 9 项社会保险基金总收入预计 582 亿元，总支出预计 505 亿元，当年收支结余预计 77 亿元，累计基金结余预计达 490 亿元，基金抗风险能力进一步增强。

下一步，省财政厅将积极推动建立社会保险基金预算管理考核制度，主要就基金预算编制、执行和监督管理进行考核。其中，基金预算编制主要考核基金收支预算编制的及时性、完整性、准确性，基金预算与年终决算的差异程度和预算编制说明；基金预算执行主要考核基金收支预算的季度执行情况和年度决算编制情况；基金预算监督管理主要考核各设区市是否建立了基金预算绩效制度、财务及专户管理等情况。为进一步强化预算基础数据的管理，切实提高预算管理水平，从 2012 年起，将建立社会保险基金预算激励约束机制，依据季度通报和年终考核情况，由省财政厅、省人保厅、省卫生厅三家共同对各设区市社会保险基金预算管理工作进行考核评比，抓好基金预算的执行和监管。

资料来源：2011 年江西财政发展与改革回眸，江西省财政厅网站，http：//www.jxf.gov.cn/，2012 年 3 月 15 日。

第十章　社会保障基金会计制度

📖 **本章学习目标**

1. 认识会计基础知识
2. 掌握社会保障基金会计的特点
3. 理解社会保险基金会计制度
4. 了解社会保险基金会计核算实务

第一节　社会保障基金会计概述

一、会计基础知识

（一）会计的内涵

会计（accounting）是以货币为主要计量单位，反映和监督一个单位经济活动的一种经济管理工作。会计是一个提供财务信息为主的经济信息系统。社会保障基金会计是核算和监督社会保障资金收入、支出、结余及运营情况的专业会计。

（二）会计分类

会计可以分为企业会计与预算会计。企业会计（business accounting）是反映和监督企业经济活动的一种经济管理工作，也称营利性会计。预算会计（budget accounting）是反映和监督政府与非营利性组织经济活动的一种经济管理工作，也称为政府与非营利组织会计。社会保障基金会计属于预算会计体系。

（三）会计前提

在进行会计核算之前，需要满足四大会计前提：一是会计主体；二是持续经营；三是会计分期；四是货币计量。会计主体假设是为了明确会计核算的空间范围，会计主体不等同于法人主体，非法人也可以成为会计主体。持续经营假定没有面临清算、破产等严重危机。会计分期用以明确会计期间的时间长度，分为年度、半年度、季度和月度。在《企业会计准则》中，规定我国企业的会计期间按年度划分，以日历年度为一个会计年度，即从每年1月1日至12月31日为一个会计年度。货币计量为会计核算提供必要手段。

（四）会计要素

会计要素是指按照交易或事项的经济特征所作的基本分类，也是指对会计对象按经济性质所作的基本分类，是会计核算和监督的具体对象和内容，是构成会计对象具体内容的主要因素。会计要素分两类：反映企业财务状况的会计要素和反映企业经营成果的会计要素。我国《企业会计准则》将会计要素界定为六个，即资产、负债、所有者权益、收入、费用和利润。

二、社会保障会计体系

1. 社会保障会计体系的构成

按照社会保障内容，社会保障会计可分为社会保险会计、社会救助会计、社会福利会计和社会优抚会计。后三项一直由民政部负责，可统称为社会保障事业费会计。社会保险会计包括社会保险基金会计与社会保险经办机构会计。社会保险基金会计可以进一步根据社会保险项目不同分为养老保险基金会计、医疗保险基金会计、失业保险基金会计、工伤保险基金会计与生育保险基金会计。社会保险机构会计与社会保障事业费会计属于行政事业单位会计体系。

2. 社会保障会计体系的核心

在社会保障会计体系中，社会保险基金会计是核心。社会保险基金会计能真正体现社会保障会计的特点，我国的社会保障会计以社会保险基金会计为主。社会保险基金会计是以社会保险基金为会计主体，以货币为计量单位，运用专门的方法对基金收入、支出、结存及资金运用等进行全面、完整、连续地核算和监督的一项专门会计。

社会保障会计与一般会计的共性体现在遵循会计核算的基本前提、满足会计信息质量的一般原则、具有通用的会计核算程序，如设置会计科目和账户、复式记账、填制和审核会计凭证、登记会计账簿、编制会计报表。

三、社会保险基金会计的特点

根据《社会保险基金财务制度》（财社〔2017〕144 号）、《社会保险基金会计制度》（财会〔2017〕28 号①）和有关规定，社会保险基金会计具有如下特点。

1. 会计主体为社会保险基金

企业会计核算的主体是企业，包括母公司、子公司、企业集团；事业单位会计核算的主体是单位；社会保险基金会计以基金本身作为会计主体，而非社会保险基金经办机构。

---

① 为适应社会保障体系建设的需要，进一步规范社会保险基金的会计核算，提高会计信息质量，根据《中华人民共和国会计法》《中华人民共和国社会保险法》，结合新修订的《社会保险基金财务制度》（财社〔2017〕144 号）规定，财政部于 2017 年 11 月 28 日对《社会保险基金会计制度》（财会〔1999〕20 号）进行了修订，该制度自 2018 年 1 月 1 日起施行。

具体而言，养老保险基金、失业保险基金、医疗保险基金、工伤保险基金、生育保险基金都可以作为会计主体。

2. 会计基础采用收付实现制

收付实现制是以实际收到或付出的款项的日期确认收入或支出的制度。与之对应的是权责发生制：凡是当期已经实现的收入和已经发生或应当负担的费用，不论款项是否收付，都应当作为当期的收入和费用；凡是不属于当期的收入和费用，即使款项已在当期收付，也不应当作为当期的收入和费用。我国的行政单位采用收付实现制，事业单位除经营业务采用权责发生制外，其他业务也采用收付实现制。现行社会保险会计制度规定，社会保险会计核算采用收付实现制，基本养老保险基金委托投资等部分经济业务或事项采用权责发生制。

3. 会计要素为五要素

企业单位有六大会计要素，包括资产、负债、所有者权益、收入、费用、利润；事业单位有五大会计要素，包括资产、负债、净资产、收入、支出。社会保险基金虽然和事业单位一样是五大会计要素，但具体内容不同，为资产、负债、净资产、收入、支出。

4. 会计记账采用借贷记账法

借贷记账法指的是以会计等式作为记账原理，以借、贷作为记账符号，来反映经济业务增减变化的一种复式记账方法。记账规则可以概括为：有借必有贷，借贷必相等。

5. 资金账户设置较特殊

在社会保险基金会计中，设置三个存款类账户：收入户存款、支出户存款和财政专户存款。原因在于基金收入形成的资金应按规定全部划入财政专户，基金支出所需资金由财政专户划入支出户，或直接通过财政专户划拨。这与其他企事业单位会计有显著不同。

6. 会计核算应当划分会计期间

分期结算账目和编制财务报表。会计期间的起讫日期采用公历制。社会保险基金的会计核算应当及时进行，不得提前或者延后。社会保险基金财务报表应当按照月度和年度编制。社会保险基金财务报表包括资产负债表、收支表及附注。

第二节　社会保险基金会计科目①

我国社会保险基金会计科目现有五大类 34 个会计科目，如表 10-1 所示。相较过去 24 个会计科目，增加幅度较大，充分体现和满足了社会保险基金发展对社会保险基金会计的要求。

---

① 第二节与第三节内容来自修订后的《社会保险基金会计制度》（财会〔2017〕28 号）。

表 10-1 社会保险基金会计科目名称与编号

序号	科目编号	科目名称	备注
一、资产类			
1	1001	库存现金	
2	1002	收入户存款	
3	1003	财政专户存款	
4	1004	支出户存款	
5	1005	国库存款	
6	1101	暂付款	
7	1201	债券投资	
8	1202	委托投资	企业职工、城乡居民、机关事业单位基本养老保险基金（省级）专用科目
二、负债类			
9	2001	暂收款	
10	2101	借入款项	
三、净资产类			
11	3001	一般基金结余	
12	3101	风险基金结余	提取风险基金的新型农村合作医疗基金专用科目
13	3201	储备金结余	工伤保险基金专用科目
四、收入类			
14	4001	社会保险费收入	
15	4101	财政补贴收入	
16	4102	集体补助收入	城乡居民基本养老保险基金专用科目
17	4201	利息收入	
18	4202	委托投资收益	企业职工、城乡居民、机关事业单位基本养老保险基金专用科目
19	4301	转移收入	
20	4401	上级补助收入	
21	4402	下级上解收入	
22	4501	其他收入	
23	4601	待转社会保险费收入	职工基本医疗保险基金专用科目
24	4602	待转利息收入	职工基本医疗保险基金专用科目
五、支出类			
25	5001	社会保险待遇支出	

（续表）

序号	科目编号	科目名称	备注
26	5101	大病保险支出	职工、城乡居民基本医疗保险基金专用科目
27	5102	劳动能力鉴定支出	工伤保险基金专用科目
28	5103	工伤预防费用支出	工伤保险基金专用科目
29	5104	稳定岗位补贴支出	失业保险基金专用科目
30	5105	技能提升补贴支出	失业保险基金专用科目
31	5201	转移支出	
32	5301	上解上级支出	
33	5302	补助下级支出	
34	5401	其他支出	

一、资产类

社会保险基金共设八个资产类会计科目，包括库存现金、收入户存款、财政专户存款、支出户存款、国库存款、暂付款、债券投资、委托投资。相较于修订前的法规，新增国库存款和委托投资两个资产类会计科目，用以记录和反映税务机关征收社会保险费和委托投资的本金与收益。

（一）库存现金

1. 本科目核算对象

本科目核算社会保险基金的库存现金。经办机构应当严格按照国家有关现金管理的规定以及社会保险基金相关管理和财务制度规定收支现金。

2. 本科目会计要求

本科目应当设置"库存现金日记账"，由出纳人员根据收付款凭证，逐笔顺序登记。每日终了，应当计算当日的现金收入合计数、现金支出合计数和结余数，并将结余数与实际库存数进行核对，做到账款相符。

3. 库存现金的主要账务处理

（1）提取现金，按照实际提取的金额，借记本科目，贷记"支出户存款"等科目。

（2）支出现金，按照实际支出的金额，借记"社会保险待遇支出"等科目，贷记本科目。

4. 本科目期末借方余额

本科目期末借方余额反映社会保险基金的库存现金余额。

（二）收入户存款

1. 本科目核算对象

本科目核算社会保险基金按规定存入收入户的款项。经办机构应当严格按照社会保险基金相关管理和财务制度规定设置基金收入户并办理收入户相关业务。

2. 本科目会计要求

本科目应当按照开户银行设置"收入户存款日记账",由出纳人员根据收付款凭证,逐笔顺序登记。每日终了,应当结出余额。

"收入户存款日记账"应当定期与"银行对账单"核对,至少每月核对一次。月度终了,收入户存款账面余额与银行对账单余额之间如有差额,应当逐笔查明原因进行处理,并按月编制"银行收入户存款余额调节表",调节相符。

3. 收入户存款的主要账务处理

(1) 按规定接收经办机构征收的社会保险费收入、接收上级经办机构下拨或下级经办机构上解的基金收入、接收收入户利息收入、接收社会保险基金转移收入以及其他收入等时,按照实际收到的金额,借记本科目,贷记相关科目。

(2) 按规定从收入户向财政专户划转基金、向上级基金缴拨基金等时,按照实际划转或缴拨金额,借记相关科目,贷记本科目;原渠道退回社会保险费收入、转移收入时,按照实际退回金额,借记相关科目,贷记本科目。

4. 本科目期末借方余额

收入户存款应当按规定定期划转财政专户。划转后,本科目期末一般应无余额。

(三) 财政专户存款

1. 本科目核算对象

本科目核算社会保险基金按规定存入财政专户的款项。经办机构应当严格按照社会保险基金相关管理和财务制度规定办理财政专户相关业务。本科目可以根据实际情况按照开户银行、活期定期存款、存储期限等进行明细核算。

2. 本科目会计要求

本科目应当按照开户银行设置"财政专户存款日记账",由出纳人员根据收付款凭证,逐笔顺序登记。每日终了,应当结出余额。

"财政专户存款日记账"应当定期与财政部门核对,至少每月核对一次。月度终了,财政专户存款账面余额与财政部门提供的对账凭证余额之间如有差额,应当逐笔查明原因进行处理,并按月编制"财政专户存款余额调节表",调节相符。

3. 财政专户存款的主要账务处理

(1) 按规定财政专户接收税务机关或经办机构缴入的社会保险费收入、接收税务机关、收入户及支出户缴入的利息收入、接收委托投资运营资金、接收委托投资收益、接收财政补贴收入、接收转移收入、接收上级财政专户划拨或下级财政专户上解基金、接收跨省异地就医资金等时,按照实际收到的金额,借记本科目,贷记相关科目。

(2) 按规定从财政专户向上级或下级财政专户上缴或划拨基金、根据经办机构用款计划和预算向支出户拨付基金、拨付委托投资运营资金、支付跨省异地就医资金等时,按照实际上缴、划拨或支付的金额,借记相关科目,贷记本科目。

4. 本科目期末借方余额

本科目期末借方余额，反映社会保险基金财政专户的存款余额。

（四）支出户存款

1. 本科目核算对象

本科目核算社会保险基金按规定存入支出户的款项。经办机构应当严格按照社会保险基金相关管理和财务制度规定设置基金支出户并办理支出户相关业务。

2. 本科目会计要求

本科目应当按照开户银行设置"支出户存款日记账"，由出纳人员根据收付款凭证，逐笔顺序登记。每日终了，应当结出余额。

"支出户存款日记账"应当定期与"银行对账单"核对，至少每月核对一次。月度终了，支出户存款账面余额与银行对账单余额之间如有差额，应当逐笔查明原因进行处理，并按月编制"银行支出户存款余额调节表"，调节相符。

3. 支出户存款的主要账务处理

（1）按规定支出户接收财政专户拨入基金、接收上级经办机构拨付基金、接收支出户利息收入等时，按照实际收到的金额，借记本科目，贷记相关科目。接收原渠道退回支付资金时，按照实际收到的金额，借记本科目，贷记相关科目。

（2）按规定从支出户支付基金支出款项、向财政专户缴入该账户利息收入、上解上级经办机构基金或下拨下级经办机构基金等时，按照实际支付的金额，借记相关科目，贷记本科目。

4. 本科目期末借方余额

本科目期末借方余额，反映社会保险基金支出户的存款余额。

（五）国库存款

1. 本科目核算对象

本科目核算税务机关征收的存入国库、尚未转入财政专户的社会保险费款项。

2. 国库存款的主要账务处理

（1）税务机关将征收的社会保险费存入国库，经办机构根据取得的相关凭证，借记本科目，贷记"社会保险费收入"科目。

（2）按规定将国库存款转入财政专户，经办机构根据实际转入的金额，借记"财政专户存款"科目，贷记本科目。

（3）收到国库存款利息，按照实际收到的金额，借记本科目，贷记"利息收入"科目。

3. 本科目期末借方余额

国库存款应当按规定定期划转财政专户。划转后，本科目期末一般应无余额。

（六）暂付款

1. 本科目核算对象

本科目核算社会保险基金业务活动中形成的各类暂付、应收款项，包括各类预付、预拨、先行支付、垫付款项等。企业职工、城乡居民、机关事业单位基本养老保险基金向上级基金归集的委托投资资金，以及职工、城乡居民基本医疗保险基金跨省异地就医的预付资金，通过本科目核算。新型农村合作医疗基金在风险基金实行省级统一管理的统筹地区，缴存省级财政专户的风险基金，通过本科目核算。基本医疗保险基金、工伤保险基金按规定先行支付的医疗、工伤保险待遇支出通过本科目核算。

2. 本科目会计要求

本科目应当按照暂付款种类和对方单位或个人进行明细核算。

对于企业职工、城乡居民、机关事业单位基本养老保险基金向上级基金归集的委托投资资金，应当在本科目下设置"委托上级投资"明细科目，并在该明细科目下设置"本金""利息""投资收益"明细科目，分别核算向上级基金归集的委托投资资金的本金、委托投资资金所产生的存款利息、投资收益。

对于职工、城乡居民基本医疗保险基金跨省异地就医的预付资金，应当在本科目下设置"异地就医预付金"明细科目，并在该明细科目下按照预付对方地区进行明细核算，核算参保地区向就医地区划拨的跨省异地就医预付资金。

新型农村合作医疗基金在风险基金实行省级统一管理的统筹地区，应当在本科目下设置"缴存风险基金"明细科目。

3. 暂付款的主要账务处理

（1）企业职工、城乡居民、机关事业单位基本养老保险基金将委托投资资金归集到上级基金，按照实际划出的金额，借记本科目（委托上级投资——本金），贷记"财政专户存款"科目。

非省级基金收到归集到上级基金的委托投资资金的存款利息通知，按照应确认的总金额，借记本科目（委托上级投资——利息），按照本级委托投资资金产生的利息金额，贷记"利息收入"科目，按照下级归集的委托投资资金产生的利息金额，贷记"暂收款——下级归集委托投资（利息）"科目。

非省级基金收到归集到上级基金的委托投资资金的投资收益通知，按照应确认的投资收益或投资损失金额，借记或贷记本科目（委托上级投资——投资收益），按照本级委托投资资金形成的投资收益或投资损失金额，贷记或借记"委托投资收益"科目，按照下级归集的委托投资资金形成的投资收益或投资损失金额，贷记或借记"暂收款——下级归集委托投资（投资收益）"科目。

收到上级基金划回的委托投资资金本金、利息和投资收益，按照实际收到的金额，借记"财政专户存款"科目，按照应收回的委托投资资金本金金额，贷记本科目（委托上级投资——本金），按照应收回的委托投资资金存款利息金额，贷记本科目（委托上级投资——利息），按照实际收回的金额与应收回的委托投资资金本金和利息之间的差额，贷记或借记本科目（委托上级投资——投资收益）。

（2）职工、城乡居民基本医疗保险基金参保省非省级经办机构向上级经办机构上解本级跨省异地就医预付金，按照实际上解的金额，借记本科目（异地就医预付金），贷记"财政专户存款"等科目。

参保省省级经办机构向就医省省级经办机构拨付省本级的异地就医预付金，按照实际拨付的金额，借记本科目（异地就医预付金），贷记"财政专户存款"等科目。

参保省各级经办机构收到退回的归属本级基金的跨省异地就医预付金，按照实际收到的金额，借记"财政专户存款"等科目，贷记本科目（异地就医预付金）。

（3）新型农村合作医疗基金在风险基金实行省级统一管理的统筹地区，按规定将风险基金缴存省级财政专户，按照实际缴存的金额，借记本科目（缴存风险基金），贷记"财政专户存款"科目。

风险基金由省级财政专户拨回，按照实际收到的金额，借记"财政专户存款"科目，贷记本科目（缴存风险基金）。

（4）支付其他各类预付、预拨、先行支付、垫付等款项，按照实际支付的金额，借记本科目，贷记"支出户存款""财政专户存款"科目。

收回、结算各类预付、预拨、先行支付、垫付等款项，按照实际收回或结算的金额，借记"收入户存款""财政专户存款""支出户存款""社会保险待遇支出"等科目，贷记本科目。

（5）因债务人等特殊原因确实无法收回的暂付款，按照报经批准后列作其他支出的金额，借记"其他支出"科目，贷记本科目。

4. 本科目期末借方余额

本科目期末借方余额，反映社会保险基金尚未结清的暂付款项。

（七）债券投资

1. 本科目核算对象

本科目核算社会保险基金按规定购入国债的成本。本科目应当按照国债的种类设置明细账，进行明细核算。

2. 债券投资的主要账务处理

（1）按规定购买国债，按照实际支付的金额（包括购买价款以及税金、手续费等相关税费），借记本科目，贷记"财政专户存款"科目。

（2）到期收回国债本息或按规定转让国债，按照实际收回或收到的金额，借记"财政专户存款"科目，按照债券账面余额，贷记本科目，按照其差额，贷记"利息收入"科目。

3. 本科目期末借方余额

本科目期末借方余额，反映社会保险基金持有的国债购入成本。

（八）委托投资

1. 本科目核算对象

本科目核算企业职工、城乡居民、机关事业单位基本养老保险基金的省级基金按规定及委托投资合同约定划拨给受托机构的委托投资资金本金，以及委托投资资金形成的投资收益或投资损失。

2. 本科目会计要求

本科目应当设置"本金""投资收益"两个明细科目，并按照受托机构、委托投资资金来源等进行明细核算。

3. 委托投资的主要账务处理

（1）省级基金从财政专户向受托机构划拨委托投资资金，按照实际划转的金额，借记本科目（本金），贷记"财政专户存款"科目。

（2）省级基金收到受托机构提供的关于委托投资资金投资收益的相关通知，按照应确认的投资收益或投资损失金额，借记或贷记本科目（投资收益），按照本级委托投资资金形成的投资收益或投资损失金额，贷记或借记"委托投资收益"科目，按照下级归集的委托投资资金形成的投资收益或投资损失金额，贷记或借记"暂收款——下级归集委托投资（投资收益）"科目。

（3）省级基金收回委托投资资金的本金和投资收益，按照实际转入的金额，借记"财政专户存款"科目，按照应收回的委托投资本金金额，贷记本科目（本金），按照实际收回的金额与应收回的委托投资资金本金之间的差额，贷记或借记本科目（投资收益）。

（4）省级基金将已确认的委托投资收益转作委托投资本金，按照实际划转的金额，借记本科目（本金），贷记本科目（投资收益）。

4. 本科目期末借方余额

本科目期末借方余额，反映企业职工、城乡居民、机关事业单位基本养老保险基金省级委托投资资金的本金及投资损益余额。

二、负债类

负债类会计科目共 2 个：暂收款、借入款项。

（一）暂收款

1. 本科目核算对象

本科目核算社会保险基金业务活动中形成的各类暂收款项。

企业职工、城乡居民、机关事业单位基本养老保险基金收到下级归集的委托投资资金，以及职工、城乡居民基本医疗保险基金跨省异地就医的预收和清算资金，通过本科目核算。新型农村合作医疗基金在风险基金实行省级统一管理的统筹地区，省级财政专户收到的风险基金，通过本科目核算。

2. 本科目会计要求

本科目应当按照暂收款的种类和对方单位或个人进行明细核算。

对于企业职工、城乡居民、机关事业单位基本养老保险基金收到下级归集的委托投资资金，应当在本科目下设置"下级归集委托投资"明细科目，并在该明细科目下设置"本金""利息""投资收益"明细科目，分别核算下级归集的委托投资资金本金、委托投资资金产生的存款利息、投资收益。

对于职工、城乡居民基本医疗保险基金跨省异地就医的预付和清算资金，应当在本科目下设置"异地就医预付金""异地就医清算资金"和"异地就医资金"明细科目，其中，

"异地就医预付金""异地就医清算资金"明细科目分别用于核算参保地区上级经办机构收到下级经办机构归集的异地就医预付金、清算资金，"异地就医资金"明细科目用于核算就医地区接收参保地区划拨的异地就医预付金和清算资金。新型农村合作医疗基金在风险基金实行省级统一管理的统筹地区，应当在本科目下设置"缴存风险基金"明细科目。

3. 暂收款的主要账务处理

（1）企业职工、城乡居民、机关事业单位基本养老保险基金收到下级归集的委托投资资金，按照实际收到的金额，借记"财政专户存款"科目，贷记本科目（下级归集委托投资——本金）。

省级基金收到下级基金归集的委托投资资金所产生的存款利息，根据实际收到的金额，借记"财政专户存款"科目，贷记本科目（下级归集委托投资——利息）。省级基金收到受托机构提供的关于委托投资资金投资收益的相关通知，按照应确认的投资收益或投资损失金额，借记或贷记"委托投资——投资收益"科目，按照本级委托投资资金形成的投资收益或投资损失金额，贷记或借记"委托投资收益"科目，按照下级归集的委托投资资金形成的投资收益或投资损失金额，贷记或借记本科目（下级归集委托投资——投资收益）。

非省级基金收到归集到上级基金的委托投资资金的存款利息通知，按照应确认的总金额，借记"暂付款——委托上级投资（利息）"科目，按照本级委托投资资金产生的利息金额，贷记"利息收入"科目，按照下级归集的委托投资资金产生的利息金额，贷记本科目（下级归集委托投资——利息）。非省级基金收到归集到上级基金的委托投资资金的投资收益通知，按照应确认的投资收益或投资损失金额，借记或贷记"暂付款——委托上级投资（投资收益）"科目，按照本级委托投资资金形成的投资收益或投资损失金额，贷记或借记"委托投资收益"科目，按照下级归集的委托投资资金形成的投资收益或投资损失金额，贷记或借记本科目（下级归集委托投资——投资收益）。

向下级基金返还归集的委托投资资金本金、利息和投资收益，按照应返还委托投资资金本金的金额，借记本科目（下级归集委托投资——本金），按照应返还委托投资资金的存款利息金额，借记本科目（下级归集委托投资——利息），按照实际返还金额与应返还的委托投资资金本金和利息之间的差额，借记或贷记本科目（下级归集委托投资——投资收益），按照实际返还的金额，贷记"财政专户存款"科目。

（2）职工、城乡居民基本医疗保险基金参保省非省级经办机构收到下级经办机构归集的跨省异地就医预付金，按照实际收到的金额，借记"财政专户存款"等科目，贷记本科目（异地就医预付金）。非省级经办机构向上级经办机构上解收到的下级经办机构归集的预付金，按照实际上解的金额，借记本科目（异地就医预付金），贷记"财政专户存款"等科目。

参保省省级经办机构收到下级经办机构归集的跨省异地就医预付金，按照实际收到的金额，借记"财政专户存款"等科目，贷记本科目（异地就医预付金）。省级经办机构向就医省省级经办机构拨付收到的下级经办机构归集的跨省异地就医预付金，按照实际拨付的金额，借记本科目（异地就医预付金），贷记"财政专户存款"等科目。

参保省省级经办机构收到就医省省级经办机构退回的跨省异地就医预付金，按照属于下级基金的跨省异地就医预付金金额，借记"财政专户存款"等科目，贷记本科目（异地就医预付金）。参保省省级经办机构向下级经办机构拨付退回的属于下级基金的跨省异地就医预付金，按照实际拨付的金额，借记本科目（异地就医预付金），贷记"财政专户存款"等科目。参保省非省级经办机构收到上级经办机构退回的跨省异地就医预付金，按照属于下级基金的跨省异地就医预付金金额，借记"财政专户存款"等科目，贷记本科目（异地就医预付金）。非省级经办机构向下级经办机构拨付退回的属于下级基金的跨省异地就医预付金，按照实际拨付的金额，借记本科目（异地就医预付金），贷记"财政专户存款"等科目。

参保省非省级经办机构收到下级经办机构归集的跨省异地就医清算资金，按照实际收到的金额，借记"财政专户存款"等科目，贷记本科目（异地就医清算资金）。非省级经办机构向上级经办机构上解收到的下级经办机构归集的跨省异地就医清算资金，按照实际上解的金额，借记本科目（异地就医清算资金），贷记"财政专户存款"等科目。

参保省省级经办机构收到下级经办机构归集的跨省异地就医清算资金，按照实际收到的金额，借记"财政专户存款"等科目，贷记本科目（异地就医清算资金）。参保省省级经办机构向就医省省级经办机构拨付收到的下级经办机构归集的跨省异地就医清算资金，按照实际拨付的金额，借记本科目（异地就医清算资金），贷记"财政专户存款"等科目。

（3）职工、城乡居民基本医疗保险基金就医省省级经办机构收到参保省省级经办机构划拨的跨省异地就医预付金和清算资金，按照实际收到的金额，借记"财政专户存款"等科目，贷记本科目（异地就医资金）。就医省省级经办机构向参保省省级经办机构退回的跨省异地就医预付金，按照实际退回的金额，借记本科目（异地就医资金），贷记"财政专户存款"等科目。

就医省上级经办机构向下级经办机构划拨预付金，用于向定点医疗机构结算跨省异地就医人员医疗费用时，按照实际划拨的金额，借记本科目（异地就医资金），贷记"财政专户存款"等科目。

就医省下级经办机构收到上级经办机构划拨的预付金，按照实际收到的金额，借记"财政专户存款"等科目，贷记本科目（异地就医资金）。就医省经办机构向定点医疗机构结算跨省异地就医人员发生的医疗费用，按照实际结算的金额，借记本科目（异地就医资金），贷记"财政专户存款"等科目。

（4）新型农村合作医疗基金省级基金收到下级基金按规定缴入省级财政专户的风险基金，按照实际缴存的金额，借记"财政专户存款"科目，贷记本科目（缴存风险基金）。

（5）取得其他暂收款项，按照实际收到的金额，借记"财政专户存款"等科目，贷记本科目。偿付或结清暂收款项，按照实际偿付或结清的金额，借记本科目，贷记"支出户存款""财政专户存款"等科目。

（6）因债权人等特殊原因确实无法偿付的暂收款项，按照报经批准后确认为其他收入的金额，借记本科目，贷记"其他收入"科目。

4．本科目期末贷方余额

本科目期末贷方余额，反映社会保险基金尚未偿付或结清的暂收款项。

（二）借入款项

1. 本科目核算对象

本科目核算社会保险基金运行过程中形成的借入款项。

2. 本科目会计要求

本科目应当按照借入款项对方单位或个人进行明细核算。

3. 借入款项的主要账务处理

（1）借入款项时，按照实际收到的金额，借记"财政专户存款"科目，贷记本科目。

（2）归还借款本息时，按照实际支付的本金金额，借记本科目，按照实际支付的利息金额，借记"其他支出"科目，按照实际支付的本息合计金额，贷记"财政专户存款"科目。

（3）借入款项由财政代为偿还时，按照实际偿还金额，借记本科目，贷记"财政补贴收入"科目。

（4）因债权人等特殊原因确实无法偿付的，按照报经批准后确认为其他收入的金额，借记本科目，贷记"其他收入"科目。

4. 本科目期末贷方余额

本科目期末贷方余额，反映社会保险基金尚未偿付的借入款项。

三、净资产类

净资产类会计科目共 3 个：一般基金结余、风险基金结余、储备金结余。

（一）一般基金结余

1. 本科目核算对象

本科目核算社会保险基金历年累积的基金收支相抵后的除风险基金、储备金等特定用途基金外的基金结余。

2. 本科目会计要求

对于职工基本医疗保险基金，应当在本科目下设置"统筹基金""个人账户基金"明细科目。

3. 一般基金结余的主要账务处理

（1）期末，将各收入类科目本期发生额转入本科目，借记各收入类科目，贷记本科目。"委托投资收益"科目结转前如为借方余额，则借记本科目，贷记"委托投资收益"科目。对于职工基本医疗保险基金，应当将"财政补贴收入"科目本期发生额以及"社会保险费收入""利息收入""上级补助收入""下级上解收入""其他收入"科目所属"统筹基金"明细科目的本期发生额转入本科目（统筹基金），借记"财政补贴收入""社会保险费收入——统筹基金""利息收入——统筹基金""上级补助收入——统筹基金""下级上解收入——统筹基金"其他收入——统筹基金"科目，贷记本科目（统筹基金）；将"转移收入"科目本期发生额以及"社会保险费收入""利息收入""上级补助收入""下级上解收入""其他收入"科目所属"个人账户基金"明细科目的本期发生额转入本科目（个人账户基金），借记"转移收入""社会保险费收入——个人账户基金""利息收入——个人账户基金""上级补助收入——个人账户基金""下级上解收入——个人账户基 金""其他收入——个人账户基金"科目，贷记本科目（个人账户基金）。

（2）期末，将各支出类科目本期发生额转入本科目，借记本科目，贷记各支出类科目。

对于职工基本医疗保险基金，应当将"社会保险待遇支出""上解上级支出""补助下级支出""其他支出"科目所属"统筹基金"明细科目的本期发生额转入本科目（统筹基金），借记本科目（统筹基金），贷记"社会保险待遇支出——统筹基金""上解上级支出——统筹基金""补助下级支出——统筹基金""其他支出——统筹基金"科目；将"转移支出"科目本期发生额以及"社会保险待遇支出""上解上级支出""补助下级支出""其他支出"科目所属"个人账户基金"明细科目的本期发生额转入本科目（个人账户基金），借记本科目（个人账户基金），贷记"转移支出""社会保险待遇支出——个人账户基金""上解上级支出——个人账户基金""补助下级支出——个人账户基金""其他支出——个人账户基金"科目。

（3）新型农村合作医疗基金统筹地区提取风险基金，按照提取的金额，借记本科目，贷记"风险基金结余"科目。

风险基金转入一般基金结余时，按照实际划转金额，借记"风险基金结余"科目，贷记本科目。

（4）工伤保险基金提取储备金，按照提取的金额，借记本科目，贷记"储备金结余"科目。

储备金转入一般基金结余时，按照实际划转金额，借记"储备金结余"科目，贷记本科目。

4．本科目期末贷方余额

本科目期末贷方余额，反映期末除风险基金、储备金等特定用途基金外的基金结余。

（二）风险基金结余

1．本科目核算对象

本科目核算新型农村合作医疗基金按规定提取的风险基金。

2．风险基金结余的主要账务处理

（1）提取风险基金，按照提取的金额，借记"一般基金结余"科目，贷记本科目。

（2）风险基金转入一般基金结余时，按照实际划转金额，借记本科目，贷记"一般基金结余"科目。

3．本科目期末贷方余额

本科目期末贷方余额，反映新型农村合作医疗基金提取的风险基金累计结余。

（三）储备金结余

1. 本科目核算对象

本科目核算工伤保险基金按规定提取的储备金。

2. 储备金结余的主要账务

（1）提取储备金，按照提取的金额，借记"一般基金结余"科目，贷记本科目。

（2）储备金转入一般基金结余时，按照实际划转金额，借记本科目，贷记"一般基金结余"科目。

3. 本科目期末贷方余额

本科目期末贷方余额，反映工伤保险基金提取的储备金累计结余。

四、收入类

收入类会计科目共 11 个：社会保险费收入、财政补贴收入、集体补助收入、利息收入、委托投资收益、转移收入、上级补助收入、下级上解收入、其他收入、待转社会保险费收入、待转利息收入。

（一）社会保险费收入

1. 本科目核算对象

本科目核算用人单位和个人按规定缴纳的各险种社会保险基金的保险费收入，以及其他资金（含财政资金）代参保对象缴纳的社会保险费收入。

2. 本科目会计要求

本科目可以按照当期、预缴、清欠、补缴等不同性质的缴费收入进行明细核算。

对于职工基本医疗保险基金，应当在本科目下设置"统筹基金""个人账户基金"明细科目，分别核算计入职工基本医疗保险基金统筹基金和个人账户基金的社会保险费收入，并可在"统筹基金""个人账户基金"明细科目下按照当期、预缴、清欠、补缴等进行明细核算。

3. 社会保险费收入的主要账务处理

（1）收到用人单位和个人缴纳的保险费，按照实际收到的金额，借记"收入户存款""国库存款""财政专户存款"科目，贷记本科目。

（2）退回本年社会保险费收入，按照退回的金额，借记本科目，贷记"收入户存款""支出户存款"等科目。

（3）期末，将本科目本期发生额转入"一般基金结余"科目，借记本科目，贷记"一般基金结余"科目。

对于职工基本医疗保险基金，应当将本科目"统筹基金""个人账户基金"明细科目本期发生额分别转入"一般基金结余"科目下"统筹基金""个人账户基金"明细科目，借记本科目（统筹基金、个人账户基金），贷记"一般基金结余——统筹基金、个人账户基金"科目。

4.本科目期末余额

期末结账后，本科目应无余额。

（二）财政补贴收入

1.本科目核算对象

本科目核算财政给予社会保险基金的补助、对参保人员的缴费补贴、对参保对象的待遇支出补助等。

2.本科目会计要求

本科目应当按照社会保险基金相关管理和财务制度的规定设置明细科目。

3.财政补贴收入的主要账务处理

（1）收到财政补贴时，按照实际收到的金额，借记"财政专户存款"科目，贷记本科目。

（2）期末，将本科目本期发生额转入"一般基金结余"科目，借记本科目，贷记"一般基金结余"科目。对于职工基本医疗保险基金，应当将本科目本期发生额转入"一般基金结余"科目下"统筹基金"明细科目，借记本科目，贷记"一般基金结余——统筹基金"科目。

4.本科目期末余额

期末结账后，本科目应无余额。

（三）集体补助收入

1.本科目核算对象

本科目核算村（社区）等集体经济组织对城乡居民基本养老保险基金参保人的补助收入。

2.集体补助收入的主要账务处理

（1）收到集体补助收入时，按照实际收到的金额，借记"收入户存款"等科目，贷记本科目。

（2）期末，将本科目本期发生额转入"一般基金结余"科目，借记本科目，贷记"一般基金结余"科目。

3.本科目期末余额

期末结账后，本科目应无余额。

（四）利息收入

1.本科目核算对象

本科目核算社会保险基金的收入户、财政专户、支出户、国库存款和企业职工、城乡居民、机关事业单位基本养老保险基金归集到上级的委托投资资金取得的存款利息收入，以及社会保险基金购买国债取得的利息收入。

2. 本科目会计要求

本科目应当按照利息种类设置"存款利息""债券利息"明细科目。对于职工基本医疗保险基金，应当在本科目下设置"统筹基金""个人账户基金"明细科目，分别核算计入职工基本医疗保险基金统筹基金和个人账户基金的利息收入，并在"统筹基金""个人账户基金"明细科目下设置"存款利息""债券利息"明细科目。

3. 利息收入的主要账务处理

(1) 收到收入户、支出户、财政专户、国库存款利息，按照实际收到的利息金额，借记"收入户存款""支出户存款""财政专户存款""国库存款"科目，贷记本科目。

(2) 对于省级企业职工、城乡居民、机关事业单位基本养老保险基金，收到财政专户存款利息时，按照实际收到的利息金额，借记"财政专户存款"科目，按照财政专户存款中下级归集的委托投资资金所产生的存款利息金额，贷记"暂收款——下级归集委托投资（利息）"科目，按照归属于本级的财政专户存款利息金额，贷记本科目。

非省级企业职工、城乡居民、机关事业单位基本养老保险基金确认归集到上级的委托投资资金产生的存款利息，按照确认的金额，借记"暂付款——委托上级投资（利息）"科目，按照本级委托投资资金产生的利息金额，贷记本科目，按照下级归集的委托投资资金产生的利息金额，贷记"暂收款——下级归集委托投资（利息）"科目。

(3) 收到购买的国债的利息，按照实际收到的利息金额，借记"财政专户存款"科目，贷记本科目。

(4) 到期收回国债本息或按规定转让，按照实际收回或收到的金额，借记"财政专户存款"科目，按照债券账面余额，贷记"债券投资"科目，按照其差额，贷记本科目。

(5) 期末，将本科目本期发生额转入"一般基金结余"科目，借记本科目，贷记"一般基金结余"科目。

对于职工基本医疗保险基金，应当将本科目"统筹基金""个人账户基金"明细科目本期发生额分别转入"一般基金结余"科目下"统筹基金""个人账户基金"明细科目，借记本科目（统筹基金、个人账户基金），贷记"一般基金结余——统筹基金、个人账户基金"科目。

4. 本科目期末余额

期末结账后，本科目应无余额。

(五) 委托投资收益

1. 本科目核算对象

本科目核算企业职工、城乡居民、机关事业单位基本养老保险基金按照国家有关规定，委托国家授权的投资管理机构进行投资运营所取得的净收益或发生的净损失。

2. 委托投资收益的主要账务处理

(1) 省级基金收到受托机构提供的关于委托投资资金投资收益的相关通知，按照应确认的投资收益或投资损失金额，借记或贷记"委托投资——投资收益"科目，按照本级委托投资资金形成的投资收益或投资损失金额，贷记或借记本科目，按照下级归集的委托投资资金形成的投资收益或投资损失金额，贷记或借记"暂收款——下级归集委托投资（投资收益）"科目。

（2）非省级基金收到上级关于委托投资资金投资收益的相关通知，按照应确认的投资收益或投资损失金额，借记或贷记"暂付款——委托上级投资（投资收益）"科目，按照本级委托投资资金形成的投资收益或投资损失金额，贷记或借记本科目，按照下级归集的委托投资资金形成的投资收益或投资损失金额，贷记或借记"暂收款——下级归集委托投资（投资收益）"科目。

（3）期末，将本科目本期发生额转入"一般基金结余"科目，借记或贷记本科目，贷记或借记"一般基金结余"科目。

3. 本科目期末余额

期末结账后，本科目应无余额。

（六）转移收入

1. 本科目核算对象

本科目核算因参保对象跨统筹地区或跨制度流动而划入的基金收入。

2. 转移收入的主要账务处理

（1）因参保对象跨统筹地区或跨制度流动而划入的基金，按照实际转入的金额，借记"收入户存款"等科目，贷记本科目。

（2）退回转移收入时，按照实际退回的金额，借记本科目，贷记"收入户存款"等科目。

（3）期末，将本科目本期发生额转入"一般基金结余"科目，借记本科目，贷记"一般基金结余"科目。对于职工基本医疗保险基金，应当将本科目本期发生额转入"一般基金结余"科目下"个人账户基金"明细科目，借记本科目，贷记"一般基金结余——个人账户基金"科目。

3. 本科目期末余额

期末结账后，本科目应无余额。

（七）上级补助收入

1. 本科目核算对象

本科目核算下级基金接收上级基金拨付的补助收入。

2. 本科目会计要求

对于职工基本医疗保险基金，应当在本科目下设置"统筹基金""个人账户基金"明细科目，分别核算计入职工基本医疗保险基金统筹基金、个人账户基金的上级补助收入。

3. 上级补助收入的主要账务处理

（1）收到上级基金拨付的补助资金，按照实际收到的金额，借记"收入户存款""支出户存款""财政专户存款"等科目，贷记本科目。

（2）期末，将本科目本期发生额转入"一般基金结余"科目，借记本科目，贷记"一般基金结余"科目。对于职工基本医疗保险基金，应当将本科目"统筹基金""个人账户基金"明细科目本期发生额分别转入"一般基金结余"科目下"统筹基金""个人账户基金"明细科目，借记本科目（统筹基金、个人账户基金），贷记"一般基金结余——统筹基金、个人账户基金"科目。

4．本科目期末余额

期末结账后，本科目应无余额。

（八）下级上解收入

1．本科目核算对象

本科目核算上级基金接收下级基金上解的基金收入。

2．本科目会计要求

对于职工基本医疗保险基金，应当在本科目下设置"统筹基金""个人账户基金"明细科目，分别核算计入职工基本医疗保险基金统筹基金、个人账户基金的下级上解收入。

3．下级上解收入的主要账务处理

（1）收到下级上解的基金收入，按照实际收到的金额，借记"收入户存款""财政专户存款"科目，贷记本科目。

（2）期末，将本科目本期发生额转入"一般基金结余"科目，借记本科目，贷记"一般基金结余"科目。对于职工基本医疗保险基金，应当将本科目"统筹基金""个人账户基金"明细科目本期发生额分别转入"一般基金结余"科目下"统筹基金""个人账户基金"明细科目，借记本科目（统筹基金、个人账户基金），贷记"一般基金结余——统筹基金、个人账户基金"科目。

4．本科目期末余额

期末结账后，本科目应无余额。

（九）其他收入

1．本科目核算对象

本科目核算除社会保险费收入、财政补贴收入、集体补助收入、利息收入、委托投资收益、转移收入、上级补助收入、下级上解收入外的收入，如社会保险基金取得的滞纳金、违约金、跨年度退回或追回的社会保险待遇、公益慈善等社会经济组织和个人捐助，以及其他经统筹地区财政部门核准的收入等。

2．本科目会计要求

对于职工基本医疗保险基金，应当在本科目下设置"统筹基金""个人账户基金"明细科目，分别核算计入职工基本医疗保险基金统筹基金、个人账户基金的其他收入。

3．其他收入的主要账务处理

（1）取得滞纳金、违约金、跨年度退回或追回的社会保险待遇、公益慈善等社会经济组织和个人捐助等时，按照实际收到的金额，借记"收入户存款""财政专户存款"等科目，贷记本科目。

（2）企业职工基本养老保险基金以其社会保险待遇支出抵扣参保人重复领取的城乡居民基本养老保险基金社会保险待遇支出，城乡居民基本养老保险基金按照实际收到的退回金额，借记"收入户存款"等科目，贷记本科目。

（3）因债权人等特殊原因确实无法偿付的暂收款项、借入款项，按照报经批准后确认为其他收入的金额，借记"暂收款""借入款项"科目，贷记本科目。

（4）期末，将本科目本期发生额转入"一般基金结余"科目，借记本科目，贷记"一般基金结余"科目。对于职工基本医疗保险基金，应当将本科目"统筹基金""个人账户基金"明细科目本期发生额分别转入"一般基金结余"科目下"统筹基金""个人账户基金"明细科目，借记本科目（统筹基金、个人账户基金），贷记"一般基金结余——统筹基金、个人账户基金"科目。

4. 本科目期末余额

期末结账后，本科目应无余额。

（十）待转社会保险费收入

1. 本科目核算对象

本科目核算职工基本医疗保险基金收到的尚未确定归属于统筹基金或个人账户基金的社会保险费收入。

2. 待转社会保险费收入的主要账务处理

（1）收到社会保险费收入时尚未确定归属于统筹基金或个人账户基金，按照实际收到的金额，借记"收入户存款""国库存款"等科目，贷记本科目。

（2）确定待转社会保险费收入归属后，按照确定归属的总金额，借记本科目，按照应计入统筹基金的金额，贷记"社会保险费收入——统筹基金"科目，按照应计入个人账户基金的金额，贷记"社会保险费收入——个人账户基金"科目。

（3）年末，对于未确定归属的社会保险费收入，按规定将本科目余额按经验比例划分于统筹基金和个人账户基金，按照本科目余额，借记本科目，按照划入统筹基金的金额，贷记"社会保险费收入——统筹基金"科目，按照划入个人账户基金的金额，贷记"社会保险费收入——个人账户基金"科目。

（4）上年年末按经验比例划分于统筹基金和个人账户基金的待转社会保险费收入在本年确定其划分比例时，应当按照确定的应计入"社会保险费收入——统筹基金"科目的金额大于或小于上年年末按经验比例已计入"社会保险费收入——统筹基金"科目的金额的差额，借记或贷记"一般基金结余——个人账户基金"科目，贷记或借记"一般基金结余——统筹基金"科目。

3. 本科目期末余额

本科目月末贷方余额，反映自年初至本月末尚未确定归属于职工基本医疗保险基金统筹基金和个人账户基金的社会保险费收入。年度终了结账后，本科目应无余额。

（十一）待转利息收入

1. 本科目核算对象

本科目核算职工基本医疗保险基金收到的尚未确定归属于统筹基金或个人账户基金的利息收入。

2. 待转利息收入的主要账务处理

（1）收到利息收入时尚未确定归属于统筹基金或个人账户基金，按照实际收到的金额，借记"收入户存款""财政专户存款""支出户存款""国库存款"科目，贷记本科目。

（2）确定待转利息收入归属后，按照确定归属的总金额，借记本科目，按照应计入统筹基金的金额，贷记"利息收入——统筹基金"科目，按照应计入个人账户基金的金额，贷记"利息收入——个人账户基金"科目。

（3）年末，对于未确定归属的利息收入，按规定将本科目余额按经验比例划分于统筹基金和个人账户基金，按照本科目余额，借记本科目，按照划入统筹基金的金额，贷记"利息收入——统筹基金"科目，按照划入个人账户基金的金额，贷记"利息收入——个人账户基金"科目。

（4）上年年末按经验比例划分于统筹基金和个人账户基金的待转利息收入在本年确定其划分比例时，应当按照确定的应计入"利息收入——统筹基金"科目的金额大于或小于上年年末按经验比例已计入"利息收入——统筹基金"科目的金额的差额，借记或贷记"一般基金结余——个人账户基金"科目，贷记或借记"一般基金结余——统筹基金"科目。

3. 本科目期末余额

本科目月末贷方余额，反映自年初至本月末尚未确定归属于职工基本医疗保险基金统筹基金和个人账户基金的利息收入。年度终了结账后，本科目应无余额。

五、支出类

支出类会计科目共10个：社会保险待遇支出、大病保险支出、劳动能力鉴定支出、工伤预防费用支出、稳定岗位补贴支出、技能提升补贴支出、转移支出、上解上级支出、补助下级支出、其他支出。

（一）社会保险待遇支出

1. 本科目核算对象

本科目核算按规定支付给社会保险对象的待遇支出，包括为特定人群缴纳社会保险费形成的支出。

2. 本科目会计要求

本科目应当按照社会保险基金相关管理和财务制度的规定设置明细科目。

（1）对于企业职工基本养老保险基金，应当在本科目下设置"基本养老金""医疗补助金""丧葬补助金和抚恤金""病残津贴"等明细科目。在"基本养老金"明细科目下设置"基础养老金""个人账户养老金""过渡性养老金""离休金""退休金""退职金""补贴"等明细科目。在"个人账户养老金"明细科目下设置"按月支付"和"一次性支出"明细科目。

（2）对于城乡居民基本养老保险基金，应当在本科目下设置"基础养老金""个人账户养老金""丧葬补助金"等明细科目。在"个人账户养老金"明细科目下设置"按月支付"和"一次性支出"明细科目。

（3）对于机关事业单位基本养老保险基金，应当在本科目下设置"基本养老金""丧葬补助金和抚恤金""病残津贴"等明细科目。在"基本养老金"明细科目下设置"基础养老金""个人账户养老金""过渡性养老金""退休（职）费""病退生活费""补差资金"等明细科目。在"个人账户养老金"明细科目下设置"按月支付"和"一次性支出"明细科目。

（4）对于职工基本医疗保险基金，应当在本科目下设置"统筹基金""个人账户基金"明细科目。在"统筹基金"明细科目下设置"住院费用支出""门诊大病费用支出""门诊统筹费用支出"等明细科目；生育保险与职工基本医疗保险合并实施的统筹地区，还应当在"统筹基金"明细科目下设置"生育医疗费用支出""生育津贴支出"等明细科目。在"个人账户基金"明细科目下设置"住院费用支出""门诊费用支出""药店医药费用支出"等明细科目。

（5）对于城乡居民基本医疗保险基金，应当在本科目下设置"住院费用支出""门诊费用支出""其他费用支出"等明细科目。

（6）对于工伤保险基金，应当在本科目下设置"工伤医疗待遇支出""伤残待遇支出""工亡待遇支出"等明细科目。

（7）对于失业保险基金，应当在本科目下设置"失业保险金支出""基本医疗保险费支出""丧葬补助金和抚恤金支出""职业培训和职业介绍补贴支出""其他费用支出"等明细科目，"其他费用支出"明细科目核算农民合同制工人一次性生活补助金和价格临时补贴支出及国家规定的其他费用。

（8）对于生育保险基金，应当在本科目下设置"生育医疗费用支出""生育津贴支出"等明细科目。

3. 社会保险待遇支出的主要账务处理

（1）按规定支付社会保险待遇时，按照实际支付的金额，借记本科目，贷记"支出户存款"科目。对于职工、城乡居民基本医疗保险基金，经办机构收到归属本级的跨省异地就医清算通知时，按照实际支付的清算金额，借记本科目，贷记"支出户存款"等科目。

（2）退回或追回本年社会保险待遇支出，按照实际收回的金额，借记"支出户存款"等科目，贷记本科目。

（3）期末，将本科目本期发生额转入"一般基金结余"科目，借记"一般基金结余"科目，贷记本科目。对于职工基本医疗保险基金，应当将本科目"统筹基金""个人账户基金"明细科目本期发生额分别转入"一般基金结余"科目下"统筹基金""个人账户基金"明细科目，借记"一般基金结余——统筹基金、个人账户基金"科目，贷记本科目

（统筹基金、个人账户基金）。

4. 本科目期末余额

期末结账后，本科目应无余额。

（二）大病保险支出

1. 本科目核算对象

本科目核算按规定从城乡居民基本医疗保险基金中划转资金用于城乡居民大病保险的支出。建立职工基本医疗保险大病保险制度的地区，从职工基本医疗保险基金划转资金用于职工大病保险的支出，参照城乡居民基本医疗保险基金，通过本科目进行核算。

2. 大病保险支出的主要账务处理

（1）从城乡居民基本医疗保险基金中划转资金用于大病保险时，按照实际支付的金额，借记本科目，贷记"支出户存款""财政专户存款"等科目。

（2）城乡居民基本医疗保险基金根据合同约定，因商业保险机构承办大病保险出现超过合同约定盈余而收到商业保险机构的盈余返还时，按照实际收到的金额，借记"收入户存款""财政专户存款"等科目，贷记本科目。

城乡居民基本医疗保险基金根据合同约定，因基本医疗保险政策调整等政策性原因使商业保险机构承办大病保险发生亏损而向商业保险机构进行补偿时，按照实际支付的金额，借记本科目，贷记"支出户存款""财政专户存款"等科目。

（3）期末，将本科目本期发生额转入"一般基金结余"科目，借记"一般基金结余"科目，贷记本科目。

3. 本科目期末余额

期末结账后，本科目应无余额。

（三）劳动能力鉴定支出

1. 本科目核算对象

本科目核算工伤保险基金支付的劳动能力鉴定支出。

2. 劳动能力鉴定支出的主要账务处理

（1）支付劳动能力鉴定支出时，按照实际支付的金额，借记本科目，贷记"支出户存款"等科目。

（2）期末，将本科目本期发生额转入"一般基金结余"科目，借记"一般基金结余"科目，贷记本科目。

3. 本科目期末余额

期末结账后，本科目应无余额。

（四）工伤预防费用支出

1. 本科目核算对象

本科目核算工伤保险基金用于工伤预防的宣传、培训等方面支出。

2. 工伤预防费用支出的主要账务处理

(1) 支付工伤预防费用时，按照实际支付的金额，借记本科目，贷记"支出户存款"等科目。

(2) 期末，将本科目本期发生额转入"一般基金结余"科目，借记"一般基金结余"科目，贷记本科目。

3. 本科目期末余额

期末结账后，本科目应无余额。

(五) 稳定岗位补贴支出

1. 本科目核算对象

本科目核算失业保险基金按规定对稳定岗位的用人单位给予的补贴支出。

2. 稳定岗位补贴支出的主要账务处理

(1) 支付稳定岗位补贴支出时，按照实际支付的金额，借记本科目，贷记"支出户存款"等科目。

(2) 期末，将本科目本期发生额转入"一般基金结余"科目，借记"一般基金结余"科目，贷记本科目。

3. 本科目期末余额

期末结账后，本科目应无余额。

(六) 技能提升补贴支出

1. 本科目核算对象

本科目核算失业保险基金按规定对符合条件的企业职工提升技能给予的补贴支出。

2. 技能提升补贴支出的主要账务处理

(1) 支付技能提升补贴支出时，按照实际支付的金额，借记本科目，贷记"支出户存款"等科目。

(2) 期末，将本科目本期发生额转入"一般基金结余"科目，借记"一般基金结余"科目，贷记本科目。

3. 本科目期末余额

期末结账后，本科目应无余额。

(七) 转移支出

1. 本科目核算对象

本科目核算因参保对象跨统筹地区或跨制度流动而划出的基金。

2. 转移支出的主要账务处理

(1) 因参保对象跨统筹地区或跨制度流动而划出的基金，按照实际转出的金额，借记本科目，贷记"支出户存款"等科目。

（2）收到退回的转移支出时，按照实际收到的金额，借记"收入户存款""财政专户存款"等科目，贷记本科目。

（3）期末，将本科目本期发生额转入"一般基金结余"科目，借记"一般基金结余"科目，贷记本科目。对于职工基本医疗保险基金，应当将本科目本期发生额转入"一般基金结余"科目下"个人账户基金"明细科目，借记"一般基金结余——个人账户基金"科目，贷记本科目。

3. 本科目期末余额

期末结账后，本科目应无余额。

（八）上解上级支出

1. 本科目核算对象

本科目核算下级基金上解上级基金的基金支出。

2. 本科目会计要求

对于职工基本医疗保险基金，应当在本科目下设置"统筹基金""个人账户基金"明细科目，分别核算计入职工基本医疗保险基金统筹基金、个人账户基金的上解上级支出。

3. 上解上级支出的主要账务处理

（1）向上级上解基金的支出，按照实际支付的金额，借记本科目，贷记"收入户存款""支出户存款""财政专户存款"科目。

（2）期末，将本科目本期发生额转入"一般基金结余"科目，借记"一般基金结余"科目，贷记本科目。对于职工基本医疗保险基金，应当将本科目"统筹基金""个人账户基金"明细科目本期发生额分别转入"一般基金结余"科目下"统筹基金""个人账户基金"明细科目，借记"一般基金结余——统筹基金、个人账户基金"科目，贷记本科目（统筹基金、个人账户基金）。

4. 本科目期末余额

期末结账后，本科目应无余额。

（九）补助下级支出

1. 本科目核算对象

本科目核算上级基金拨付给下级基金的基金支出。

2. 本科目会计要求

对于职工基本医疗保险基金，应当在本科目下设置"统筹基金""个人账户基金"明细科目，分别核算计入职工基本医疗保险基金统筹基金、个人账户基金的补助下级支出。

3. 补助下级支出的主要账务处理

（1）向下级拨付补助支出，按照实际支付的金额，借记本科目，贷记"支出户存款""财政专户存款"科目。

（2）期末，将本科目本期发生额转入"一般基金结余"科目，借记"一般基金结余"科目，贷记本科目。

对于职工基本医疗保险基金，应当将本科目"统筹基金""个人账户基金"明细科目本期发生额分别转入"一般基金结余"科目下"统筹基金""个人账户基金"明细科目，借记"一般基金结余——统筹基金、个人账户基金"科目，贷记本科目（统筹基金、个人账户基金）。

4. 本科目期末余额

期末结账后，本科目应无余额。

（十）其他支出

1. 本科目核算对象

本科目核算除社会保险待遇支出、大病保险支出、劳动能力鉴定支出、工伤预防费用支出、稳定岗位补贴支出、技能提升补贴支出、转移支出、上解上级支出、补助下级支出外，经国务院批准或国务院授权省级人民政府批准开支的其他非社会保险待遇性质的支出。

2. 本科目会计要求

对于职工基本医疗保险基金，应当在本科目下设置"统筹基金""个人账户基金"明细科目，分别核算计入职工基本医疗保险基金统筹基金、个人账户基金的其他支出。

3. 其他支出的主要账务处理

（1）发生其他支出，按照报经批准后列作其他支出的金额，借记本科目，贷记相关科目。

（2）企业职工基本养老保险基金以其社会保险待遇支出抵扣参保人重复领取的城乡居民基本养老保险基金社会保险待遇支出，企业职工基本养老保险基金按照实际退回的金额，借记本科目，贷记"支出户存款"科目。

（3）退回以前年度社会保险费收入，按照实际支出的金额，借记本科目，贷记"支出户存款"科目。

（4）期末，将本科目本期发生额转入"一般基金结余"科目，借记"一般基金结余"科目，贷记本科目。对于职工基本医疗保险基金，应当将本科目"统筹基金""个人账户基金"明细科目本期发生额分别转入"一般基金结余"科目下"统筹基金""个人账户基金"明细科目，借记"一般基金结余——统筹基金、个人账户基金"科目，贷记本科目（统筹基金、个人账户基金）。

4. 本科目期末余额

期末结账后，本科目应无余额。

第三节　社会保险基金财务报表

根据险种和制度，不同社会保险基金分别编制财务报表，社会保险基金财务报表包括资产负债表和基金收支表。如表10-2所示。

表 10-2　社会保险基金财务报表名称与种类

编号	财务报表名称	编制期
会社保 01 表	资产负债表	月度、年度
会社保 02 表	收支表	月度、年度

一、资产负债表

资产负债表如表 10-3 所示。

表 10-3　社会保险基金资产负债表

险种和制度：_____　　　　　　　　　　　　　　　　会社保 01 表
编制单位：_____　　　　____年____月____日　　　　单位：元

资产	年初余额	期末余额	负债和净资产	年初余额	期末余额
一、资产：			二、负债：		
库存现金			暂收款		
收入户存款			其中：下级归集委托投资*		
财政专户存款			异地就医资金*		
支出户存款			借入款项		
国库存款			负债合计		
暂付款			三、净资产：		
其中：委托上级投资*			一般基金结余		
异地就医预付金*			（一）统筹基金*		
债券投资			（二）个人账户基金*		
委托投资*			（三）待转基金*		
			风险基金结余*		
			储备金结余*		
			净资产合计		
资产总计			负债与净资产总计		

注：* 标注项目为特定险种和制度社会保险基金资产负债表专用项目，非适用险种和制度社会保险基金资产负债表不予列示。其中：

"暂付款"项目下"委托上级投资"项目为企业职工、城乡居民、机关事业单位基本养老保险基金（非省级）资产负债表专用项目；本项目下"异地就医预付金"项目为职工、城乡居民基本医疗保险基金资产负债表专用项目。

"委托投资"项目为企业职工、城乡居民、机关事业单位基本养老保险基金（省级）资产负债表专用项目。

"暂收款"项目下"下级归集委托投资"项目为企业职工、城乡居民、机关事业单位基本养老保险基金资产负债表专用项目；本项目下"异地就医预付金"为职工、城乡居民基本医疗保险基金资产负债表专用项目。

职工基本医疗保险基金资产负债表应当在"一般基金结余"项目下列示"统筹基金""个人账户基金""待转基金"三个明细项目。其中，"待转基金"项目为职工基本医疗保险基金月度资产负债表专用项目，年度资产负债表中不列此项目。

"风险基金结余"项目为提取风险基金的新型农村合作医疗基金资产负债表专用项目。

"储备金结余"项目为工伤保险基金资产负债表专用项目。

二、收支表

收支表按照险种不同，包括企业职工基本养老保险基金收支表、城乡居民基本养老保险基金收支表、机关事业单位基本养老保险基金收支表、职工基本医疗保险基金收支表、城乡居民基本医疗保险基金收支表、工伤保险基金收支表、失业保险基金收支表、生育保险基金收支表。城镇居民基本医疗保险基金、新型农村合作医疗基金、合并实施的城乡居民基本医疗保险基金都适用于城乡居民基本养老保险基金收支表。

不同险种收支表的结构均包括三部分：基金收入、基金支出和本期基金结余。基金收入一般包括社会保险费收入、财政补贴收入、利息收入、转移收入、上级补助收入、下级上解收入、其他收入等几类，根据险种的不同略有差异，如养老保险基金往往还会有委托投资收益；基金支出一般包括社会保险待遇支出、转移支出、上解上级支出、补助下级支出、其他支出。职工基本医疗保险基金和城乡居民基本医疗保险基金险种的收支表还包括大病保险支出，工伤保险基金险种的收支表还包括劳动能力鉴定支出、工伤预防费用支出，失业保险基金收支表还包括稳定岗位补贴支出和技能提升补贴支出。

现以企业职工基本养老保险基金收支表为代表，其他各险种基金收支表大同小异，不再一一罗列。企业职工基本养老保险基金收支表如表 10-4 所示。

表 10-4　收支表

险种和制度：企业职工基本养老保险基金　　　　　　　　　　　　　　会社保 02 表

编制单位：＿＿＿＿＿＿＿　　　＿＿年＿＿月　　　　　　　　　　　　单位：元

项目	本月数	本年累计数
一、基金收入		
社会保险费收入		
财政补贴收入		
利息收入		
委托投资收益		
转移收入		
上级补助收入		
下级上解收入		
其他收入		
二、基金支出		
社会保险待遇支出		
（一）基本养老金		
1. 基础养老金		
2. 个人账户养老金		
（1）按月支付		
（2）一次性支出		

（续表）

项目	本月数	本年累计数
3. 过渡性养老金		
4. 离休金		
5. 退休金		
6. 退职金		
7. 补贴		
（二）医疗补助金		
（三）丧葬补助金和抚恤金		
（四）病残津贴		
转移支出		
上解上级支出		
补助下级支出		
其他支出		
三、本期基金结余		

第四节　社会保险基金会计实务

以基本养老保险基金为例，进行会计核算业务。假设某社会保险基金管理中心月初余额为：支出户存款 20 万元，财政专户存款 210 万元，债券投资 270 万元，基本养老保险基金 500 万元。当月发生如下经济业务，会计分录逐笔如下。

1. 收到基本养老保险费收入 30 万元，存入收入户。

借：收入户存款　　　　　　　　　　　　　300 000

　　贷：基本养老保险费收入　　　　　　　　　　300 000

2. 收到下级经办机构上解的基本养老保险调剂金 5 万元，存入收入户。

借：收入户存款　　　　　　　　　　　　　50 000

　　贷：下级上解收入　　　　　　　　　　　　　50 000

3. 收到保险对象调入本地区转入的养老保险资金 3 万元。

借：收入户存款　　　　　　　　　　　　　30 000

　　贷：其他收入　　　　　　　　　　　　　　　30 000

4. 收到某单位因欠费缴纳的滞纳金 1 万元。

借：收入户存款　　　　　　　　　　　　　10 000

　　贷：其他收入　　　　　　　　　　　　　　　10 000

5. 收到财政专户拨付的资金 40 万元。

借：支出户存款　　　　　　　　　　　　　　400 000
　　贷：财政专户存款　　　　　　　　　　　　　　400 000

6. 支付本月养老金 43 万元，丧葬抚恤补助 2 万元。

借：基本养老保险基金支出　　　　　　　　　430 000
　　丧葬抚恤补助支出　　　　　　　　　　　　20 000
　　贷：支出户存款　　　　　　　　　　　　　　450 000

7. 补助下级经办机构 3 万元。

借：补助下级支出　　　　　　　　　　　　　30 000
　　贷：支出户存款　　　　　　　　　　　　　　30 000

8. 保险对象离开统筹地区转出养老保险费 2 万元。

借：转移支出　　　　　　　　　　　　　　　20 000
　　贷：支出户存款　　　　　　　　　　　　　　20 000

9. 购买国债 50 万元。

借：债券投资　　　　　　　　　　　　　　　500 000
　　贷：财政专户存款　　　　　　　　　　　　　　500 000

10. 收到同级财政拨付的养老保险保费补贴 20 万元。

借：财政专户存款　　　　　　　　　　　　　200 000
　　贷：财政补贴收入　　　　　　　　　　　　　　200 000

11. 向银行借入临时借款 10 万元。

借：财政专户存款　　　　　　　　　　　　　100 000
　　贷：临时借款　　　　　　　　　　　　　　　100 000

12. 银行通知收入户存款利息 1 万元，支出户存款利息 1.5 万元，财政专户存款利息 2.5 万元。

借：收入户存款　　　　　　　　　　　　　　10 000
　　支出户存款　　　　　　　　　　　　　　15 000
　　财政专户存款　　　　　　　　　　　　　25 000
　　贷：利息收入　　　　　　　　　　　　　　　50 000

13. 面值 100 万元国债到期，收回本息 130 万元。

借：财政专户存款　　　　　　　　　　　　1 300 000
　　贷：债券投资　　　　　　　　　　　　　　1 000 000
　　　　利息收入　　　　　　　　　　　　　　300 000

14. 月底，将收入户存款转至财政专户存款，金额总计 40 万元（第 1、2、3、4、12 项合计）。

借：财政专户存款　　　　　　　　　　　　　400 000
　　贷：收入户存款　　　　　　　　　　　　　　400 000

15. 月底，将本月所有收入结转至基本养老保险基金。

借：基本养老保险费收入   300 000

  下级上解收入   50 000

  转移收入   30 000

  其他收入   10 000

  财政补贴收入   200 000

  利息收入   350 000

 贷：基本养老保险基金   940 000

16. 月底，将本月所有支出结转至基本养老保险基金。

借：基本养老保险基金   500 000

 贷：基本养老保险金支出   430 000

  丧葬抚恤补助支出   20 000

  补助下级支出   30 000

  转移支出   20 000

📖 本章小结

  1. 在社会保障会计体系中，社会保险基金会计是核心，具有如下四个特点：会计主体为社会保险基金、会计基础采用收付实现制、会计要素为五要素、资金账户设置较特殊。

  2. 我国社会保险基金现有五大类 34 个会计科目，其中资产类 8 个，负债类 2 个，净资产类 3 个，收入类 11 个，支出类 10 个。

  3. 社会保险基金财务报表包括资产负债表和基金收支表，根据险种和制度不同，不同社会保险基金分别编制财务报表。

☑️ 关键概念

  会计 社会保险基金会计

🖋️ 复习思考题

  1. 社会保险基金会计具有什么特点？

  2. 社会保险基金会计科目中，资产类科目有哪些？收入类呢？

  3. 社会保险基金有负债类会计科目吗？如果有，具体是什么？

  4. 列出社会保险基金的净资产类会计科目。

案例 10-1

退休老会计发现两千万元医保基金被挪用

一个令人吃惊的社保基金漏洞在上海出现——自 2000 年年底该市实施医疗保险政策后，所有退休职工的个人医保账户里，都被少计入了退休当月的医保基金。此事涉及约 50 万人，资金超过 2 000 万元。

发现这个秘密的，并非医保基金管理者或审计部门，而是一位退休职工。

110.9 元背后的悬疑

张铁彪原是上海一家化工企业的副总会计师，2004 年 9 月退休。40 年的会计生涯，让他对数字异常敏感。2005 年 5 月，在一次求医的过程中，他发现自己医保卡的"个人账户"里少了钱。

按《上海市城镇职工基本医疗保险办法》（下称《医保办法》），该市的医保基金包括两部分——统筹基金、个人医疗账户。后者又由两部分组成：一部分是在职职工自己交的，通常是工资的 2%；另一部分来源于单位。这部主导上海医保政策的法规中明确规定，在职人员交的基本医疗保险费，全部计入本人的个人账户。

为解开卡上少钱的谜团，2005 年 5 月 24 日，张铁彪登录上海市医疗保险局主办的医保网，查看自己的个人医保账户。每个参保人员都有这样一个账户，并可以在网上查询。张铁彪的又一个疑问产生了。

在账户中的"（2004 医保年度）个人账户清算信息"一栏里，详细地列出了张铁彪的缴费情况。他于 2004 年 9 月退休，这意味着他的个人医保金至少要缴到当年 8 月——《医保办法》中规定，上海职工退休后个人不再缴费。然而，8 月份显示的缴费额却是"零"。更让他惊讶的是，退休后的 2005 年 3 月，缴费额为"80"元。

张铁彪打电话向市医保局查询，是不是搞错了。对方没有给他明确解释，称可能是他的理解有误。

两天后，张铁彪再次进入自己的账户，发现账户信息变了。2005 年 3 月显示所缴的"80"元被移到 2004 年 4 月份，其他缴费数目则依次后移。

张铁彪的第一感觉是，"医保网的做法很不严肃"。对照自己的工资单后又发现，他在 2004 年 4 月的缴费跟其他月份一样，均是 110.90 元，而不是更改后显示的 80 元。

"所有退休职工都一样"

张铁彪再次致电医保局，得到的答复是：医保基金是"隔月记账"。每年的 4 月 1 日至次年的 3 月 31 日是一个医保结算年度。也就是说，他个人账户上显示的 4 月份缴的 80 元，其实是 3 月份缴纳的——上一年医保金每月缴 80 元。

张铁彪似乎明白了一点……但他猛吃一惊：既然是"隔月记账"，那么 8 月份扣的 110.9 元应该计入 9 月份账户中才对，但是 9 月份显示的金额是"零"。

"退休前一个月缴的钱不计入个人账户。"医保局个人账户部一位负责人告诉他，"不是你一个人，上海市所有退休职工都一样。"

这位爱较真的老人找出了《医保办法》——跟大多数人一样，他以前并未认真看过这部充满数字和专业术语的法规。《医保办法》说得很明确：在职职工交的基本医疗保险费全部计入本人的个人医疗账户。其中并没有说，退休职工退休前一个月扣缴的钱就不计入。

张铁彪用会计逻辑来看这个问题：上海市每年的退休职工在 15 万人左右，以平均每人少计 40 元算（最低水平），一年合计为 600 万元，医保至今已经实施 5 年，这意味着，近 3 000 万元资金没有计入参保人员的个人账户。

92 号令与 47 号文打架?

张铁彪与医保局几番接触后渐渐明白，是医保中心违反规定，"截留"了 50 万元退休职工缴纳的一个月医保基金。

他的意见也被上海市医保局重视。2006 年 3 月 31 日，市医保局工作人员邀请张铁彪会谈此事，最终对少计退休职工一个月医保基金的事实予以承认。但他们认为，这是"政策衔接"中出现的问题，将通过"完善制度"予以解决。

按市医保局的解释，问题发生的原因主要是市政府 92 号令与医保局 47 号文不协调。然而张铁彪查阅后发现，47 号文中并没有关于"退休前一个月所缴医保基金不计个人账户"的相关规定。在他看来，即便存在"不衔接"，部门文件也要服从政府法规。

医保局的另一解释是，由于是"隔月记账"，参保人员最后一个月的个人缴费因"重复"难以计入。而张铁彪认为："即便是真的不能计入，那也应该退还给本人。"

4 月 17 日，上海市医保局局长周海洋登门拜访张铁彪，对其关注医保基金的行为表示感谢，对以前工作人员的态度请求谅解。对于反映的问题，周海洋承认"没有按政府规定做"，但认为是制度设计的"重大脱节"。至于问题的解决，医保局已经进行了讨论，因涉及人太多，情况复杂，补计存在困难。这次会面中，周海洋代表医保局提出，聘任张铁彪为该局的社会监督员。

次日，上海市医保局对张铁彪作出书面答复。答复认为张铁彪的意见是正确的，目前正在进行"完善医保办法"的"专项研究"。

但是，张铁彪仍坚持己见，指出医保局的会计流程存在问题，建议审计部门介入。

2 000 余万元基金流向何处

张铁彪尤其关心的两个问题是：被医保局"截留"的巨款哪里去了？这笔钱是如何入账的？在他看来，这直接关系到此事是"执行政策中的疏漏"还是有意为之。

医保局的解释是，这笔钱并没有流失和违规使用，而是被计入到统筹基金账户，仍在医保基金的"大锅汤"里。

对于这样的解释，张铁彪还是表示怀疑。按照会计学常识，个人账户与统筹账户是两个不相干的账户，"如同一个杯子跟一支钢笔，是不能简单相加的"。

对于张铁彪所提的问题，医保局近日经多次讨论，曾一度形成两种意见：一种认为应予以纠正，将应计未计的医保基金补计入个人账户；另一种则认为应维持原有做法，并对医保办法进行修正。

据医保局有关人士称，2002 年，上海市审计部门曾经对医保基金进行过审计，但当时并没有发现这个问题。而根据市政府发布的《上海市社会保障基金审计监督规定》，审计机关应当每年定期审计各项社会保障基金。

上海市医保局内部人员透露，张铁彪所提的问题，在医保政策实施一年后就已发现，但因当时医保局内部存有"争议"未纠正。

2006 年 4 月，医保局负责人曾向张铁彪承诺，邀请他去查看医保基金的账目。但半年已过，张铁彪仍未接到医保局的邀请。

对于张铁彪所反映的个人账户计入问题，一位不愿透露姓名的资深会计认为，无论是"隔月记账"还是"计入标准"差异，从会计专业角度来看，都是非常简单的问题，不存在技术难度。"问题的关键是，钱哪里去了？其依据是什么？有关的会计报表是如何反映的？"

医保局相关负责人称，已经将此问题上报至上海市政府，并希望审计部门能够介入。

监管法规迟到 6 年

从 2005 年 4 月 24 日查询个人医保账户信息算起，张铁彪花了一年半的时间，总算弄懂被少计的 110.9 元医保基金是怎么回事。此间，他周旋于医保局各部门之间；为了解政策，自学了 20 多个相关文件。在他看来是基本常识的问题，在医保局的专业人员眼里却似乎都那样难以理解。为此他每次都要从头讲起，自称快变成了"祥林嫂"。

随着事情日渐明朗，张铁彪惊讶地发现，作为主管全上海市每年逾百亿元医保基金的医保中心，没有建立规范的财务会计制度，甚至没有总账和明细账。据市医保局方面解释，这主要是因为医保基金"不独立"，医保中心每次用钱只能向社保中心申请，并恳请对方为此呼吁。此外，医保局还对张铁彪称，医保基金并没有独立的财政专户，只有临时账户。

与中国其他实施医保的大多城市筹集方式一样，上海市为了征缴方便，医保基金与养老基金、失业保险基金等一起均由社保中心代征，然后再根据对方申请通过财政部门拨付到医保中心。

作为社保基金的组成部分，全国对于医保基金没有专门的监管制度。1999 年，财政部与劳动保障部联合出台《社会保障基金财务管理制度》，要求各地方结合实际情况制定实施细则。此项法规被认为是规范社保基金运作的分水岭。

2000 年上海年鉴表明，1999 年，该市财政局会同有关部门起草了《上海市社会保险基金财务管理办法》，原计划于 2000 年 1 月 1 日起施行。但不知何故，此办法一直迟迟未能出台。记者截稿前获悉，10 月 30 日，中共上海市委代理书记、市长韩正主持召开市政府常务会议，审议通过 7 年前即已出台草案的《上海市社会保险基金财务管理办法》。办法明确将社保基金纳入财政专户，实行收支两条线管理，专款专用；并对基金预决算、筹集和支付、基金结余、银行开户管理等作出了严格规定。

此外，2001 年上海市即有人大代表提交议案，建议制定《上海市社会保险基金监督管理条例》。尽管此法规早已被列入立法规划，但至今仍未面世。

资料来源：柴会群. 上海退休老会计发现两千万医保基金被挪用 [N]. 南方周末，2006 年 11 月 3 日。

案例 10-2

中石化 2010 年度财务收支审计结果

根据《中华人民共和国审计法》的规定，审计署 2011 年对中国石油化工集团公司（以下简称中石化集团）2010 年度财务收支情况进行了审计，并对审计范围内涉及的重大事项追溯相关年度。

一、基本情况

中石化集团成立于 1998 年 7 月，注册资本 1 820 亿元，拥有二级全资和控股子公司 42 家，主要从事石油、天然气的勘探、开采、储运、销售和综合利用等。据中石化集团合并财务报表反映，截至 2010 年年底，中石化集团资产总额 14 852.4 亿元，负债总额 8 516.36 亿元，所有者权益总额 6 336.04 亿元，当年营业收入 19 478.69 亿元，利润总额 1 052.15 亿元。

二、审计评价意见

本次重点审计了中石化集团本部及所属 28 家单位，涉及资产量占中石化集团资产总额的 50% 以上。审计结果表明，中石化集团能够较好地贯彻国家宏观经济政策，主业实现较快发展，会计信息基本真实反映了企业财务状况和经营成果，但在会计核算和项目建设管理等方面仍存在不够规范和严格等问题。这些问题对中石化集团 2010 年度财务收支状况的影响主要是少计利润 14.40 亿元，占利润总额的 1.37%。

对审计发现的问题，审计署已依法出具了审计报告、下达了审计决定书，要求中石化集团予以整改。

三、审计发现的主要问题及整改情况

（一）会计核算和财务管理存在的问题。

1. 所属天津分公司未及时确认代建 100 万吨乙烯及配套项目的净收益，导致 2010 年少计利润 14.40 亿元。

2. 2008 年至 2010 年，所属江汉石油管理局社会保险服务中心从补充医疗保险基金中提取管理费用 2 018.61 万元，用于办公经费支出。

审计指出上述两项问题后，相关单位已调整会计账目，少计的利润已计入 2011 年。

（二）重大投资项目管理存在的问题

略。

资料来源：节选自《中国石油化工集团公司 2010 年度财务收支审计结果》，2012 年 6 月 1 号公告，搜狐网站，http://roll.sohu.com/20 120 601/n344 627 545.shtml。

第十一章　社会保障基金统计制度

1. 认识社会保障基金统计的步骤与指标
2. 掌握社会保障基金统计的特点与功能
3. 知悉社会保障基金统计的内容
4. 了解我国社会保障基金统计现状

会计和统计虽然都能够提供相关信息，但是两者提供不同的信息，具有不同的功能，采用不同的方法，遵循不同的流程。

第一节　社会保障基金统计概述

一、社会保障基金统计的内涵

社会保障基金统计是运用科学的方法，从数量上反映社会保障基金运行过程的基本情况、揭示其内在规律的工作。社会保障基金统计是社会保障统计的主要内容。

统计有三种不同的含义：统计工作、统计资料与统计学。社会保障统计同样包括社会保障统计工作、社会保障统计资料和研究其内在规律的社会保障统计学。统计工作即统计实践活动，是指对社会经济现象数量方面进行搜集、整理和分析工作的总称，是一种社会调查研究活动；统计资料是统计部门或单位进行统计工作所搜集、整理、编制的各种数据资料的总称；统计学是统计工作经验的总结和概括，它所阐述的理论和方法是指导统计工作的原则和方法。统计学和统计工作之间存在着理论和实践的辩证关系。

二、社会保障基金统计的特点与功能

（一）社会保障基金统计的特点

1. 数量性

数字是统计的语言，数据资料是统计的原料。社会保障基金统计具有数量性特点，具体说来，就是通过各种统计指标和指标体系来反映社会保障基金总体的规模、水平、速度、比例和趋势等。

2. 总体性

单个、零散的数据不进行统计，难以反映出社会保障基金的总体面貌。社会保障基金通过数据统计来描述和揭示总体的数量规律。

3. 具体性

每一个统计数据都不是空洞无意义的，而是对应一个具体的社会保障事项，反映该社会保障事项的某个方面的性质或特征。

4. 工具性

统计具有工具性的特点，数据能提供有用的信息，因此，获得统计数据本身不是目的，获得统计数据后不应当束之高阁，而是要充分利用统计数据，为社会保障管理服务。

（二）社会保障基金统计的功能

1. 描述功能

描述功能是社会保障基金统计最基本的功能。进行社会保障基金统计后，相关统计指标、报表能对社会保障基金总体面貌加以定量地描述，使人们获得基本的认识。正是由于社会保障基金统计描述功能的重要性，在进行统计时，数据必须真实，不可以统计造假，也不可以利用统计方法变相地歪曲其真实性，而是应当确保社会保障基金统计描述的真实可靠。

2. 评估功能

基于社会保障基金的描述功能，社会保障基金统计还具有评估功能。在获得相应的统计数据后，不仅可以了解社会保障基金运作的总体情况，还可以进一步评估社会保障基金管理的效率、社会保障基金管理政策的影响、社会保障水平高低程度等，分析利弊得失，比较国别差异。

3. 监督功能

基于社会保障基金的评估功能，社会保障基金统计还具有监督功能。评估的结果可以揭示社会保障基金管理中存在的问题与矛盾，因此，持续地进行社会保障基金统计，通过相关指标的动态变化，可以监督社会保障基金是否安全完整、基金管理是否存在漏洞、管理的措施与手段是否有效，进而针对存在的问题予以纠正与改进。

4. 预测功能

统计是针对过去，对已经发生的情况进行统计，但是统计结果可以服务于未来，用于预测社会保障基金将来的发展情况，为管理决策提供有力的依据。

三、社会保障基金统计步骤

（一）社会保障基金统计数据搜集

统计数据搜集可以分为原始数据调查与次级资料收集两类。原始数据是第一手数据，可以采用抽样调查、普查和统计报表方式获得。次级资料收集主要是从已有的文献资料中去获得，是其他人或机构获得并完成对原始数据调查后公开发表的数据。

（二）社会保障基金统计数据处理

获得数据资料后，如果不对数据进行处理，这些零散的、无序的数据还不具有描述功能，必须要对数据进行处理，数据才能反映总体情况。数据的处理包括筛选、分类、汇总、存储等步骤，每一步骤又可以采用一些具体的统计方法。

（三）社会保障基金统计数据分析

社会保障基金统计数据分析可以运用到多种统计方法，最简单的比如平均分析，计算各种平均数。除了平均数，还有中位数、众数等非常有用的数据分析；对数据还可以进行对比分析、分组分析、比率分析，从而了解其变化、判断其趋势等。

正是由于数据的重要性，数据分析发展迅速，已经从统计学发展成多学科领域。相关学科的发展也日渐成熟，如计量经济学、数理经济学、数据挖掘、神经网络、数据库、人工智能等，这些学科的研究方法都可以在社会保障基金统计数据处理与分析中得以应用，为其服务，但目前尚不广泛与深入。

四、社会保障统计指标

（一）社会保障数量指标和质量指标

1. 社会保障数量指标

社会保障数量指标反映社会保障总体绝对数量的多少，用绝对数形式表现，如参保人数、参保企业数、基金征缴总额等。数量指标以实物或者货币为计量单位。

2. 社会保障质量指标

社会保障质量指标又称比率指标，反映社会保障内部构成或者两个总量之间的对比关系，如覆盖率、支出水平等。

（二）社会保障统计人数指标与费用指标

1. 人数指标

人数指标反映社会保障参加或者受益对象的总体情况，比如在社会救助中，实际享受社会救助人次、得到五保供养的户数、得到五保供养的人数占农村居民的比例等。

2. 费用指标

费用指标反映社会保障资金的收缴与使用情况。如全国城市低保平均标准、全年发放农村低保资金总额、投资收益率等。

（三）社会保障统计时点指标与时期指标

1. 时点指标

时点指标反映在某个时间点的社会保障情况，是在一定时点上的数据。比如2008年年底，上海市80岁及以上高龄老年人口达到53.44万人，占老年人口的17.8%。

2. 时期指标

时期指标反映在一段时期内社会保障发展程度的指标，是在一段时期内的数据。比如上海高龄老人在 2000 年到 2008 年间这九年中增加了 22.88 万人。

第二节　社会保障基金统计内容

一、社会救助统计内容

(一) 社会救助统计指标体系

社会救助统计指标体系反映社会救助系统的发展情况，主要包括城乡贫困户救助、自然灾害救助、孤寡病残救助和其他救助。主要指标包括社会保障标准线，包括最低生活保障线、最低工资标准、城镇基本养老金平均水平；社会救助、救济和救灾人次、救助金额、人均享受救助金额；残疾人社会保障与救助人次、保障与救助投入与支出。

(二) 社会救助统计内容实例①

1. 最低生活保障

截至 2017 年年底，全国有城市低保对象 741.5 万户、1 261.0 万人。全年各级财政共支出城市低保资金 640.5 亿元。2017 年全国城市低保平均标准 540.6 元/人·月，比上年增长 9.3%。全国有农村低保对象 2 249.3 万户、4 045.2 万人。全年各级财政共支出农村低保资金 1 051.8 亿元。2017 年全国农村低保平均标准 4 300.7 元/人·年，比上年增长 14.9%。2017 年困难群众基本生活救助情况如图 11-1 所示。

2. 特困人员救助供养

截至 2017 年年底，全国共有农村特困人员 466.9 万人，比上年减少 6.0%。全年各级财政共支出农村特困人员救助供养资金 269.4 亿元，比上年增长 17.7%。全国共有城市特困人员 25.4 万人。全年各级财政共支出城市特困人员救助供养资金 21.2 亿元。

3. 临时救助

2017 年临时救助累计救助 970.3 万人次，其中，救助非本地户籍对象 11.9 万人次。全国各级财政共支出临时救助资金 107.7 亿元，平均救助 1 109.9 元/人·次。

4. 医疗救助

2017 年资助参加基本医疗保险 5 621.0 万人，支出 74.0 亿元，人均补助水平 131.6 元。2017 年实施住院和门诊医疗救助 3 517.1 万人次，支出 266.1 亿元，住院和门诊每人次平均救助水平分别为 1 498.4 元和 153.2 元。2017 年全年累计资助优抚对象 367.1 万人次，支出优抚医疗补助资金 36.1 亿元，人均补助水平 982.3 元。

---

① 中华人民共和国民政部 . http：//www.mca.gov.cn.《2017 年社会服务发展统计报告》，民政部发布 2011 年社会服务发展统计报告。

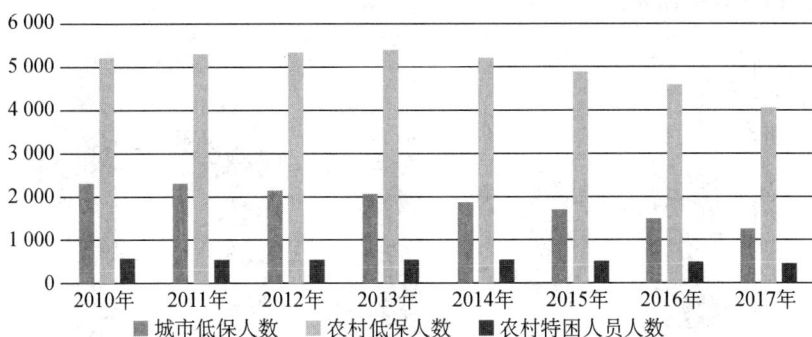

指标	2010	2011	2012	2013	2014	2015	2016	2017
城市低保人数	2 310.5	2 276.8	2 143.5	2 064.2	1 877.0	1 701.1	1 480.2	1 261.0
农村低保人数	5 214.0	5 305.7	5 344.5	5 388.0	5 207.2	4 903.6	4 586.5	4 045.2
农村特困人员人数	556.3	551.0	545.6	537.2	529.1	496.9	496.9	466.9

图 11-1　2017 年困难群众基本生活救助情况（单位：万人）

二、社会保险统计指标体系

（一）社会保险统计指标体系

社会保险统计指标体系包括基本养老保险、基本医疗保险、失业保险、工伤保险、生育保险、城镇居民养老保险、城镇居民医疗保险、新农保、新农合等项目。主要指标包括实际参保人数、保险基金总额、当年保险基金发放额以及当年实际享受保险人次数等指标，既有各项具体项目发展情况的指标，又有包含各项目在内的社会保险总体发展情况的指标。

（二）社会保险统计内容实例①

1. 五项社会保险基金收支与参保人数

社会保险工作深入开展，社会保障体系建设取得明显成效。

2017 年全年五项社会保险基金收入合计 67 154 亿元，比上年增加 13 592 亿元，增长 25.4%。基金支出合计 57 145 亿元，比上年增加 10 257 亿元，增长 21.9%。社会保险基金收入从 2013 年的 35 253 亿元增长到 67 154 亿元，支出也从 27 916 亿元增长到 57 145 亿元，参保人数从 2013 年的 81 968 万人（养老保险）增长到 91 548 万人，医疗保险参保人数在 2017 年达到 117 681 万人，增幅显著，近五年社会保险基金收支情况和参保人数分

---

① 中华人民共和国人力资源和社会保障部《2017 年度人力资源和社会保障事业发展统计公报》，http://www.mohrss.gov.cn。

别如图 11-2 和图 11-3 所示。

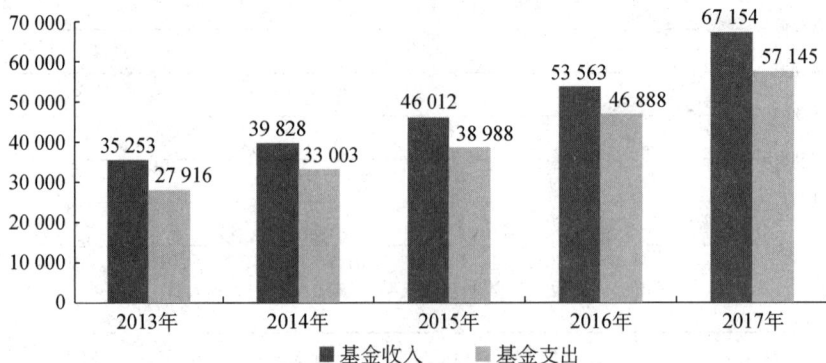

图 11-2　近五年社会保险基金收支情况（单位：亿元）

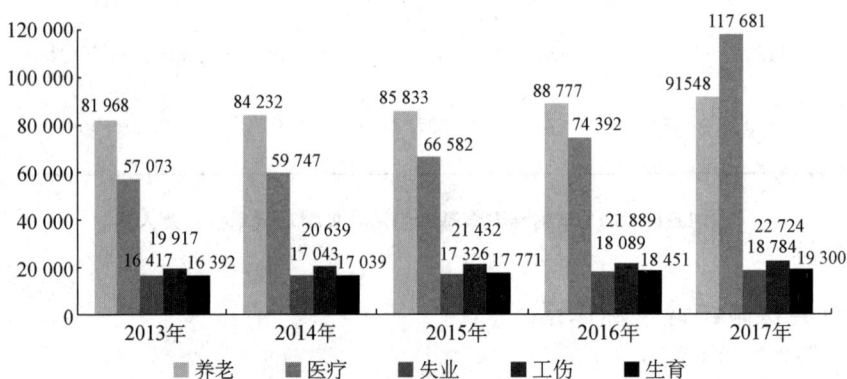

图 11-3　近五年社会保险参保人数（单位：万人）

2. 养老保险参保人数和基金收支情况

2017 年年末，全国参加基本养老保险人数为 91 548 万人，比上年末增加 2 771 万人。全年基本养老保险基金收入 46 614 亿元，比上年增长 22.7%，其中，征缴收入 34 213 亿元，比上年增长 24.4%。全年基本养老保险基金支出 40 424 亿元，比上年增长 18.9%。年末基本养老保险基金累计结存 50 202 亿元。

2017 年年末，全国参加城镇职工基本养老保险人数为 40 293 万人，比上年末增加 2 364 万人，其中，参保职工 29 268 万人，参保离退休人员 11 026 万人，分别比上年末增加 1 441 万人和 922 万人。2017 年年末，参加城镇职工基本养老保险的农民工人数为 6 202 万人，比上年末增加 262 万人。年末城镇职工基本养老保险执行企业制度参保人数为 35 317 万人，比上年末增加 1 053 万人。

2017 年全年城镇职工基本养老保险基金总收入 43 310 亿元，比上年增长 23.5%，其中，征缴收入 33 403 亿元，比上年增长 24.8%。各级财政补贴基本养老保险基金 8 004 亿元。全年基金总支出 38 052 亿元，比上年增长 19.5%。年末城镇职工基本养老保险基金累计结存 43 885 亿元。

2017 年年末，城乡居民基本养老保险参保人数 51 255 万人，比上年末增加 408 万人，其中，实际领取待遇人数 15 598 万人。全年城乡居民基本养老保险基金收入 3 304 亿元，比上年增长 12.6%，其中，个人缴费 810 亿元。基金支出 2 372 亿元，比上年增长 10.3%。基金累计结存 6 318 亿元。

2017 年年末，全国有 8.04 万户企业建立了企业年金，比上年增长 5.4%。参加职工人数为 2 331 万人，比上年增长 0.3%。年末企业年金基金累计结存 12 880 亿元。

三、社会福利统计指标体系

(一) 社会福利统计指标体系

社会福利统计指标体系主要包括社会津贴、职业福利、福利服务和其他福利等内容。主要指标包括收养性社会福利机构数、从业人员数、床位数、收养在院人数、康复和医疗门诊人次和集体供给金额；社会福利企业机构数、从业人员数、资产总额、税金总额、利润总额。

(二) 社会福利统计内容实例①

1. 提供住宿的社会服务

截至 2017 年年底，全国注册登记的提供住宿的各类社会服务机构 3.2 万个，其中，注册登记为事业单位的机构 1.8 万个，注册登记为民办非企业单位的机构 1.3 万个。机构内床位 419.6 万张，年末收留抚养人员 228.8 万人。从 2010 年至 2017 年，社会服务机构床位情况如图 11-4 所示。

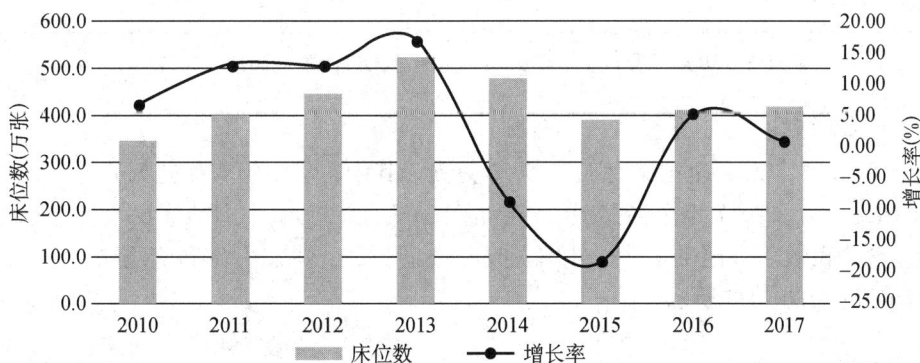

指标	2010	2011	2012	2013	2014	2015	2016	2017
床位数万张	349.6	396.4	449.3	526.7	482.3	393.2	414.0	419.6
增长率（%）	7.1	13.4	13.4	17.2	−8.4	−18.5	5.3	1.4

图 11-4　社会服务机构床位（2010—2017 年）

① 中华人民共和国民政部. 民政部发布 2011 年社会服务发展统计报告，http：//www.mca.gov.cn。

2. 不提供住宿的社会服务

截至 2017 年年底，全国 60 周岁及以上老年人口 24 090 万人，占总人口的 17.3%，其中，65 周岁及以上老年人口 15 831 万人，占总人口的 11.4%。全国共有老龄事业单位 1 600 个，老年法律援助中心 2 万个，老年维权协调组织 6.4 万个，老年学校 4.9 万个、在校学习人员 704 万人，各类老年活动室 35 万个；享受高龄补贴的老年人 2 682.2 万人，比上年增长 13.9%；享受护理补贴的老年人 61.3 万人，比上年增长 51.5%；享受养老服务补贴的老年人 354.4 万人，比上年增长 25.3%。从 2010 年至 2017 年，60 周岁及以上老年人口占全国人口比重如图 11-5 所示。

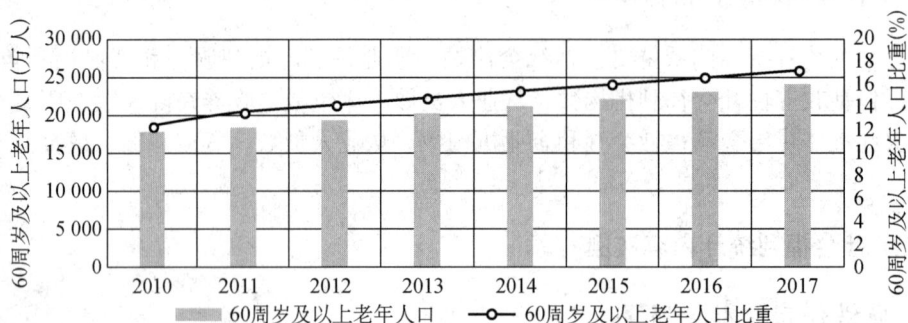

指标	2010	2011	2012	2013	2014	2015	2016	2017
60 周岁及以上老年人口（万人）	17 765	18 499	19 390	20 243	21 242	22 200	23 086	24 090
60 周岁及以上老年人口比重（%）	13.3	13.7	14.3	14.9	15.5	16.1	16.7	17.3

图 11-5　60 周岁及以上老年人口占全国总人口比重（2010—2017 年）

3. 儿童福利

截至 2017 年年底，全国共有孤儿 41.0 万人，其中，集中供养孤儿 8.6 万人，社会散居孤儿 32.4 万人。2017 年全国办理收养登记 1.9 万件，其中，内地居民收养登记 1.7 万件，港澳台华侨收养登记 103 件，外国人收养登记 2 228 件。从 2010 年至 2017 年，全国收养登记情况如图 11-6 所示。

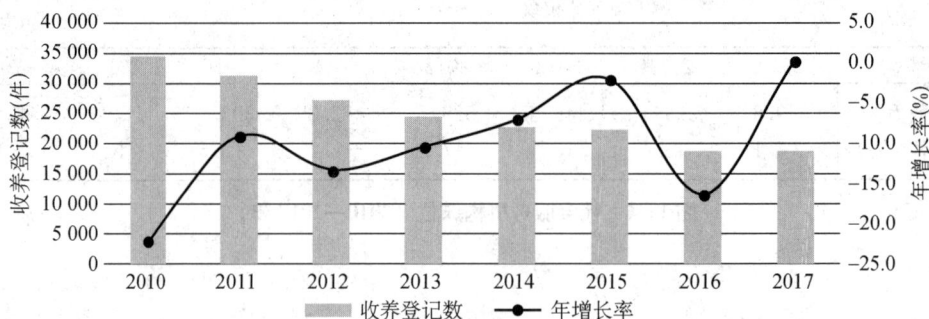

指标	2010	2011	2012	2013	2014	2015	2016	2017
收养登记数（件）	34 529	31 424	27 278	24 460	22 772	22 348	18 736	18 820
年增长率（%）	−22.0	−9.0	−13.2	−10.3	−6.9	−1.9	−16.2	0.4

图 11-6 收养登记

4．残疾人服务

2017 年，困难残疾人生活补贴人数 1 019.2 万人，重度残疾人护理补贴人数 1 053.7 万人。截至 2017 年年底，民政部门直属康复辅助机构 24 个，固定资产原价 5.7 亿元。

四、社会优抚统计指标体系

（一）社会优抚统计指标体系

统计指标体系主要包括国家优抚、国家补助、退伍安置、退休安置和其他内容。主要指标包括优抚人次、优待金额、人均享受金额、抚恤事业费、优抚安置机构、从业人员等。

（二）社会优抚统计内容实例①

截至 2017 年年底，国家抚恤、补助各类重点优抚对象 857.7 万人。各级财政共支出抚恤事业费 827.3 亿元，比上年增长 7.5%。全国共有注册登记的烈士纪念设施管理保护单位 957 个，占地面积 4 128.1 公顷，机构内烈士纪念设施 0.8 万处。2017 年新增 184 人享受烈士待遇。全国共有军队离退休人员管理中心、活动中心 296 个，年末职工 0.4 万人，服务军队离退休人员 34.9 万人。从 2010 年至 2017 年，国家抚恤、补助优扶对象如图 11-7 所示。

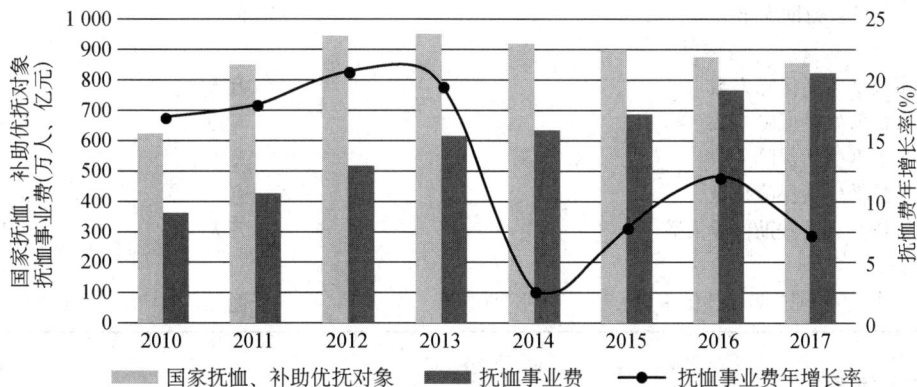

① 中华人民共和国民政部．《2017 年社会服务发展统计报告》，http：//www.mca.gov.cn。

指标	2010	2011	2012	2013	2014	2015	2016	2017
国家抚恤、补助优抚对象（万人）	625.0	852.2	944.4	950.5	917.3	897.0	874.8	857.5
抚恤事业费（亿元）	362.7	428.3	517.0	618.4	636.6	686.6	769.8	827.3
抚恤事业费年增长率（%）	16.9	18.1	20.7	19.6	2.9	7.9	12.1	7.5

图 11-7　国家抚恤、补助优抚对象

第三节　我国社会保障基金统计

一、我国社会保障统计信息类型

根据统计信息的发布频率，我国社会保障统计信息可以分为月报、季报、年报和其他统计信息。

（一）月报

月报的发布频率为每月一次，反映在该月份某社会保障事业的发展情况，每次信息发布格式保持一致。以民政部每月发布的社会服务业统计月报为例，如表 11-1 所示。

表 11-1　2018 年 7 月份民政统计月报

指　　标	单位	数量
1. 民政事业费累计支出	亿元	2 483.0
其中：社会福利支出	亿元	249.6
社会救助支出	亿元	1 318.3
2. 社会救济		
城市最低生活保障人数	万人	1 112.7
城市最低生活保障户数	万户	663.2
农村最低生活保障人数	万人	3 640.4
农村最低生活保障户数	万户	2 004.3
农村特困人员救助供养人数	万人	457.5
3. 福利彩票		
1—7 月份福利彩票累计销售额	亿元	1 297.0

（二）季报

季报的发布频率为每个季度一次，反映在该季度某社会保障事业的发展情况，每次信息发布格式保持一致，但由于信息量的区别，与月报的格式不尽相同。以民政部每季度发布的社会服务业统计月报为例，如表 11-2 所示。

表 11-2　民政统计季报

（2018 年二季度）

指　　标	单位	数量
一、民政事业费累计支出	亿元	2 136.2
社会福利支出	亿元	207.9
社会救助支出	亿元	1 157.9
二、行政区划		
镇	个	21 191
乡	个	10 432
街道办事处	个	8 283
三、民政机构和设施		
1. 提供住宿的民政机构	个	32 349
老年人与残疾人服务机构	个	29 235
智障与精神病人服务机构	个	237
儿童收养救助服务机构	个	662
其他提供住宿的民政机构	个	2 215
2. 提供住宿的民政机构床位	万张	423.3
老年人与残疾人服务床位	万张	386.9
智障与精神疾病提供服务床位	万张	8.9
儿童收养救助服务床位	万张	10.5
其他提供住宿的民政机构床位	万张	16.9
四、社会救助		
城市最低生活保障		
最低生活保障人数	万人	1 138.7
最低生活保障户数	万户	676.6
最低生活保障平均标准	元/人、月	563.0
农村最低生活保障		
最低生活保障人数	万人	3 695.2
最低生活保障户数	万户	2 038.3
最低生活保障平均标准	元/人·年	4 582.5
农村特困人员救助供养人数	万人	457.2
民政部门认定并实施医疗救助		
资助参加基本医疗保险人数	万人	2 018.0
民政部门直接救助人次数	万人次	1 556.2
生活无着流浪乞讨人员救助	万人次	66.1
临时救助	万人次	422.4
五、社区服务		
社区服务指导中心	个	609
其中：农村	个	19
社区服务中心	个	24 968
其中：农村	个	9 699
社区服务站	个	144 750
其中：农村	个	76 426
其他社区服务设施	个	114 938

（续表）

指　标	单位	数量
其中：农村	个	39 994
社区养老床位数	张	3 426 365
六、儿童收养与救助		
孤儿	万人	37.2
集中养育孤儿	万人	8.3
社会散居孤儿	万人	28.8
收养登记	件	6 176
涉外收养	件	600
流浪儿童救助	万人次	3.0
七、福利彩票销售		
福利彩票销售	亿元	1 105.9
社会捐赠接收站、点和慈善超市数	万个	2.5
八、成员组织		
1. 社会组织		
社会团体	万个	36.0
社会服务机构	万个	41.7
基金会	个	6 632
2. 自治组织		
村委会	万个	55.2
居委会	万个	10.7
九、社会事务		
1. 婚姻登记		
结婚登记	万对	539.7
其中：涉外及港澳台	对	22 428
离婚登记	万对	193.1
2. 殡葬服务		
火化遗体数	万具	252.4

（三）年报

年报的发布频率为每年一次，反映该年度某社会保障项目或者社会保障事业的总体发展情况。比如，民政部每年发布社会服务发展统计报告，其统计信息比统计月报和统计季报更丰富，如民政部《2017 年社会服务发展统计报告》和人力资源和社会保障发布的《2017 年度人力资源和社会保障事业发展统计公报》，受篇幅所限，上述年报未全文列示，其部分内容在本章第二节举例涉及。

（四）其他统计信息

除了国务院部委发布的月报、季报和年报，国务院新闻办公室曾在 2004 年发布《中国的社会保障状况和政策》白皮书。各省、自治区和直辖市人民政府、人力资源和社会保障部门会公布与社会保障相关统计数据。以上海市为例，2017 年度上海市人力资源社会保障相关统计数据如表 11-3 所示，可以将其与 2011 年数据进行比较，看看 6 年间上海市人力资源社会保障有何变化。

表 11-3　上海市 2017 年度人力资源社会保障相关统计数据

序号	数据项	数据指标
1	新增就业岗位数	57.9 万个
2	帮助成功创业人数	1.26 万人
3	城镇登记失业人数	22.06 万人
4	城镇登记失业率	3.90%
5	参加职业技能培训人数	106.84 万人
6	青年职业见习人数	0.76 万人
7	高技能人才占技能劳动者的比重	32.08%
8	全市职工平均工资	85 582 元/年
9	月最低工资标准	2 300 元
10	小时最低工资标准	20 元

2011 年上海市人力资源和社会保障局公布的社会保障相关统计数据如表 11-4 所示。

表 11-4　上海市 2011 年度人力资源社会保障相关统计数据

序号	数据项	数据指标	备注
1	新增就业岗位数（其中，农村富余劳动力非农就业岗位数）	64.16 万个（农村富余劳动力非农就业岗位 13.03 万个）	
2	帮助成功创业人数	1.06 万人实事项目	
3	城镇登记失业人数	27.33 万人	
4	城镇登记失业率	4.2%	
5	参加职业技能培训人数	47.63 万人	
6	青年职业见习人数	3.23 万人	
7	高技能人才占技能劳动者的比重	26.05%	
8	全市职工平均工资	51 968 元/年	
9	月最低工资标准	1 280 元	
10	小时最低工资标准	11 元	
11	劳动保障监察情况	监察检查用人单位 2.9 万户，追缴欠薪欠保金额 3.56 亿元。	
12	劳动保障仲裁情况	受理立案 5.38 万件，处理结案 5.36 万件。	

资料来源：上海人力资源和社会保障局，http://www.12333sh.gov.cn。

二、我国社会保障统计信息发布现状

（一）社会保障统计信息发布主体与内容

我国现行社会保障统计信息发布主体以国家统计局、人力资源和社会保障部、民政部为主。人力资源和社会保障部公布的统计信息以社会保险为主，民政部公布的统计信息以社会救助、社会福利和社会优抚为主。

国家统计局作为全国统计工作的主管部门，提供包括社会保障在内的全国性基本统计数据，组织全国普查，在每年年度《国民经济和社会发展统计公报》中都会公布社会保障发展状况，如《2017年国民经济和社会发展统计公报》第十章"卫生和社会服务"与第十一章"人口、人民生活和社会保障"。

统计局人口和就业统计司、人力资源和社会保障部规划财务司编写的年度《中国劳动统计年鉴》是一部全面反映中华人民共和国劳动经济情况的资料性年刊。收集全国和各省、自治区、直辖市的有关劳动统计的年度数据和主要指标，还编有历年统计数据。全书共分为14个部分：（1）综合；（2）就业与失业；（3）城镇单位就业人员和工资总额；（4）国有单位就业人员和工资总额；（5）城镇集体单位就业人员和工资总额；（6）其他单位就业人员和工资总额；（7）乡镇企业就业人员；（8）职业培训与技能鉴定；（9）劳动关系；（10）社会保障；（11）工会工作；（12）香港资料；（13）澳门资料；（14）台湾资料。书末附有国外有关资料和主要统计指标解释。

由人力资源和社会保障部编写的《中国人力资源和社会保障年鉴》从2009年首编，每年出版一部，此前为由劳动和社会保障部出版的《中国劳动和社会保障年鉴》。《中国人力资源和社会保障年鉴2016》中，全国人力资源和社会保障工作分为28个部分：就业工作、人力资源市场管理、职业能力建设、军转安置、专业技术人员管理、事业单位人事管理、公务员管理、养老保险、失业保险、医疗保险、工伤保险、生育保险、城乡居民基本养老保险、社会保险经办管理、社会保险基金监督、劳动关系、调解仲裁管理、机关事业单位工资福利离退休工作、法治建设、劳动保障监察、规划统计、人力资源和社会保障信息化建设、科学研究、窗口单位作风建设与干部教育培训和评选表彰、新闻宣传政务信息与出版、国际及港澳台地区交流合作、社团活动。地方人力资源和社会保障工作共47篇。

（二）我国社会保障统计信息发布现状

近年来，我国社会保障统计信息发布取得了很大的进步，各级政府网站的开通为社会保障统计信息公开和发布提供了良好的基础与平台，极大地促进了社会保障统计信息的公开。随着社会的不断发展，政府统计相关法规及政策的不断完善，对社会保障统计信息发布的要求不断提高，相较于此，我国社会保障统计信息发布尚需不断努力，克服不足：一是发布信息内容有限，比如上海的年度人力资源社会保障相关统计数据过于简略；二是发布信息时间滞后，年度的社会保障统计信息一般要到第二年下半年才公布；三是缺乏统一的社会保障指标体系，指标体系不够全面、科学、稳定；四是社会保障统计城乡发展水平不均，和农村有关的社会保障统计指标较难获得甚至根本没有建立；五是社会保障统计指标的预警功能不强。

(三) 构建和完善我国社会保障统计指标体系

我国尚未构建起国际通用的社会保障统计指标体系，社会保障统计信息难以进行对比，影响社会保障的国际比较研究，亟须构建和完善我国社会保障统计指标体，未来的中国社会保障统计势必成为一个独立的统计大类。

南京财经大学林治芬教授主持完成的国家社科基金项目《社会保障统计指标体系研究》对如何构建和完善我国社会保障统计指标体系进行了深入研究①。成果提出中国社会保障统计应包括 10 类内容，涵盖五大部门，实行国家统计局的综合统计与民政、人社、住建、卫生、财政五部门的分项统计相结合，以描述反映、监控管理、理论研究、绩效评价四大功能需求的复合为逻辑主线，以制度覆盖、待遇水平、负担程度、财务可持续、政府贡献比、公众满意度为核心，设计了包括 29 个核心指标和 39 个基础指标在内的四重社会保障统计指标体系。

📖 本章小结

> 1. 社会保障基金统计具有数量性、总体性、具体性和工具性四个特点；社会保障基金统计具备描述功能、评估功能、监督功能和预测功能四大功能。社会保障统计指标包括数量指标和质量指标、人数指标与费用指标、时点指标与时期指标。
>
> 2. 社会保障基金统计内容包括社会救助统计指标体系、社会保险统计指标体系、社会福利统计指标体系和社会优抚统计指标体系。
>
> 3. 根据统计信息的发布频率，我国社会保障统计信息可以分为月报、季报、年报和其他统计信息。我国现行社会保障统计信息发布主体以国家统计局、人力资源和社会保障部、民政部为主。当前，我国社会保障统计信息发布尚存在诸多不足，需要构建和完善我国社会保障统计指标体系。

✅ 关键概念

社会保障基金统计　指标体系

🖋 复习思考题

1. 社会保障基金统计与社会保障基金会计报表是何关系？
2. 社会保障基金统计有何特点？具备什么功能？
3. 简述社会保障统计指标体系的构成。

---

① 高远. 构建中国社会保障统计指标体系. 光明日报，2011 年 3 月 2 日。

4. 我国社会保障统计信息有哪些类型？如何获取？

案例 11-1

工伤康复费用，谁的数据正确

审计称深圳市 2006 年工伤康复费只支出 8 000 元，社保局称支出了近 2 000 万元。深圳社保局称，审计局统计错了。

"2006 年共偿付工伤医疗费 1.45 亿元，工伤康复费用支出近 2 000 万元，而不是报告中说的 8 000 元。"2006 年深圳审计报告中称，工伤康复费支出只有 0.8 万元（见本报 2007 年 7 月 23 日 A05 版报道），对此，昨日深圳市社保基金管理局负责人解释说，其原因在于"社保部门一直将医院发生的工伤康复费用纳入到工伤医疗费用支出的项目中，以致统计发生偏差"。

"实际上，凡约定医院提出工伤员工需进行康复治疗的，社保部门审核后会 100％给予康复治疗，所发生的费用均给予报销。"有关负责人强调，针对深圳市工伤康复工作基础较薄弱的现状，今后将完善工伤预防、补偿和康复并重的工伤保险体系，选择 4—5 家具备工伤康复条件的约定医院作为基本康复机构。

事件回放：康复费一年仅支出 8 000 元？

近日，深圳市审计局领导在审计报告中指出，2006 年工伤保险基金的收入为 7.64 亿元，工伤康复费支出上限为 1.02 亿元，工伤认定数为 6.21 万宗，但工伤康复费实际支出只有 0.8 万元，远远低于按规定可以使用的限额。

该领导认为，由于深圳市目前缺乏工伤康复专门机构，工伤康复工作基础薄弱，才导致工伤保险基金工伤康复费支出严重不足。审计结果还显示，2005 年工伤保险基金的收入为 6.62 亿元，工伤认定数为 6.82 万宗，但工伤康复费实际支出也只有 2.23 万元。

部门答疑：工伤康复费算到治疗费里了

市社保基金管理局工伤处处长许锐城告诉记者，深圳工伤保险一直走在全国前列：2006 年参保人数为 705 万人，位居全国第一。其中，完成工伤认定数同比下降 0.3％；征缴保费 7.64 亿元，认定工伤 6.21 万宗，共偿付工伤医疗费 1.45 亿元，工伤康复费用支出近 2 000 万元。

"之所以工伤康复费支出比较低，是因为以前在统计时，往往把康复费算入治疗费中，没有独立核算。比如一些受了工伤的劳务工，在拿着工伤医疗费治好病后，转到省工伤康复中心做康复，这些费用以前都算在治疗费里面。"许锐城解释说。

记者获悉，凡深圳约定医院提出工伤员工需进行康复治疗的，社保部门审核后，均 100％给予康复治疗，所发生的费用给予全部报销。而在工伤康复员工中，"很多人是在医院的治疗中进行同步康复，确实有需要的，会转到广东省康复中心进行治疗"。据统计，2006 年从深圳转到省康复中心的工伤员工有 48 人，支付的工伤康复费用为 220 多万元。

作为国内首家专业工伤康复专科医院，省工伤康复中心主任唐丹表示，成立 5 年多来，中心共为 4 000 多名工伤职工进行了康复治疗，其中，从深圳转诊到中心进行康复治疗的人数"每年都有几十人，累计已超过 200 多人"。

存在问题：员工以为要花钱不敢去

虽然深圳在工伤预防上的工作做得不错，但唐丹认为，目前广东包括深圳的工伤康复工作，"仍处在一个起步的阶段"。

首先，"全省的工伤康复基础设施建设不到位"。由于政策等方面的原因，目前广东能提供专业规范的工伤康复治疗机构数量非常少，在深圳还没有专门的工伤康复机构。而在工伤康复方面的专业技术人才数量也极其匮乏，因此，在工伤康复的基础上较为薄弱，导致供工伤职工康复的场所有限。

此外，参保企业及员工对工伤康复方面的认识也不到位。工伤康复无须个人付费，凡参加广东省社会工伤保险并保留社会工伤保险关系的职工，医疗终结后被评定为因工伤致残或旧伤（病）复发，经鉴定确认具有康复价值时，均可作为康复对象接受康复治疗，其介入康复之日起所发生的工伤医疗费用由工伤保险基金支付。但记者在随机调查中发现，绝大部分员工只知道工伤后可以得到补偿，对工伤康复几乎都表示"没听说过"，或认为"要花钱，不敢去"。

资料来源：薛亮. 深圳社保局：审计局统计错了［N］. 南方日报，2007 年 7 月 25 日。

案例 11-2

郑州统计称超九成用人单位社保缴纳存在违法现象

近日，河南省郑州市社保稽查部门公布的一组统计数据显示，郑州市有超过九成的用人单位在缴纳社保时有违法违规现象。

记者从郑州市社保稽查大队了解到，2011 年郑州市本级全年稽查情况中，共查出各险种应保未保 117 743 人，少报缴费工资基数 217 315.07 万元，少缴社会保险费 17 582.19 万元。稽查大队就 2011 年 11 月和 12 月稽查情况做了一个数据统计，11 月到 12 月份共稽查用人单位 121 家，其中，存在违反社会保险法律法规问题的用人单位 111 家，违反社保法律法规的用人单位比例高达 92%。

劳动者参与社会保险是法律硬性规定，根据《社会保险法》规定，用人单位应当自用工之日起 30 日内为职工向社会保险经办机构申请办理社会保险登记。

郑州市 2011 年全年稽查统计情况表明，用人单位社保违法违规行为主要表现在少报漏报应参保人员，不如实足额申报参保人员缴费工资基数、少缴社会保险费两方面。

郑州市社保稽查大队相关负责人解释，用人单位对于少报漏报应保人员给出的理由以职工是"临时工"的较为普遍，占用人单位总数的 46%。对此，稽查大队工作人员表示，不管是临时工还是进城务工人员，都应参保。用人单位也不能因职工拒绝参保而不予办理。

从 2011 年郑州市本级受理群众举报投诉涉及的险种情况来看，养老保险仍是劳动者关心关注的重点，医疗保险、失业保险也越来越受到劳动者的关注。2011 年 11—12 月份的统计数据显示，养老保险占举报投诉总数的 56%；医疗保险占举报投诉总数的 20%；失业保险占举报投诉总数的 17%。

针对此类社保违规问题，郑州市社保稽查大队副大队长付锁良表示，下一步将尽可能提供多种途径受理职工投诉，有微博的市民可以通过微博进行预约。稽查工作人员将在约定时间与市民见面，提供举报投诉受理或政策咨询服务。

资料来源：王汉超. 郑州统计称超九成用人单位社保缴纳存在违法现象［N］. 人民日报，2012 年 3 月 30 日。

第十二章　社会保险基金精算管理

本章学习目标

1. 掌握社会保险基金精算的作用
2. 了解社会保险基金精算的基本原理
3. 熟悉养老保险基金的各项社会保险基金精算方法
4. 了解其他费率厘定
5. 认识社会保险基金精算报告编制的意义和内容

第一节　社会保险基金精算概述

一、社会保险基金精算的含义

(一) 精算的含义

精算是以概率论和数理统计为基础，综合运用人口学、社会学和经济学等相关学科的知识，对风险事件进行评价，对各种财务保障方案未来的收支和财务状况进行评估，以使各类财务保障方案能够稳定运行的数量工具。精算学在 17 世纪末期成为一门正式的数学学科，最早应用在保险领域，保险精算已成为保险公司经营的基础和前提。传统的精算重点在分析死亡率，制作生命表和应用利息理论。现在精算也用到与财务有关的高等数学模型。从事精算的专业人员称为精算师。

(二) 社会保险基金精算的含义

社会保险精算，是对各种社会保险计划的风险状况、损失规律、成本及债务水平、长短期财务状况和偿付能力等进行分析，以保证整个社会保险制度能够稳定、正常运行的数量分析方法。

(三) 社会保险精算与商业保险精算的区别

商业保险精算的目标是预测风险程度、规划保费标准、保证公司盈利；而社会保险精算在追求规避风险的基础上，有维系社会财富再分配的公平和社会稳定的更大目标。基于此，商业保险精算一般是为设计保险产品而进行的基础工作，因而往往限于特定区域、特定项目；社会保险精算要求的范围更大，人群覆盖的普及性更强。

社会保险精算较商业保险精算更为复杂。因为社会保险精算要在全社会范围内对人口与社会经济状况的变化等宏观因素进行计算与预测，而且社会保险精算经常受到政策和其他一些人为因素的影响，精算结果有更多的不确定性。社会保险精算中的许多条件与假定比商业保险精算更为宽松，精算方法的选择和应用也与商业保险精算存在差异。

二、社会保险基金精算的作用

在社会保障领域，需要对人们面临的老年、疾病、失业、伤残、生育、贫困等使经济生活失去保障的风险进行评价，对社会保障的成本、债务、长期财务收支变动作出估计和预警，保证社会保障制度的财务稳定性。社会保险基金精算是社会保险制度稳定运行和健康发展的重要技术保证。社会保险精算在社会保险基金管理中的重要作用主要体现在两方面：一是确定基金缴费费率；二是分析基金偿付能力。

（一）确定基金缴费费率

社会保险基金的筹集是开展社会保险基金管理各项工作的基础。不管采用何种基金筹集模式，都必须在建立社会保险制度之初重视并且做好精算工作，估计基金筹集成本，分析影响因素，确定合理的筹资比例。不管社会保险基金的来源是个人缴费、企业缴费还是政府财政，都必须在事前对基金所需规模和筹资比例作出较为准确的估计，利用一定的精算方法和模型。通过精算评估各类社会保险计划的风险成本及其变动范围，将上述风险成本和相应的管理费用分摊给每个计划参加者，就可以确定社会保险基金相应的筹资比例，即缴费费率。

（二）分析基金偿付能力

社会保险基金应当具备与其承诺的给付水平相一致的偿付能力。偿付能力要求评估时点的资产不低于负债，也要求评估时期内有足够的资金满足当期支出的要求。前者是对资产和负债存量的要求，如果基金的总资产大于总负债，则社会保险基金是具有偿付能力的；反之，则偿付能力不足。后者是对资金流量的要求，因为社会保险基金的支付大都采用现金支付的方式，因此，资金的流动性很重要。如果社会保险基金的准备金无法及时变现以满足支付需要，即便资产大于负债，也会严重影响基金的可持续发展。为此，应当估计各种风险条件下基金的成本和债务，确保基金运行的平衡和具有长期的偿付能力。科学地估计基金未来的收支情况和近期与远期的偿付能力，确保基金运行的平衡，包括三五年内的短期平衡和十年以上，甚至三十年以上的长期平衡。

三、社会保险基金精算的基本原理

（一）基金缴费费率确定的基本原理

首先，对面临同样风险的个体进行大量观察，找出风险事故发生的规律。虽然对每一个参保人而言，何时生病、生病的种类、医疗费用支出的多少、何时会失业、何时会发生工伤、何时会死亡等都很难准确预测，但是基于数理统计上的大数原则，通过对面临同样风险的大量个体进行观察，可以发现风险事故发生的规律。其次，对风险事故发生的概率和平均损失程度进行较准确的估计，在此基础上估计出各类社会保险计划的风险成本及其变动范围。第三，依据收支平衡原则，将上述风险成本和相应的管理费用分摊给每个计划参加者，就可以确定社会保险基金相应的筹资比例，即缴费费率。

收支平衡原则要求在一定的期限内，社会保险基金筹集到的资金与需要支付的各项开支要维持平衡。在现收现付制基金筹集模式下，遵循横向平衡，即当年提取的基金总额与所需支付的各项开支总和保持平衡；在完全积累模式下，遵循纵向平衡，即每个社会保险计划参保人在整个缴费期间所提取的基金总和加上基金投资收益应与其所有的保险金给付保持平衡。

（二）基金偿付能力分析的基本原理

通过风险量化分析评估，测算社会保险基金的债务与资产总额，进而评价是否具有偿付能力。社会保险基金精算债务的确定有两种方法，一种是计算现值，一种是计算终值。计算现值的方法是选择评估期的期初，社会保险基金精算债务等于未来保险金给付的精算现值与未来缴费的精算现值之差；计算终值的方法是选择评估期的期末，社会保险基金精算债务等于评估期缴费的精算终值与评估期所有给付的精算终值之差。

第二节　社会保险基金费率厘定

一、养老保险基金的费率厘定

（一）现收现付制下养老保险缴费费率

现收现付制养老保险基金收支平衡模型可以表示为

$$当期养老保险缴费收入＝当期养老金发放支出 \tag{12-1}$$

假定养老保险缴费按照职工工资的一定比例缴纳，该比例即缴费率；则当期养老保险缴费收入与当期养老金发放支出分别为

$$当期养老保险缴费收入＝缴费率×在职职工平均工资×缴费职工人数 \tag{12-2}$$

$$当期养老金发放支出＝退休职工人数×平均养老金 \tag{12-3}$$

将（12-2）与（12-3）代入（12-1），可以得到：

$$缴费率＝\frac{平均养老金}{在职职工平均工资}×\frac{退休职工人数}{缴费职工人数} \tag{12-4}$$

平均养老金与在职职工平均工资之比称为平均替代率，退休职工人数与缴费职工人数之比定义为抚养比，缴费率可以表示为

$$缴费率＝平均替代率×抚养比 \tag{12-5}$$

式（12-5）说明，在现收现付制养老保险模式下，缴费率取决于替代率和抚养比。替代率越高，缴费率越高；抚养比越高，缴费率越高。上述文字表达式可以用数学模型表达为

$$C = \frac{Q}{W} \times \frac{\sum_{b}^{d-1} x_t}{\sum_{a}^{b-1} x_t} \tag{12-6}$$

式（12-6）中：

C 为缴费率；

Q 为退休职工平均养老金；

W 为在职职工平均工资；

x_t 表示当年满 t 岁职工的人数；

a 表示就业年龄；

b 表示退休年龄；

d 表示死亡年龄；

$\sum_{b}^{d-1} x_t$ 表示退休职工人数；

$\sum_{a}^{b-1} x_t$ 表示在职职工人数；

（二）完全积累制下养老保险缴费费率

假定管理费不包括在养老保险基金的支出费用中，也不考虑支付期间养老金支付标准的调整，完全积累制养老保险基金收支平衡模型可以表示为

$$提取的基金总额＋积累期间的投资收益－养老金给付数额 \tag{12-7}$$

假定：m 为投保人的投保年限或工作年限；

　　　n 为投保人退休后养老金的支付年限；

　　　W 为投保人开始工作的年工资总额；

　　　Q 为投保人开始年度的养老金给付额；

　　　C 为投保期间不变的养老保险费提取率，即缴费率；

　　　k 为投保人工资的年平均增长率；

　　　i 为已提取基金的年平均增值率；

　　　M 为投保人退休时积累的基金总额；

基金的提取过程如下：

第一年，投保人缴纳的基本保费为 WC，该年提取的基金到退休时的数额增额为 $WC(1+i)^{m-1}$；

第二年，考虑工资的变动情况，投保人缴纳的基本保费为 $W(1+k)C$，该年提取的基金到退休时的数额增额为 $W(1+k)C(1+i)^{m-2}$；

第三年，该年提取的基金到退休时的数额增额为 $W(1+k)^2 C(1+i)^{m-3}$；

......

第 $m-1$ 年，即退休前一年，基金到退休时的数额为 $W(1+k)^{m-2}C(1+i)^1$；

第 m 年，当年提取的基金到退休时的数额为 $W(1+k)^{m-1}C(1+i)^0$；

把历年提取的基金加总，投保人退休时积累的基金总额为

$$M = WC(1+i)^{m-1} + W(1+k)C(1+i)^{m-2} + W(1+k)^2 C(1+i)^{m-3}$$
$$+ \cdots + W(1+k)^{m-2}C(1+i) + W(1+k)^{m-1}C(1+i)^0$$
$$= WC\left[\frac{(1+i)^m - (1+k)^m}{(i-k)}\right] \tag{12-8}$$

在考虑养老金的支付时，由于 90% 以上的国家采用年金给付制，同样存在剩余基金增值的问题。假定年末给付养老金。

退休后第一年存留的基金为 $M(1+i)-Q$；为简化计算，记为 V_1。即有：

$$V_1 = M(1+i) - Q \tag{12-9}$$

退休后第二年存留的基金：

$$V_2 = V_1(1+i) - Q \tag{12-10}$$

退休后第三年存留的基金：

$$V_3 = V_2(1+i) - Q \tag{12-11}$$

......

退休后第 $n-1$ 年存留的基金：

$$V_{n-1} = V_{n-2}(1+i) - Q \tag{12-12}$$

退休后第 n 年存留的基金：

$$V_n = V_{n-1}(1+i) - Q \tag{12-13}$$

将上式代入后整理得到退休后第 n 年存留的基金：

$$V_n = M(1+i)^n - Q\left\{\frac{(1+i)^n - 1}{i}\right\} \tag{12-14}$$

投保人在领取 n 年养老金死亡时，$V_n = 0$。故：

$$Q = \frac{M(1+i)^n \times i}{(1+i)^n - 1} \tag{12-15}$$

将式（12-8）代入式（12-15），得到缴费率：

$$C = \left[\frac{Q}{W(1+i)^n}\right] \times \left[\frac{(i-k)}{(1+i)^m - (1+k)^m}\right] \times \left[\frac{(1+i)^n - 1}{i}\right] \tag{12-16}$$

在完全积累模式下，缴费率取决于参保年限、领取期限、替代率、工资年平均增长

率、基金的年平均增值率等因素。

例：假定某职工 20 岁参加工作，60 岁退休。退休时按照最后工资的 60% 发放退休金。年平均工资增长为 6%，基金的年平均增值率为 8%，假定他活到 80 岁去世。在完全积累制下养老保险费率应该是多少？

由题目已知：$m = 60 - 20 = 40, n = 80 - 60 = 20, k = 6\%, i = 8\%$；

养老金 $Q = 0.6W(1+k)^{m-1} = 0.6W(1+0.06)^{39}$

根据式（12-16）有：$C = 0.10$，即养老保险费率为该职工同期工资的 10%。

二、医疗保险基金费率厘定

医疗保险基金的收入主要包括两部分：一是职工和用人单位缴纳的医疗保险费及其投资收益，二是国家的财政补贴，即国家对各类医疗机构的直接或间接投入。

医疗保险基金的支出有三部分：一是医药补偿费 c，这是补偿被保险人因疾病而发生的医疗费用；二是管理费用；三是风险储备金。管理费用和风险储备金通常按照医疗保险费的一定比例提取，提取比例分别为 r_1 和 r_2。医疗保费用 p 表示。根据 $p = C + pr_1 + pr_2$，可以得到：$p = \dfrac{C}{1-(r_1+r_2)}$。

若职工工资为 w，则医疗保险缴费率 $p' = \dfrac{p}{w} = \dfrac{\dfrac{C}{w}}{1-(r_1+r_2)}$。

三、失业保险基金费率厘定

失业保险基金的收入来自单位与职工缴费、财政补贴和基金利息，以单位和职工缴费为主；失业保险基金的支出以失业保险金为主。影响失业保险金支出金额的主要是失业率，还受到失业保险金平均支付额与平均支付时间的影响。

失业保险基金支出额＝参保人数×失业率×失业保险金平均支付额×平均支付时间

失业保险基金收支平衡情况下，缴费率为

$$缴费率 = \frac{失业保险基金支出额}{参保人数×职工平均工资}$$

$$失业保险缴费率 = \frac{失业率×失业保险金平均支付额×平均支付时间}{职工平均工资}$$

四、工伤保险基金费率厘定

工伤保险基金支出包括三部分：一是医疗给付支出，涵盖医疗费用支出和医疗期间生活补贴支出；二是一次性伤残给付支出和死亡给付；三是定期伤残年金给付支出。

医疗费用支出＝参保人数×工伤事故发生概率×工伤者平均医疗费用

医疗期间生活补贴支出＝参保人数×工伤事故发生概率×工伤者平均津贴给付额

一次性伤残（死亡）给付支出＝参保人数×工伤事故发生概率
×伤残（死亡）给付标准

定期伤残年金给付支出＝领取者人数×定期伤残年金给付水平

工伤保险缴费率＝

$$\frac{医疗给付支出＋一次性伤残（死亡）给付支出＋定期伤残年金给付支出}{参保人数×职工平均工资}$$

五、生育保险基金费率厘定

生育保险基金的支出有两部分：一是生育所需的医疗费用，二是生育补贴。

生育医疗费用＝育龄女职工人数×生育率×平均生育医疗费用

生育补贴＝育龄女职工人数×生育率×补贴平均月数×补贴平均金额

生育保险缴费率＝$\dfrac{生育医疗费用＋生育补贴}{参保人数×职工平均工资}$

第三节　社会保险基金精算报告

一、社会保险基金精算报告的编制

（一）社会保险基金精算报告的编制意义

精算报告是精算师在对各类财务保障计划进行精算分析后，表达其专业结论和建议的书面文件。编制社会保险精算报告的意义在于客观分析社会保险制度未来的偿付能力、确保社会保险制度可持续、向公众提供可靠信息。利用各种精算技术对社会保险基金的财务状况和偿付能力分析，是社会保险基金管理中的一项重要工作，也是关系广大人民群众切身利益的一件大事。社会保险基金监管机构或政府主管部门往往要求其直属的精算机构，或委托其他独立的精算师事务所进行定期的精算分析，然后出具精算报告并借助媒体向社会公开。精算报告能在一定程度上满足广大民众和部分大众媒体要求了解社会保险基金管理信息和基本精算状态的普遍愿望。

（二）社会保险基金精算报告的编制内容

社会保险基金精算报告的编制内容包括任务范围、预期目的、数据信息的可靠性、限制条件、基金计划简介、计算和分析结果、精算方法、精算假定、结论和建议、精算标准和精算师的职业资格。

（三）编制社会保险基金精算报告的注意事项

编制社会保险基金精算报告时需要注意以下四个方面：一是情况变化对报告的影响；

二是报告的使用者；三是偏离标准的情况；四是精算师的职责和法律责任。

二、我国社会保险基金精算报告的编制现状

我国社会保险基金管理的任务是做好社会保险基金筹资水平的精算，努力实现收支平衡的目标；做实个人账户，逐步实现社会保险基金的筹资模式由现收现付制向基金积累制的过渡。

经过几十年的发展，国外社会保障精算的应用已经较为广泛，而我国的社保精算制度仍处于起步阶段。国外许多发达国家都通过精算来监测社会保险制度的运行情况，对基金收支及变化趋势进行长期预测，及时发现社会保险制度运行中存在的问题，并为调整政策和基金收支精准定位，从而有效避免社保基金的支付危机。相对许多发达国家庞大的精算制度体系，我国一些重要的法定政策参数不仅没有精算支撑，也未经国家立法机构审议通过，更没有向社会公示。我国社会保险管理中的所有政策参数，包括缴费年限、缴费率、领取养老金年龄、预期寿命、余命和替代率水平等，均无精算平衡的支撑，各地政策实施时存在缴费基数不实和碎片化现象。随着社保制度规范化、科学化水平的提高，建立并实施社会保险精算制度势所必然。

我国人口老龄化高峰期快速到来，以养老保险为重点的社保基金长期平衡压力加大是客观现实，中央提出社会保险"坚持精算平衡，完善筹资机制，分清政府、企业、个人等的责任"。党的十八届三中全会确定了社会保险制度改革的一系列重大理论，其中包括"坚持精算平衡原则"。因此，精算报告制度是对国家社保制度财务进行预测分析的基本工具，是国家社保治理体系中的重要组成部分。应尽快启动社会保险精算报告制度的建设，从养老金精算报告编制开始，逐步编制医疗保险及其他社会保险的精算报告。定期发布养老金精算报告，是监测养老保险基金运行风险的基本方法。

由中国社会科学院世界社保研究中心撰写的《中国养老金精算报告2018—2022》于2018年1月正式发布。该报告是我国研究机构编制并公开出版的第一部社保精算报告，对城镇企业职工基本养老保险制度的覆盖面和财务状况做了预测，包括全国和各省的测算结果，报告周期为5年。本次发布的我国基本养老保险精算报告，旨在为国家决策部门、学术研究机构和社会公众提供关于对未来若干年我国基本养老保险财务形势的预判分析。

精算揭示的是大范围、长周期规律，如果分析框架合理，一般而言，长期趋势预测较准，短期预测则偏离较大。所以，阅读精算报告不应只看具体结论，而应把重点放在报告提示的系统性风险的要害和防控方向上。精算是高度专业化的技术服务，服务对象主体主要定位于相关决策者，但是由于社会保险与公众相关，又是政府强制施行的制度，因而也有必要向社会发布精算报告，使公众了解制度的稳定性和可持续性状况。

我国应该根据具体国情，通过建立省级社会保险基金年度精算报告制度，定期预测基金的支撑能力并做好预警，未雨绸缪，安排好资金，保证基本养老金的按时足额发放和其他各项社会保险基金的平稳运行。同时，应结合制度运行现状，对未来10年的基金收支进行中期预测；在研究人口和宏观经济走势的基础上，对未来50年的基金收支进行长期精算预测；在分析预测结果的基础上，提出精算评估结论和保持制度平稳运行的政策措施。

　　建立我国社会保险基金的精算监督需要建立和完善精算报告制度，培养社会保险的精算人才，加强有关精算监督方面的法律和法规建设。

📖 本章小结

　　1. 社会保险精算是对各种社会保险计划的风险状况、损失规律、成本及债务水平、长短期财务状况和偿付能力等进行分析，以保证整个社会保险制度能够稳定、正常运行的数量分析方法。社会保险精算在社会保险基金管理中的重要作用主要体现在两方面：一是确定基金缴费费率；二是分析基金偿付能力。

　　2. 在现收现付制养老保险模式下，缴费率取决于替代率和抚养比。替代率越高，缴费率越高；抚养比越高，缴费率越高。

　　3. 在完全积累模式下，缴费率取决于参保年限、领取期限、替代率、工资年平均增长率、基金的年平均增值率等因素。

　　4. 医疗保险基金、工伤保险基金、失业保险基金缴费率的厘定原理。

　　5. 社会保险基金精算报告的编制意义、编制内容和注意事项。

☑ 关键概念

　　精算　社会保险基金精算　精算报告

🖋 复习思考题

　　1. 社会保险基金精算在社会保险基金管理中发挥什么作用？

　　2. 简述社会保险基金的偿付能力的含义。

　　3. 现收现付制下，养老保险基金缴费率取决于哪些因素？

　　4. 完全积累制下，养老保险基金缴费率取决于哪些因素？

案例 13-1

我国建立长期护理社会保险制度时机尚不成熟

　　在前不久卫生部医改办召开的长期护理保险研讨会上，有专家指出，建立长期护理社会保险迫在眉睫。笔者却认为，护理保险虽然是一种具备社会保障功能的保险产品，但现阶段我国建立长期护理社会保险制度的时机并不成熟，应当鼓励商业保险公司积极发展长期护理保险，将长期护理保险纳入企业员工福利制度之中。

　　2011 年我国第六次人口普查结果显示，截至 2010 年年底，我国 60 岁以上老年人口已经达到 1.78 亿，占总人口的 13.3%。有专家测算，中国到 2040 年或 2050 年将有接近四亿老人，届时，中国不仅 GDP 超过美国，老年人口也将超过英国、法国、德国、意大利和日本现有总人口之和。

随着我国人口老龄化进程的不断加快，老年风险也将愈发严重。老年风险涵盖收入风险、疾病风险和失能风险，分别需要养老保险、医疗保险和长期护理保险三种不同机制予以化解。《2010年度中国老龄事业发展统计公报》显示，截至2010年年底，城乡部分失能和完全失能老年人约3 300万，占总体老年人口的19.0%，到2015年，部分失能和完全失能老年人将达4 000万人。失能老人的增加，一方面带来的是老有所养、体面养老的问题，另一方面带来了所谓的"赖床"现象。

长期护理保险在发达国家早已有之，按照照护对象不同分老年长期护理保险和残障长期护理保险。老年长期护理保险制度在分散和转移国家基本养老保险面临的压力与风险，稳定劳动关系，提高企业退休人员生活水平，促进金融服务业发展和资本市场发育成熟等方面都将发挥重要作用。目前，老年护理保险主要有两种模式：一是以德国、日本为代表，将护理保险纳入社会保障体系；二是以美国为代表，由商业保险公司开发老年护理保险产品。

早在2007年1月，《中共中央国务院关于全面加强人口和计划生育工作统筹解决人口问题的决定》就明确提出要"探索建立长期护理保险等社会化服务制度"。但由于制度模式定位模糊，以及运行模式和管理机制一直未有定论，加之卫生、民政、人力资源与社会保障等部门多头管理但又没有牵头部门，因而迟迟未能正式启动。

从现实情况来看，现阶段在我国发展长期照护社会保险模式尚不具备可行条件。第一，难以抉择是采取普享型还是选择性制度模式。如果全民普享，如何应对城乡居民缴费能力的巨大差距？贫困老人的服务费用应由谁承担？如何解决不同健康状况带来的不同需求？如果实行只面向城镇职工居民的长期护理社会保险，又将有悖于公平与和谐社会、全民覆盖的目标。

第二，难以拟定资金来源、缴费主体及比例。服务费用筹措是建立长期照护服务体系的关键。社会保险实行雇主、雇员双方缴费，企业、个人与政府三方负责的原则，缴费率需要建立在精算预测方案的基础上。目前，我国企业为职工"五险一金"所支付的成本已占到职工工资总额的40%以上，为职工缴纳不超过工资总额十二分之一的企业年金，如果再让企业来负担护理保险，可能会很难。

第三，很难选择是采取现收现付、基金积累抑或部分积累统账结合的基金财务模式。老年长期护理保险应是长期险种，需要进行纵向的代际收入再分配，实行基金完全积累的个人账户制或者部分积累统账结合模式，才能应对人口老龄化风险。那么，基金的统筹层次、保值增值将如何安排？基金缴费率的测定和保障水平的确定是主要难点。

第四，难以确定长期护理社会保险的受益资格和发放条件。是参照养老保险以60岁为法定发放年龄，还是以参保者对护理的需求划分？如果根据护理需求划分，评定标准又是什么？如果只为体弱者、失能者提供护理费用补偿，健康群体的待遇如何计发？这同样要充分考虑兼顾公平和效率的关系。

第五，难以处理牵头单位、主管部门等管理机构与运行体制方面的问题。如果由卫生部门负责制度建设，不可能有足够的人力处理缴费率、投资渠道、基金入市、保值增值等问题，当医疗服务和长期照料服务出现界定不清时，长期护理保险的给付应该怎样操作？当老年护理需求大收费高时，会导致卫生行政资源的膨胀、医疗救治资源的浪费。如果长期护理社会保险由人社部门主导，不利于根据对护理的需求等级在待遇给付上进行划分。

综合以上种种原因，笔者认为，应当分阶段、分步骤地发展老年长期护理保险制度。在现阶段，应先将老年长期护理保险作为员工福利计划，参照企业年金模式纳入企业补充养老保障体系，享受国家税收优惠政策。由雇主、雇员共同缴费，均享受税收优惠政策，再用缴费形成的基金购买商业长期护理保险产品。在第二阶段，将老年长期护理保险制度纳入法定、有较强承受力和可持续性的社会保险制度，规定在职人员缴纳统一固定的保费，由雇主和雇员均摊，享受税收优惠政策。政府应积极鼓励寿险公司开发长期护理保险，创造一个有利的政策环境，还应制定长期护理保险法，对护理保险的范围、标准、支付办法等作出明确规定，以期长期护理保险市场的规范发展。

　　资料来源：孙洁. 我国建立长期护理社会保险制度时机尚不成熟［N］. 金融时报，2012年5月30日。

案例 13-2

深圳酝酿医保新规　缴费25年引发热议

　　与养老保险规定全国统一15年的缴费年限不同，《社会保险法》并未给出职工医保缴费的"国家规定年限"，正因为如此，各地确定的医保缴费年限不一。日前，《深圳市社会医疗保险办法（修订稿）》发布，其中第13条规定，原由养老保险基金每月代缴的退休人员退休后医保缴费改由参保人自行缴交，累计缴费年限最高达25年。一石激起千层浪，一场社会各界广泛参与的大讨论由此展开至今。

　　市民：25年缴费时间长负担重

　　过去，在深圳按月领取养老保险的退休人员不用自己缴费就能享受医保，但按照深圳最近出台的医保新规（修订稿），今后，不少退休人员还要自己掏钱交医保到一定年限，其中最长的要累计缴费满25年才能停止缴费。

　　不少市民对此提出异议，认为缴费年限太长，增加了参保人的负担。

　　农民工代表王清香说："公司的同事都不愿意缴费年限为25年，认为太高。我今年35岁，买了4年医保，要买够25年医保，得到56岁，确实比较困难。如果失业，根本缴不到25年。一般对于打工者来说，到了40岁，企业就不愿意再要你了。"

　　还有人将深圳新医保政策描述为劫贫济富："累计25年的医保，除了公务员或国企人员外，谁能保证自己从参加工作以来25年不失业，不换工作，医保中途不断开？女性还要生育，女性退休年龄也早，25年太长了，深圳的实际情况是：女性超过35岁，男性超过40岁都很难再找到工作。制定政策的人是公务员，难道就不管普通百姓的实际情况了？"

　　对于上述看法，深圳市社保局相关负责人表示，其实，过去在深圳按月领取养老保险的退休人员并非不用缴纳医保费用，而是由养老保险基金代为支出这笔费用。但是，2011年7月1日开始施行的《中华人民共和国社会保险法》明确规定，养老保险基金实行上级统筹，不允许代为医保缴费支出，因此，深圳养老保险基金不能再代缴医保费了。如果由医保基金为退休人员代缴这笔费用，则有可能"收不抵支"，全国很多地方的医保基金都面临较大压力。

　　该负责人还强调，按照权利与义务对等的原则，不设置最低缴费年限也将有失公平，因为有可能就有人在年轻的时候赌自己不生病，短时间参加医保甚至不参加医保，退休以后却可以不缴费就享受医保，占用别的参保人缴的医保基金。

　　深圳社保局：缴费年限和标准合理

　　对于将退休医保待遇和缴费年限挂钩的合法性，上述负责人强调并非深圳独创。据了解，目前国内33%的地区医保最低缴费年限是30年，包括湖南、云南、山东、青海、重庆等。70%

左右的地区缴费 25 年，包括天津、北京、江苏等。深圳市只是参考了其他城市以及医疗保险研究会的研究成果，最终确定从 15 年起逐步过渡到 25 年的政策。"这样的缴费在全国是中间水平，相对合理。"

对于设立 25 年的医疗保险缴费最低年限，一般参保人能否承受得起的疑问，该负责人算了一笔账，以农民工医保为例，按照目前的缴费标准，一名农民工参加 25 年的农民工保，25 年的总缴交费用是 3 600 元，其中，单位缴交 2 400 元，个人缴交 1 200 元；以住院医保为例，按照目前的缴费标准，一名参保人 25 年的总缴交费用约为 1 万元，其中，单位缴交约 8 000 元，个人缴交约 2 000 元；如果参保人退休后没有达到 25 年的最低缴费年限，需要继续缴费的，按照目前的缴费标准，参加住院医保的，每月的缴费约为 36 元；参加综合医保的，缴费中的 70% 进入个人账户。"应该说，这样的缴费标准，大部分参保人是有能力缴纳的。即使是 25 年都缴纳，也合理。而对于失业人员、低保人员，都会有相应的补贴办法，帮助他们参保。"

专家：改革应让利害相关人发表意见

中国社会科学院社会学研究所研究员唐钧认为，社会政策有一个基本原则，就是如果一项政策在执行中已经被公众普遍接受，没有什么突出的矛盾的话，一般不要轻易去改动，尤其是涉及广大人民群众切身利益的刚性需求。这用学术语言来表述，叫作路径依赖。而深圳的这一"动作"，显然违反了这一原则。不是说医疗保险制度没有问题，而是说在"退休人员不再个人缴费"方面本来并没有矛盾。更重要的是，老人们总算可以喘口气，不再需要记住每个月都要往外掏钱了。现在的"改革"虽然可能实际增加的费用或缴费年限并不多，但在心理上给老人增添的压力实际上是难以估量的，否则不会引发"热议"。

另外，对于深圳社保局强调的如果不这样做，医保基金可能"收不抵支"，全国很多地方的医保基金都面临较大压力的问题。唐钧表示，目前深圳的具体资料一时查不到，但就全国而言，2010 年医疗保险收入是 4 309 亿元，支出是 3 538 亿元，结余是 771 亿元，结余占当年收入的 17.89%，占当年支出的 21.79%，根本谈不上"收不抵支"。而且，即使医疗保险将来会出现"亏空"，那也可以从长计议，选择影响最小的改革方案，而不是只有"多收少付"这样的"硬着陆"。

此外，专家还表示，市民对新规的热议，恰恰说明了如此重人的政策方案在研究制订时没有充分听取利害相关人的意见，这是非常不可取的。

一些专家认为，要提高决策的科学性，先要有全面、理性的研究论证；换言之，也就是前期要有明确的指导思想，而且还需要形成广泛的社会共识。要多向社会征求意见，尤其是让直接利害相关人获得发表意见的机会。如果制定过程缺乏公开透明，可能会带来方案设计比较粗糙等种种隐患，也会因仓促试行而导致操作性差且备受诟病。

深圳市一位政协委员表示，医疗保障与老百姓息息相关，有关部门应聆听普通老百姓的声音，换位思考这一敏感的问题，充分考虑参保人的意见和建议，制订出更加科学合理、更有利于广大参保人的新制度。

资料来源：陈圣莉. 深圳酝酿医保新规，缴费 25 年引发热议 [N]. 经济参考报，2012 年 5 月 25 日。

第四篇

各类社会保障基金管理

本篇具体介绍各类社会保障基金管理，共四章：第十三章社会保险基金管理，第十四章社会救助基金管理，第十五章社会福利基金管理，第十六章其他社会保障基金管理。

第十三章　社会保险基金管理

📖 **本章学习目标**

1. 熟悉我国基本养老保险基金和基本医疗保险基金的构成与管理现状
2. 掌握我国城镇职工养老保险基金管理难点与对策
3. 了解农村社会养老保险发展历程并掌握新旧农保的区别
4. 了解我国基本医疗保险体系构成和制度基本情况
5. 认识我国失业、工伤、生育保险基金管理现状

根据《社会保险法》第六十四条，社会保险基金包括基本养老保险基金、基本医疗保险基金、工伤保险基金、失业保险基金和生育保险基金。

第一节　基本养老保险基金管理

一、三支柱养老保险体系

（一）三支柱养老保险体系的提出与内涵

1. 全球人口老龄化对养老保险体系的挑战

1864 年，法国 60 岁及以上的老年人口占总人口的比重突破 10%，成为全球最早步入老龄化社会的国家。西欧、北欧国家紧随其后相继步入老龄化社会。到 20 世纪 60—70 年代，几乎所有的发达国家都进入老龄化社会，人口老龄化问题开始引起国际社会的普遍关注。

根据联合国《人口老龄化与发展报告 2012》，全球人口老龄化程度最高的日本，人口老龄化高达 32%；意大利、德国紧随其后，为 27%；芬兰为 26%；瑞典、希腊、保加利亚均为 25%；法国、比利时、奥地利、葡萄牙、丹麦、克罗地亚均为 24%；英国、西班牙、荷兰、瑞士、斯洛文尼亚、捷克、爱沙尼亚等国为 23%。今天，很多发展中国家，特别是新兴经济体国家也相继步入人口老龄化快车道。人口老龄化正在改变世界发展的人口基础，并挑战着传统的经济社会发展模式。

全球人口老龄化加剧势头仍在继续。根据联合国《世界人口展望（2015 年修订版）》方案预测，全球老龄化趋势难以逆转。预计到 2050 年，欧洲老龄人口将占该地区总人口的 35%。21 世纪后半叶，发达国家将进入深度老龄化稳定期，到 2100 年老年人数量达

4.42亿，老龄化程度达到34.6%。

人口老龄化直接对很多主流国家实行的养老金制度造成严峻挑战，以现收现付制为主的养老金制度面临财务平衡难以持续、国家财政负担不断加重等情况。1994年10月，世界银行在《防止老龄危机——保护老年人及促进增长的政策》报告中提出了三支柱养老金改革模式，建议通过多个模式的不同养老金支柱来应对单一制度内人口老龄化带来的问题。

2．三支柱养老保险的内涵

第一支柱：法律强制的公共养老金。

第一支柱一般是由法律强制实施的公共养老金计划，旨在给退休人员提供最基本的养老保障，同时，政府为公共养老金提供最终责任和保障。通常，公共养老金采取的是现收现付制，由当期工作人口纳税融资支付给当期的退休人口作为养老金，体现现代社会资源的代际再分配。

第二支柱：企业和个人共同缴费的职业养老金计划。

由企业和个人共同缴费的职业养老金计划构成养老保险体系的第二支柱，在有些国家，已经成为养老金体系的主体。职业养老金计划包括待遇确定型（DB）和缴费确定型（DC）两种不同模式，通常采取的是DC制，即由个人缴费和企业匹配进入个人账户成为养老金来源的主体，加上多年的累计投资收益最终成为给付的基础，体现精算平衡原理，能够有效地应对公共养老金不足和人口老龄化的加剧，并且目前职业养老金计划也越来越多地从DB模式转为DC模式。该计划在美国等国家是自愿实施的，政府给予税收优惠和政策引导，也有部分国家实施强制性的职业养老金计划。

第三支柱：个人养老储蓄计划。

第三支柱是基于个人意愿和完全积累制的个人养老储蓄计划，由个人自愿缴费，国家通常会给予税收优惠，体现个人养老责任，为老年生活提供更为丰厚的养老回报。

(二) 我国的三支柱养老保险体系

1．我国养老保险体系的第一支柱

根据《中华人民共和国国民经济和社会发展第十二个五年规划纲要》，作为养老保险体系第一支柱的公共养老保险制度包括城镇职工基本养老保险制度、城镇居民基本养老保险制度、机关和事业单位职工养老保险制度和新型农村社会养老保险制度。"十三五"规划进一步要求完善社会保险体系，完善统账结合的城镇职工基本养老保险制度，构建包括职业年金、企业年金和商业保险的多层次养老保险体系。规划中提出的"多层次养老保险体系"与世界银行倡导的"三支柱养老保险体系"异曲同工，都是通过多渠道应对人口老龄化的社会压力。

在第一支柱中，机关和事业单位职工养老保险改革刚刚起步，目前还无须缴费；城镇居民基本养老保险制度建立时间较晚，基金积累额较少。2011年年末，全国有27个省、自治区的1 902个县（市、区、旗）和4个直辖市部分区县及新疆生产建设兵团开展国家城镇居民社会养老保险试点。年末国家城镇居民社会养老保险试点地区参保人数539万人，其中，实际领取待遇人数235万人。全年城镇居民社会养老保险基金收入40亿元，

其中，个人缴费6亿元，基金支出11亿元，基金累计结存32亿元。《中华人民共和国社会保险法》第二十二条规定，省、自治区、直辖市人民政府根据实际情况，可以将城镇居民社会养老保险和新型农村社会养老保险合并实施。因此，目前我国养老保险体系的第一支柱主要由城镇职工基本养老保险和城乡居民基本养老保险构成。

2018年年末，城镇职工基本养老保险和城乡居民基本养老保险两大制度的覆盖面、基金收支情况如表13-1所示。

表13-1　我国养老保险体系第一支柱覆盖面与收支情况表（2018年）

指标		城镇职工基本养老保险制度	城乡居民基本养老保险制度	合计
覆盖面（万人）	总人数	41 902	52 392	94 294
	其中：缴费人数	30 104	36 494	66 598
	领取人数	11 798	15 898	27 696
基金收入（亿元）	总收入	51 168	3 838	55 006
基金支出（亿元）		44 645	2 906	47 551
基金年末累计结存（亿元）		50 901	7 250	58 151

数据来源：人社部，《2018年度人力资源和社会保障事业发展统计公报》。

对表13-1两大制度数据加总可知，2018年年末，全国参加基本养老保险人数为94 294万人，全年基本养老保险基金收入55 006亿元。全年基本养老保险基金支出47 551亿元。年末基本养老保险基金累计结存58 151亿元。这些数据基本可以反映我国养老保险体系第一支柱的总体情况。

从表13-1可知，虽然城乡居民基本养老保险制度的覆盖面已经超过城镇职工基本养老保险制度，总人数和领取人数都超过城镇职工基本养老保险，不过表中城镇职工基本养老保险的缴费人数与领取人数仅指参保职工和离退休人员。执行企业制度参保人数36 483万人。从基金收入与结余来看，城镇职工基本养老保险制度仍是第一支柱的主体，城乡居民基本养老保险制度的基金收支尚不到城镇职工基本养老保险制度的十分之一。

2. 我国养老保险体系的第二支柱

我国养老保险体系的第二支柱主要由职业年金和企业年金构成。"十三五"规划对养老保险第二支柱与第三支柱的建设也提出了发展要求：构建包括职业年金、企业年金和商业保险的多层次养老保险体系。2018年年末，全国有8.74万户企业建立了企业年金，比上年增长8.7%。参加职工人数为2 388万人，比上年增长2.4%。2018年年末，企业年金基金累计结存14 770亿元。

3. 我国养老保险体系的第三支柱

"十三五"规划对养老保险第三支柱的建设提出的发展要求主要体现在推出税收递延型养老保险，促进商业保险的发展，扩大覆盖面。

二、城镇职工基本养老保险基金管理

（一）我国城镇职工基本养老保险制度的发展历程

从新中国成立至今，城镇社会养老保险制度发生了巨大变化，旧的体制正在解体，新的制度正在形成和完善，根据制度特征可以分为三个阶段：传统体制阶段、社会统筹阶段和统账结合阶段。

1. 传统体制阶段（1949 年—20 世纪 80 年代中期）

在传统体制阶段，城镇职工基本养老保险制度覆盖面逐渐扩大，但仍只包括城镇劳动者；职工个人不需要缴费，经费来自企业和国家财政；在基金筹集模式上采用现收现付制；待遇普遍较高，但是由于各个企业封闭运作，缺乏互济性。

传统体制阶段的城镇职工基本养老保险制度与传统的计划经济相适应，这和当时城镇保证就业的劳动制度密切相关。在制度设计上更多地强调公平，但由于覆盖面窄，整个养老保险体系并不能充分体现公平。在单一的企业职工养老保险制度下，国家和企业包揽过多，职工的自我保障意识相当薄弱，留下非常明显的后遗症。1984 年，我国开始经济体制改革，随着城镇国有企业改革的推进，在"独立核算、自负盈亏"的新体制下，企业养老保险亟待改革。

2. 社会统筹阶段（20 世纪 80 年代中期—20 世纪 90 年代中期）

根据国企改革要求，养老保险事务从企业逐步剥离，城镇职工基本养老保险制度步入社会统筹阶段。资金来源于国家、企业和个人，其中，个人负担相当轻，不超过工资的 3％。资金筹集仍然采用现收现付制，以"以支定收、略有节余、留有部分积累"为原则。统筹层次不高，行业统筹和地方统筹并存。政府的劳动部门负责养老金的统一收缴和发放。

社会统筹的改革思路改变了企业和国家包揽养老保障的局面，在制度设计上解决了新老企业养老负担不均衡的问题，但是存在企业欠缴、拖欠保费的问题。由于统筹层次低且行业和地方条块分割，管理水平和抗风险能力薄弱，未能真正缓解企业养老压力。非国有经济基本没有纳入制度化的养老保障体系。

3. 统账结合阶段（20 世纪 90 年代中期至今）

1995 年，国务院发布《关于深化企业职工养老保险制度改革的通知》，提出在全国范围内实行社会统筹和个人账户相结合的基本养老保险制度。在 1997 年发布的《关于建立统一的企业职工养老保险制度的决定》中提出全国统一的方案，逐步实行省级统筹。但是行业统筹不利于省级统筹的实现，因此，国务院于 1998 年发布《关于实行企业职工基本养老保险省级统筹和行业统筹移交地方管理有关问题的通知》，决定将 11 个行业统筹移交地方管理。2000 年，在《关于完善城镇社会保障体制的改革方案》中提出要对社会统筹基金与个人账户基金进行分账管理，决定做实个人账户。2005 年，在《关于完善企业职工基本养老保险制度的决定》中，调整养老金计发办法，把自由职业者和个体经营者纳入企业职工基本养老保险。

（二）我国城镇职工基本养老保险基金发展现状

1. 基金收支与累计结余规模不断扩大

根据人力资源和社会保障发布的《2018 年度人力资源和社会保障事业发展统计公报》，2018 年全年，城镇职工基本养老保险基金总收入 51 168 亿元，比上年增长 18%。全年基金总支出 44 645 亿元，比上年增长 17.3%。年末城镇职工基本养老保险基金累计结存 50 901 亿元（见表 13-2）。

表 13-2　全国城镇职工基本养老保险制度覆盖面与基金收支结余情况表（2002—2018 年）

年份	参保人数（万人）			基金收支结余（亿元）		
	在职职工	退休人员	总人数	基金收入	基金支出	累计结余
2002	11 128	3 608	14 376	3 171.5	2 842.9	1 608
2003	11 646	3 860	15 506	3 680	3 122	2 207
2004	12 250	4 103	16 353	4 258	3 502	2 975
2005	13 120	4 367	17 487	5 093	4 040	4 041
2006	14 131	4 635	18 766	6 310	4 897	5 489
2007	15 183	4 954	20 137	7 834	5 965	7 391
2008	16 587	5 304	21 891	9 740	7 390	9 931
2009	17 743	5 807	23 550	11 491	8 894	12 526
2010	19 402	6 305	25 707	13 420	10 555	15 365
2011	21 565	6 826	28 391	16 895	12 765	19 497
2012	22 981	7 446	30 427	20 001	15 562	23 941
2013	24 177	8 041	32 218	22 680	18 470	28 269
2014	25 531	8 593	34 124	25 310	21 755	31 800
2015	26 219	9 142	35 361	29 341	25 813	35 345
2016	27 826	10 103	37 930	35 038	31 854	38 580
2017	29 268	11 026	40 293	43 310	38 052	43 885
2018	30 104	11 798	41 902	51 168	44 645	50 901

注释：基金收入包括征缴收入和各级财政补贴。

数据来源：人力资源和社会保障部 2008—2018 年《人力资源和社会保障事业发展统计公报》，2001—2007 年《劳动和社会保障事业发展统计公报》。

2. 养老金发放情况

根据中央提出确保养老金按时足额发放的要求，我国从 1998 年开始逐步解决拖欠养老金的问题，到 2004 年全国实现了养老金发放无拖欠。到 2006 年年底，18 个省份实现养老金无历史拖欠。现在已全部实现养老金社会化发放。2006 年全国月平均养老金水平 880.3 元，企业职工月平均工资为 1 712.9 元，替代率为 51.39%。月均养老金超过 1 000 元的有北京（1 184.5 元）、上海（1 097.3 元）、浙江（1 082 元）、广东（1 051.7 元）和西藏(1 371 元)、青海（1 101.5 元）、宁夏（1 013 元）。替代率最高的是山东（74.21％），最低的是上海（32.48％）①。大部分省市的替代率在 50％左右。

从 2005 年开始，我国已经连续 15 年上调养老金水平。2015 年之前涨幅在 10％左右，2016 年为 6.5％，2017 年为 5.5％，2018 年和 2019 年涨幅均为 5％，如图 13-1 所示。

涨幅(%)

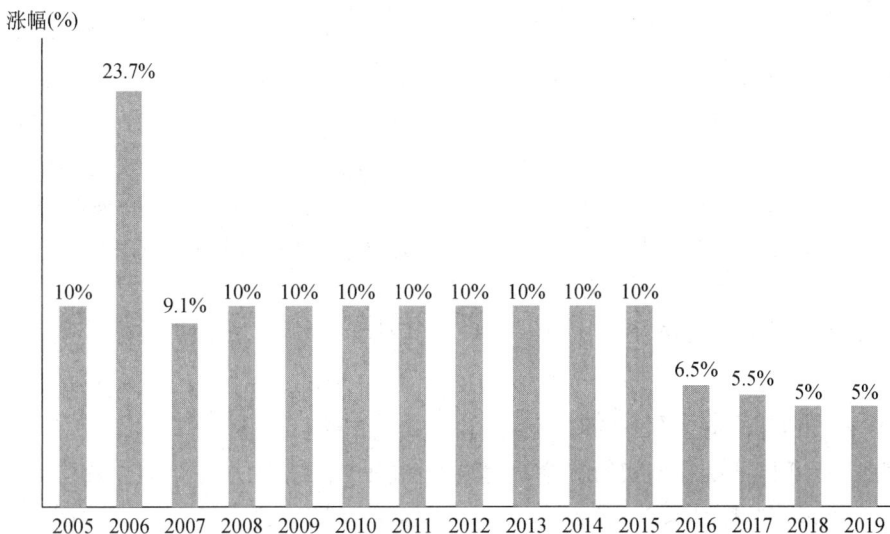

图 13-1　企业退休人员养老金涨幅（2005—2019 年）

西藏、上海、北京、深圳的平均养老金水平排在全国前列，月均养老金超过 4 000 元②。根据笔者测算，2018 年我国城镇职工月平均养老金水平为 3 153 元。

（三）我国城镇职工基本养老保险基金管理的难点与对策

1. 转轨成本与隐性债务

"转制成本"在国内相关研究文献中使用的频率很高，有以下几个不同的含义和口径：含义一，转制成本和隐性养老债务是一回事，转制成本就是隐性养老债务；含义二，转制成本是在养老体制从现收现付制向完全积累或部分积累制转轨过程中，显性化的那一部分隐性养老债务，在绝大多数情况下小于隐性养老债务；含义三，转制成本出现在养老体制从现收现付制向完全或部分积累制转轨过程中，是一个流量概念，产生于即使在部分缴费已分流到个人账户、但仍要继续向养老金领取者支付退休金而出现的收支缺口。

收支缺口源于隐性养老债务，养老保险制度转轨成本与隐性债务是两个不同但相关的概念。从制度经济学的角度，养老保险制度转轨会对既有利益分配模式造成影响甚至损害，为了减小改革阻力，就需要对可能的利益受损进行补偿，这些补偿就成为转轨成本。政府施行过渡的养老保险制度，以补偿"老人"和"中人"在制度变革中受损的部分，这

---

① 《中国劳动统计年鉴（2007）》，转引自陈工、赖伟文. 我国社会养老保险融资问题研究［M］. 中国财政经济出版社，2010 年 11 月第一版，第 119 页。

② 2018 年各城市养老金排名出炉，深圳西藏月均养老金超 4 千，新浪新闻，2018.7.22。

部分资金就可称为转轨成本。"老人"和"中人"在旧制度下积累的养老金权益的总和称为隐性债务。根据隐含协议论，在职职工的养老金权益不存在任何可见的借贷行为，是由国家的规定和强制力保证，相当于缴费职工与国家达成的隐含协议，故称之为隐性债务。由于制度转轨产生了隐性债务，所以要支付转轨成本。转轨成本是用于补偿的资金支出，是一个流量的概念；隐性债务是权益的总和，是一个存量的概念[①]。

学者采用各种模型来测定隐性债务的规模。基于不同的定义和口径，不同学者在不同的假定和不同的模型下测算出来不同时期隐性债务的规模不尽相同，甚至差异很大，从1.08万亿元[②]到18.3万亿元[③]不等。尽管隐性债务的规模测算结论存在显著差异性，但是如何有效地应对隐性债务值得深入探讨。申曙光、彭浩然（2009）[④] 提出隐性债务的解决办法，制度内的解决办法有延长退休年龄、降低养老金调整系数、综合前两者的综合方案；制度外的解决办法有扩大养老保险覆盖面、发行认可债券或国债、财政补偿、国有股减持或转持以及其他办法。由于养老保险事关民生，任何一种方法的推行都要考虑周全，不能仅仅从社会保障层面出发，还要综合分析其社会影响，方能使变革得到民众理解和支持。

2. 个人账户空账运转与做实

虽然1995年国务院提出实行社会统筹和个人账户相结合的基本养老保险制度，但是很快面临个人账户空账运转的问题。因为社会统筹部分的资金不足以支付"老人"的退休金，只好动用"新人"的个人账户资金，导致个人账户里的资金只是名义金额。个人账户成为"空账"，使得养老保险体系仍然沿用现收现付制，从根本上动摇统账结合模式的根基，降低改革信誉，蕴含巨大的资金风险。

"空账"的规模究竟有多大，也是理论界致力探究的问题。孙祁祥（2001）[⑤] 认为，1997年时"空账"规模为140亿元，1999年达到1 000亿元以上，2010年"空账"规模继续增加到1.3万亿元。《中国养老金发展报告2016》指出2015年城镇职工养老保险个人账户累计记账额，即"空账"规模达47 144亿元，而同期城镇职工养老保险基金累计结余只有35 345亿元[⑥]。

在理论上，解决了"老人"和"中人"的个人账户欠债问题，"新人"的个人账户就不会成为空账。解决空账问题需要将社会统筹资金与个人账户资金分开管理，杜绝混用、扩大资金来源，做实个人账户。2007年年末，辽宁、吉林、黑龙江、天津、山西、上海、山东、河南、湖北、湖南、新疆等11个省（自治区、直辖市）在试点做实企业职工基本养老保险个人账户，2008年起增加江苏、浙江、山东共13个省份试点做实企业职工基本养老保险个人账户，基本养老保险个人账户基金积累额增长迅速，从2007年的786亿元

---

①　陈工、赖伟文 . 我国社会养老保险融资问题研究［M］. 中国财政经济出版社，2010年11月第一版。

②　贾康、张晓云、王敏、段学仲 . 关于中国养老金隐性债务的研究［J］. 财贸经济，2007（9）。

③　数据出自《化解国家资产负债中长期风险》研究报告，《一项研究报告称到2013年中国养老金缺口将达18.3万亿元》，http://news. house365.com/gbk/njestate/system/2012/06/15/020548078.html。

④　申曙光、彭浩然 . 中国养老保险隐性债务问题研究［M］. 中山大学出版社，2009年10月第一版。

⑤　孙祁祥 . 空账与转轨成本——中国养老保险体制改革的效应分析［J］. 经济研究，2001（5）。

⑥　个人账户"空账"4.7万亿，养老金面临崩盘风险，第一财经日报，2017.4.25。

增长到 2014 年年底的 5 001 亿元，如图 13-2 所示[①]。尽管增长迅速，但离学者测算出的个人账户"空账"规模仍相去甚远。

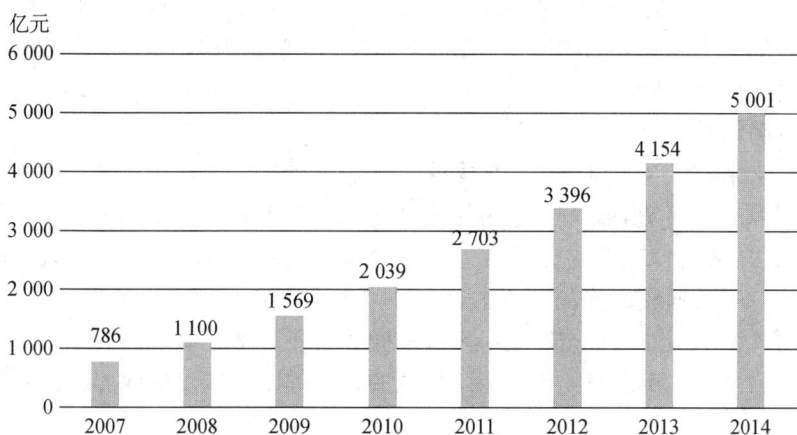

图 13-2　试点个人账户做实省份基本养老保险个人账户基金积累额（2007—2014 年）

3. 养老金面临较大支付压力

我国城镇职工基本养老保险基金面临较大的支付压力，除了前述转轨成本与隐性债务的影响、个人账户的空账运转，很重要的直接影响来自不可逆转的、持续加深的人口老龄化。

由于城镇职工基本养老保险制度是国企改革的配套措施，国企改革进程中在职职工提前退休现象十分普遍，我国实际退休年龄偏低，仅为 53 岁[②]。国务院新闻办公室 2010 年发布的《中国的人力资源状况》白皮书称，到 2035 年我国将由 2 名纳税人供养 1 名养老金领取者。在法定退休年龄规定方面，男职工年满 60 周岁，女干部年满 55 周岁，女工人年满 50 周岁，女性的退休年龄偏低而平均预期寿命长于男性，应当从适当延迟女性退休年龄着手逐步推迟我国退休年龄，有利于缓解养老金面临的支付压力。由于推迟法定退休年龄不仅影响到养老金的收支，还事关就业与社会公平，政策的调整与改革需要深入论证、达成共识。

在高通胀和城镇就业人员平均工资近年来快速增长的情况下，国家从 2005 年开始连年调高养老金水平。自 2005 年至 2019 年，我国已连续 15 年提高企业退休人员基本养老金，使企业退休人员月人均基本养老金水平从 700 多元提高到 2019 年的 3 100 元左右。随着领取基本养老金人员的数量不断增加，人口老龄化加速发展，缴费人数与领取待遇人数的抚养比不断下降，养老负担越来越重，养老保险基金收支压力不断增大。即便如此，养老金总体水平仍然偏低，以上海为例，由于人口老龄化程度全国最早、程度最深，导致上海养老金水平低于全国平均水平，2009 年三次调整后，上海平均养老金仍仅为 1 671 元，比广州低 386 元[③]。上海市 2009 年职工月平均工资为 3 566 元，平均替代率不到 50％。上

[①]　数据来源：人力资源和社会保障部.《2007—2014 年度人力资源和社会保障事业发展统计公报》，此前年度与 2015 年后的《劳动和社会保障事业发展统计公报》没有公布个人账户做实基金数据，http：//www.mohrss.gov.cn/。

[②]　人力资源和社会保障部：中国实际退休年龄 53 岁左右，近期不会调整 [N]．人民日报，2012 年 6 月 20 日。

[③]　赵飞飞．上海养老金水平低于全国，俞正声坦言不敢涨太猛 [N]．21 世纪经济报道，2011 年 1 月 19 日。

海 2010 年城镇基本养老金最低标准为 460 元，与十年前持平，仅比城镇居民生活保障最低标准多十元钱①。2018 年，上海市职工平均养老金为 3 799 元，同期上海市职工月平均工资为 7 832 元，养老金平均替代率为 48.5%，仍未达到 50%。由中央财经大学中国社保研究中心发布的《中国社会保障发展指数报告 2012》测算指出，虽然全国养老保险待遇有所提高，但替代率呈下降趋势。其中，上海市的替代率仅为 36.97%，在各省（自治区、直辖市）中排名最低。

为了应对未来养老金支付压力，国家采取了多种措施：一是建立了目前市值 2 万亿元的全国社会保障战略储备基金，未来可用来补充职工基本养老保险基金，以缓解老龄化带来的养老金支付压力；二是建立了职工基本养老保险基金投资机制，力求实现养老保险基金的保值增值；三是划拨部分国有资本，弥补"老人"和"中人"的养老保险转制成本；四是各级政府依法承担养老金按时足额发放的兜底责任，增强制度的公信力。总之，通过深化改革，多措并举，实现我国养老保险事业的持续健康发展，确保养老保险基金的平稳运行。

三、城乡居民基本养老保险基金管理

我国城乡居民基本养老保险制度的发展，从 1986 年开始农村社会养老保险制度的试点、推广、停滞，到 2009 年重建，经历了从旧农保到新农保的制度发展；2011 年，国家开始建设城镇居民基本养老保险制度，由于新农保和城居保两种制度极为类似，城居保制度的参保人数很少，有些省份在 2011 年城居保起步之初直接就将两种保险制度合二为一。2014 年 2 月 7 日召开的国务院常务会议，决定合并新型农村社会养老保险和城镇居民社会养老保险，建立全国统一的城乡居民基本养老保险制度。因此，我国城乡居民基本养老保险制度的建设，大致可以分为旧农保、新农保、城居保、城乡合并四个发展阶段。

（一）旧农保：农村社会养老保险制度的试点（1986—2008 年）

1. 旧农保制度的发展历程

（1）农村社会养老保险制度的试点时期（1986—1991 年）。

农村养老保险试点探索始于 1986 年。根据国家"七·五"计划提出的"抓紧研究建立农村社会保险制度，并根据各地经济发展情况，进行试点，逐步实行"的要求，民政部于 1986 年 10 月召开全国农村基层社会保障工作座谈会，确定进行包括农村社会养老保险试点在内的农村社会保障建设目标，并在 1991 年 8 月启动在山东的试点，同年 10 月，民政部在山东牟平召开全国农村社会养老保险试点工作会议，总结山东建立县级农村社会养老保险制度的经验。

（2）农村社会养老保险制度的推广时期（1992—1998 年）。

1992 年，民政部印发《县级农村社会养老保险基本方案（试行）》（以下简称民政部方案），在全国农村开展农村社会养老保险制度。农村养老保险由试点推向全国。1994 年，民政部成立农村社会保险司和全国农保管理中心，地方的县级农保管理机构也相应逐

---

① 《上海统计年鉴 2011》，表 21.14 主要年份社会保障标准，http://www.stats-sh.gov.cn。

步建立。

随着 1997 年东南亚金融危机的爆发，国内金融风险防控也受到重视。农村养老保险成为国务院 1997 年年底成立的 12 个金融秩序整顿小组中负责整顿保险业小组的专题之一。1998 年 6 月劳动与社会保障部成立后，农村养老保险工作划归该部门的农村社会保险司统一管理。同年 8 月，整顿保险业小组向国务院上报《对农村养老保险的不同意见》，时任国务院副总理温家宝批示："农村目前尚不具备普遍实行社会养老保险的条件，对这个问题应该十分慎重。"时任总理朱镕基批示："农村实行社会养老保险不具备条件，同意家宝同志意见，要逐步过渡到商业保险。"

（3）农村社会养老保险制度的停滞时期（1999—2008 年）。

1999 年 7 月，国务院下达《国务院批转整顿保险业工作小组〈保险业整顿与改革方案〉的通知》，决定整顿和规范农村养老保险。具体要求如下："目前我国农村尚不具备普遍实行社会保险的条件。对民政系统原来开展的'农村社会养老保险'，要进行清理整顿，停止接受新业务，区别情况，妥善处理，有条件的可以逐步将其过渡为商业保险。整顿和规范农村养老保险的具体办法，由劳动和社会保障部、民政部会同保监会等有关部门另行制定。"

根据国务院的指导精神，劳动和社会保障部此后提出三套整改方案，但都没有得到各部委和国务院的认可。1999 年 12 月拿出的第一个整顿方案的主要思路是：对不具备条件的地区进行清退等善后工作；对有条件的地区继续探索；对尚未开展的地区不再开展。但是，该方案由于没有体现国务院关于向商业保险过渡的精神而搁浅。2000 年 10 月拿出的第二个整顿方案提出了向商业保险过渡的设想，主导思路是政府定政策，市场化运作，具体经办机构与政府主管部门脱钩，或者由一家国有商业人寿保险公司接管，或者单独组建农村养老保险公司，由于有关部门未达成共识，该方案没有对外公开。2001 年拿出的第三个方案提出，有条件的地区继续完善规范农村养老保险制度，政府主管部门要转变职能，调整政策，加强监管，业务经办和基金管理运营逐步市场化，不具备条件的农村地区可视情况决定退保，各部委对该方案仍未达成一致意见。尽管劳动和社会保障部的具体整改方案未能出台，中央的"清理整顿"没有明确的配套方案，但地方政府依然遵照"清理整顿"的要求对开展的农村养老保险采取了不尽相同的处理方式。有的地区停办了业务，将农民交的保费和利息退还给农民；有的地区仅把保费一次性退还农民，利息却没有支付；大部分地区的农村社会养老保险处于进退两难的停滞状态，许多省份基层农保陷入无人管理的境地。

2002 年 11 月，中共十六大报告提出"在有条件的地方探索建立农村社会养老保险制度"，再次把农村养老保险建设提上议程，从 2004 至 2009 年的 6 个一号文件都提到农村养老保险的建设问题，农村养老保险从全国性的发展转为部分省市的试点，部分有经济条件的省市，如东莞、浙江等地进行了和民政部模式有区别的农村养老保险制度探索，如建立面向征地农民的养老保险制度。2008 年年末，有 27 个省（自治区、直辖市）的 1 201 个县市开展了被征地农民的社会保障工作，1 324 万名被征地农民被纳入基本生活或养老保障制度。

2. 旧农保制度的特点

民政部推行的农村养老保险实质上是一种储蓄积累模式，具有如下五个特点。一是以个人缴费为主。由于提出集体补助为辅、国家予以政策扶持，但在制度执行中缺乏集体补助和国家补贴，演变为完全个人缴费。二是个人账户运作。个人缴费和集体缴费均记入个人账户，按个人账户积累金额确定发放标准，没有统筹账户。三是自愿参保。缴费时间自愿，可以按月交，也可以按年交，可以补交，也可以预交，还可以停交，当遇到各种自然灾害或其他原因，个人或集体无能力交纳养老保险费，经社会养老保险管理部门批准，在规定的时间内可暂时停交保费。四是缴费金额可选。设每月 2、4、6、8、10、12、14、16、18、20 元十个缴费档次供投保人员选择，也可以趸交，该缴费标准未曾调整。五是基金县级管理。收缴的养老保险基金以县为单位统一管理。

3. 旧农保制度发展和基金收支结余情况

旧农保制度与基金发展情况如表 13-3 所示。第一，在制度覆盖面上，参保人数从 1993 年的 3 037 万人持续增长，在 1998 年时达到最多的 8 025 万人，此后由于国家整顿，参保人数趋于下降，2001 年到 2008 年间都不足 6 000 万人。第二，旧农保的领取人数持续增长，从 1993 年的 9.8 万人快速增长，2001 年突破 100 万人，2008 年年底达到 512 万人。第三，当年基金收入情况波动起伏较大，当年保费收入在 1998 年前保持每年递增，从 1993 年的 6.6 亿元增长至 1998 年的 31.4 亿元，清理整顿后 1999 年和 2000 年分别仅为 16.1 亿元和 13.9 亿元；此后三年虽然恢复增加，但增长乏力，2003 年仅为 36 亿元，此后年度的当年保费数据未予公布。第四，当年基金支出情况。随着领取人数的持续增长，基金支出也在扩大，1993 年仅为 0.29 亿元，2002 年的保费支出就达到 10 亿元，2008 年增长为 56.8 亿元。第五，累计基金结余规模不断扩大。1993 年时基金累计结余 6.6 亿元，1996 年就突破 100 亿元，2001 年突破 200 亿元，2005 年突破 300 亿元，2008 年年底旧农保基金累计结余接近 500 亿元（见表 13-3）。

表 13-3　旧农保制度覆盖面与基金收支结余情况表（1993—2008 年）

年份	参保人数（万人）	领取人数（万人）	基金收支结余（亿元）		
			当年基金收入	当年基金支出	累计基金结余
1993	3 037	9.8	6.6	0.29	6.6
1994	3 477	17.2	16.7	0.48	23.3
1995	5 143	26.9	36.7	0.99	60.0
1996	6 594	31.6	40.8	1.82	100.8
1997	7 452	61.4	42.2	3.34	143.0
1998	8 025	50.0	31.4	5.35	166.6
1999	6 460	89.77	16.1	5.6	184.2
2000	6 172	97.8	13.9	6.5	195.5
2001	5 995	108.1	17.1	7.9	216.1
2002	5 461	123.4	25.2	10.0	233.2
2003	5 428	197.6	36.0	15.0	259.3

（续表）

年份	参保人数（万人）	领取人数（万人）	基金收支结余（亿元）		
			当年基金收入	当年基金支出	累计基金结余
2004	5 378	205.5	NA	14.8	285
2005	5 442	302.0	NA	21.0	310
2006	5 374	355.0	NA	30.0	354
2007	5 171	392.0	NA	40.0	412
2008	5 595	512.0	NA	56.8	499

数据来源：笔者整理自 1994—1998 年《中国民政统计年鉴》、1999—2007 年《中国劳动统计年鉴》、2007 年《中国统计年鉴》、2005 年《中国劳动和社会保障年鉴》、人力资源和社会保障部 2008—2011 年《人力资源和社会保障事业发展统计公报》，http：//www.mohrss.gov.cn/。

4. 旧农保基金管理中的缺陷与不足

由于旧农保制度采用储蓄积累模式，也称为完全积累模式，存在保障水平过低的制度性缺陷。在基金管理方面，停留在县级管理，安全状况令人担忧。

由于缴费金额低、养老金完全根据个人账户积累额进行发放，缺乏财政支持下的待遇调整机制，有限的个人账户累计额导致旧农保的养老金水平超低，甚至一个月只能领几元钱，而且养老金一经领取，数额固定终身不变。根据表 13-3 数据测算，2006 年旧农保人均每月领取养老金水平仅为 7 元，2007 年人均每月养老金水平为 8.5 元，2008 年人均每月领取养老金不足 10 元。这主要是因为农民参保受经济条件限制，而且中、东、西部的缴费能力差异较大，如表 13-4 所示。东部地区保费收入占全国保费收入的比例高达 97%，但东部地区参保人数占全国参保人数的比例仅为 52%，东、中、西部人均保费分别为86.9、24.6、2 元/人·年，加之个人账户利息随着银行利率的下调不断下降，从 1994 年的 12%一路下降到 1999 年的最低时的 2.5%，未能给到农民参保时承诺的高利率，在利率进入加息通道后又未能及时上调，无法抵御通货膨胀的风险。

表 13-4　全国及中、东、西部旧农保缴费水平

类别	保费收入		参保人数		人均保费
	亿元	比例(%)	万人	比例(%)	元/人
全国	25.2	100	5 461	100	46.2
东部	24.6	97.62	2 832.2	51.86	86.9
中部	0.46	1.83	1 881.7	34.46	24.6
西部	0.14	0.55	747.1	13.68	2

数据来源：《中国劳动统计年鉴 2003》。

在基金安全方面，近 500 亿元旧农保基金分散在近 1 900 个县，出现种种问题，如资金违规运作难以收回、当地民政部或政府其他部门挪用资金、农保经办部门把保险基金用于发放职工工资和办公经费等。例如，四川省 2005 年年底全省农村保险基金累计 6.48 亿元，但有 1 亿多元因违规而无法收回，因委托理财或投资企业债券损失就达 3 000 万至

4 000万元，5亿元余额中有1.48亿元被地方财政"管理"，也就是说近一半的农村养老保险基金只是账面资金。劳动和社会保障部官员估计因整顿信托投资公司和证券公司造成的基金损失至少在10亿元。尽管民政部方案对保险基金的管理和运用有明文规定，但地方财政"管理"农村养老保险基金占基金总额的近30%，高达92.57亿元。2006年2月，云南省红河哈尼族彝族自治州民政局原局长挪用农村养老保险基金4 280万元被判无期徒刑，暴露出保险基金管理上的漏洞[①]。

(二) 新农保：农村社会养老保险制度的重建(2009—2014年)

正是由于国家对农村社会养老保险制度的重视，2009年9月1日，国务院发布《关于开展新型农村社会养老保险试点的指导意见》，标志着农村养老保险制度建设再次起航。为区别于民政部17年前推出的农村社会养老保险制度，将此次试点制度简称为新农保，将民政部推出的农村社会养老保险制度简称为旧农保。新农保提出，2009年试点覆盖面为全国10%的县（市、区、旗），以后逐步扩大试点并在全国普遍实施，2020年之前基本实现对农村适龄居民的全覆盖。

1. 新农保制度特点

为避免和克服旧农保的制度性缺陷，新农保遵循"保基本、广覆盖、有弹性、可持续"的基本原则，在基金来源、缴费标准、待遇发放方面加强了政府资金投入。

在基金来源上，新农保基金由个人缴费、集体补助、政府补贴三部分构成。参保农民的缴费标准目前设为每年100元、200元、300元、400元、500元5个档次，地方可以根据实际情况增设缴费档次。参保农民自主选择档次缴费，多缴多得。国家依据农村居民人均纯收入增长等情况适时调整缴费档次。有条件的村集体应当对参保人缴费给予补助，补助标准由村民委员会召开村民会议民主确定。政府对符合领取条件的参保人全额支付新农保基础养老金，其中，中央财政对中西部地区按中央确定的基础养老金标准给予全额补助，对东部地区给予50%的补助。地方政府应当对参保人缴费给予补贴，补贴标准不低于每人每年30元；对选择较高档次标准缴费的，可给予适当鼓励，具体标准和办法由省（自治区、直辖市）人民政府确定。对农村重度残疾人等缴费困难群体，地方政府为其代缴部分或全部最低标准的养老保险费。

国家为每个新农保参保人建立终身记录的养老保险个人账户。个人缴费，集体补助及其他经济组织、社会公益组织、个人对参保人缴费的资助和地方政府对参保人的缴费补贴，全部记入个人账户。

养老金待遇由基础养老金和个人账户养老金组成，支付终身。中央确定的基础养老金标准为每人每月55元。地方政府可以根据实际情况提高基础养老金标准，对于长期缴费的农村居民，可适当加发基础养老金，提高和加发部分的资金由地方政府支出。个人账户养老金的月计发标准为个人账户全部储存额除以139，与现行城镇职工基本养老保险个人账户养老金计发系数相同。若参保人死亡，个人账户中的资金余额，除政府补贴外，可以依法继承；政府补贴余额用于继续支付其他参保人的养老金。

[①] 数据来源：常红晓、何禹欣. 农保不相信乌托邦 [J]. 财经, 2006 (6), 第58页。

2. 新农保基金发展状况

新农保发展迅速，如表 13-5 所示。在制度推出的 2009 年年末，27 个省、自治区的 320 个县（市、区、旗）和 4 个直辖市部分区（县）列入首批新型农村社会养老保险试点，2010 年增加至 838 个，2011 年扩张至 1 914 个区（县）。参保人数从 2010 年年末的 10 277 万人增长至 2011 年年末的 32 643 万人，比上年末增加 22 367 万人。领取养老金人数从 2010 年的 2 863 万人增长至 2011 年年底的 8 525 万人。2010 年全年基金收入 453 亿元，其中，个人缴费 225 亿元；2011 年全年基金收入 1 070 亿元，比上年增长 135.9%。其中，个人缴费 415 亿元，比上年增长 84.0%。2010 年基金支出 200 亿元，2011 年基金支出 588 亿元，比上年增长 193.3%。2010 年基金累计结存 423 亿元，2011 年基金累计结存快速增长达到 1 199 亿元。

表 13-5　新农保制度覆盖面与收支结余情况表（2009—2011 年）

年份	参保区县（个）	参保人数（万人）	领取人数（万人）	基金收支结余（亿元）		
				基金收入	基金支出	基金结余
2009	320	NA	NA	NA	NA	NA
2010	838	10 277	2 863	453	200	423
2011	1 914	32 643	8 525	1 070	588	1 199

数据来源：人力资源和社会保障部发布的 2009—2011 年《人力资源和社会保障事业发展统计公报》，http://www.mohrss.gov.cn/。

（三）城居保：城镇居民基本养老保险制度的建设（2011—2012 年）

城镇居民基本养老保险制度（简称城居保）建立于 2011 年，针对城市 18 岁到 60 岁处于工作年龄但没有工作的居民，设立个人账户，个人向账户里缴费，每人每年从 100 元到 1 000 元有 10 档选择，不同地区的缴费档次有所不同；到 60 岁每人每月固定开始领取养老金。

根据人力资源和社会保障部发布的 2011 年《人力资源和社会保障事业发展统计公报》，2011 年年末，全国有 27 个省、自治区的 1 902 个县（市、区、旗）和 4 个直辖市部分区（县）及新疆生产建设兵团开展国家城镇居民社会养老保险试点。年末国家城镇居民社会养老保险试点地区参保人数 539 万人，其中，实际领取待遇人数 235 万人。全年城镇居民社会养老保险基金收入 40 亿元，其中，个人缴费 6 亿元。基金支出 11 亿元。基金累计结存 32 亿元。

对比城居保与新农保的参保人数与领取人数发现，两者相差悬殊，如表 13-6 所示。在基金收支结余上，两者的金额也相去甚远。新农保基金累计结存 1 199 亿元，而城居保仅为 32 亿元。由于参保城居保的人数相当有限，如果为此再另设一套班子、一个机构来管理，不利于节约成本，在 2011 年城居保设立时，一些省份就将其与新农保合二为一，作为一个制度来运行。有鉴于此，人力资源和社会保障部 2012 发布的《人力资源和社会保障事业发展统计公报》没有再单独统计城居保的制度发展情况，也没有单独统计新农保的制度发展情况，而是统计公布的城乡居民社会养老保险制度。

表 13-6　城居保与新农保基金制度覆盖面与基金收支结余对比表

年份	参保区县（个）	参保人数（万人）	领取人数（万人）	基金收支结余（亿元）		
				基金收入	基金支出	基金结余
城居保	1 902	539	235	40	11	32
新农保	1 914	32 643	8 525	1 070	588	1 199
合计	—	33 182	8 760	1 110	599	1 231

数据来源：人力资源和社会保障部发布的 2011 年《人力资源和社会保障事业发展统计公报》，http://www.mohrss.gov.cn/。

（四）城乡合并：建立城乡居民基本养老保险制度（2012 年至今）

2014 年 2 月 7 日的国务院常务会议正式提出，建立统一城乡居民基本养老保险制度。这意味着我国开始从城乡制度分别建设的阶段，进入到打破公共服务城乡二元制度、推进制度并轨的新阶段，是一项具有实质意义的改革突破。

从 2012 年年末全国所有县级行政区全面开展国家城乡居民社会养老保险工作至今，城乡居民基本养老保险基金发展情况如表 13-7 所示。2012 年年末，国家城乡居民社会养老保险参保人数 48 370 万人，比上年末增加 15 187 万人。其中，实际领取待遇人数 13 075 万人。全年城乡居民社会养老保险基金收入 1 829 亿元，比上年增长 64.8%。其中，个人缴费 594 亿元，比上年增长 41.0%。基金支出 1 150 亿元，比上年增长 92.2%。基金累计结存2 302 亿元。由此可见，制度合并后发展状况非常迅速，为和 2011 年数据进行比较，表 13-7 中将 2011 年的数据也列在其中。

表 13-7　城乡居民基本养老保险制度覆盖面与收支结余情况表（2011—2018 年）

年份	参保人数（万人）	领取人数（万人）	基金收支结余（亿元）		
			基金收入	基金支出	基金结余
2011	33 182	8 760	1 110	599	1 231
2012	48 370	13 075	1 829	1 150	2 302
2013	49 750	13 768	2 052	1 348	3 006
2014	50 107	14 313	2 310	1 571	3 845
2015	50 472	14 800	2 855	2 117	4 592
2016	50 847	15 270	2 933	2 150	5 385
2017	51 255	15 598	3 304	2 372	6 318
2018	52 392	15 898	3 838	2 906	7 250

数据来源：人力资源和社会保障部发布的 2011—2018 年《人力资源和社会保障事业发展统计公报》，http://www.mohrss.gov.cn/。

从表 13-7 可知，城乡居民基本养老保险基金参保人数从 2011 年的 33 182 万人增长到

2018 年的 52 392 万人，约占全国总人口的四分之一；领取待遇人数从 2011 年的 8 760 万人增长到 15 898 万人，增长近 1 倍。城乡居民基本养老保险基金的收支结余均有较大幅度增长，2018 年年末时基金结余达到 7 250 亿元，是 2011 年的 5 倍多。

尽管从参保人数上，城乡居民基本养老保险制度覆盖面已经超过城镇职工基本养老保险制度，后者 2018 年年底参保总人数为 41 902 万人，但从基金总量来看，城乡居民基金养老保险基金结余和城镇职工基本养老保险制度还难以相提并论，后者 2018 年年底为 50 901 亿元，约是前者的 7 倍之多。不过城乡居民养老保障制度并轨后，城乡居民享受制度上无差别、水平大致相当的养老保障，在制度模式、筹资方式、待遇支付等方面实现无差距对接，距离 2020 年基本公共服务均等化总体实现的目标又前进了一大步。

构建公平可持续的基本公共服务体制，实现 2020 年基本公共服务均等化总体实现的目标，在实践中还面临很多挑战，需要继续深化相关的改革。在养老保险制度方面，由于制度类似，新农保和城居保制度的并轨相对容易，阻力较小。更艰巨的改革任务，是城镇职工养老保险制度和公务员、事业单位养老保险制度的并轨。城乡居民、城镇职工、行政事业单位的养老保险还处于制度分割的状态，还需要进一步推进制度并轨，逐步缩小不同群体间基础养老金的差别。问题在于历史因素较多，阻力太大，改革难以前行。城乡之间要在基本养老保险方面实现公平，不同社会群体之间也要去除不合理的制度差距。城镇职工养老保险制度和公务员、事业单位养老保险制度并轨，是一场关乎数千万人利益的改革，对此，社会公众怀有深切期许。在全国层面启动公共服务体制并轨，其意义不容低估，我国基本养老保险制度改革仍将继续。

第二节　基本医疗保险基金管理

我国基本医疗保险体系包括城镇职工基本医疗保险制度和城乡居民基本医疗保险制度。后者由城镇居民基本医疗保险和新型农村合作医疗两项制度整合而来。我国基本医疗保险制度的发展分城乡两个脉络，先后建立起三大制度：1998 年建立起主要面向城镇职工的城镇职工基本医疗保险制度，2003 年建立起面向农村居民的新型农村合作医疗制度，2007 年建立起主要面向城镇居民的城镇居民基本医疗保险制度。2016 年 1 月，国务院发布《关于整合城乡居民基本医疗保险制度的意见》，决定整合城镇居民基本医疗保险和新型农村合作医疗两项制度，建立统一的、面向城乡居民的基本医疗保险制度，以解决两项制度运行中出现的制度分割、重复参保、重复投入、待遇过低等问题，促进全民医保体系健康发展，提高医疗资源利用效率、建立更加公平的医疗保障体系。为此，国务院要求，城乡居民医保制度整合要实行"六个统一"：一要统一覆盖范围，二要统一筹资政策，三要统一保障待遇，四要统一医保目录，五要统一定点管理，六要统一基金管理。

2017 年年末，全国参加基本医疗保险人数为 117 681 万人，比上年末增加 43 290 万人，其中，参加职工基本医疗保险人数 30 323 万人，比上年末增加 791 万人；参加城乡居民基本医疗保险人数为 87 359 万人，比上年末增加 42 499 万人。全年基本医疗保险基金总收入 17 932 亿元，支出 14 422 亿元，分别比上年增长 37% 和 33.9%。年末基本医疗保险统筹基金累计结存 13 234 亿元（含城乡居民基本医疗保险基金累计结存

3 535 亿元），个人账户积累 6 152 亿元。由于城乡居民基本医疗保险制度合并时间较短，下面按照时间先后分别介绍这三大制度。

一、城镇职工基本医疗保险基金管理

（一）城镇职工基本医疗保险制度的建立与发展

1998 年 12 月，国务院发布《关于建立城镇职工基本医疗保险制度的决定》，建立起的基本原则为：低水平、广覆盖、双方负担、统账结合。低水平是指基本医疗保险的水平要和中国目前的生产力发展水平相适应，筹资水平要根据财政和企业实际承受能力确定。广覆盖是指覆盖所有用人单位和职工，包括城镇企业、机关事业单位、社会团体以及民办非企业单位，其中，城镇企业包括国有企业、集体企业、外商投资企业、私营企业等。双方负担是指由用人单位和职工共同缴费。用人单位的缴费为单位职工工资总额的 6% 左右，职工个人缴费率一般为本人工资的 2%。统账结合是指基本医疗保险基金包括社会统筹和个人账户两部分。用人单位的缴费 70% 左右划入统筹基金，30% 左右划入个人账户。职工个人缴费全部计入个人账户。

（二）城镇职工基本医疗保险基金发展状况

城镇职工基本医疗保险基金从 1998 年建立至今的发展情况如表 13-8 所示。在制度覆盖面上，参保人数从 1998 年的 509.3 万人增长至 2017 年年底的 30 323 万人，基金滚存结余从 1998 年的 9.8 亿元增长至 2017 年年底的 9 699 亿元。

表 13-8　全国城镇职工基本医疗保险制度覆盖面与基金结余情况表（1998—2017 年）

年份	参保人数（万人）			基金结余（亿元）		
	在职职工	退休职工	总人数	统筹基金	个人账户	滚存结余
1998	401.7	107.6	509.3	—	—	9.8
1999	469.8	124.1	593.9	—	—	49.6
2000	—	—	4 332	—	—	89
2001	—	—	7 630	—	—	253
2002	6 926	2 474	9 400	—	—	450.7
2003	7 975	2 927	10 902	379	291	670
2004	9 045	3 359	12 404	405	553	958
2005	10 022	3 761	13 783	750	528	1 278
2006	11 580	4 152	15 732	1 077	675	1 752
2007	13 420	4 600	18 020	—	—	—
2008	14 988	5 008	19 996	—	1 142	—

（续表）

年份	参保人数（万人）			基金结余（亿元）		
	在职职工	退休职工	总人数	统筹基金	个人账户	滚存结余
2009	16 410	5 527	21 937	2 882	1 394	4 276
2010	17 791	5 944	23 735	3 007	1 734	4 741
2011	18 948	6 279	25 227	3 518	2 165	5 683
2012	19 861	6 624	26 486	4 187	—	—
2013	20 501	6 942	27 443	4 807	—	—
2014	21 041	7 255	28 296	5 537	—	—
2015	21 362	7 531	28 893	6 568	—	—
2016	21 720	7 812	29 532	7 772	—	—
2017	22 288	8 034	30 323	9 699	—	—

数据来源：整理自 1998—2007 年《劳动和社会保障事业发展统计公报》、2008—2017 年《人力资源和社会保障事业发展统计公报》，http://www.mohrss.gov.cn/。

二、新型农村合作医疗基金管理

《社会保险法》第三章基本医疗保险第二十四条规定，国家建立和完善新型农村合作医疗制度。新型农村合作医疗制度简称新农合，和城镇居民医疗制度同属于我国基本医疗保险体系。

（一）新农合的发展历程

2002 年 10 月，中共中央、国务院《关于进一步加强农村卫生工作的决定》指出，"逐步建立以大病统筹为主的新型农村合作医疗制度"。2003 年 1 月，国务院办公厅转发卫生部、财政部和农业部《关于建立新型农村合作医疗制度的意见》，要求从 2003 年起，各省、自治区、直辖市至少要选择 2—3 个县（市）先行试点，取得经验后逐步推开，到 2010 年基本覆盖农村居民。新农合是由政府组织、引导、支持，农民自愿参加，个人、集体和政府多方筹资，以大病统筹为主的农民医疗互助共济制度。

（二）新农合缴费标准

在基金来源上，新农合采取个人缴费、集体扶持和政府资助的方式筹集资金。从 2003 年起，中央财政对中西部地区除市区以外的参加新型合作医疗的农民每年按人均 10 元安排合作医疗补助资金，地方财政对参加新型合作医疗的农民补助每年不低于人均 10 元。2006 年将各级政府补贴提高到 30 元/人·年。2008 年将农民个人缴费标准从 10 元提高到 20 元，政府补贴从 30 元提高到 80 元，其中，中央财政对中西部地区参合农民按 40 元标准补助，对东部省份按照中西部地区的一定比例给予补助，地方财政补助标准不低于40元，确保缴费标准总计不低于100元。2010年之后的三年，农民个人缴费标准和政府补贴金额都在提高，缴费标准合计从2010年的150元提高到2012年的300元。农民个人缴费2012年原则上提高到每人每年60元。新生儿出生当年，随父母自动获取参合资格并享受新农合待遇，自第二年起按规定缴纳参合费用。2013年9月11日，国家卫生和计划生育委员会下发《关于做好2013年新型农村合作医疗工作的通知》：自2013年起，各级财政对新农合的补助标准从每人每年240元提高到每人每年280元。参合农民个人缴费原则上提高到每人每年70元。政策范围内住院费用报销比例提高到75％左右，并全面推开儿童白血病、先天性心脏病、结肠癌、直肠癌等20个病种的重大疾病保障试点工作。

2014年4月25日，财政部、国家卫生计生委、人力资源和社会保障部发布《关于提高2014年新型农村合作医疗和城镇居民基本医疗保险筹资标准的通知》，2014年新型农村合作医疗和城镇居民基本医疗保险的筹资方法为：各级财政对新农合和居民医保人均补助标准在2013年的基础上提高40元，达到320元。农民和城镇居民个人缴费标准在2013年的基础上提高20元，全国平均个人缴费标准达到每人每年90元左右。

2015年1月23日，国家卫生计生委、财政部发布《关于做好2015年新型农村合作医疗工作的通知》，2015年，各级财政对新农合的人均补助标准在2014年的基础上提高60元，达到380元。农民个人缴费标准在2014年的基础上提高30元，全国平均个人缴费标准达到每人每年120元左右。

2016年4月29日，国家卫生计生委、财政部发布《关于做好2016年新型农村合作医疗工作的通知》，2016年，各级财政对新农合的人均补助标准在2015年的基础上提高40元，达到420元。农民个人缴费标准在2015年的基础上提高30元，全国平均达到150元左右。

2017年4月13日，国家卫生计生委、财政部发布《关于做好2017年新型农村合作医疗工作的通知》，2017年，各级财政对新农合的人均补助标准在2016年的基础上提高30元，达到450元，其中，农民个人缴费标准在2016年的基础上提高30元，原则上全国平均达到180元左右。

自2010年之后，中央财政历年对新增部分按照西部地区80％、中部地区60％的比例进行补助，对东部地区各省份分别按一定比例补助。

新农合缴费标准如表13-9所示。

表13-9　新农合制度个人缴费与政府补贴标准（2003—2017年）

（单位：元/人·年）

年份	个人缴费	政府补贴	缴费合计
2003	10	20	30
2006	10	30	40
2008	20	80	100

（续表）

年份	个人缴费	政府补贴	缴费合计
2009	20	80	100
2010	30	120	150
2011	50	200	250
2012	60	240	300
2013	70	280	350
2014	90	320	410
2015	120	380	500
2016	150	420	570
2017	180	450	630

数据来源：整理自《关于做好 2017 年新型农村合作医疗工作的通知》（国卫基层发〔2017〕20 号）、《关于做好 2016 年新型农村合作医疗工作的通知》（国卫基层发〔2016〕16 号）、《关于做好 2015 年新型农村合作医疗工作的通知》（国卫基层发〔2015〕4 号）、《关于提高 2014 年新型农村合作医疗和城镇居民基本医疗保险筹资标准的通知》（国办发〔2014〕24 号）、《关于做好 2013 年新型农村合作医疗工作的通知》（国卫基层发〔2013〕17）、《关于做好 2012 年新型农村合作医疗有关工作的通知》（卫农卫发〔2012〕36 号）、《关于做好 2011 年新型农村合作医疗有关工作的通知》（卫农卫发〔2011〕27 号）、《关于巩固和发展新型农村合作医疗制度的意见》（卫农卫发〔2009〕68 号）《卫生部等 7 部委关于加快推进新型农村合作医疗试点工作的通知》（卫农卫发〔2006〕13 号）、《卫生部 财政部印发关于做好 2008 年新型农村合作医疗工作的通知》。

（三）新农合基金发展情况

我国新农合基金自 2005 年始建发展至今，在覆盖面、基金收入与基金支出三方面均呈现快速增长。

首先，覆盖面逐年扩大，参保县从 2005 年的 687 个增长至 2010 年的 2 678 个，参合人口从 1.79 亿增长至 2010 年的 8.36 亿，参合率从 75.7％增长至 2010 年的 96％，基本实现全覆盖的制度目标。受城镇居民医疗保险制度的影响，新农合 2011 年参合人口小幅下降为 8.32 亿，自此以后，参合人口继续减少，到 2015 年时减少为 6.7 亿人。

其次，当年基金筹集方面，筹资总额近几年发展迅速，2008 年筹资 785 亿元，2010 年增长至 1 308.3 亿元，2011 年筹资金额达到 2 047.6 亿元，到 2015 年筹资金额增长到 3 286.6 亿元；人均筹资从 2008 年的不足 100 元增长至 2011 年的近 250 元，2015 年增长至 490 元。

最后，在当年基金支出方面，受益人次从 2005 年的 1.22 亿人次增长到 2011 年的 10.87 亿人次，此后继续不断增加，2013 年时接近 20 亿人次，此后未公布该数据情况；基金支出额从 2005 年的 61.75 亿元增长到 2011 年的 1 710.2 亿元，2015 年时，新农合基金支出额接近 3 000 亿元。新农合基金发展情况如表 13-10 所示。

表 13-10　新农合制度覆盖面与基金收支情况表（2005—2015 年）

年份	覆盖面			当年基金筹集		当年基金支出	
	参保县（个）	参合人口（亿人）	参合率（%）	筹资总额（亿元）	人均筹资（元）	基金支出额（亿元）	受益人次（亿人次）
2005	687	1.79	75.7	—	—	61.75	1.22
2006	1 451	4.10	80.7	—	—	155.81	2.72
2007	2 451	7.30	86.2	—	—	346.6	4.5
2008	2 729	8.15	91.5	785.0	96.3	662.0	5.85
2009	2 716	8.33	94.0	944.4	113.4	922.9	7.59
2010	2 678	8.36	96.0	1 308.3	156.6	1 187.8	10.87
2011	2 637	8.32	97.5	2 047.6	246.2	1 710.2	13.15
2012	2 566	8.05	98.3	2 484.7	308.5	2 408.0	17.45
2013	2 489	8.02	98.7	2 972.5	370.6	2 909.2	19.42
2014	—	7.36	98.9	3 025.3	410.9	2 890.4	
2015	—	6.7	98.8	3 286.6	490.3	2 993.5	

数据来源：卫生部，2005—2011 年《我国卫生事业发展统计公报》，2012—2017 年《我国卫生和计划生育事业发展统计公报》。

数据说明：2016 年之后的《我国卫生和计划生育事业发展统计公报》未再公布新农合相关数据。

随着新农合基金的规模不断扩大，要求加强新农合基金管理，保障基金安全，提高基金使用绩效。卫生部、财政部 2011 年 5 月发布《关于进一步加强新型农村合作医疗基金管理的意见》（卫农卫发〔2011〕52 号），提出以下九方面的管理要求：一是加强参合管理，坚持以家庭为单位自愿参加的原则；二是规范合理使用新农合基金，既要防止"收不抵支"，也要防止结余过多；三是加强对定点医疗机构的监管，严格定点医疗机构准入和退出机制，定期开展对定点医疗机构的考核评价；四是加快推进支付方式改革，将门诊统筹与门诊总额预付制度相结合，将住院统筹与按病种付费、按床日付费等支付方式改革相结合；五是严格执行新农合基金财务会计制度，实行"收支两条线"管理，专款专用，按年度编制新农合基金预算，建立基金运行分析和风险预警制度；六是规范新农合经办机构内部监督制约机制，确保经办人员的独立性和岗位分离；七是加快推进新农合信息化建设；八是严格执行新农合三级定期公示制度；九是加强协调配合，严肃查处违法违规行为。

2016 年 1 月，国务院发文决定建立统一的城乡居民基本医疗保险制度，新型农村合作医疗制度将不再独立存在。作为一项基本覆盖全国农村居民的医疗保险制度，它在保障农民获得基本卫生服务、缓解农民因病致贫和因病返贫方面发挥了重要作用，为世界各国，特别是发展中国家所普遍存在的问题提供了一个范本。

三、城镇居民基本医疗保险制度

（一）城镇居民基本医疗保险制度的建立与发展

国务院 2007 年 7 月 10 日发布《关于开展城镇居民基本医疗保险试点的指导意见》

（国发〔2007〕20 号），要求 2007 年在有条件的省份选择 2 至 3 个城市启动试点，2008 年扩大试点，争取 2009 年试点城市达到 80％以上，2010 年在全国全面推开，逐步覆盖全体城镇非从业居民。在缴费和补助方面明确要求，对试点城市的参保居民，政府每年按不低于人均 40 元给予补助，其中，中央财政从 2007 年起每年通过专项转移支付，对中西部地区按人均 20 元给予补助。在此基础上，对属于低保对象的或重度残疾的学生和儿童参保所需的家庭缴费部分，政府原则上每年再按不低于人均 10 元给予补助，其中，中央财政对中西部地区按人均 5 元给予补助；对其他低保对象、丧失劳动能力的重度残疾人、低收入家庭 60 周岁以上的老年人等困难居民参保所需的家庭缴费部分，政府每年再按不低于人均 60 元给予补助，其中，中央财政对中西部地区按人均 30 元给予补助。中央财政对东部地区参照新型农村合作医疗的补助办法给予适当补助。

城镇居民基本医疗保险制度遵循自愿原则，覆盖人群为不属于城镇职工基本医疗保险制度覆盖范围的各类城镇居民，包括在校学生、未成年人、非从业居民和老年居民。学生包括中小学生、职业高中、中专、技校学生和高等院校学生。对于中小学校、各类高等院校、中等职业技术学校及技工学校全日制就读、具有正式学籍的学生，往往规定不受户籍限制可以参保。

城镇居民基本医疗保险制度采用现收现付制度。个人缴费与政府补贴相结合，不同省市的标准存在差异。广州市和上海市城镇居民基本医疗保险制度缴费标准分别如表 13-11、表 13-12 所示。该缴费标准仅反映制度出台当年的缴费规定，上海市的缴费标准此后有过调整；广州市在颁布《广州市城镇居民基本医疗保险试行办法》的同时废止了多个相关法规，包括市政府办公厅《印发广州市城镇居民基本医疗保险试行办法的通知》（穗府办〔2008〕22 号）、市劳动保障局《关于印发广州市城镇居民基本医疗保险实施细则的通知》（穗劳社医〔2008〕7 号）、《关于对实施广州市城镇居民基本医疗保险试行办法有关问题的处理意见》（穗劳社医〔2008〕12 号）、《关于调整〈广州市城镇居民基本医疗保险试行办法〉有关规定的通知》（穗劳社医〔2009〕5 号）以及市人力资源和社会保障局、财政局《关于调整广州市城镇居民基本医疗保险有关规定的通知》（穗人社发〔2010〕81 号）。

表 13-11　广州市城镇居民基本医疗保险制度缴费标准（2011 年）

（单位：元/人・年）

人员类别	个人缴费	政府补助	合计
未成年人、在校学生	80	80	160
非从业居民	480	100	580
老年居民	500	500	1 000

数据来源：2011 年 7 月 1 日起施行的《广州市城镇居民基本医疗保险试行办法》，广州市人力资源和社会保障局，http://www.hrssgz.gov.cn/。

上海居民医保基金由个人缴费、政府财政补贴、职工医保基金划转和专项资金组成。筹资标准以及个人缴费标准按照参保人员的不同年龄分段确定。

表 13-12　上海市城镇居民基本医疗保险缴费标准（2008 年）

（单位：元/人·年）

人员年龄	个人缴费	合计
70 周岁以上	240	1 500
60 周岁以上，不满 70 周岁	360	1 200
超过 18 周岁、不满 60 周岁	480	700
中小学生和婴幼儿	60	260

数据来源：2008 年 1 月 1 日起施行的《上海市城镇居民基本医疗保险试行办法》，上海市人力资源社会保障网，http：//www.12333sh.gov.cn。

（二）城镇基本医疗保险基金总体发展情况

尽管城镇居民基本医疗保险启动比城镇职工基本医疗保险制度晚了近十年，但是到 2011 年年底，这两个制度的覆盖人群已经相当接近，在城镇基本医疗保险制度 47 343 万参保人群中，城镇职工基本医疗保险约占 53%，城镇居民基本医疗保险约占 47%。到 2012 年，城镇居民医保的参保人数已经超过城镇职工医保，此后该发展趋势得到进一步加强。2016 年城镇基本医疗保险基金总收入 13 084 亿元，支出 10 107 亿元，5 年间增长约 1.3—1.4 倍。2016 年末，城镇基本医疗统筹基金累计结存 9 765 亿元，其中，城镇居民基本医疗保险基金累计结存 1 993 亿元，虽然所占比重较小，但增长速度较快。个人账户积累 5 200 亿元，加总统筹基金与个人账户基金后的累计结存从 2007 年的 2 477 亿元增长至 2016 年底的 14 965 亿元。接近 1.5 万亿元，基金积累日渐庞大。

表 13-13　全国城镇基本医疗保险制度覆盖面与基金收支情况表（2007—2016 年）

年份	参保人数（万人）			基金收支（亿元）		基金结余（亿元）			
	城镇职工	城镇居民	参保总人数	基金收入	基金支出	统筹基金结存	含：城镇居民结存	个人账户结存	累计结存
2007	18 020	4 291	22 311	2 257	1 562	—	—	—	2 477
2008	19 996	11 826	31 822	3 040	2 084	2 290	—	1 142	3 432
2009	21 937	18 210	40 147	3 672	2 797	2 882	—	1 394	4 276
2010	23 735	19 528	43 263	4 309	3 538	3 313	306	1 734	5 047
2011	25 227	22 116	47 343	5 539	4 431	4 015	497	2 165	6 180
2012	26 486	27 156	53 641	6 939	5 544	4 947	760	2 697	7 644
2013	27 443	29 629	57 073	8 248	6 801	5 794	987	3 323	9 117
2014	28 296	31 451	59 747	9 687	8 134	6 732	1 195	3 913	10 645
2015	28 893	37 689	66 582	11 193	9 312	8 114	1 564	4 429	12 543
2016	29 532	44 860	74 392	13 084	10 767	9 765	1 993	5 200	14 965

数据来源：整理自《2007 年劳动和社会保障事业发展统计公报》、2008—2016 年《人力资源和社会保障事业发展统计公报》，http：//www.mohrss.gov.cn/。

第三节　其他社会保险基金管理

一、失业保险基金管理

1999 年 1 月，国务院颁布《失业保险条例》，正式建立我国失业保险制度，此前的相关规定中提的是待业保险。失业保险制度长期以来承担着保障失业人员生活的角色，从"十一五"期间开始逐步向"保障生活、预防失业、促进就业"三位一体功能转变。

在保障生活方面：一是完善失业保险金标准与物价上涨挂钩联动机制，提高失业保险金标准，切实保障失业人员的基本生活。2011 年，全国领取失业保险金月人均水平达到 614 元，增长 24%①。2018 年，失业保险金月人均水平增长为 1 266 元，比上年增长 13.9%。二是出台领取失业保险金人员参加职工基本医疗保险政策，解决了长期存在的失业人员医疗保障水平偏低、失业期间医疗保险关系不能接续等问题，较大幅度地改善了失业人员的医疗保险待遇。

在预防失业和促进就业方面：一是从 2006 年开始，在北京、上海、江苏、浙江、山东、福建、广东 7 省市开展了扩大失业保险基金支出范围试点，重点在预防失业、促进就业方面扩大支出项目，加大资金投入。二是为了应对 2008 年国际金融危机，国家出台了失业保险援企稳岗补贴政策，起到减轻企业负担、化解危机冲击、稳定就业形势的重要作用。三是按照《就业促进法》的有关规定，人力资源和社会保障部从 2008 年开始探索建立失业动态监测和失业预警制度，在吉林、江苏、浙江、福建、河南和广东 6 省启动失业动态重点监测试点工作。四是促进经济转型中的企业职工再就业。人力资源和社会保障部会同发改委、财政部等 7 个部门联合印发了《关于做好淘汰落后产能和兼并重组企业职工安置工作的意见》，妥善处理职工劳动关系，做好社会保险关系接续，通过加强再就业培训、提供公益性岗位等方式，使 95%以上的职工通过多种方式得到了妥善安置。

《"十二五"促进就业规划和社会保障规划》提出：完善失业动态监测制度，及时准确地监测企业岗位情况；探索实行失业预警制度，加强预警预测；建立健全失业预防和调控机制；完善失业保险制度；预防和减少失业。

全国失业保险基金发展情况如表 13-14 所示。

表 13-14　全国失业保险制度覆盖面与基金收支结余情况表（1999—2018 年）

年份	制度覆盖面（万人）		基金收支结余（亿元）		
	参保人数	受益人数	基金收入	基金支出	累计结余
1999	9 852	—	68.4	51.9	126.3
2000	10 408	330	160	123	196

---

① 人力资源和社会保障部. 全国失业保险工作座谈会在贵州省贵阳市召开［N］. 2012 年 6 月 8 日，http：// www.mohrss.gov.cn/。

（续表）

年份	制度覆盖面（万人）		基金收支结余（亿元）		
	参保人数	受益人数	基金收入	基金支出	累计结余
2001	10 355	312	187	157	226
2002	10 182	440	215.6	186.6	255
2003	10 373	415	249	200	304
2004	10 584	419	291	211	386
2005	10 648	362	333	207	511
2006	11 187	327	385	193	708
2007	11 645	286	472	218	979
2008	12 400	261	585	254	1 310
2009	12 715	235	580	367	1 524
2010	13 376	209	650	423	1 750
2011	14 317	197	923	433	2 240
2012	15 225	204	1 139	451	2 929
2013	16 417	197	1 289	532	3 686
2014	17 043	207	1 380	615	4 451
2015	17 326	227	1 368	736	5 083
2016	18 089	230	1 229	976	5 333
2017	18 784	220	1 113	894	5 552
2018	19 643	223	1 171	915	5 817

数据来源：整理自 1998—2007 年《劳动和社会保障事业发展统计公报》、2008—2018 年《人力资源和社会保障事业发展统计公报》，http://www.mohrss.gov.cn/。

二、工伤保险基金管理

2003 年 4 月 27 日，国务院颁布《工伤保险条例》，于 2004 年 1 月 1 日起实施；2010年 12 月 20 日，国务院通过《关于修改〈工伤保险条例〉的决定》，修订后的《工伤保险条例》从 2011 年 1 月 1 日起施行，相关配套规章陆续颁布实施，2011 年，《煤炭法》与《建筑法》的修订明确了煤矿企业和建筑企业履行工伤保险的法定义务，与《社会保险法》保持协调衔接。

修订后的《工伤保险条例》第二条明确规定，我国境内的企业、事业单位、社会团体、民办非企业单位、基金会、律师事务所、会计事务所等组织应当按规定参加工伤保险。截至 2012 年 4 月底，我国事业单位参加工伤保险人数达 1 717 万余人，部分省市探索将公务员纳入工伤保险[①]。事业单位参加工伤保险，有利于统一工伤认定和待遇标准，更好

---

① 人力资源和社会保障部. 纳入社会统筹，权益保障更佳——事业单位参加工伤保险工作快速推进［N］. 2012年 6 月 12 日，http：//www.mohrss.gov.cn/。

地保障工伤职工的各项权益。所有参加工伤保险统筹的单位，均由单位缴费，个人不缴费。

"十一五"期间，全国累计有441万工伤职工进行了工伤认定，189万工伤职工进行了劳动能力鉴定。推进工伤保险市级统筹工作取得积极进展，全国已有23个省（自治区、直辖市）及新疆生产建设兵团的所有地市实现市级统筹，市级统筹地市达到339个，占全国地市总数的92%，工伤预防、经济补偿、职业康复相结合的工伤保险制度体系初见雏形。

"十二五"规划纲要明确工伤保险的主要目标是：基本形成覆盖城乡所有用人单位和劳动者的工伤预防、工伤补偿、工伤康复相结合的制度体系；保障项目比较齐全，保障水平与经济发展水平相适应的政策标准体系；以人为本、规范便捷的管理服务体系。

全国工伤保险基金发展情况如表13-15所示。

表13-15　全国工伤保险制度覆盖面与基金收支情况表（1999—2018年）

年份	制度覆盖面（万人）		基金收支结余（亿元）		
	参保人数	受益人数	基金收入	基金支出	累计结余
1999	3 960.3	—	18.6	11.9	41.7
2000	4 350	—	25	14	58
2001	4 345	—	28	16	69
2002	4 406	—	32	19.9	81.1
2003	4 575	33	38	27	91
2004	6 845	52	58	33	119
2005	8 478	65	93	48	164
2006	10 268	78	122	68.5	193
2007	12 173	96	166	88	262
2008	13 787	118	217	127	335
2009	14 896	130	240	156	404
2010	16 161	147	285	192	479
2011	17 696	163	466	286	642
2012	19 010	191	527	406	737
2013	19 917	195	615	482	996
2014	20 639	198	695	560	1 129
2015	21 432	202	754	599	1 285
2016	21 889	196	737	610	1 411
2017	22 724	193	854	662	1 607
2018	23 874	199	913	742	1 785

数据来源：整理自1998—2007年《劳动和社会保障事业发展统计公报》、2008—2018年《人力资源和社会保障事业发展统计公报》，http://www.mohrss.gov.cn/。

三、生育保险基金管理

1988 年 6 月 28 日,国务院通过《女职工劳动保护规定》,自 1988 年 9 月 1 日起施行。1994 年 12 月 24 日,劳动部颁布《企业职工生育保险试行办法》,自 1995 年 1 月 1 日起实施,适用于城镇企业及其职工。《社会保险法》第六章规定了生育保险的参保对象和生育保险待遇。2012 年 4 月 18 日,国务院通过《女职工劳动保护特别规定》,自公布之日起施行。

生育保险制度从试点实施至今,生育保险基金起到了保障女职工生育期间经济收入、提供医疗保健和均衡企业生育费用负担等作用。

参加生育保险统筹的企业,按照当地规定的比例缴纳生育保险费,职工个人不缴费。参保职工依法享受生育津贴和生育医疗服务。

全国生育保险基金发展情况如表 13-16 所示。

表 13-16　全国生育保险制度覆盖面与基金收支情况表(1999—2017 年)

| 年份 | 制度覆盖面 | | 基金收支结余(亿元) | | |
	参保人数（万人）	受益人数（万人次）	基金收入	基金支出	累计结余
1999	3 000	—	9.8	6.6	13.6
2000	3 002	—	11.2	8.4	16.8
2001	3 455	—	14	10	21
2002	3 488	—	21.8	12.8	29.7
2003	3 655	36	25	13	42
2004	4 384	46	32	19	56
2005	5 408	62	44	27	72
2006	6 459	108	62	37	97
2007	7 775	113	84	56	127
2008	9 254	140	114	71	168
2009	10 876	174	132	88	212
2010	12 336	211	160	110	261
2011	13 892	265	220	139	343
2012	15 429	353	304	219	428
2013	16 392	522	368	283	515
2014	17 039	613	446	368	593
2015	17 771	642	502	411	684

（续表）

年份	制度覆盖面		基金收支结余（亿元）		
	参保人数 （万人）	受益人数 （万人次）	基金收入	基金支出	累计结余
2016	18 451	914	522	531	676
2017	19 300	1 113	642	744	564

数据来源：整理自 1998—2007 年《劳动和社会保障事业发展统计公报》、2008—2017 年《人力资源和社会保障事业发展统计公报》，http://www.mohrss.gov.cn/。

注：《2018 年人力资源和社会保障事业发展统计公报》中没有公布生育保险制度发展情况。

本章小结

1. 社会保险基金包括基本养老保险基金、基本医疗保险基金、工伤保险基金、失业保险基金和生育保险基金。

2. 第一支柱的公共养老保险制度包括城镇职工基本养老保险制度、机关和事业单位职工养老保险制度和城乡居民基本养老保险制度。城乡居民基本养老保险制度由城镇居民社会养老保险制度和新型农村社会养老保险制度合并而来。目前，我国基本养老保险基金主要由城镇职工基本养老保险基金和城乡居民基本养老保险基金构成，后者比重较小。

3. 城镇职工基本养老保险制度发展历经传统体制阶段、社会统筹阶段和统账结合阶段，基金收支与累计结余规模不断扩大，全部实现养老金社会化发放。我国城镇职工基本养老保险基金管理主要面临以下难题：一是转轨成本与隐性债务；二是个人账户空账运转与做实；三是养老金面临较大支付压力。

4. 我国农村社会养老保险制度的建设历经试点、推广、停滞、重建四个阶段。民政部推行的旧农保实质上是一种储蓄积累模式，存在保障水平过低的制度性缺陷，基金管理采用县级管理不够安全。新农保遵循"保基本、广覆盖、有弹性、可持续"的基本原则，在基金来源、缴费标准、待遇发放方面加强了政府资金投入。

5. 我国基本医疗保险体系包括城镇职工基本医疗保险制度和城乡居民基本医疗保险制度。城乡居民基本医疗保险制度由城镇居民基本医疗保险和新型农村合作医疗两项制度整合而来。

6. 我国失业保险基金、工伤保险基金、生育保险基金管理情况。随着 1999 年《失业保险条例》的颁布，我国正式建立起失业保险制度。失业保险基金起到了保障失业人员基本生活、预防失业和促进就业三大作用。随着 2003 年《工伤保险条例》的颁布，我国于 2004 年 1 月 1 日起实施工伤保险制度。工伤保险基金起到了工伤预防、经济补偿和职业康复三大作用。《企业职工生育保险试行办法》从 1995 年 1 月 1 日起实施，生育保险制度从试点实施至今，生育保险基金起到了保障女职工生育期间经济收入，提供医疗保健和均衡企业生育费用负担等作用。

☑ 关键概念

基本养老保险基金　基本医疗保险基金　工伤保险基金　失业保险基金　生育保险基金　城镇职工基本养老保险　城镇居民基本养老保险　机关和事业单位职工养老保险　新农保　新农合

复习思考题

1. 简述我国基本养老保险基金的构成。
2. 简述我国基本医疗保险基金的构成。
3. 城镇职工基本养老保险基金管理中的主要难点是什么？
4. 比较新旧农村社会养老保险制度的异同。
5. 简述新型农村合作医疗制度的筹资来源。

案例 13-1

养老金缺口 18.3 万亿元？ 推迟退休是对策？

近日，一份由曹远征牵头的中银研究团队和德意志银行大中华区首席经济学家马骏牵头的以复旦大学为主的研究团体撰写的《化解国家资产负债中长期风险》报告称，到 2013 年，中国养老金的缺口将达到 18.3 万亿元。

一石激起千层浪。该报告的发布引发了国人对于养老金缺口的担忧。报告指出，人口老龄化冲击下，我国养老金的统筹账户将给财政造成巨大负担。从 2017 年起，养老金要求的财政补贴将持续上升，至 2050 年，养老金缺口将达到当年财政支出的 20% 以上。

不过，对于养老金缺口问题，人力资源和社会保障部有自己的说法。其统计数据显示，截至 2011 年年末，我国企业职工养老金结余 1.9 万亿元，所以，从全国层面看，不存在养老金缺口的问题。未来全国养老保险基金能够做到长期收支平衡。

国家行政学院经济学部教授时红秀在接受《中国产经新闻》记者采访时说："两者的数据不同是很正常的。人保部的数据更倾向于立足眼前，其数据体现的是现实情况。但并没有把我国人口结构考虑进去，也没考虑到我国城镇化进程。目前，我国养老体系并没有把农村老龄人口纳入进来。如果考虑到上述两个因素，未来我国养老金很有可能会出现较大的缺口。"

上述研究报告的主要撰写者之一、来自中国银行研究团队的廖淑萍在接受《中国产经新闻》记者采访时则称，本次研究结果和政策建议，是利用推测法和估算法等模型测算出来的。基于国家统计局往年已发表的数据作为存量基础，加上每年的流量变化，逐年累计而成。模型测算的结果是未来 50 年内养老账户缺口的重现。

由此，不少业内人士开始担忧，届时，我国财政是否还能坚持，国人的养老是否还能得到保障。"除此之外，养老金缺口巨大，还会导致储蓄率下降，财政支持固定资产投资的力度也会下降。进而会给我国经济增长造成压力。"廖淑萍说。

国家信息中心首席经济师、预测部主任范剑平表示，扩大消费要进一步完善社会保障体系，使老百姓没有后顾之忧、放心消费,要妥善处理养老金缺口问题。

对此,时红秀建议,弥补养老金缺口应该开源节流。按照国际经验,比较立竿见影的方法是延长退休时间。据测算,我国退休年龄每延迟一年,养老统筹基金可增长 40 亿元,减支 160 亿元,减缓基金缺口 200 亿元。"60—65 岁是劳动者技能最为稳定的时候,此时退休确实有点可惜。"

6 月 5 日,人力资源和社会保障部已经明确表示,延迟退休年龄已是一种必然趋势,将适时提出弹性延迟领取基本养老金年龄的政策建议。这似乎意味着人力资源和社会保障部也发现了今后养老金的缺口,并在积极采取一些改变。

不过,人力资源和社会保障部的此番表态,遭到了劳动者的一片谴责。人民网进行的"你怎样看待弹性延迟领养老金年龄"的调查,45 万名网友有 93.3% 投了反对票。

时红秀表示,许多公众在认识上还存在误区,延迟退休年龄已是一种必然趋势。而且,延迟退休年龄并非我国独有。今年以来,包括美国在内的世界各国都在深化弹性退休制度改革。世界首富卡洛斯·斯利姆(Carlos Slim)甚至建议称,各国都应将人们的退休年龄推迟至 70 岁,以促进经济发展。

除了延迟退休之外,时红秀还建议,我国应该从国企利润中拿出一部分用作社会保险。同时,也可以提高养老金运营水平,让养老金自我升值。"在我国资本市场不发达的情况下,我国可以从国有资本中划出一部分产权,归养老系统所有。这部分产权也可以说是股权,是有升值空间的。"

资料来源:王超.养老金存潜在黑洞,"推迟退休"成数字魔方[N].中国产经新闻报,2012 年 6 月 18 日。

案例 13-2

新农合带来医疗服务需求井喷式增长

"2002 年以来,新型农村合作医疗使得基层医疗服务需求'井喷式'增长,所以,作为基层医疗机构的县级公立医院综合改革尤为重要。"卫生部卫生发展研究中心研究员李卫平今日在解读《关于县级公立医院综合改革试点的意见》时作出如上表述。

李卫平指出,我国的农村三级医疗卫生服务网络在 20 世纪 80 年代受到一定的影响和削弱,2002 年,随着新型农村合作医疗的发展,筹资水平的不断提高和补偿比例的提高,使得农村居民的医疗服务的支付能力有所增强。"由此带来的新情况用一个词来形容就是'井喷'式的医疗服务的增长,各个地方的医疗机构服务压力是很大的,从门诊到住院都是如此。"李卫平说,此次县级公立医院综合改革提出加强县级公立医院服务能力建设,说明它既是一个龙头又是枢纽。

李卫平表示,随着我国医学科学的发展,城市医院的医疗水平突飞猛进,很多病人都往大医院涌。而现在加强县级医院的建设,大医院的技术才可以向农村转移,但不可能直接把技术转移到乡镇卫生院,所以,先加强县级医院的建设,提升它的服务能力,就能更加有效地理顺服务体制,使城乡的服务体系能够更好地承接上下。

资料来源:刘永晓.卫生部:新农合带来"井喷式"医疗服务需求增长[N].中国网,http://www.china.com.cn,2012 年 6 月 21 日。

第十四章　社会救助基金管理

本章学习目标

1. 知悉灾害救助基金管理现状
2. 掌握城乡生活救助基金管理现状
3. 了解我国社会慈善基金管理现状

社会救助的目的在于减轻贫困，包括灾害救助、生活救助、医疗救助、教育救助、住房救助、法律援助、生产救助和民间慈善等多方面内容。结合我国社会救助的发展情况，本章主要介绍灾害救助基金、生活救助基金和社会慈善基金管理。

第一节　灾害救助基金管理

一、近年来我国自然灾害发生与危害状况

我国是世界上自然灾害最为严重的国家之一，继 1976 年唐山大地震后，旱灾、洪涝、风雹、台风、地震、沙尘暴、雪灾和低温冷冻等自然灾害频频发生，1998 年发生特大洪涝灾害，2008 年发生南方部分地区严重低温雨雪冰冻灾害和汶川特大地震，2010 年新疆等地寒潮冰雪、西南地区连续旱灾、青海玉树强烈地震、南方和东北严重暴雨洪涝、甘肃舟曲特大山洪泥石流、沿海台风等灾害连续不断。我国自然灾害在人口、生产、生活和经济等方面近年来造成的影响如表 14-1 所示。尽管由于灾害的不同，历年来灾害在农作物受灾面积、绝收面积、倒塌房屋等方面的影响差异较大，但在 2001 年—2011 年，每年受灾人口都超过 3.7 亿人，影响面相当广。近 5 年的受灾人口虽然明显下降，但是自然灾害造成的直接经济损失并不低，比如 2016 年的直接经济损失高达 5 000 亿元。

表 14-1　我国自然灾害影响（2001—2017 年）

年份	人口影响		生产生活影响			经济损失
	死亡失踪人口（人）	受灾人口（亿人次）	农作物受灾面积（万公顷）	绝收面积（万公顷）	倒塌房屋（万间）	直接经济损失（亿元）
2001	2 538	3.7	5 215.0	822.0	92	1 942.2
2002	2 840	3.7	4 711.9	655.8	175.7	1 717.4

（续表）

| 年份 | 人口影响 | | 生产生活影响 | | | 经济损失 |
	死亡失踪人口（人）	受灾人口（亿人次）	农作物受灾面积（万公顷）	绝收面积（万公顷）	倒塌房屋（万间）	直接经济损失（亿元）
2003	2 259	4.9	5 438.6	854.6	343	1 884.2
2004	2 250	3.4	3 710.6	436.0	155	1 602.3
2005	2 475	—	3 881.8	459.7	226.4	2 042.1
2006	3 186	—	4 109.1	540.9	193.3	2 528.1
2007	2 325	3.977 7	4 899.3	574.68	146.7	2 363.0
2008	88 928	4.779 5	3 999.0	403.22	1 097.8	11 752.4
2009	1 528	4.79	4 721.4	491.75	83.8	2 523.7
2010	7 844	4.3	3 742.6	486.3	273.3	5 339.9
2011	1 126	4.3	3 247.1	289.2	93.5	3 096.4
2012	1 530	2.9	2 496.2	182.6	90.6	4 185.5
2013	2 284	3.9	3 135.0	384.4	87.5	5 808.4
2014	1 818	2.4	2 489.1	309.0	45	3 373.8
2015	967	1.9	21 769.8	2 232.7	24.8	2 704.1
2016	1 706	1.9	26 220.7	2 902.2	52.1	5 032.9
2017	979	1.4	18 478.1	1 826.7	15.3	3 018.7

数据来源：整理自民政部 2001—2009 年《民政事业发展统计报告》、2010—2017 年《社会服务发展统计报告》。
注：至 2019 年 8 月笔者截稿之际，2018 年《社会服务发展统计报告》尚未发布。

二、政府灾害救助基金管理状况

1998 年，国务院颁布《中华人民共和国减灾规则（1998—2010 年）》，2005 年 5 月，国务院颁布《国家自然灾害救助应急预案》。2010 年，《自然灾害救助条例》颁布实施，填补了自然灾害救助的行政法规空白。财政部和民政部 2011 年 1 月制定了《自然灾害生活救助资金管理暂行办法》。自然灾害生活救助资金，是指中央和地方财政安排的自然灾害生活补助资金，主要用于解决遭受自然灾害地区的农村居民无力克服的衣、食、住、医等临时困难，紧急转移安置和抢救受灾群众，抚慰因灾遇难人员家属，恢复重建倒损住房，以及采购、管理、储运救灾物资等项支出。我国政府灾害救助基金支出情况如表 14-2 所示。

表 14-2　我国政府灾害救助基金支出情况（2001—2017 年）

年份	应急响应（次）	灾害救助基金支出内容			救助对象		
		下拨救灾资金（亿元）	调拨帐篷（万顶）	棉衣被（万件）	救助受灾群众（万人次）	紧急转移安置人口（万人次）	重建倒塌民房（万间）
2001	—	41.0	—	—	6 000	210.0	
2002	—	55.5	1.6	—	—	471.8	
2003		52.9		—	—	707.3	
2004	—	40	3.39	—	9 000	563.2	—
2005	30	43.1	6.7	—	11 789.4	1 570.3	190.4
2006	40	49.4	—	—	—	1 384.5	188.8
2007	49	79.8	—	—	—	1 499.1	142.6
2008	38	303.8	—	—	8 000	2 682.2	572.7
2009	—	174.5	4.46	—	6 553	709.9	—
2010	51	113.44	22	—	9 000	1 858.4	58.5
2011	33	86.4	7	83	7 500	939.4	99.4
2012	38	112.7	7.7	54.8	7 800	1 109.6	410
2013	39	102.7	19.6	62.8	8 000	1 215.0	—
2014	28	98.73	11.4	16.4	7 500	601.7	—
2015	20	94.72	4.7	16.1	6 000	644.4	—
2016	22	910.1	4.1	15	—	910.1	—
2017	17	80.7	3	11.6	—	525.3	—

数据来源：整理自民政部 2001—2009 年《民政事业发展统计报告》、2010—2017 年《社会服务发展统计报告》。

第二节　生活救助基金管理

一、城乡居民最低生活保障基金管理

1997 年，国务院决定在全国建立城市居民最低生活保障制度，发布《关于在全国建立城市居民最低生活保障制度的通知》（国发〔1997〕29 号），保障对象是家庭人均收入低于当地最低生活保障标准的持有非农业户口的城市居民。1999 年 9 月，国务院颁布《城市居民最低生活保障条例》。

随着我国城市居民最低生活保障制度的全面实施，部分有条件的地区从 1997 年开始尝试建立农村居民最低生活保障制度。农村低保制度的覆盖人群快速增长，从 2001 年的 304.6 万人快速增长到 2006 年时的 1 593.1 万人，而且 2007 年时增长至 3 566.3 万人，比同期城市居民最低生活保障制度覆盖人群多 1 294.2 万人。

2011 年年底，各级政府城乡低保资金支出额分别为 659.9 亿元与 667.7 亿元。城乡低保标准和低保补助水平差距较大，2011 年城乡低保标准分别为 287.6 元与 143.2 元/（人·月），城乡低保补助水平分别为 240.3 元与 106.1 元/（人·月）。城市低保标准和低保补助水平约是农村的 2 倍。低保标准的差距在其后几年随着低保标准的逐年上调在逐渐缩小，到 2017 年，城乡低保标准分别为 540.6 元与 358.4 元/人·月。城乡低保补助水平在 2015 年分别为 316.6 元与 147.2 元/人·月，其后的低保补助标准民政部未在《社会服务发展统计报告》中予以公布。城乡低保基金支出金额与水平如表 14-3 所示。

表 14-3　城乡低保基金支出金额与水平（2001—2017 年）

年份	低保人数（万人）		低保资金支出（亿元）		低保标准（元/人/月）		低保补助水平（元/人/月）	
	城市	农村	城市	农村	城市	农村	城市	农村
2001	1 170.7	304.6	—		—		—	
2002	2 064.7	407.8	108.7	—	—	—	52.0	—
2003	2 246.8	367.1	151		149.0		58.0	
2004	2 205	488.0	172.7		152.0		65.0	
2005	2 234.2	825.0	191.9		156.0		72.3	
2006	2 240.1	1 593.1	224.2	—	169.6		83.6	
2007	2 272.1	3 566.3	277.4	109.1	182.4	70.0	102.7	38.8
2008	2 334.8	4 305.5	393.4	228.7	205.3	82.3	143.7	50.4
2009	2 345.6	4 760.0	482.1	363	227.8	100.84	172.0	68
2010	2 310.5	5 214.0	524.7	445.0	251.2	117.0	189.0	74
2011	2 276.8	5 305.7	659.9	667.7	287.6	143.2	240.3	106.1
2012	2 143.5	5 344.5	674.3	718	330.1	172.3	239.1	104.0
2013	2 064.2	5 388.0	756.7	866.9	373	202.8	264	116
2014	1 877.0	5 207.2	721.7	870.3	411	231.4	286	129
2015	1 701.1	4 903.6	719.3	931.5	451.2	264.8	316.6	147.2
2016	1 480.2	4 586.5	687.9	1 014.5	494.6	312.0	—	—
2017	1 261.0	4 045.2	640.5	1 051.8	540.6	358.4	—	—

数据来源：整理自民政部 2001—2009 年《民政事业发展统计报告》、2010—2017 年《社会服务发展统计报告》。

城市最低生活保障标准具体由各地区制定，在经济发展水平和物价消费水平不平衡的情况下，低保标准地区不统一，城乡不统一。到 2018 年第三季度，城乡居民最低生活保障标准突破 1 000 元/人·月的有上海和北京，两地城乡低保标准统一，分别为 1 000 元/人·月和 1 070 元/人·月。统一了城乡低保标准的还有天津，为 920 元/人·月。城镇低保最低的是新疆，为 421.8 元/人·月，农村低保标准最低的是河南，平均每月不足 300 元。我国各地区城乡居民低保标准如表 14-4 所示。

表 14-4　全国各地区城乡居民最低生活保障标准　（单位：元/月·人）

时间	2012 年第一季度		2018 年第三季度	
地区	城镇	农村	城镇	农村
北京市	520.00	421.54	1 000.0	1 000.0
天津市	485.00	336.80	920.0	920.0
河北省	321.11	146.41	598.4	358.1
山西省	289.02	133.40	495.9	337.7
内蒙古自治区	364.39	209.43	636.9	447.3
辽宁省	343.46	182.29	590.1	384.0
吉林省	271.00	131.83	506.9	323.4
黑龙江省	287.35	128.95	551.9	323.6
上海市	505.00	360.00	1 070.0	1 070.0
江苏省	391.17	312.00	677.1	635.6
浙江省	453.40	314.32	738.0	726.7
安徽省	311.75	162.87	566.1	481.6
福建省	293.00	144.90	605.2	573.0
江西省	334.36	160.74	576.7	342.2
山东省	322.58	148.24	523.8	363.4
河南省	236.53	96.24	490.5	299.2
湖北省	302.77	120.12	605.0	439.6
湖南省	257.67	117.68	470.3	338.5
广东省	288.23	195.79	745.8	589.9
广西壮族自治区	248.85	103.98	589.5	317.7
海南省	312.00	230.95	487.1	361.7
重庆市	300.77	161.95	546.0	415.4
四川省	250.19	115.96	499.8	326.9
贵州省	295.10	130.45	597.7	348.4
云南省	246.66	112.31	559.4	301.0
西藏自治区	395.75	80.23	804.4	321.4
陕西省	314.68	135.91	537.6	319.4

（续表）

时间	2012 年第一季度		2018 年第三季度	
地区	城镇	农村	城镇	农村
甘肃省	220.46	105.49	487.5	328.7
青海省	241.32	116.31	500.8	308.8
宁夏回族自治区	240.23	89.45	565.0	329.2
新疆维吾尔自治区	201.70	95.59	421.8	309.2

在不同时期，为保障居民的生存和发展权利，最低生活保障标准会因物价的上涨而调整。在全国率先建立城市居民最低生活保障制度的上海，从 1993 年 6 月该制度建立以来，不断调高城镇居民最低生活保障标准，从 1994 年每人每月 140 元，到 2004 年的每人每月 290 元，再到 2014 年的每人每月 570 元，到 2018 年已调整到每人每月 1 070 元。如图 14-1 所示。

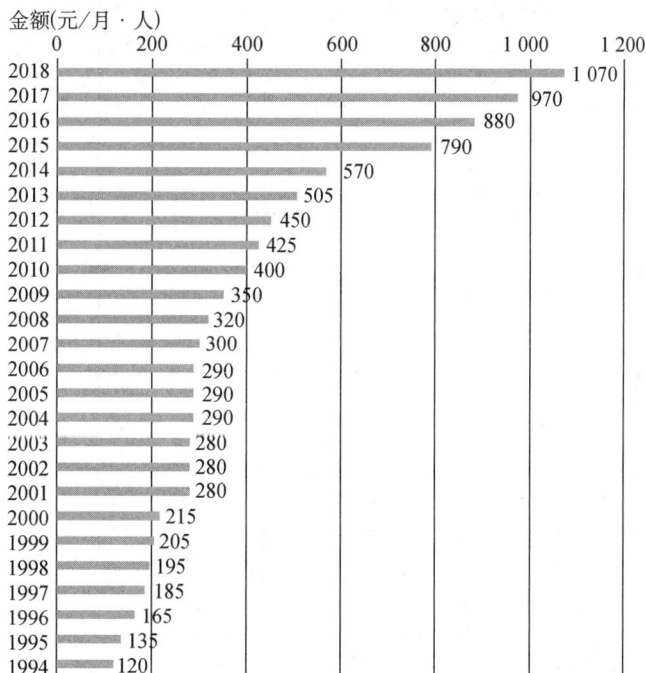

图 14-1　上海城镇居民最低生活保障标准（1994—2018 年）

二、农村五保供养基金

农村五保供养制度始建于 1956 年，1994 年 1 月，国务院发布《农村五保供养工作条例》，新《农村五保供养工作条例》于 2006 年 1 月 11 日经国务院审议通过，自 2006 年 3 月 1 日起施行，原条例同时废止。

农村五保供养，是指在吃、穿、住、医、葬方面给予村民的生活照顾和物质帮助。享受农村五保供养待遇的对象为：老年、残疾或者未满 16 周岁的村民，无劳动能力、无生活来源又无法定赡养、抚养、扶养义务人，或者其法定赡养、抚养、扶养义务人无赡养、抚养、扶养能力的。

农村五保供养资金在地方人民政府财政预算中安排。有农村集体经营等收入的地方，可以从农村集体经营等收入中安排资金，用于补助和改善农村五保供养对象的生活。中央财政对财政困难地区的农村五保供养，在资金上给予适当补助。

农村五保供养对象可以在当地的农村五保供养服务机构集中供养，也可以在家分散供养。农村五保供养对象可以自行选择供养形式。集中供养的农村五保供养对象，由农村五保供养服务机构提供供养服务；分散供养的农村五保供养对象，可以由村民委员会提供照顾，也可以由农村五保供养服务机构提供有关供养服务。

我国农村五保供养基金如表 14-5 所示。

表 14-5　农村五保供养基金支出金额与水平（2001—2017 年）

年份	五保供养对象		各级财政五保供养资金支出（亿元）	集中供养		分散供养	
	万户	万人		万人	年平均标准（元/人）	万人	年平均标准（元/人）
2001	—	—	—	—	—	—	—
2002	—	162.2	—	—	—	—	—
2003	173.9	—	—	—	—	—	—
2004	228.7	228.7	—	—	—	—	—
2005	349.7	300.0	—	—	—	—	—
2006	468.0	503.3	—	—	—	—	—
2007	499.2	531.3	—	138	1 953	393.3	1 432
2008	521.9	548.6	—	155.6	2 176.1	393	1 624.4
2009	529.4	553.4	88.0	171.8	2 587.49	381.6	1 842.71
2010	534.1	556.3	98.1	177.4	2 951.5	378.9	2 102.1
2011	530.2	551.0	121.7	184.5	3 399.7	366.5	2 470.5
2012	529.2	545.6	145.0	185.3	4 060.9	360.3	3 008.0
2013	—	537.2	172.3	183.5	4 685	353.8	3 499
2014	—	529.1	189.8	174.3	5 371	354.8	4 006
2015	—	516.7	210.0	162.3	6 025.7	354.4	4 490.1
2016	—	496.9	228.9	—	—	—	—
2017	—	466.9	269.4	—	—	—	—

数据来源：整理自民政部 2001—2009 年《民政事业发展统计报告》、2010—2017 年《社会服务发展统计报告》。

第三节　社会慈善基金管理

社会慈善基金是指出于人道主义关怀，为帮助残疾人、孤儿、病患者、受灾群众等弱势群体而无偿捐献的资金与物资。接受社会慈善捐赠的政府机构是民政部；发起、接受和管理社会慈善捐赠基金的非官方机构称为慈善机构，名称通常为基金会，如宋庆龄基金会、中国扶贫基金会、联合国儿童基金会。

一、社会慈善基金立法现状

《中华人民共和国慈善法》于 2016 年 3 月 16 日在第十二届全国人民代表大会上通过（主席令第 43 号），自 2016 年 9 月 1 日起施行。《慈善法》共 12 章 112 条，是我国慈善领域的基础性、综合性法律，明确了慈善活动的定义与范围，规范了慈善组织的资格与行为回应了社会普遍关注的慈善募捐和慈善捐赠的重大问题，进一步明确了慈善信托制度，提出了政府促进慈善事业的措施，明确了政府监管、社会监督和行业自律三位一体的综合监管体系。对于慈善组织、捐赠人、受益人三类慈善活动主要参与主体，明确了享受税收优惠的权利；明确了对开展扶贫济困的慈善活动要实行更特殊的优惠；允许企业捐赠结转以后三年扣除。《慈善法》的颁布不仅有利于保护慈善活动参与者的合法权益，规范慈善活动的发展，弘扬慈善文化，而且有利于促进社会进步，使中华民族乐善好施、守望相助的优良传统进一步发扬光大。

其他的慈善法律法规主要涉及慈善捐赠、税收激励、慈善信托和慈善组织管理四个方面。在慈善捐赠方面，《公益事业捐赠法》自 1999 年 9 月 1 日起施行。在税收激励方面，主要体现在《企业所得税法》《营业税暂行条例》《房产税暂行条例》《事业单位、社会团体、民办非企业单位企业所得税征收管理办法》和《扶贫、慈善性捐赠物资免征进口税收暂行办法》等多部法律、法规和各级政府及其部门制定的规章和规范性文件中。2007 年 1 月，财政部和国家税务总局下发了《关于公益救济性捐赠税前扣除政策及相关管理问题的通知》。在慈善信托方面，《信托法》中专章规定了"公益信托"的内容。在慈善组织管理方面，有《社会团体登记管理条例》《基金会管理条例》和《民办非企业单位登记管理暂行条例》。

二、社会慈善基金发展现状

社会捐助工作从 2001 年 9 月开始走上经常性、规范化的轨道，各大中城市普遍建立了捐赠工作站点。截至 2017 年年底，全国共建立经常性社会捐助工作站、点和慈善超市 2.8 万个（其中，慈善超市 8 969 个）。全年共接收社会捐款 754.2 亿元，其中，民政部门直接接收社会各界捐款 25.0 亿元，各类社会组织接收捐款 729.2 亿元。全年各地民政部门直接接收捐赠物资价值折合人民币 1.1 亿元，间接接收其他部门转入的捐赠物资价值折合人民币 0.7 亿元，社会捐款 10.3 亿元。全年有 582.8 万人次困难群众受益。全年有 1 716.4 万人次在社会服务领域提供了 5 395.6 万小时的志愿服务。从表 14-6 中可见，从有数据公布的近十多年间，民政部直接接收的捐款在社会捐赠总额中的比重不断下降，从 2007 年的超过 50％降到 2017 年的仅占 3％。全国社会捐赠情况如表 14-6 所示。

表 14-6　全国社会捐赠情况（2001—2017 年）

年份	社会捐赠款（亿元）			捐赠衣被（万件）
	民政部直接接收	各类社会组织接收	合计捐款	
2001	—	—	7.6	13 000
2002	—	—	11.1	22 961.1
2003	—	—	41.0	19 648.8
2004	—	—	34.0	8 957.2
2005	—	—	60.3	10 355.0
2006	—	—	83.1	7 123.6
2007	50.9	40.5	132.8	8 756.8
2008	498.8	77.3	764.0	115 816
2009	68.6	—	507.2	12 476.6
2010	179.8	417	601.7	2 750.4
2011	96.6	393.6	495.0	2 918.5
2012	101.7	470.8	572.5	12 538.2
2013	107.6	458.8	566.4	10 405.0
2014	79.6	524.9	604.4	5 244.5
2015	44.2	610.3	654.5	4 537.0
2016	40.3	786.7	827.0	6 638.3
2017	25.0	729.2	754.2	—

数据来源：整理自民政部 2001—2009 年《民政事业发展统计报告》、2010—2017 年《社会服务发展统计报告》。

本章小结

1. 我国自然灾害频发，中央和地方财政安排自然灾害生活救助资金，主要用于解决遭受自然灾害地区的农村居民无力克服的衣、食、住、医等临时困难，紧急转移安置和抢救受灾群众，抚慰因灾遇难人员家属，恢复重建倒损住房，以及采购、管理、储运救灾物资等项支出。

2. 城市居民最低生活保障制度从 1997 年在全国普遍建立，农村居民最低生活保障制度同期在部分省市建立，用于保障家庭人均收入低于当地最低生活保障标准的城乡居民。城乡居民最低生活保障标准地区不统一，同一个地区的城乡低保标准也不统一。

3. 农村五保供养在吃、穿、住、医、葬方面给予村民生活照顾和物质帮助，有集中供养和分散供养两种方式，资金来源于地方人民政府财政预算、农村集体经营收入和中央财政对财政困难地区的资金补助。

4. 社会慈善基金是指出于人道主义关怀，为帮助残疾人、孤儿、病患者、受灾群众等弱势群体而无偿捐献的资金与物资。接受社会慈善捐赠的政府机构是民政部；发起、接受和管理社会慈善捐赠基金的非官方机构称为慈善机构，名称通常为基金会。我国在 2016 年出台《慈善法》，是我国慈善领域的基础性、综合性法律，其他慈善法律法规主要涉及慈善捐赠、税收激励、慈善信托和慈善组织管理四个方面。

✅ 关键概念

灾害救助基金　生活救助基金　社会慈善基金

🖋 复习思考题

1. 结合汶川大地震谈谈对灾害救助基金的认识。
2. 最低生活保障标准在城乡居民最低生活保障基金中有何作用？
3. 简述我国农村五保供养基金的支出对象与方式。
4. 简述我国社会慈善基金的立法现状。

案例 14-1

汶川地震四周年，你最关心什么

2008 年的 5 月 12 日，一场突如其来的大地震震动了汶川，也震动了中国。

四年后的今天，我们再次把目光投向汶川地震灾区。

时隔四年，你最关心什么问题？

根据《新京报》"京报调查"的结果看，受访者最关心的问题，分别是"灾区重建的现状"（71.2%）、"救灾拨款和捐款是否安全利用"（69.8%）、"伤者/遗孤生活是否舒心"（60.4%）、"灾民的心灵创伤是否愈合"（56.1%）、"重建的房子质量是否坚固"（55.0%）。经过四年的重建，灾区的人们到底生活得怎么样，是否已回归正常生活轨道，爱心款项是否真正物尽其用，是最受关注的事情。

今天，对汶川地震最好的纪念是什么？

"京报调查"的结果显示，83.0% 的受访者选择了"珍惜生命，好好生活"。诚然，近年来，灾害频发，伤亡时有发生，以汶川地震为最，带给国人的震撼也最大，这堂"生命课"将伴随很多人的一生。55.5％的受访者选择了"公开善款的利用情况"，这与受访者关注的问题相呼应，虽然审计部门已多次向社会公布对救灾拨款和捐款的审计情况，但公众显然渴望更加透明、更为公开。39.7％的受访者选择了"葆有灾后重建的公民精神"，记得当时，很多人对震后出现的志愿者赞赏极高。在当下"道德"时而成为社会盲点的背景下，重温"公民精神"，无疑能照亮人心。"责任感"如何延续，是值得每一个人认真思索的问题。

本次调查由《新京报·评论周刊》与清研咨询联合推出，共回收有效问卷 1 177 份。

资料来源：高明勇. 调查称 7 成受访者最关心汶川灾区重建现状 [N]. 新京报，2012 年 5 月 12 日。

案例 14-2

2011 年中红会接收社会捐赠减六成

据新华社电 民政部主管主办的中民慈善捐助信息中心昨日发布《2011 年度中国慈善捐助报告》数据。数据显示，2011 年，全国接收国内外社会各界的款物捐赠总额约 845 亿元，占我国 GDP 的比例为 0.18％，人均捐款 62.7 元。捐赠总量较 2010 年下降 18.1％。

"去年社会捐赠总额下降的原因较多，也比较复杂。"中民慈善捐助信息中心副主任刘佑平分析说，2011 年我国未频发特别重大自然灾害，而 2010 年西南旱灾、玉树地震、甘肃泥石流等重大自然灾害，客观上激发了社会的救灾捐赠热情，直接拉升了当年的捐赠收入水平。

统计数据显示，我国救灾领域的捐赠量，由 2010 年的 252 亿元下降到 2011 年的 52 亿元，减少 200 亿元。

刘佑平表示，"郭美美事件"等对社会各界日常捐赠热情产生影响，也是造成 2011 年度捐赠总额下降的一个不能忽视的因素。2011 年，企业和公民的经济收入增长放缓，也在一定程度上影响了捐赠人的捐赠热情。

调查显示，从接收捐赠主体来看，社会组织获得超过六成的全国捐赠。各级民政部门接收社会捐赠约 111.12 亿元，占全国捐赠总量的 13.2％。红十字会接收社会捐赠约 28.67 亿元，占全国捐赠总量的 3.4％，同比减少了 59.39％。

从捐赠使用流向来看，2011 年捐赠领域呈现多元分布格局。教育和扶贫是最吸引捐赠资源的领域。

资料来源：去年红会接收社会捐赠减六成 [N]. 东方早报，2012 年 6 月 29 日。

第十五章　社会福利基金管理

📖 **本章学习目标**

1. 掌握我国公共社会福利的构成和发展现状
2. 了解我国特定对象社会福利的内容和发展现状
3. 知悉福利彩票基金的性质、管理体系与支出结构

社会福利有广义与狭义之分。广义的社会福利等同于社会保障；狭义的社会福利是社会保障中与社会保险、社会救助并列的组成部分。本书采用社会福利的狭义定义。根据主体的不同，社会福利可以分为公共社会福利、特定对象社会福利和职业福利。公共社会福利面向全体社会成员，主要包括公共教育、公共卫生、公共设施等；特定对象社会福利主要面向老年人、儿童和残疾人；职业福利是企业提供给职工的文化、培训、住房、交通等方面的福利待遇。

第一节　公共社会福利

一、公共教育社会福利

教育投入是投资于国家和民族的未来，世界上许多国家（包括发展中国家）积极实施教育优先发展战略，确保教育财政投入到位，减轻家庭教育负担。我国财政性教育支出的金额逐年增加，从 1992 年的 728.750 6 亿元增长到 2002 年的 349.140 48 亿元，是 1992 年的 4.8 倍；2012 年增长到 2 314.756 98 亿元，是 1992 年的 31.8 倍，是 2002 年的 6.6 倍；根据《中国统计年鉴 2017》公布的最新数据，2015 年国家财政性教育支出为 2 922.145 11亿元，接近 3 万亿元。然而，更为重要和更具可比性的数据是国家财政性教育支出占 GDP 的比重。1987 年我国制定《九年义务教育法》，1995 年出台《教育法》，1993 年中共中央、国务院制定的《中国教育改革和发展纲要》中明确提出："逐步提高国家财政性教育经费支出占国民生产总值的比例，在本世纪末达到 4％。"该比重的世界平均水平为 7％左右，发达国家达到 9％左右，经济欠发达的国家也达到 4.1％，因此，该目标定得并不算高。然而，4％目标的真正实现却是在 2012 年，比 2000 年的预定时间表整整推迟了 12 年！1993 年时，该比重为 2.46％，直到 2007 年才超过 3％。2007—2011 年，该比重一直未达到 4％，分别为 3.12％（2007 年）、3.33％（2008 年）、3.59％（2009 年）、

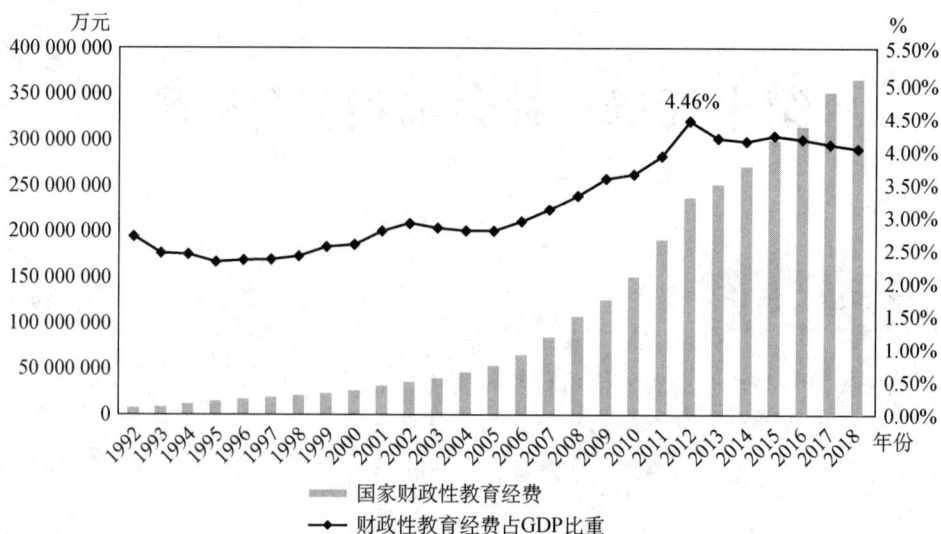

图 15-1　我国财政性教育经费及其占 GDP 的比重（1992—2018 年）

3.65％（2010 年）、3.93％（2011 年）。直到 2012 年，该比重才超过 4％，为 4.46％，终于实现了 20 年前提出的目标。此后几年，该比重保持在 4％以上，但有所下降。2016 年，我国教育经费总投入为 38 866 亿元，比上年增长 7.57％；其中，国家财政性教育经费为 31 373 亿元，增长 7.36％。2017 年，全国教育经费总投入为 42 557 亿元，同比增长 9.43％；其中，国家财政性教育经费为 34 204 亿元，占 GDP 的比重为 4.14％；2018 年，全国教育经费总投入达到 4.6 万亿，比上一年增长 8.39％，其中，国家财政性教育经费为 36 990 亿元，比上一年增长 8.13％，占 GDP 的比重为 4.11％，自 2012 年起，连续 7 年保持在 4％以上[1]。

二、公共卫生社会福利

1978—2018 年，我国卫生总费用从 110.21 亿元增长到 57 998.3 亿元，人均卫生经费从 11.45 元增加至 4 148.1 元，卫生总费用占 GDP 的比重呈现出波浪形上升特点，从 3.02％提高到 6.39％，如图 15-2 所示。

卫生总费用的构成在 1978—2018 年发生显著变化，如图 15-3 所示。2018 年政府卫生支出、社会卫生支出和个人现金卫生支出占卫生总费用的比重分别为 28.3％、43.0％和 28.7％。医药卫生改革后，个人现金卫生支出占卫生总费用的比重显著增加，从 1978 年的 20.43％逐渐走高，1987 年时超过 30％，1993 年时超过 40％，1996 年到 2005 年这十年都超过 50％，最高在 2001 年时接近 60％，近十年才有所下降，比重相应增加的是社会卫生支出。该比重在 1978 年的最高值为 47.41％，2001 年时比重降到最低的 24.10％，现如今所占比重在 40％左右。政府卫生支出比重变化比较小，在 1978 年到 1988 年这十年间

---

① 国家财政性教育经费投入占 GDP 比例连续 7 年超 4％，2019 年 6 月 7 日，中国教育在线。

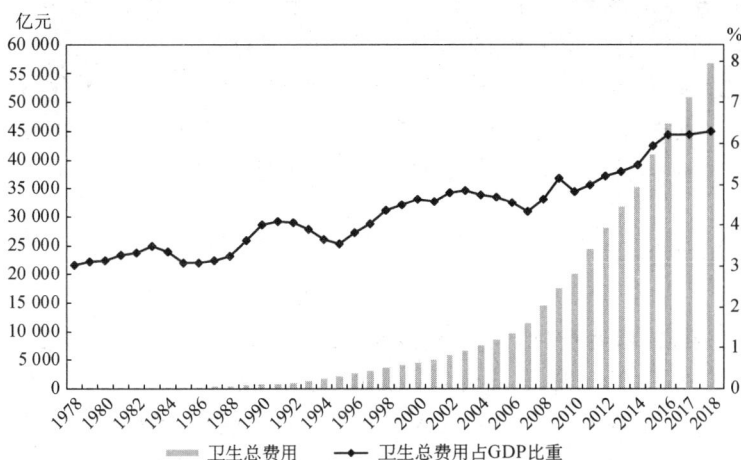

图 15-2　我国卫生总费用占 GDP 的比重（1978—2018 年）

处于 30％—38％的区间，此后一路走低，区间从 20％到 15％，2000 年时降到最低值 15.47％，在卫生总费用中目前比重最低，近十年政府卫生支出比重接近 30％左右。

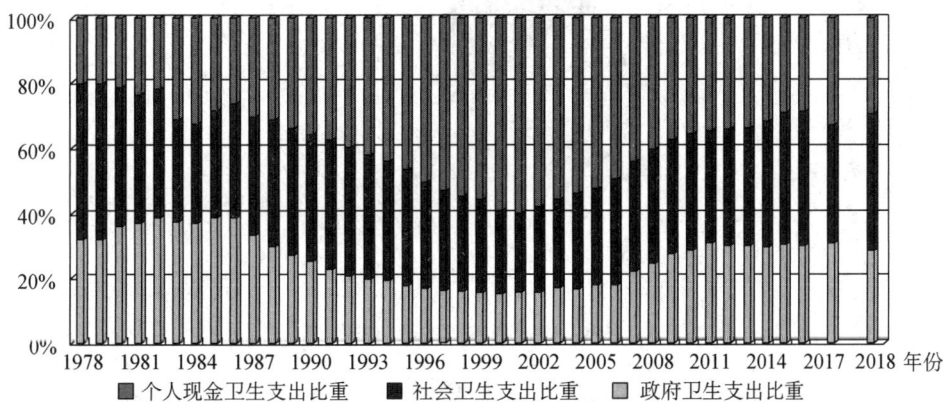

图 15-3　我国卫生总费用的构成百分比（1978—2018 年）

第二节　特定对象福利

一、老年人和儿童社会福利

老年人社会福利包括老年人收入福利、医疗保健福利、社会福利服务和老年大学等发展性福利。儿童社会福利包括家庭保护、教育福利、文化福利和特殊儿童社会福利。特殊儿童社会福利是指残疾儿童、孤儿、弃婴和流浪儿童，是儿童社会福利的重要组成部分。

到 2017 年年底，全国各类养老服务机构和设施 15.5 万个，比上年增长 10.6％，其中，注册登记的养老服务机构 2.9 万个，社区养老机构和设施 4.3 万个，社区互助型养老设施 8.3 万个；各类养老床位合计 744.8 万张，比上年增长 2%（每千名老年人拥有养老床位 30.9 张），其中，社区留宿和日间照料床位 338.5 万张。

全国共有儿童收养救助服务机构 663 个，床位 10.3 万张，年末收留抚养各类人员 5.9 万人。其中，儿童福利机构 469 个，床位 9.5 万张；未成年人救助保护中心 194 个，床位 0.8 万张，全年共救助流浪乞讨未成年人 3.5 万人次[①]。

二、残疾人社会福利

根据第六次全国人口普查我国总人口数及第二次全国残疾人抽样调查的结果推算，中国残疾人联合会 2012 年 3 月 5 日公布，全国残疾人总数为 8 502 万人，占总人口的 6.34%，平均每 16 个人中就有一名残疾人。其中，重度残疾 2 518 万人，中度和轻度残疾 5 984 万人。各类残疾人的数量与构成如图 15-4 所示，从图中可以看出，肢体残疾在残疾人中比重最高，占 29%，有 2 472 万人；其次是听力残疾，占 24%，有 2 054 万人。

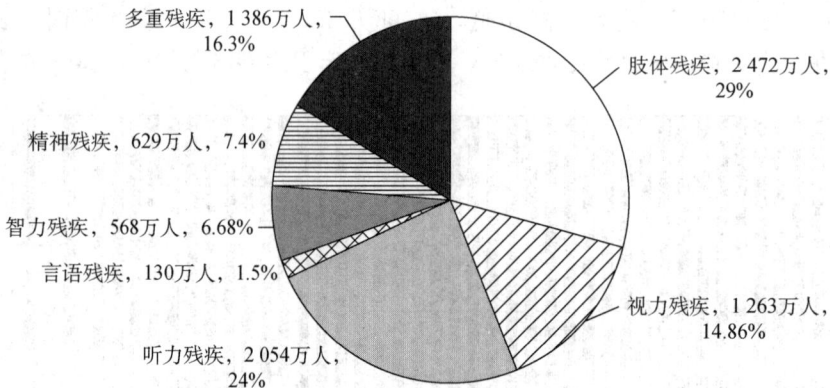

图 15-4　中国残疾人的数量与构成

2019 年 7 月 25 日，国务院新闻办公室发表《平等、参与、共享：新中国残疾人权益保障 70 年》白皮书，全国系统介绍了新中国成立 30 周年，尤其是党的十八大以来，中国残疾人事业的发展和成就。白皮书包括如下十个方面的内容：残疾人事业发展历程、残疾人权益保障机制、健康与康复、特殊教育与融合教育、就业与创业、基本生活与社会保障、无障碍环境建设与个人行动能力、人身自由与非歧视、营造良好社会环境、对外交流与国际合作。白皮书指出，我国残疾人事业财政支持大幅增长。"十一五"期间全国残联系统用于残疾人事业发展的财政资金为 573.59 亿元，"十三五"期间财政资金投入 1 451.24 亿元，比"十一五"期间增长 153%。2013—2017 年，各级财政专门用于残疾人事业的资金投入超过 1 800 亿元，比上一个五年增长 123%。

中国残疾人联合会 2018 年 4 月发布《2018 年中国残疾人事业发展统计公报》，从康复、教育、就业、社会保障、扶贫开发、宣传文化、体育、维权、组织建设、服务设施、信息化建设共计 11 个方面对我国残疾人事业进行了总结。

---

① 数据来源：2017 年社会服务发展统计公报，民政部。

在康复方面，2018年，1 074.7万残疾儿童及持证残疾人得到基本康复服务，其中，包括0—6岁残疾儿童15.7万人。得到康复服务的持证残疾人中，有视力残疾人120.5万、听力残疾人66.1万、言语残疾人7.5万、肢体残疾人592.3万、智力残疾人83.8万、精神残疾人150.8万、多重残疾人48.2万。全年共为319.1万残疾人提供各类辅助器具适配服务。

在残疾人社会保障方面，截至2018年底，城乡残疾居民参加城乡社会养老保险人数2 561.2万；595.2万60岁以下参保的重度残疾人中，有576万得到政府的参保扶助，代缴养老保险费的比例96.8%。有298.4万非重度残疾人享受了全额或部分代缴养老保险费的优惠政策。1 024.4万人领取养老金。

残疾人托养服务工作稳步推进，残疾人托养服务机构8 435个，其中，寄宿制托养服务机构2 639个，日间照料机构4 099个，综合性托养服务机构1 697个，为22.3万残疾人提供了托养服务。接受居家服务的残疾人88.8万人。全年2.2万名托养服务管理和服务人员接受了各级各类专业培训。

截至2018年年底，全国已有残疾人康复机构9 036个，其中，提供视力残疾康复服务的机构1 346个，提供听力言语残疾康复服务的机构1 549个，提供肢体残疾康复服务的机构3 737个，提供智力残疾康复服务的机构3 024个，提供精神残疾康复服务的机构1 962个，提供孤独症儿童康复服务的机构1 811个，提供辅助器具服务的机构1 929个。康复机构在岗人员达25.0万人，其中，管理人员2.9万人，专业技术人员17.6万人，其他人员4.5万人。

第三节　福利彩票基金

一、福利彩票基金的性质和管理体系

中国福利彩票始于1987年，以"扶老、助残、济困、救孤"为宗旨，通过发行彩票的方式团结各界热心社会福利事业的人士，发扬社会主义人道主义精神，筹集社会福利资金，兴办残疾人、老年人、孤儿福利事业和帮助有困难的人。

1994年12月2日，民政部发布《中国福利彩票管理办法》。2009年4月22日，《彩票管理条例》经国务院第58次常务会议通过，自2009年7月1日起施行。2012年1月18日，《彩票管理条例实施细则》经财政部、民政部、国家体育总局部（局）务会议通过，并已经国务院批准，自2012年3月1日起施行。2007年12月25日，财政部发布《彩票公益金管理办法》，于2012年3月26日修订。

中国福利彩票发行中心是中国福利彩票的发行机构，是民政部直属事业单位。省级福利彩票发行中心是福利彩票的销售机构，受当地民政部门的行政领导，同时受上级发行机构的业务领导和监督检查。彩票发行机构、彩票销售机构可以委托单位、个人代理销售彩票。彩票发行机构、彩票销售机构应当与接受委托的彩票代销者签订彩票代销合同。基层销售单位与发行机构签署代销合同，根据合同收取代理费，按比例上缴销售款项。彩票发行机构、彩票销售机构应当按照国务院财政部门的规定，及时上缴彩票公益金和彩票发行费中的业务费，不得截留或者挪作他用。财政部门应当及时核拨彩票发行机构、彩票销售机构的业务费。

中国福利彩票的票种从单一的传统型发展到网点即开票、电脑票、"中福在线"票三大票种。其中，电脑彩票从 1995 年试点推出以来发展迅速，全国电脑彩票系统监控中心建成后，2000 年开始在全国推广。"中福在线"即开型彩票发行销售系统是利用计算机网络技术，彩票即投、即中、即兑，采取特许经营管理模式和销售厅集中销售方式。

二、福利彩票基金支出结构

彩票销售实现后取得的资金称为彩票资金，由彩票公益金、返奖奖金和发行经费三部分组成。彩票公益金是按照规定比例从彩票发行销售收入中提取的，专项用于社会福利、体育等社会公益事业的资金。根据《国务院关于进一步规范彩票管理的通知》（国发〔2001〕35 号）和《财政部关于印发〈彩票发行与销售机构财务管理办法〉的通知》（〔2001〕84 号）、《财政部关于加强和完善彩票机构财务及彩票资金管理的通知》（财综〔2001〕85 号）等文件的精神，福利彩票资金的分配比例为：网点即开票返奖奖金不低于65%，公益金不低于 20%，发行费不高于 15%；电脑福利彩票等其他票种返奖奖金不低于 50%，公益金不低于 35%，发行费不高于 15%。

彩票公益金和发行费用按照"收支两条线"的原则纳入财政专户，支出应符合彩票公益金制度和彩票发行、销售机构财务管理制度。福利彩票所筹集的公益金有 50% 留在地方，主要用于"扶老、助残、救孤、济困、赈灾"等社会福利和社会救助性的公益慈善事业，其余 50% 上缴中央财政，在社会保障基金、专项公益金、民政部和国家体育总局之间按 60%、30%、5%、5% 的比例分配，主要用于补充社会保障基金不足，部分用于农村医疗救助、城市困难群体医疗救助、青少年教育基地建设、大型体育活动、红十字会和残疾人等其他社会公益项目。以 2008 年为例，福利彩票当年筹集公益金约 200 亿元，其中，有 100 亿元留在了地方；上缴中央财政的 100 亿元中，60 亿元用于社会保障基金，30 亿元归入专项公益金，民政部和体育总局各对 5 亿元福利彩票公益金拥有直接支配权。彩票销售额的 15% 为发行费用。其中，约一半为销售人员的代销费用，各地比例不尽相同，大部分省份为销售额的 7%—8%，其余纳入各级财政部门专户管理，用于福利彩票发行机构的日常销售业务所需的事业支出、经营支出以及对下级机构的补助支出。

我国福利彩票基金销售总额近 30 年来快速增长，如图 15-5 所示①。1987 年仅为 0.2亿元，1999 年快速突破 100 亿，达到 104.4 亿元，尽管翌年回落至 89.9 亿元，但此后十年的增长相当强劲，2010 年，福利彩票基金年销售总额高达 968 亿元，并于翌年突破千亿元，达到 1 278 亿元，在此之后，彩票销售额更是迅猛增长，2014 年突破两千亿元，此后四年都保持在两千亿元之上。2017 年中国福利彩票销售 2 169.8 亿元，比上年增加 104.9亿元，增长 5.1%。全年筹集福利彩票公益金 631.1 亿元，比上年增长 6.7%。全年民政系统共支出彩票公益金 275.2 亿元，比上年增长 2.6%，其中，用于抚恤 6.2 亿元，社会福利 173.6 亿元，社会救助 35.4 亿元，自然灾害生活救助 3.5 亿元。"十二五"时期，全

---

① 数据来源：民政部 2010—2017 年《社会服务发展统计公报》，2002—2009 年《民政事业发展统计公报》。

国福利彩票累计销售额超过 8 628 亿元，是"十一五"时期销量的 2.5 倍。

尽管提取公益金的金额随着彩票基金销售总额同样在不断增长，但是增幅明显不如彩票销售额。公益金提取额从 1987 年的 0.1 亿元增加至 2010 年年底的 298.8 亿元，2017 年时为 631.1 亿元，但是公益金的提取比重不增反减，1987 年的提取比重历年最高，占彩票销售额的 50%，其他年份公益金提取比例皆在 30% 上下波动，未超过 35%，最低为 2000 年的 26.95%，2010 年时为 30.87%。2010 年后，彩票销售额增幅如此显著，但是公益金提取比例反而跌到 30% 以下。1987—2007 年，30 年的公益金提取占彩票销售额的平均比重仅为 30.07%。

公益金支出从 1998 年始有统计数据，当年公益金支出 14.1 亿元，占公益金提取金额的 71.98%；此后年份公益金支出金额缓慢增长，公益金支出额占提取额的比重时高时低，并不固定。2000 年，该比重为 159.74%，公益金支出额远高于提取额，其他年份该比重都没有超过 100%。2010 年公益金支出为 121.2 亿元，2017 年公益金支出 272.5 亿元，比重分别为 40.56%、43.18%。从 1998 年到 2017 年这 20 年间，仅有 5 个年份该比重超过 50%，其他年份均低于 50%，而且以 30%—40% 居多，该比重平均值仅为 41.91%。

1987—2017 年这 30 年间，福利彩票基金累计销售 17 951.7 亿元，累计提取公益金 5 397.3 亿元，占累计销售额的 30.07%；累计公益金支出 2 262 亿元，占累计提取公益金总额的 41.91%，占彩票累计销售额的 12.60%。

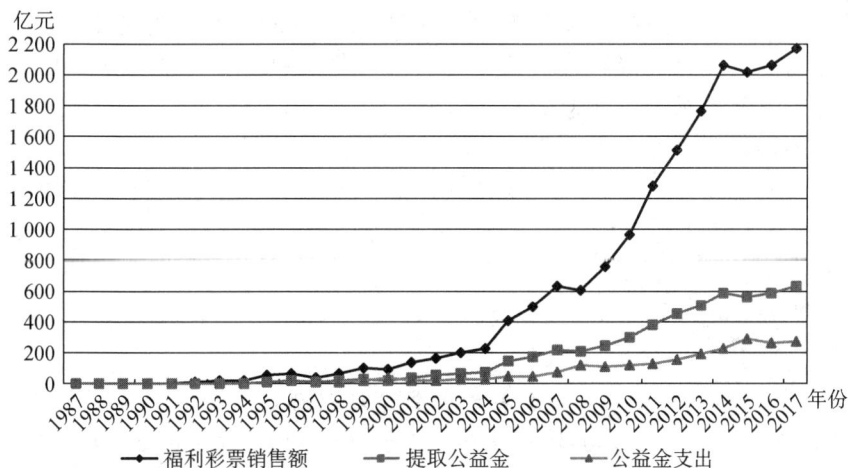

图 15-5　我国福利彩票基金销售额与公益金（1987—2017 年）

本章小结

　　1. 公共社会福利面向全体社会成员，主要包括公共教育和公共卫生社会福利。2012 年财政性教育经费占 GDP 的比重达到 4% 目标得以实现并保持至今。我国卫生总费用和人均卫生经费快速增长，其中，个人现金卫生支出占卫生总费用的比重显著增加且比重最高，政府卫生支出比重目前在卫生总费用中比重最低。

2. 特定对象社会福利主要面向老年人、儿童和残疾人。老年人社会福利包括老年人收入福利、医疗保健福利、社会福利服务和老年大学等发展性福利。儿童社会福利包括家庭保护、教育福利、文化福利和特殊儿童社会福利。特殊儿童社会福利是指残疾儿童、孤儿、弃婴和流浪儿童，是儿童社会福利的重要组成部分。我国从康复、教育、就业、社会保障、扶贫、残联组织建设多个方面发展残疾人事业，建立社会福利企业吸纳残疾人就业。

3. 中国福利彩票以"扶老、助残、济困、救孤"为宗旨。彩票销售实现后取得的资金称为彩票资金，由彩票公益金、返奖奖金和发行经费三部分组成。彩票公益金是按照规定比例从彩票发行销售收入中提取的，专项用于社会福利、体育等社会公益事业的资金。

☑ 关键概念

公共社会福利　特定对象社会福利　福利彩票基金　彩票公益金

复习思考题

1. 近年来，我国财政性教育经费占 GDP 比重是多少？你认为是高还是低？
2. 卫生总费用如何构成？我国卫生总费用的构成中，占比最大的是什么？
3. 特定对象社会福利主要对象有哪些？
4. 什么是彩票公益金？和彩票资金有何不同？
5. 福利彩票基金由哪三部分组成？公益金提取额占彩票资金的比重大致是多少？该比重合理吗？为什么？

案例 15-1

中国是否应当学习福利国家

在各国政府纷纷动用国家力量介入市场、透过强化社会政策鼓励消费、刺激经济之际，王先生却旗帜鲜明地反对学习福利国家，反对通过国家来满足公民的基本医疗和教育需要（南方都市报昨日 A23 版《福利国家不是我们学习的榜样》）。看罢王先生的文章，我不得不钦佩他坚持个人信念的勇气。

王先生反对福利国家的观点和推理很简单、通俗：国家提供福利，不是免费的，因为国家不挣钱，要靠税收过活，而税收来自纳税人，因此，要国家提供福利就等于自己多交税，没有便宜可占，所谓"羊毛出在羊身上"是也。而且，因为官员可能贪污，国家提供福利和服务的成本很高，所谓"政府低效率"是也。更恐怖的是，人心险恶，国家提供福利和服务会带来福利依赖，所谓"福利养懒人"是也。应该说，这些都是社会福利和福利国家反对者惯用的论调，没有任何新意，社会福利和社会政策的研究者早已对这些论调做出了有力的驳斥。更重要的是，金融海啸下的全球经济状况似乎也在为反驳这些论调提供现实基础。

王先生文章令我思考的，不是他反对学习福利国家的逻辑，而是为什么王先生能在贫富差距悬殊、弱势群体庞大、基本公共服务缺失、金融海啸累及民生、民间"福利命令"强劲的今天，大谈国家提供福利就是搞福利国家、提供福利就是养懒人。不知道王先生如何看待今天中国的社会福利状况以及中国政府在公共福利中的角色和作用。在中国政府刚刚从 GDP 崇拜和市场迷信中觉醒过来，准备对来自民间强劲的"福利命令"作出一点回应，偿还部分福利历史欠债时，我真不明白，王先生为何如此过敏，为何立即用"学习福利国家""提供免费午餐"来吓唬刚刚有心提供基本公共服务的各级政府，以及刚刚闻到一点福利气息的可怜民众？

来看看我们中国的社会福利现状吧。中国的福利制度是典型的二元制福利体系，大体上可以称为"一个国家，两种福利制度"（一国两制）。进一步分析可以发现，就算是在计划经济时代，我们的社会保障制度实际上也是"一国多制"的，不仅存在城乡分野，而且在城镇中，还存在身份、所有制的差异，干部、工人和没有进入单位的居民，分别纳入不同的社会保障制度。可以说，计划时代的社会保障制度是一种以社会身份为基础建立起来的社会保障制度。进入市场经济时代，随着单位体制的瓦解，以及社会福利的社会化、公共服务的市场化，国家从公共福利与服务的提供中不适当地撤退了，导致城乡居民的基本公共服务得不到满足，以至于民间出现了"三座大山"的隐喻。今时今日，在户口制度导致的碎片化公民身份资格下，作为共和国的国民，我们有没有一种可以普遍享有的福利权利？或者用王先生的话说，我们有没有一份在中国境内可以通吃的"免费午餐"？

鉴于政府在公共福利提供中的微弱角色，就算我们以福利国家为学习榜样，学习一下如何让政府在公共福利中发挥作用，如何回应老百姓的基本需要，也不至于就要大惊小怪，惊慌失措。政府提供福利和服务，并不等于就是福利国家。欧洲民主国家建设"福利国家"的经验告诉我们，要成为福利国家需要达到三个基本的标准：第一，国家在确保为所有国民提供最低标准福利方面扮演了主要角色；第二，提供福利是公共行政的主要功能；第三，福利权利成为一种"社会公民权利"。比照一下，我们就知道，我们无需为中国成为福利国家而担惊受怕。

王先生说得对，政府提供的福利和服务是需要成本的，而成本是要纳税人来分担的。而且，我不反对"羊毛出在羊身上"的说法。事实上，任何公共服务和福利的提供，都是建立在社会共识的基础上的（社会政策告诉我们，福利的提供是基于人类需要的共识），而且也是社会不同利益平衡的结果。没有一个国家在胡乱提供公共福利，也没有一个国家在胡乱收税。这些看看福利国家的发展历史就知道了。更吊诡的问题是，假如政府收了税，而且数量可观，却为什么不提供公共服务和福利呢？我想王先生不能不关注这个问题。"羊毛出在羊身上"不要紧，最要紧的是，要用在羊身上。

王先生担心政府提供福利成本高。这种担心现在已经显得多余了。新公共管理思潮下的各国政府早已在利用市场机制了，君不见什么"服务购买""合同外包""公共生产"之类的政府新戏吗？针对我们的福利短缺、公共服务不足，王先生开出的处方是"降低税收和破除垄断，让市场和民间社会在提供医疗和教育等服务中发挥更大的作用"。不过，他没有进一步解释如何让"市场"和"民间社会"发挥作用。我只知道，市场可以提供服务，前提是你要有购买能力；民间社会也可以提供服务，前提是人人善心爆棚。什么时候我们社会中的每一个人都可以在市场中满足自己的基本需要呢？而且，如果每个人都在交税时为可能有人享用免费午餐而担忧时，我很怀疑我们能够从民间社会那里满足我们最基本的需要。我只想说，我暂且同意福利国家不是我们学习的榜样，但是我们的政府需要为公众福利承当责任。如果我们对此有疑问的话，那就让我们一起来学习社会政策的理论。

资料来源：岳经纶. 关键不在于是否学习福利国家［N］. 南方都市报，2009 年 3 月 25 日。

案例 15-2

中国何时才能步入福利社会

建设公平普惠可持续的保障制度　分三阶段实现社保发展战略目标

日前，中国社会保障发展战略研究项目组发布了研究核心成果：《中国社会保障改革与发展战略——理念、目标与行动方案》与养老保障、医疗保障、社会救助发展战略三个分报告。该方案是 208 位专家和 218 位各级官员共同研究的成果。这是新中国成立后我国理论界所取得的第一份社会保障改革与发展战略报告。我国的社会保障改革要实现的目标是什么？面临哪些障碍？政府应采取哪些措施？就以上问题，记者采访了中国社会保障发展战略研究项目主持人郑功成教授。

实施步骤分三个阶段

记者：我国社会保障改革与发展的战略目标是什么？

郑功成：我国社会保障制度的战略目标，是从弥补制度缺失、构建覆盖城乡居民的社会保障体系入手，积极稳妥、循序渐进地推进社会保障制度沿着公平、普惠、可持续发展方向发展，在解除人民生活后顾之忧的同时，不断提高人民的生活质量和增进人民的幸福感，切实维护个人的自由、平等与尊严，最终迈向中国特色社会主义福利社会。

记者：实现这个目标需要多长时间？要遵循怎样一个路径？

郑功成：根据现实需要与发展可能，可以将中国社会保障发展战略目标的实施步骤分为三个阶段，即从城乡分割到城乡统筹，从社会保障体系残缺到制度健全、完备，从选择性保障到公平、普惠的保障制度安排，从只能维护人的生存条件到维护人的自由、平等与尊严。具体来说，可以分三步走：第一步，以现届政府任期为期，目标任务是构建起"二免除一解除"的社会保障制度支架，免除国民因生活困难而难以摆脱的生存危机，免除国民因"看病贵、看病难"而产生的疾病医疗恐惧，解除国民的养老后顾之忧，为建设健全完备的中国特色社会保障制度奠定坚实的基础；第二步，以下一届政府任期为起点，到 2020 年全面建成小康社会为终点，目标任务是实现社会保障制度全面定型、稳定发展；第三步以 2021 年为起点，到新中国成立 100 周年，在进一步完善社会保障制度并实现这一制度可持续发展的同时，不断提高保障水平，确保国民的生活质量，全方位满足国民对社会保障及相关服务的需求，迈向中国特色社会主义福利社会。

走渐进式发展道路

记者：就目前中国所处的阶段和面临的形势而言，实现战略目标主要面临哪些困难和障碍？

郑功成：主要表现在 5 个方面：第一，城乡分割与地区发展失衡非短期内可以改变，决定了社会保障体系建设只能走渐进发展的道路。在尽可能防止制度碎片化、努力追求制度整合的同时，一定时期内采取多元化制度安排来覆盖全民仍是必要选择。第二，人口老龄化与人口流动速率的加快，使对社会保障的需求骤然提升，并更加复杂化。第三，工业化、城镇化与就业形式多样化，决定了我国还将处于从农业社会向成熟的工业社会发展的动态进程之中，差距、流动、分化等现象无疑会直接增加社会保障制度建设的艰巨性。第四，全球化影响的两面性，决定了在建设社会保障制度时，需要妥善处理好维持国家长期竞争力和不断提高人民福祉的关系。第五，现行社会保障制度体系残缺，有效性不高，现行社会保障体系残缺不全，已有制度安排仍然存在着有效性不高的现实缺陷，这些同样构成了严峻的现实挑战。

调动社会力量参与

记者：政府需要采取哪些措施来推动战略目标的实现？

郑功成：首先，要发展中国特色的民主政治，切实落实人民的知情权、参与权、表达权与监督权，因为社会保障事关国家长治久安与全体国民的终生福祉，是特别需要人民共同参与建设的制度安排。

其次，要加大财政投入和调动社会资源，提供有力的财力保障。一方面逐步提高公共投入比重，另一方面充分调动社会资源，主要是大力发展慈善公益事业，引导各界热心捐献及提供志愿服务。

再次，提供有力的组织与人力资源支持。

第四，建设先进的信息技术支撑系统。没有先进的信息技术系统支撑，社会保障制度不可能良性运行甚至不可能实施。因此，必须将先进的信息技术系统建设作为社会保障制度建设的基础性工程加以重视，并力争在2012年前基本完成建设任务。

资料来源：郭万盛. 中国何时步入福利社会？[N]. 人民日报海外版，2008年11月26日。

第十六章　其他社会保障基金管理

本章学习目标

1. 掌握全国社会保障基金管理机构和基金管理现状
2. 知悉企业年金的发展历程和基金管理现状
3. 认识我国住房公积金的性质和基金管理现状

第一节　全国社会保障基金

本节主要介绍全国社会保障基金的管理机构、基金来源、资产规模等，全国社会保障基金的投资法规与现状见第六章第四节。

一、全国社会保障基金的管理机构

2000年8月，党中央、国务院决定建立全国社会保障基金。全国社会保障基金是中央政府专门用于社会保障支出的补充、调剂基金，属于国家战略储备基金。全国社会保障基金建立的同时，设立全国社会保障基金理事会（简称社保基金会），负责管理运营全国社会保障基金，经费实行财政全额预算拨款。社保基金会的英文名称为 National Council for Social Security Fund，PRC，英文缩写为 SSF。

《社会保险法》第七十一条规定，全国社会保障基金由全国社会保障基金管理运营机构负责管理运营，在保证安全的前提下实现保值增值。国务院财政部门、社会保险行政部门、审计机关对全国社会保障基金的收支、管理和投资运营情况实施监督。根据2001年制定的《全国社会保障基金理事会章程》，社保基金会是全国社保基金的管理运营机构，为国务院直属事业单位，由国务院直接领导，并接受国务院或国务院授权部门的监督。2018年3月，根据第十三届全国人民代表大会第一次会议批准的国务院机构改革方案，将全国社会保障基金理事会由国务院管理调整为由财政部管理，承担基金安全和保值增值的主体责任，作为基金投资运营机构，不再明确行政级别。

（一）社保基金会的职责

社保基金会负责管理全国社保基金，履行以下各项职责：制定全国社保基金的投资经营策略并组织实施；选择并委托全国社保基金投资管理人、托管人，对全国社保基金资产进行投资运作和托管，对投资运作和托管情况进行检查；并在规定的范围内对全国社保基金资产进行直接投资运作；负责全国社保基金的财务管理与会计核算，定期编制会计报表、起草财务会计报告。定期向社会公布全国社保基金的资产、收益、现金流量等财务状况；根据财政部、人力资源和社会保障部共同下达的指令和确定的方式拨出资金；管理和运作划入全国社保基金的股权资产；承办国务院交办的其他事项。

2007 年制定的《社保基金会组织文化大纲》指出，社保基金会的组织使命是管好国家和人民的每一笔资金；组织目标是力争成为制度最完备、管理最规范、队伍最专业、作风最清廉、百姓最放心的资产管理机构；核心价值观是专业尽责、正直诚信、稳健规范。

（二）社保基金会管理的基金

经国务院批准，依据财政部、人力资源和社会保障部的规定，社保基金会受托管理以下资金。

1. 全国社会保障基金

全国社会保障基金（以下简称全国社保基金）是国家社会保障储备基金，用于人口老龄化高峰时期的养老保险等社会保障支出的补充、调剂。全国社保基金由中央财政预算拨款、国有资本划转、基金投资收益和以国务院批准的其他方式筹集的资金构成。

2. 做实个人账户中央补助资金

做实个人账户中央补助资金是社保基金会受相关省（自治区、直辖市）人民政府委托管理的做实基本养老保险个人账户中央补助资金及其投资收益（以下简称个人账户基金）。根据财政部、人力资源社会保障部《做实企业职工基本养老保险个人账户中央补助资金投资管理暂行办法》和社保基金会与试点省（自治区、直辖市）人民政府签署的委托投资管理合同，个人账户基金纳入全国社保基金统一运营，作为基金权益核算。全国社保基金理事会从 2006 年开始受托管理中央财政补助 9 个省（自治区、直辖市）人民政府做实个人账户资金。2016 年，吉林省人民政府报经财政部、人力资源社会保障部同意，按照社保基金会与吉林省人民政府签署的个人账户中央补助资金委托投资管理合同，调回部分委托本金及收益共计 49.19 亿元。

3. 部分企业职工基本养老保险资金

广东省人民政府、山东省人民政府委托社保基金会管理部分企业职工基本养老保险基金结余资金及其投资收益（简称地方委托资金）。经国务院批准，根据社保基金会与广东及山东省人民政府签订的委托投资管理合同，地方委托资金纳入全国社保基金统一运营，作为基金权益核算。2012 年 3 月，经国务院有关部门同意，并报经国务院批准，全国社保基金理事会受托投资运营广东省 1 000 亿元基本养老保险资金。继广东省之后，2015 年 7 月，山东省确定将 1 000 亿元职工养老保险结余基金委托全国社会保障基金理事会投资运作。2016 年年底，广东省委托资金权益 1 213.79 亿元，其中，委托资金 1 000 亿元，累计投资收益 331.57 亿元，扣除按合同约定返还首个委托期 2 年期应得收益 117.78 亿元后，首个委托期满至 2016 年年末的投资收益累计 213.79 亿元。山东省委托资金权益 1 050.19 亿元，其中，委托资金 1 000 亿元，投资收益累计 50.19 亿元。

4. 基本养老保险基金

基本养老保险基金是各省（自治区、直辖市）人民政府根据 2015 年 8 月 17 日国务院印发施行的《基本养老保险基金投资管理办法》，委托社保基金会管理的基本养老保险部分结余基金及其投资收益。根据《基本养老保险基金投资管理办法》和社保基金会与各委托省（自治区、直辖市）人民政府签署的委托投资管理合同，社保基金会对受托管理的基本养老保险基金实行单独管理、集中运营、独立核算。

5. 划转的部分国有资本

划转的部分国有资本是根据 2017 年 11 月 9 日国务院印发的《划转部分国有资本充实社保基金实施方案》，由国务院委托社保基金会负责集中持有的划转中央企业国有股权，单独核算。

（三）社保基金会的组织架构

社保基金会的最高权力机构是理事大会，由全体理事组成。理事会设理事长、副理事长。理事长和副理事长由国务院任命。理事由国务院聘任，包括企业家代表、职工代表、政府官员、专家、学者和社会知名人士。理事任期三年。理事任期届满，由国务院重新聘任。从 2000 年社保基金会成立至今，一共有 5 任理事长，除了戴相龙以外，其他 4 位都是从财政部部长职位退下来的。第一任理事长是原财政部长刘仲藜，第二任理事长是原财政部长项怀诚。戴相龙自 2008 年起任第三届和第四届理事长。谢旭人自 2015 年起担任第四任理事长，楼继伟在掌舵财政部 3 年半后，于 2016 年 11 月底履新全国社会保障基金理事会理事长、党组成员。副理事长有 4 位，另有理事 16 位。

理事大会每年召开一至两次，审议、通过秘书处提交的理事会上年度工作报告、本年度工作计划以及对其他重大事项进行表决。理事大会行使以下职权：审议、通过全国社保基金管理运营的重大方针和战略；审议、通过秘书处提交的全国社保基金年度运作计划和中长期发展规划；对全国社保基金年度运作计划的执行情况进行审查，审定全国社保基金年度运作报告；审定全国社保基金投资管理制度、全国社保基金风险管理制度、全国社保基金信息披露制度等重大管理制度；就全国社保基金管理运营中的情况和问题向国务院和国务院授权部门报告；制定、修改理事会章程。

社保基金会的组织架构如图 16-1 所示。理事大会由理事长、副理事长、理事组成，是社保基金会的最高权力机构，主要负责基金的重大战略决策和社保基金会的重大事宜决策。理事长是社保基金会的法定代表人和最高负责人。社保基金会设有办公厅、规划研究部、基金财务部、投资部、境外投资部、股权资产部（实业投资部）、法规及监管部、信息技术部、机关党委（人事部）和机关服务中心等职能部门，随着养老金托管业务的增加，后增设养老金管理部和养老金会计部两个部门，部门数量增至 12 个。根据《全国社会保障基金理事会章程》和相关决定，社保基金会设立四个非常设机构，即投资决策委员会、风险管理委员会、内部控制委员会和专家评审委员会。

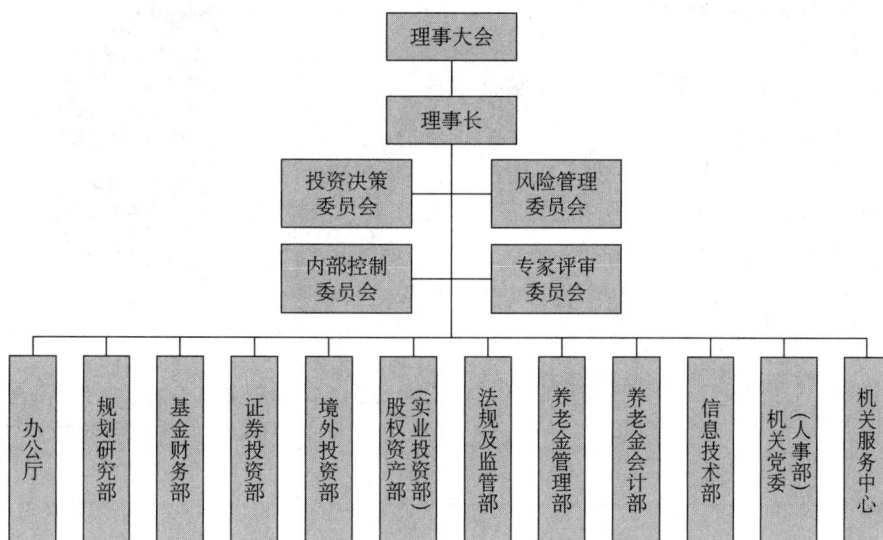

图 16-1 社保基金会组织架构

二、全国社会保障基金的基金管理

（一）基金来源

《社会保险法》第七十一条规定，国家设立全国社会保障基金，由中央财政预算拨款以及国务院批准的其他方式筹集的资金构成，用于社会保障支出的补充、调剂。全国社保基金由国有股减持划入的资金和股权资产、中央财政预算拨款、经国务院批准以其他方式筹集的资金及其投资收益构成。此后又决定将部分彩票公益金划拨给社保基金理事会。彩票公益金是指彩票发行收入扣除发行成本和中奖返还额以后的部分。具体办法是以 2000年彩票发行量 160 亿元为基数，超过基数的彩票公益金 80％划归全国社保基金。2005 年彩票公益金实行中央与地方五五分成，中央部分的 60％划入社保基金。

2009 年 6 月，经国务院批准，财政部等部委制定了《减持国有股筹集社会保障基金暂行办法》，规定国有股上市要减持 10％股份，所得收入归社保基金。国有股转持政策出台后，将上市公司中的国有股划转社保基金会，不仅可为社保基金增加资金，而且为社保基金筹集提供了一条稳定渠道。

2018 年，财政性拨入全国社保基金资金和股份 573.77 亿元，其中，中央财政预算拨款 200 亿元；国有股减转持资金 15.32 亿元；彩票公益金 358.45 亿元。扣除实业投资项目上市时社保基金会作为国有股东履行减持义务而减少国有股份 0.06 亿元，2018 年度财政性净拨入全国社保基金累计 573.71 亿元。

截至 2018 年年末，财政性拨入全国社保基金资金和股份累计 9 151.57 亿元，构成情况如图 16-2 所示。其中，中央财政预算拨款 3 298.36 亿元，国有股减转持资金和股份 2 843.07 亿元（减持资金 970.95 亿元，境内转持股票 1 028.57 亿元，境外转持股票 843.55 亿元），彩票公益金 3 010.14 亿元。扣除实业投资项目上市时社保基金会作为国有股东履行减持义务累计减少国有股 13.88 亿元，以及用于四川地震灾区工伤保险金补助财政调回 6.80 亿元，财政性净拨入全国社保基金累计 9 130.89 亿元。

2000—2018 年，财政每年拨入全国社会保障基金资金的情况如图 16-3 所示。从图中可见，不同年份的财政净拨入差异较大，最高的 2009 年拨入 825.89 亿元，最低的 2003 年仅拨入 49.08 亿元。这种差异性在 2010 年之后逐渐缩小，财政每年拨入资金围绕 600 亿上下起伏[①]。

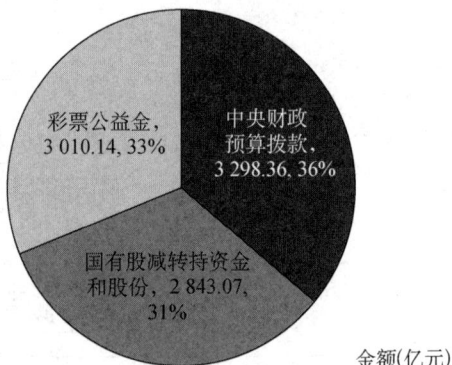

金额(亿元)

图 16-2　财政拨入全国社会保障基金资金构成图（2000—2018 年累计）

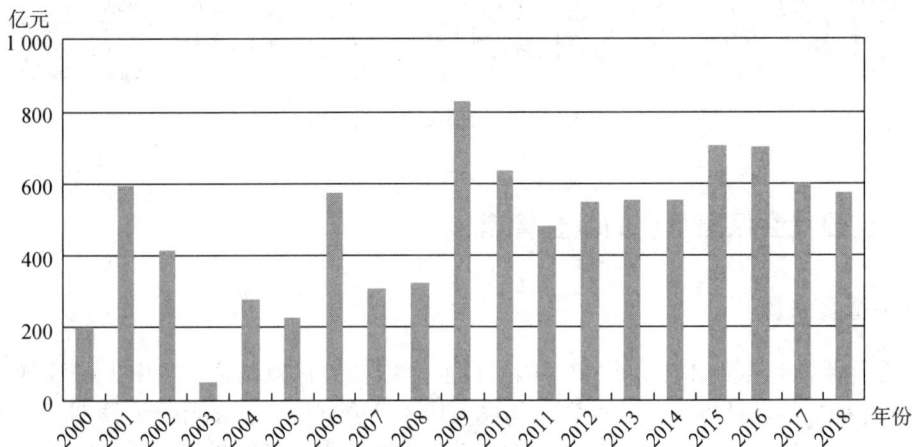

图 16-3　财政每年拨入全国社会保障基金资金情况图（2000—2018 年）

（二）投资管理人

社保基金的投资目前采取委托投资和直接投资两种方式，其中，对境内外股票投资绝大部分通过委托投资管理人进行。社保理事会证券投资部主要承办委托投资的有关工作，对委托资产运作情况进行监督和管理。全国社保基金的投资管理人包括境内投资管理人和境外投资管理人两类。

投资管理人的评选一般按照 5 个步骤进行：理事会公告，符合《暂行办法》的候选人提出申请；候选人领取材料；候选人提交材料；专家评审委员会评审；理事会确定候选人并公告评选结果。候选人的选择和评审上较为看重公司治理、投研体系建设、投资团队、投资组合业绩和合规与风险控制等，并会重点考虑公司的投资理念，把长期、责任和价值投资作为指标之一。社保理事会定期对社保基金管理人的投资运作情况进行考核，业绩表现优良的公

---

① 数据来源：《全国社会保障基金年度报告》2013—2018 年。戴相龙理事长在全国社会保障基金理事会第四届理事大会第二次会议上的报告，2012 年 5 月 29 日，全国社会保障基金理事会网站。

司更容易获得追加委托，排名靠后的会被减少委托资金，不过还未出现全部赎回的情况。

在境内管理人的评选方面，全国社会保障基金理事会分别于 2002 年、2004 年和 2010 年先后三次共选择 18 家境内投资管理人为其管理运作境内证券投资。

第一次入选 6 家投资管理人，第二次增加 4 家投资管理人，第三次增加 8 家投资管理人。2002 年，嘉实、南方、华夏、博时、长盛、鹏华共 6 家基金公司为全国社会保障基金第一批境内委托投资管理人；2004 年，社保基金增选境内委托投资管理人，易方达、国泰和招商等 3 家基金公司和中国国际金融成为全国社会保障基金第二批境内委托投资管理人。两次共选出 9 家基金公司和 1 家券商作为管理人。6 年之后的 2010 年，大成基金、富国基金、工银瑞信基金、广发基金、海富通基金、汇添富基金、银华基金和中信证券获聘，其中 7 家为基金公司。至此，累计有 16 家基金公司获得社保基金管理人资格。

全国社保基金境内委托投资管理人名单如表 16-1 所示。

2016 年 12 月 6 日公布的《基本养老保险基金证券投资管理机构评审结果公告》显示，全国社会保障基金理事会评出 21 家基本养老保险基金证券投资管理机构，其中包括 14 家基金公司。

表 16-1 社保基金会境内委托投资管理人

入选时间	入选数量	投资管理人
2003 年 6 月	6 家	1. 南方基金管理有限公司 2. 博时基金管理有限公司 3. 华夏基金管理有限公司 4. 鹏华基金管理有限公司 5. 长盛基金管理有限公司 6. 嘉实基金管理有限公司
2004 年 11 月	4 家	1. 易方达基金管理有限公司 2. 招商基金管理有限公司 3. 国泰基金管理有限公司 4. 中国国际金融有限公司
2010 年 12 月	8 家	1. 大成基金管理有限公司 2. 富国基金管理有限公司 3. 工银瑞信基金管理有限公司 4. 广发基金管理有限公司 5. 海富通基金管理有限公司 6. 汇添富基金管理有限公司 7. 银华基金管理有限公司 8. 中信证券股份有限公司
合计	18 家	

资料来源：整理自全国社会保障基金理事会网站相关公告，http://www.ssf.gov.cn。

在境外管理人的评选方面，总共进行了 3 次境外投资管理人的选评，目前共有 34 家境外投资管理人，如表 16-2 所示。2006 年第一次招聘境外投资管理人时，共有 84 家国际知名机构提交了申请，最终有 10 家境外投资管理人入选。2008 年 5 月底，全国社保基金理事会第二次启动境外投资管理人招聘，根据社保基金会 2010 年 3 月 16 日发布的公告，第二次共招聘 12 家全球投资管理人。2011 年 6 月，社保基金会第三次发布关于选聘境外投资管理人的公告，2012 年 7 月，社会基金理事会选出 12 家全球投资管理人并签署投资管理协议。两种股票类产品共有 7 家投资管理人。其中，宏富投资有限公司（AGF）、天达资产管理（Investec）、摩根资产管理（JP Morgan）和 RBC 环球资产管理公司成为自然资源股票产品的管理人，AEW 资本管理公司（AEW）、安保资本投资有限公司（AMP Capital）和欧洲投资者投资管理公司（European Investors）则成为全球不动产股票产品的投资管理人。摩根资产管理（JP Morgan）、瑞士隆奥（Lombard Odier）、路博迈（Neuberger Berman）、施罗德投资管理有限公司（Schroders）成为多资产类别配置型产品的管理人。Standish 梅隆资产管理（Standish）和实港投资伙伴（Stone Harbor Investment Partners）成为新兴市场本币债产品的管理人。

表 16-2　社保基金会境外投资管理人

时间	数量	投资管理人
2006 年 11 月	10 家	1. 德盛安联资产管理公司（Allianz） 2. 景顺投资管理有限公司（INVESCO） 3. 瑞银环球资产管理公司（UBS）/中国国际金融有限公司（CICC）联合投资团队 4. 联博有限公司（Alliance Bernstein） 5. 安盛罗森堡投资管理亚太有限公司（AXA Rosenberg） 6. 道富环球投资管理有限公司（State Street Global Advisors） 7. 骏利英达资产管理有限公司（Janus INTECH） 8. 普信资产管理公司（T. Rowe Price） 9. 贝莱德有限公司（Black Rock） 10. 太平洋投资管理公司（PIMCO）
2010 年 3 月	12 家	1. 施罗德投资管理公司（Schroders） 2. 博时基金管理公司（Bosera） 3. 霸菱资产管理公司（Baring） 4. 马丁可利投资管理公司（Martin Currie） 5. 摩根资产管理公司（JF） 6. 信安环球投资公司（Principal） 7. 百骏资产管理公司（Batterymarch） 8. 摩根士丹利投资管理公司（Morgan Stanley） 9. Newton 投资管理公司 10. 富达投资管理公司（Fidelity） 11. 保诚集团（Prudential） 12. 威灵顿管理公司（Wellington）
2012 年 7 月	13 家	多资产类别配置型产品： 1. 摩根资产管理（JP Morgan） 2. 瑞士隆奥（Lombard Odier） 3. 路博迈（Neuberger Berman） 4. 施罗德投资管理有限公司（Schroders） 新兴市场本币债产品： 5. Standish 梅隆资产管理（Standish） 6. 实港投资伙伴（Stone Harbor Investment Partners） 自然资源股票产品： 7. 宏富投资有限公司（AGF）

（续表）

时间	数量	投资管理人
2012 年 7 月		8. 天达资产管理（Investec） 9. 摩根资产管理（JP Morgan） 10. RBC 环球资产管理公司（RBC GAM） 全球不动产股票产品： 11. AEW 资本管理公司（AEW） 12. 安保资本投资有限公司（AMP Capital） 13. 欧洲投资者投资管理公司（European Investors）

资料来源：整理自全国社会保障基金理事会网站相关公告，http://www.ssf.gov.cn。

　　根据全国社会保障基金委托投资管理合同及《全国社会保障基金境内委托投资考评办法》的相关规定，2014 年 7 月，社保基金会开展了针对境内委托投资管理人公司委托投资管理情况的年度考评工作，考评内容涵盖管理人基本面、组合合规及投资风险、投资组合绩效和投资经理等。年度考评工作以日常委托投资管理为基础，通过对境内委托投资管理人公司进行现场检查和实地调研，与公司管理层、投资研究团队以及合规风控等部门进行深入交流，进一步了解管理人公司的基本面、经营管理、风险控制及社保组合投资管理等方面的变化情况。2015 年 10 月，全国社保基金理事会向各境内委托投资管理人公布了2015 年度境内委托投资年度考评结果，首度对外披露此年度考评结果，此后每年例行公布。在 2017 年社保基金第三次公布年度考评结果时，2017 年的考评增设了"10 年长期贡献社保表彰"奖。除了 10 年期表彰，有 14 位投资经理获得"5 年长期贡献社保表彰"，有8 位投资经理获得"3 年长期贡献社保表彰"，社保理事会针对 2017 年业绩优异的投资经理专门设立了年度"业绩优秀投资经理表彰"，在 2017 年度的社保投资组合综合考评中，有 19 个社保组合获得 A 档评定。

（三）托管银行

　　全国社保基金的托管银行包括境内托管银行和全球托管行，如表 16-3 所示。境内托管银行为交通银行、中国银行、中国工商银行；全球托管行为北美信托银行、花旗银行。

表 16-3　社保基金会托管银行

类别	银行数量（家）	银行名称
境内托管银行	3	交通银行 中国银行 中国工商银行
全球托管银行	2	北美信托银行 花旗银行

资料来源：全国社会保障基金理事会 2009 年 4 月 27 日发布的《全国社会保障基金托管银行名录》，http://www.ssf.gov.cn/xxgk/tzycb/tzyy/200904/t20090427_898.html。

　　社保基金会于 2002 年进行了境内托管银行公开评选，并根据专家评审委员会提交的候选托管行排序名单，确定排在前两位的交通银行和中国银行为全国社保基金境内托管银行，并于 2003 年 6 月与这两家托管银行正式签署托管协议。随着全国社保基金规模的不断扩大，根据 2002 年境内托管行公开评选排序名单，社保基金会于 2007 年在对排在第三位的中国工商银行进行进一步的现场和非现场尽职调查之后，确定增加其为全国社保基金第三家境内托管银行，并于 2007 年 7 月正式签署了托管协议，后于 2009 年 6 月 6 日与上述三家境内托管行续期《托管合同》。

为做好全国社保基金境外委托投资工作，根据《全国社会保障基金境外投资管理暂行规定》，社保基金会于 2006 年进行了全球托管银行公开评选，并根据专家评审委员会提交的候选托管银行排序名单，确定北美信托银行和花旗银行为全国社保基金境外投资全球托管银行，并于 2006 年 9 月与这两家机构正式签署了全球托管协议。

（四）基金规模

根据《全国社会保障基金理事会社保基金年度报告（2018 年度）》，2018 年年末，社保基金资产总额 22 353.78 亿元。其中，直接投资资产 9 915.40 亿元，占社保基金资产总额的 44.36%；委托投资资产 12 438.38 亿元，占社保基金资产总额的 55.64%；境内投资资产 20 610.18 亿元，占社保基金资产总额的 92.20%；境外投资资产 1 743.60 亿元，占社保基金资产总额的 7.80%。2018 年年末，社保基金负债余额 1 780.22 亿元，主要是社保基金在投资运营中形成的短期负债。2018 年年末，社保基金权益总额为 20 573.56 亿元，包括：全国社保基金权益 18 104.55 亿元，其中，累计财政性净拨入 9 130.89 亿元，累计投资增值 8 973.66 亿元（其中，累计投资收益 8 431.06 亿元，基金公积和报表折算差额合计 542.60 亿元）。个人账户基金权益 1 321.33 亿元，其中，委托本金余额 861.52 亿元，累计投资收益余额 459.81 亿元。地方委托资金权益 1 147.68 亿元，其中，委托本金余额 1 000 亿元，累计投资收益余额 147.68 亿元。

在投资业绩方面，2018 年，社保基金权益投资收益额 −476.85 亿元，投资收益率 −2.28%。其中，已实现收益 845.43 亿元（已实现收益率 4.45%），交易类资产公允价值变动额 −1 322.28 亿元。

社保基金自成立以来累计投资收益额 9 552.16 亿元，年均投资收益率 7.82%。社保基金会财务状况和投资业绩如表 16-4 所示。

表 16-4　社保基金会财务状况和投资业绩（2001—2018 年）　　　　单位：亿元

年份	资产总额	权益总额	全国社保基金权益	个人账户基金权益	投资收益额	投资收益率（%）
2001	805.09	805.09	805.09	0	9.67	2.25
2002	1 241.86	1 241.86	1 241.86	0	21.00	2.75
2003	1 325.01	1 325.01	1 325.01	0	34.07	2.71
2004	1 711.44	1 659.86	1 659.86	0	45.91	3.32
2005	2 117.87	1 954.27	1 954.27	0	71.22	4.16
2006	2 827.69	2 769.83	2 724.16	45.67	619.79	29.01

（续表）

年份	资产总额	权益总额	全国社保基金权益	个人账户基金权益	投资收益额	投资收益率（％）
2007	4 396.94	4 337.83	4 139.75	198.08	1 453.50	43.19
2008	5 623.70	5 130.89	4 803.81	327.08	−393.72	−6.79
2009	7 766.22	7 367.32	6 927.73	439.59	850.49	16.12
2010	8 566.90	8 375.58	7 809.18	566.40	321.22	4.23
2011	8 688.20	8 385.58	7 727.65	657.93	73.37	0.84
2012	11 060.37	10 753.57	8 932.83	786.65	646.59	7.01
2013	12 415.64	11 927.45	9 911.02	921.93	685.87	6.20
2014	15 356.39	14 573.29	12 407.97	1 109.74	1 424.60	11.69
2015	19 138.21	17 966.51	15 083.42	1 149.65	2 294.61	15.19
2016	20 423.28	19 488.07	16 042.58	1 181.51	319.40	1.73
2017	22 231.24	20 716.90	18 302.03	1 274.06	1 846.14	9.68
2018	22 353.78	20 573.56	18 104.55	1 321.33	−476.85	−2.28

数据来源：整理自 2001—2018 年全国社会保障基金年度报告。

第二节 企业年金

一、我国企业年金的发展历程

我国企业年金的发展以 2000 年为界限，可以分为探索和推行两个阶段。1991—2000 年是探索阶段，2000 年至今为推行阶段。

（一）企业年金的探索阶段（1991—2000 年）

1991 年，《国务院关于企业职工养老保险制度改革的决定》（国发〔1991〕年 33 号）文件中，第一次提出"国家倡导、鼓励企业实行补充养老保险"。1994 年颁布的《劳动法》将其用法律的形式确定下来，规定："国家鼓励用人单位根据本单位实际情况为劳动者建立补充保险。"

1995 年，劳动部为贯彻执行《劳动法》，制定并下发了《关于印发〈关于建立企业补充养老保险制度的意见〉的通知》，对企业建立补充养老保险的基本条件、决策程序、资金来源、管理办法、待遇给付、经办机构、投资运营等提出了指导性意见，确立了基本的政策框架。

2000 年，在国务院《关于完善城镇社会保障体系试点方案》（〔2000〕年 42 号）中，企业补充养老保险正式更名为企业年金。

(二) 企业年金的推行阶段(2000 年至今)

《关于完善城镇社会保障体系试点方案》（国发〔2000〕年 42 号）不仅将企业补充养老保险正式更名为企业年金，还提出：“有条件的企业可为职工建立企业年金，并实行市场运作和管理。企业年金基金实行完全积累，采用个人账户方式进行管理，费用由企业和职工个人缴费，企业缴费在工资总额 4% 以内的部分，可从成本列支。同时，鼓励个人开展个人储蓄性养老保险。”

2004 年，劳动和社会保障部颁发的《企业年金试行办法》（劳动部 20 号令）、《企业年金基金管理试行办法》（劳动部、银监会、证监会、保监会 23 号令）确定了我国企业年金发展的制度框架。该办法是企业年金基金管理的重要法规，对企业年金的治理结构、企业年金基金管理和市场服务主体行为等方面都作出了规定。新修订的《企业年金基金管理办法》已经于 2011 年 1 月 11 日人力资源和社会保障部第 58 次部务会审议通过，中国银行业监督管理委员会、中国证券监督管理委员会、中国保险监督管理委员会审议通过，自 2011 年 5 月 1 日起施行。劳动和社会保障部、中国银行业监督管理委员会、中国证券监督管理委员会、中国保险监督管理委员会于 2004 年 2 月 23 日发布的《企业年金基金管理试行办法》（劳动和社会保障部令第 23 号）同时废止。

劳动部会同其他相关部委，陆续出台了一系列针对企业年金运营的具体操作管理办法和规定，包括《关于企业年金基金证券投资有关问题的通知》《企业年金基金管理机构资格认定暂行办法》《企业年金基金管理运作流程》《企业年金基金账户管理信息系统规范》《企业年金基金管理机构资格认定专家评审规则》《关于企业年金方案和基本管理合同备案有关问题的通知》和《关于企业年金基金银行账户管理等有关问题的通知》等。2005 年 8 月，劳动部通告公布了第一批认定的 37 家企业年金基金管理机构。经过两年多的实践，2007 年 11 月，劳动部通告公布了第二批认定的 24 家企业年金基金管理机构。《企业年金办法》经 2016 年 12 月 20 日人社部审议通过、财政部审议通过，于 2017 年 12 月 18 日公布，自 2018 年 2 月 1 日起施行，原劳动和社会保障部 2004 年 1 月 6 日发布的《企业年金试行办法》同时废止。

二、我国企业年金基金管理

(一) 我国企业年金基金发展规模

我国企业年金经过十多年的发展过程，参保职工和基金规模扩张显著，如表 16-5 所示。建立企业年金的企业数量从 2000 年的 1.62 万户增至 2018 年年底的 8.74 万户；覆盖人数从 560.33 万人增至 2 388 万人；企业年金累计资金结余从 191.9 亿元增至 14 770 亿元。但总体而言企业年金的发展水平仍然非常低。企业年金的参保职工人数仅为基本养老保险参保职工人数的 6% 不到，企业年金累计基金结余约为基本养老保险基金累计结余的 25%，仍有较大的发展空间。

表 16-5　我国企业年金参保职工和基金规模（2006—2018 年）

年份	企业 （万户）	职工 （万人）	基金累计结存 （亿元）
2006	2.40	964	910
2007	3.20	929	1 519
2008	3.30	1 039	1 911
2009	3.35	1 179	2 533
2010	3.71	1 335	2 809
2011	4.49	1 577	3 570
2012	5.47	1 847	4 821
2013	6.61	2 056	6 035
2014	7.33	2 293	7 689
2015	7.55	2 316	9 526
2016	7.63	2 325	11 075
2017	8.04	2 331	12 880
2018	8.74	2 388	14 770

数据来源：2008—2018 年《人力资源和社会保障事业发展统计公报》和 2006—2007 年《劳动和社会保障事业发展统计公报》。2005 年之前的数据在统计公报中未公布。

（二）我国企业年金基金管理

根据《企业年金办法》，企业年金是指企业及职工在依法参加基本养老保险的基础上，自主建立的补充养老保险制度。企业年金所需费用由企业和职工个人共同缴纳，基金实行完全积累，为每个参加企业年金的职工建立个人账户。企业缴费每年不超过本企业职工工资总额的 8％，企业和职工个人缴费合计不超过本企业职工工资总额的 12％，具体由企业和职工协商确定。企业缴费应当按照企业年金方案确定的比例和办法计入职工企业年金个人账户，职工个人缴费计入本人企业年金个人账户，企业当期缴费计入职工企业年金个人账户的最高额不得超过平均额的 5 倍。

企业年金遵循信托法原则。在企业年金基金管理中，有委托人、受托人、账户管理人、托管人、投资管理人不同角色。委托人是指建立企业年金计划的企业及其职工；受托人是指受托管理企业年金基金的符合国家规定的法人受托机构或者企业年金理事会；账户管理人是指接受受托人委托管理企业年金基金账户的专业机构，负责建立企业年金基金企业账户和个人账户，记录企业、职工缴费以及企业年金基金投资收益等账户管理事宜。托管人是指接受受托人委托保管企业年金基金财产的商业银行，负责安全保管企业年金基金财产，以企业年金基金名义开设基金财产的资金账户和证券账户等基金财产保管事宜。投资管理人是指接受受托人委托投资管理企业年金基金财产的专业机构，负责对企业年金基金财产进行投资。

委托人与受托人签订受托管理合同，受托人与账户管理人、托管人和投资管理人分别签订委托管理合同。一个企业年金计划应当仅有一个受托人、一个账户管理人和一个托管人。同一企业年金计划中，受托人与托管人、托管人与投资管理人不得为同一人。

我国企业年金基金管理关系人如图 16-4 所示。

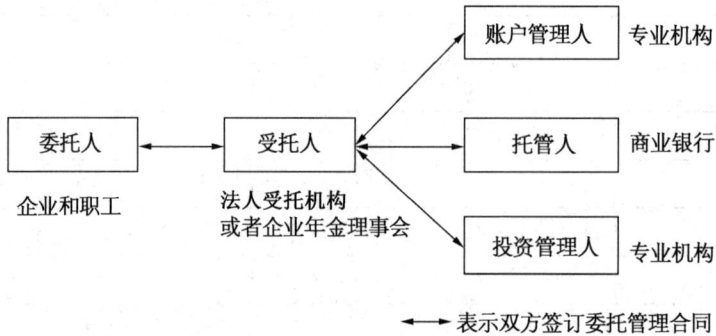

图 16-4　我国企业年金基金管理关系人

根据人社部基金监管局 2018 年 8 月 31 日在其官网上发布的《企业年金基金管理机构名单（更新）》，我国企业年金基金的管理机构如表 16-6 所示。

表 16-6　我国企业年金基金管理机构名单

类别	机构数量（家）	机构名单
法人受托机构	14	1. 长江养老保险股份有限公司 2. 华宝信托有限责任公司 3. 建信养老金管理有限责任公司 4. 平安养老保险股份有限公司 5. 泰康养老保险股份有限公司 6. 太平养老保险股份有限公司 7. 中国工商银行股份有限公司 8. 中国建设银行股份有限公司＊ 9. 中国农业银行股份有限公司 10. 中国人民养老保险有限责任公司 11. 中国人寿养老保险股份有限公司 12. 中国银行股份有限公司 13. 招商银行股份有限公司 14. 中信信托有限责任公司
账户管理机构	20	1. 长江养老保险股份有限公司 2. 华宝信托有限责任公司 3. 交通银行股份有限公司 4. 建信养老金管理有限责任公司 5. 平安养老保险股份有限公司 6. 上海浦东发展银行股份有限公司 7. 泰康养老保险股份有限公司 8. 太平养老保险股份有限公司 9. 新华人寿保险股份有限公司＊ 10. 新华养老保险股份有限公司 11. 中国光大银行股份有限公司

(续表)

类别	机构数量（家）	机构名单
账户管理机构		12. 中国工商银行股份有限公司 13. 中国建设银行股份有限公司＊ 14. 中国民生银行股份有限公司 15. 中国农业银行股份有限公司 16. 中国人民养老保险有限责任公司 17. 中国人寿养老保险股份有限公司 18. 中国银行股份有限公司 19. 招商银行股份有限公司 20. 中信银行股份有限公司
托管机构	10	1. 交通银行股份有限公司 2. 上海浦东发展银行股份有限公司 3. 中国光大银行股份有限公司 4. 中国工商银行股份有限公司 5. 中国建设银行股份有限公司 6. 中国民生银行股份有限公司 7. 中国农业银行股份有限公司 8. 中国银行股份有限公司 9. 招商银行股份有限公司 10. 中信银行股份有限公司
投资管理机构	23	1. 博时基金管理有限公司 2. 长江养老保险股份有限公司 3. 富国基金管理有限公司 4. 国泰基金管理有限公司 5. 工银瑞信基金管理有限公司 6. 海富通基金管理有限公司 7. 华泰资产管理有限公司 8. 华夏基金管理有限公司 9. 嘉实基金管理有限公司 10. 建信养老金管理有限责任公司 11. 南方基金管理有限公司 12. 平安养老保险股份有限公司 13. 泰康资产管理有限责任公司 14. 太平养老保险股份有限公司 15. 新华养老保险股份有限公司 16. 易方达基金管理有限公司 17. 银华基金管理有限公司 18. 中国国际金融股份有限公司 19. 中国人保资产管理股份有限公司＊ 20. 中国人民养老保险有限责任公司 21. 中国人寿养老保险股份有限公司 22. 招商基金管理有限公司 23. 中信证券股份有限公司

注：

1. 中国建设银行股份有限公司的受托、账户管理资格于 2018 年 12 月 31 日到期，中国人保资产管理股份有限公司投资管理资格、新华人寿保险股份有限公司的账户管理资格将于 2019 年 6 月 30 日到期。

2. 以上名单按拼音排序排列，于 2018 年 8 月更新。

第三节 住房公积金

一、我国住房公积金的发展历程

我国住房公积金的发展以 1999 年为界限，可以简单分为局部建立和全面推广两个阶段。1991 年至 1999 年是局部建立阶段，2000 年至今为全面推广阶段。

（一）住房公积金的局部建立阶段（1991—1999 年）

1991 年 5 月，上海借鉴新加坡的公积金制度，在全国率先建立住房公积金制度。北京、天津、南京、武汉等城市从 1992 年起相继建立起住房公积金制度。1994 年，国务院发布《关于深化城镇住房制度改革的决定》，使得住房公积金制度的覆盖范围得到了较大推广。1998 年，国务院办公厅转发《关于加强住房公积金管理的意见》，住房公积金制度从大中城市扩展到 231 个地级以上城市 437 个县级市。1999 年 4 月，国务院出台第一部全国范围内的住房公积金专门法规《住房公积金管理条例》。

（二）住房公积金的全面推广阶段（2000 年至今）

国务院 2002 年对《住房公积金管理条例》进行了修订完善，使住房公积金制度适应形势的发展需要。2003 年 5 月，全国住房公积金工作会议召开后，根据《住房公积金管理条例》精神，建设部会同财政部、中国人民银行等有关部门，联合下发了《关于严禁在住房公积金管理机构调整工作中发生违纪违法行为的通知》《关于完善住房公积金决策制度的意见》《关于住房公积金管理机构调整工作的实施意见》等配套文件。2005 年，建设部、财政部和中国人民银行联合出台《关于住房公积金管理若干具体问题的指导意见》，为加强和规范住房公积金监管提供了制度依据。2015 年 11 月，住房城乡建设部起草《住房公积金管理条例（修订送审稿）》，报请国务院审议。《条例》规定，职工和单位住房公积金的缴存比例均不得低于 5%，不得高于 12%。从 2017 年 7 月 1 日起，全国所有住房公积金管理中心按照住建部发布的《全国住房公积金异地转移接续业务操作规程》要求，通过平台办理住房公积金异地转移接续业务。全国所有住房公积金管理中心将联网，通过统一的平台办理住房公积金异地转移接续业务。

二、我国住房公积金基金管理

（一）住房公积金的性质、缴存和使用

住房公积金是指国家机关、国有企业、城镇集体企业、外商投资企业、城镇私营企业及其他城镇企业、事业单位、民办非企业单位、社会团体（以下统称单位）及其在职职工缴存的长期住房储金。职工个人缴存的住房公积金和职工所在单位为职工缴存的住房公积金，属于职工个人所有。住房公积金应当用于职工购买、建造、翻建、大修自住住房，任

何单位和个人不得挪作他用。

职工住房公积金的月缴存额为职工本人上一年度月平均工资乘以职工住房公积金缴存比例。单位为职工缴存的住房公积金的月缴存额为职工本人上一年度月平均工资乘以单位住房公积金缴存比例。职工和单位住房公积金的缴存比例均不得低于职工上一年度月平均工资的5％；有条件的城市，可以适当提高缴存比例。住房公积金管理中心在保证住房公积金提取和贷款的前提下，经住房公积金管理委员会批准，可以将住房公积金用于购买国债。住房公积金管理中心不得向他人提供担保。从2010年开始，住建部在28个城市启动试点，利用住房公积金贷款支持保障性住房建设，申请贷款额度共约493亿元。

2016年2月，中国人民银行、住房和城乡建设部、财政部印发《关于完善职工住房公积金账户存款利率形成机制的通知》，《通知》决定，自2016年2月21日起，将职工住房公积金账户存款利率，由现行按照归集时间执行活期和三个月存款基准利率，调整为统一按一年期定期存款基准利率执行。上调后的利率为1.50％。

2016年4月13日，国务院总理李克强主持召开国务院常务会议，决定阶段性降低企业社保缴费费率和住房公积金缴存比例，为市场主体减负、增加职工现金收入。会议决定，对高于12％的一律予以规范调整，同时由各省（自治区、直辖市）结合实际，阶段性适当降低住房公积金缴存比例；生产经营困难企业除可降低缴存比例外，还可依法申请缓缴公积金，待效益好转后再提高缴存比例或恢复缴存并补缴缓缴的公积金。2016年5月1日起，我国实施阶段性降低住房公积金缴存比例，凡缴存比例高于12％的，一律予以规范调整，不得超过12％。该政策暂按两年执行。2018年5月，为降低实体经济成本、减轻企业非税负担，住建部、财政部、中国人民银行等部门发布了《关于改进住房公积金缴存机制进一步降低企业成本的通知》。通知提出，各地区2016年出台的阶段性适当降低企业住房公积金缴存比例政策到期后，继续延长执行至2020年4月30日。各地区要对政策实施效果进行评估，并可结合当地实际进一步降低企业住房公积金缴存比例。

（二）我国住房公积金的发展规模

2018年5月30日，住房和城乡建设部、财政部、中国人民银行联合印发《全国住房公积金2017年年度报告》，全面反映了我国住房公积金的缴存、提取、贷款等方面的基本情况。

1. 我国住房公积金的缴存情况

2017年，住房公积金实缴单位262.33万个，实缴职工13 737.22万人，分别比上年增长10.11％和5.15％。新开户单位37.69万个，新开户职工1 828.28万人。2017年，住房公积金缴存额18 726.74亿元，比上年增长13.06％。2017年年末，住房公积金缴存总额124 845.12亿元，缴存余额51 620.74亿元，分别比上年年末增长17.68％和13.13％。2013—2017年住房公积金缴存金额及增长速度如图16-5所示。

2. 我国住房公积金的提取情况

2017年，住房公积金提取人数4 689.49万人，占实缴职工人数的34.14％；提取额12 729.80亿元，比上年增长9.49％；提取率为67.98％，比上年减少2.22个百分点；住房消费类提取10 118.95亿元，非住房消费类提取2 610.85亿元。2017年年末，住房公积金提取总额73 224.38亿元，占缴存总额的58.65％。2013—2017年住房公积金提取金额及提取率如图 16-6 所示。

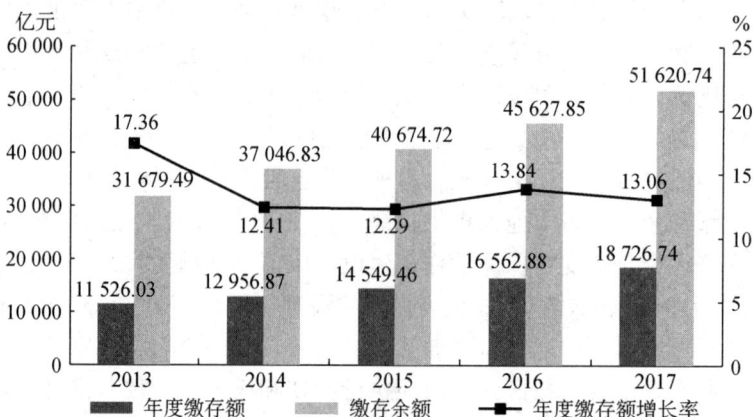

图 16-5　全国住房公积金缴存金额及增长速度（2013—2017 年）

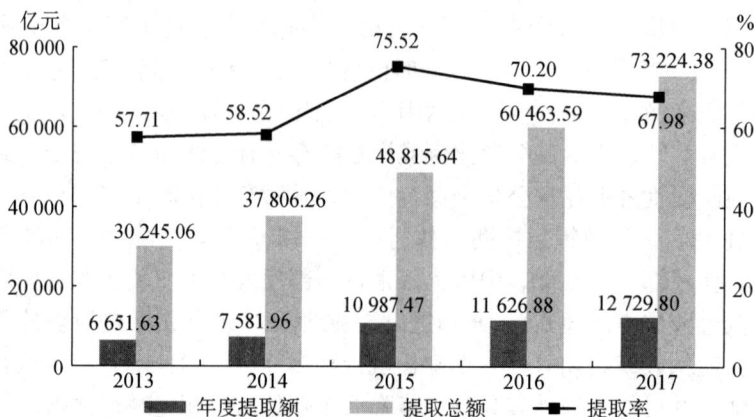

图 16-6　全国住房公积金提取金额及提取率（2013—2017 年）

3. 我国住房公积金的贷款情况

住房公积金贷款包括面向住房公积金缴存主体的个人住房贷款和支持保障性住房建设试点项目贷款。

在个人贷款方面，2017 年，发放住房公积金个人住房贷款 254.76 万笔、9 534.85 亿元，分别比上年降低 22.21% 和 24.93%；回收个人住房贷款 5 022.86 亿元，比上年降低 0.23%。2017 年年末，累计发放个人住房贷款 3 082.57 万笔、75 602.83 亿元，分别比上年末增长 9.05% 和 14.44%；个人住房贷款余额 45 049.78 亿元，比上年年末增长 11.14%；个人住房贷款率为 87.27%，比上年年末减少 1.57 个百分点。2013—2017 年个人住房贷款金额及个人住房贷款率如图 16-7 所示。

在支持保障性住房建设试点项目贷款方面，2017 年年末，经住房和城乡建设部会同财政部、中国人民银行批准，全国已开展住房公积金贷款支持保障性住房建设试点的城市 85 个，试点项目 374 个，计划贷款额度 1 059.99 亿元。2017 年，发放试点项目贷款 9.62 亿元，回收试点项目贷款 53.49 亿元。2017 年年末，累计向 373 个试点项目发放贷款 871.69 亿元。累计回收试点项目贷款 789.89 亿元，试点项目贷款余额 81.80 亿元。328

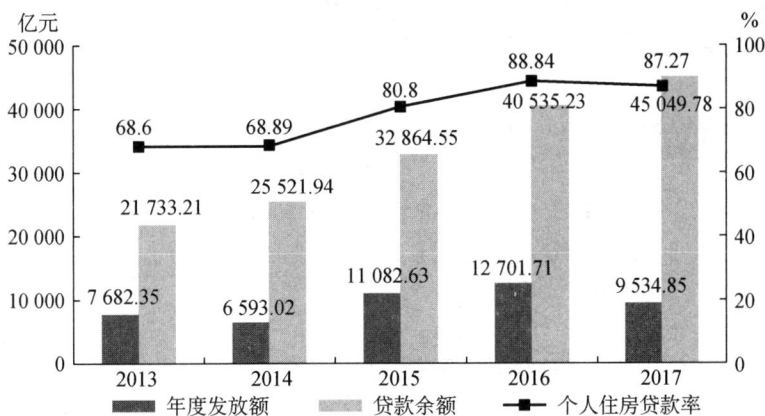

图16-7 个人住房贷款金额及个人住房贷款率（2013—2017年）

个试点项目结清贷款本息，63个试点城市全部收回贷款本息。

本章小结

1. 2000年8月，党中央、国务院决定建立全国社会保障基金，这是国家战略储备基金。全国社会保障基金理事会负责管理运营全国社会保障基金。全国社保基金由国有股减持划入的资金和股权资产、中央财政预算拨款、经国务院批准以其他方式筹集的资金及其投资收益构成。全国社保基金的投资管理人包括境内和境外两类。

2. 我国企业年金的发展以2000年为界限，可以分为探索和推行两个阶段。1991年至2000年是探索阶段，2000年至今为推行阶段。人社部和财政部于2016年底联合发布《企业年金办法》。企业年金是企业及职工在依法参加基本养老保险的基础上自主建立的补充养老保险制度，基金实行完全积累。企业年金遵循信托法原则。在企业年金基金管理中，有委托人、受托人、账户管理人、托管人、投资管理人等不同角色。

3. 职工个人缴存的住房公积金和职工所在单位为职工缴存的住房公积金，属于职工个人所有。住房公积金应当用于职工购买、建造、翻建、大修自住住房，任何单位和个人不得挪作他用。

关键概念

全国社会保障基金 社保基金会 企业年金 住房公积金

复习思考题

1. 全国社会保障基金是何种性质的基金？它是否可以进行境外投资？

2. 企业年金的管理中涉及哪些角色？如何分工？

3. 住房公积金归谁所有？是否可以将住房公积金投资股市？

案例 16-1

"中国住房公积金第一案"主犯被执行死刑

被称为"中国住房公积金第一案"的主犯、原湖南省郴州市住房公积金管理中心主任李树彪 25 日正式伏法，郴州市中级人民法院依法对其执行了死刑。

郴州市中级人民法院当日召开新闻发布会对外通报这一消息，并介绍了原郴州市住房公积金管理中心主任李树彪贪污、挪用公款一案的情况。

李树彪，1964 年出生，系郴州市宜章县人。2004 年年初，郴州市检察院接群众举报，称郴州市住房公积金管理中心主任李树彪经常到澳门赌博，且下注数额较大。该院 2004 年 1 月 30 日决定对李树彪以涉嫌挪用公款罪立案侦查。2005 年 2 月 14 日，郴州市人民检察院对其实施逮捕。郴州市中级人民法院一审、湖南省高级人民法院二审，均判决李树彪死刑，剥夺政治权利终身，并处没收个人全部财产。

李树彪贪污、挪用公款一案已经最高人民法院核准，并下达了死刑执行命令。

最高人民法院核准认为，李树彪利用担任郴州市住房公积金管理中心主任的职务便利，骗取由其监管的住房公积金 5 667 万元，其行为构成贪污罪。李树彪贪污住房公积金，并将所贪污的 5 667 万元中的 5 495 万元非法转至境外用于赌博，贪污犯罪数额特别巨大，犯罪后果和情节特别严重，依法应予严惩。

同时，李树彪利用职务便利，挪用由其监管的住房公积金 6 205.5 万元，用于自己的营利活动或非法转至境外进行赌博，其行为构成挪用公款罪。李树彪挪用公款数额特别巨大，并将公款主要用于出境赌博的非法活动，情节特别恶劣，后果特别严重，亦应依法惩处，并与所犯贪污罪并罚。

最高人民法院认为，本案的第一审判决、二审判决所认定的事实清楚，证据确凿、充分，定罪准确，量刑适当，审判程序合法，依法核准了对李树彪以贪污罪判处死刑，剥夺政治权利终身，并处没收全部财产；以挪用公款罪判处无期徒刑，剥夺政治权利终身，决定执行死刑，剥夺政治权利终身，并处没收个人全部财产的刑事判决。

资料来源："中国住房公积金第一案"主犯被执行死刑. 中国新闻网，http: //www. chinanews. com/，2010 年 3 月 25 日。

案例 16-2

南昌试运行手机微信提取住房公积金业务

南昌新闻网讯 8 月 21 日，记者从相关新闻发布会上获悉，为推进"放管服"改革工作，南昌市住房公积金管理中心依托"互联网＋"新型服务模式，自 2018 年 8 月 21 日起，手机微信提取住房公积金业务上线试运行。

据统计，近五年来，南昌市住房公积金缴存职工从 2012 年的 51.02 万人，增长至 2017 年的 73.19 万人，增幅达到 43％。截至 2018 年 7 月底，开户职工数为 76.86 万人，累计归集住房公积金448.24亿元，住房公积金归集余额197.77亿元。住房公积金贷款已成为我市缴存职工购房贷款的首选方式。

今年8月，我市在全省率先推出公积金微信提取业务，这项业务最大的特点是方便职工"一次不跑"，通过微信就可以提取公积金。

公积金微信提取业务由我市不动产、公安、税务、民政、人社、司法、卫健委等部门对管理中心提供信息共享、业务协查，对职工网上上传的申请材料进行核查，无需职工提供材料原件。

值得一提的是，公积金微信提取业务通过人脸识别技术确认提取者的合法身份，可线上办理提取业务、修改登录密码，无需本人再到管理中心柜台进行身份确认。

即日起，南昌市公积金缴存职工可以通过手机关注南昌市住房公积金微信公众号，办理住房公积金提取业务，以及个人账户密码修改、个人信息查询业务。具体有哪些提取业务可在微信自助提取呢？主要包括：购房提取；偿还市公积金贷款提取；租房提取；退休提取；异地转入；外地户口离职提取；九种重大疾病提取；丧失劳动能力提取；出境定居提取；低保提取；建造、翻建提取；大修自住住房提取；死亡提取。

注意事项：微信自助提取办理上，所有南昌市公积金会员用户均需重新绑定会员账号。用户名可填写身份证号码或者之前捆绑的手机号码，密码若遗忘，可使用"忘记密码"功能，通过刷脸认证后，重新设置密码。微信自助提取，均需通过身份认证技术，将职工人脸图像与公安部留存的身份证图片进行比对，成功后，职工才能通过微信自助提取，不可以代办。登录成功后，先在"个人中心"界面，将您的手机号码登记进去，才可办理业务。若手机号码为空，或者不是在用的手机号码，点击"更改手机号码"，刷脸完善号码。偿还南昌市公积金贷款的职工，若签订了对冲还贷协议，不可微信自助提取住房公积金。若签订了按年、按月提取协议，需第一顺序委托提取人通过微信终止按年、按月提取协议，再进行微信自助提取。

提取额度＝历年已还款本息和一历年已提取金额。公积金贷款结清后，借款人及共同借款人还可在结清日期一年以内，以偿还公积金贷款的原因，最后一次微信自助提取住房公积金。

偿还商业贷款的职工，可采用协议提取及柜台提取两种方式提取住房公积金。由于管理中心没有借款人的授权，不能获取职工在商业银行的还款数据，所以，目前暂不能微信自助提取。

在异地（南昌市行政范围以外）购房，由于无法核实异地购房的信息，需职工携相关提取材料，至管理中心柜台提取住房公积金。

提取过程中上传的提取材料电子件需清晰、可辨、完整，以便管理中心核查。

职工可通过"立即办"中的"我的事项"，随时关注每笔业务审核进度及与各相关单位信息核查进展。

管理中心于每月最后一天进行月末财务处理，不能办理微信自助提取。

此外，有人提出，如果缴存职工是退休人员，年纪较大，不会操作微信，是否可以代办？提取资金要多长时间到账？

市公积金相关负责人表示，微信提取不可代办，也无需代办。微信提取流程设计简单，易于操作。如果职工不熟悉使用手机微信，不会操作的，只要刷脸认证提取人身份后，可请他人帮助指导操作完成。因为提取资金只能转入职工本人银行卡内，所以不用担心资金安全问题。

根据职工申请的提取业务种类，微信提取分为即时办结和限期办结两种模式。即时办结采取系统数据对接方式自动核查职工信息，提取资金即时到账，如退休提取、公贷还贷提取、租房一年内多次提取、首次购房多年提取等。限期办结采取线上、线下综合判断核查职工信息，考虑到需多个部门配合协助，限期 3 个工作日办结，资金实时到账；审核未通过的，管理中心会以微信推送的方式告知职工未通过的原因。

　　资料来源：徐景，8 月 21 日起南昌试运行手机微信提取住房公积金业务，南昌新闻网，2018 年 8 月 21 日。

参 考 文 献

[1] 吕学静. 社会保障基金管理 [M]. 首都经济贸易大学出版社，2010.

[2] 林义. 社会保险基金管理（第二版）[M]. 中国劳动社会保障出版社，2007.

[3] 林治芬. 社会保障资金管理 [M]. 科学出版社，2007.

[4] 张广科. 社会保障基金管理——运行与监管 [M]. 上海财经大学出版社，2008.

[5] 殷俊、赵伟. 社会保障基金管理新论 [M]. 武汉大学出版社，2007.

[6] 张留禄. 社会保障基金管理 [M]. 中国金融出版社，2010.

[7] 杨良初. 社会保障基金管理 [M]. 中国财政经济出版社，2003.

[8] 柴月姣. 社会保障基金管理教程 [M]. 中国财政经济出版社，2002.

[9] 郭士征. 社会保险基金管理 [M]. 上海财经大学出版社，2006.

[10] 胡晓义、施明才. 社会保险基金管理与监督 [M]. 中国劳动社会保障出版社，2001.

[11] 李连友. 社会保险基金运行论 [M]. 西南财经大学出版社，2000.

[12] 韩良诚、施明才. 社会保险基金管理 [M]. 劳动人事出版社，1996.

[13] 穆怀中. 社会保障国际比较（第二版）[M]. 中国劳动社会保障出版社，2007.

[14] 林毓铭. 社会保障可持续发展论纲 [M]. 华龄出版社，2005.

[15] 罗伯特·霍尔茨曼、约瑟夫·E·斯蒂格利茨，胡劲松等译. 21 世纪可持续发展的养老金制度 [M]. 中国劳动社会保障出版社，2004.

[16] 刘昌平. 可持续发展的中国城镇基本养老保险制度研究 [M]. 中国科学出版社，2008.

[17] 尹章海. 我国人口老龄化发展特点、影响与对策 [J]. 人口与计划生育，2009（6）.

[18] 郑功成. 从政府集权管理到多元自治管理——中国社会保险组织管理模式的未来发展 [J]. 中国人民大学学报，2004（5）.

[19] 寇铁军、周波. 政府间支出责任划分的国际经验与启示——基于发达和发展中国家政府支出结构的比较分析 [J]. 财政研究，2007（4）.

[20] 李珍、孙永勇、张昭华. 中国社会养老保险基金管理体制选择——以国际比较为基础 [M]. 人民出版社，2005.

[21] 刘燕斌. 各国社会保险费率比较 [J]. 中国社会保障，2009（3）.

[22] 胡继晔. 英国养老金体系的最新改革 [N]. 中国经济时报，2011 年 5 月 31 日.

[23] 陈星. 美国养老金制度的改革与创新 [J]. 经济导刊，2005（10）.

[24] 陈志国、黄薇薇. 美国现金余额计划及其对我国的启示 [J]. 保险研究，2010（6）.

[25] 孙树菡. 社会保险 [M]. 中国人民大学出版社，2008.

[26] 马振林. 浅析我国社保基金之监管主体 [J]. 经营管理者，2010（19）.

[27] 牛彦峰. 我国社会保障基金监管述评 [J]. 河南商业高等专科学校学报，2008（1）.

[28] 巴曙松、谭迎庆、丁波. 社保基金监管的现状、问题与建议 [J]. 当代经济科学，

2007（5）.

［29］陈工、赖伟文. 我国社会养老保险融资问题研究［M］. 中国财政经济出版社，2010.

［30］贾康、张晓云、王敏、段学仲. 关于中国养老金隐性债务的研究［J］. 财贸经济，2007（9）.

［31］申曙光、彭浩然. 中国养老保险隐性债务问题研究［M］. 中山大学出版社，2009.

［32］孙祁祥. 空账与转轨成本——中国养老保险体制改革的效应分析［J］. 经济研究，2001（5）.

［33］孙祁祥、郑伟. 中国社会保障制度研究——社会保险改革与商业保险发展［M］. 中国金融出版社，2005.

［34］袁志刚. 养老保险经济学［M］. 上海人民出版社，2005.

［35］钟仁耀. 社会救助与社会福利［M］. 上海财经大学出版社，2005.

［36］钟仁耀. 社会保障学教程［M］. 北京大学出版社，2011.

［37］刘子兰. 养老金制度和养老基金管理［M］. 经济科学出版社，2005.

［38］郑功成. 中国社会保障改革与发展战略（养老保险卷）［M］. 人民出版社，2011.

［39］郑秉文. 建立社保基金投资管理体系的战略思考［J］. 公共管理学报，2004（4）.

［40］邓大松. 社会保险［M］. 中国劳动社会保障出版社，2009.

［41］黄彦智. 政府责任视角下我国转型期社会保障制度的发展研究［J］. 人力资源管理，2018（5）.

［42］刘晓娟. 社区在社会保障中的作用研究［J］. 经济研究导刊，2016（7）.

图书在版编目（CIP）数据

社会保障基金管理：理论、实践与案例/宋明岷编著. —2 版. —上海：复旦大学出版社，2019.9
（2024.1 重印）
（复旦卓越. 保险系列）
ISBN 978-7-309-14486-4

Ⅰ.①社…　Ⅱ.①宋…　Ⅲ.①社会保障基金-基金管理-中国　Ⅳ.①D632.1

中国版本图书馆 CIP 数据核字（2019）第 154781 号

社会保障基金管理：理论、实践与案例（第二版）
宋明岷　编著
责任编辑/姜作达

复旦大学出版社有限公司出版发行
上海市国权路 579 号　邮编：200433
网址：fupnet@fudanpress.com　http://www.fudanpress.com
门市零售：86-21-65102580　　团体订购：86-21-65104505
出版部电话：86-21-65642845
上海崇明裕安印刷厂

开本 787 毫米×1092 毫米　1/16　印张 25.5　字数 590 千字
2024 年 1 月第 2 版第 3 次印刷

ISBN 978-7-309-14486-4/D·997
定价：66.00 元